高等院校金融类专业系列教材

金融工程学

Financial Engineering

主编 李淑锦

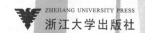

ZHEJIANG UNIVERSITY PRESS

浙江大学出版社

图书在版编目（CIP）数据

金融工程学 / 李淑锦主编. —杭州：浙江大学
出版社，2019.8
ISBN 978-7-308-19439-6

Ⅰ. ①金… Ⅱ. ①李… Ⅲ. ①金融学 Ⅳ. ①F830

中国版本图书馆 CIP 数据核字（2019）第 172686 号

金融工程学

李淑锦　主编

责任编辑	王元新
责任校对	高士吟　汪　潇　宁　檬
封面设计	周　灵
出版发行	浙江大学出版社
	（杭州市天目山路 148 号　邮政编码 310007）
	（网址：http://www.zjupress.com）
排　　版	杭州好友排版工作室
印　　刷	杭州钱江彩色印务有限公司
开　　本	787mm×1092mm　1/16
印　　张	17.5
字　　数	426 千
版 印 次	2019 年 8 月第 1 版　2019 年 8 月第 1 次印刷
书　　号	ISBN 978-7-308-19439-6
定　　价	57.00 元

前　言

　　20世纪80年代末以来,一门新兴的工程型金融学科迅速发展并风行起来,这就是金融工程(Financial Engineering)。金融工程使用类似于工程的方法,将工程学的方法、思维引入金融领域,结合金融理论和实践,综合采用数学、工程、计算机、信息以及智能化等技术来设计、开发新型的金融产品和交易方式,因此金融工程是一门集金融、数学、工程、计算机等多学科、多专业的复合型学科。金融工程的发展历史不长,但由于其将工程的思维引入金融科学研究,因此迅速发展成为一门新兴的交叉性学科。在把金融科学的研究推进到一个新的发展阶段的同时,对金融产业乃至整个经济领域产生了极其深远的影响。

　　近年来,我国高等院校纷纷开设金融工程专业。如何培养合格的金融工程人才,使学生快速、全面地掌握金融工程分析方法,是各大高校金融工程专业教学关注的热点。伴随着中国金融体制改革的逐步深化以及中国金融市场的不断发展,金融工程在我国的应用前景十分广阔,这一点是毋庸置疑的。但是,目前国内金融工程方面的人才极度缺乏,金融工程学科建设也才刚刚开始。

　　尽管我国的金融工程学科在理论研究和实践运用上都远远落后于西方发达国家,但是我们已经看到了一些可喜的变化。首先是人们的思想和观念的转变,金融工程这个名词已经被越来越多的人所接受,在各种媒介上出现的频率也越来越高。其次是金融市场上开始出现一些带有创新性质的金融产品,包括债券市场上的可转换债券、回购市场上的"开放式回购"、基金市场上新推出的交易所基金(ETFs)以及期货市场上推出的沪深300股指期货和国债期货等。最后是金融工程的思想、方法和技术开始被越来越多的人用于管理金融风险、解决金融问题。如在汇率管理方面,国内的商业银行早就开始使用互换和远期产品;在利率风险管理方面,远期利率协议等利率衍生产品正被越来越多的国内银行所认识和利用;货币期货的推出也可能只是时间问题。

　　伴随着金融工程学的成长过程,实体经济在世界范围内相继出现了几次大的金融危机,如1997年亚洲金融危机、2008年世界范围的金融危机,使得人们对金融创新颇有微词,甚至对金融工程学本身产生怀疑。事实上这是没有道理的,就好比有人建了一座危桥而怀疑桥梁工程学科的科学性。正是基于金融危机的严重性和危害性,人们对规避金融风险的需求显得更加必要,对金融工程这门课程知识的普及也更显紧迫和必要。因此,在目前我国的高校中,金融工程学不仅是金融专业本科生的必修课程,也是其他相关专业学生选修的热门课程之一。

　　在教材建设方面,20世纪末金融工程学被引进我国后的一段时间里,学校使用的教材基本上是海外的原版教材或原版翻译教材,但逻辑体系完整、评议文字适合我国阅读习惯、能够深入浅出地讲解金融工程思想体系,特别是真正契合我国国情的国外原版教材并不多,而且原版教材具有广泛的系统性,往往论及现代金融理论的方方面面,因此内容偏多,教材偏厚,教师在上课时必须对内容有所取舍,感到难以驾驭。进入 21 世纪后,我国自行撰写的教材出现了,而由于金融工程学还是一门新兴学科,我国目前还尚未应用许多金融衍生工具,这就使得我国缺乏金融工程学的实务基础。因此,目前的教材还很不尽如人意。一部分教材具有浓厚的数理特色,相对缺乏金融学和经济学思想;另一部分教材则具有浓重的应用操作特色,有关金融工程原理的论述不够。

正因如此,本书作者从金融工程学科教学实践出发,试图编写一本内容编排、知识深浅、课时长短等方面符合金融工程本科教学以及研究生扩展学习的教材。本书在内容上强调金融工程理论体系的规范、严谨,同时注重金融衍生产品在实践中的应用以及衍生产品的定价理论。以金融产品的应用和定价为主线,在表达上揭示主要内容的学习重点,阐述金融产品的实际应用及理论表达,强调定价理论及其必要的理论。最后结合例题分析,归纳本章小结,设置练习题,力图做到教学体系的完整。通过本课程的学习,学生能够懂得金融工程学的基本原理,清楚基础概念,认识金融产品的形式,对定价的基本原理和推演过程有一定的掌握。

全书共分为 10 章,第 1 章简要介绍金融工程的概念及其在实际生活的应用,介绍基本的衍生工具的定义;第 2—4 章介绍远期和期货的交易原理及其定价理论;第 5—7 章介绍期权的交易原理及其定价理论;第 8 章介绍期权的敏感性分析及其动态的套期保值原理;第 9 章讲述互换的交易原理和定价以及其在实践中的应用;第 10 章介绍一些其他的衍生产品、定价理论与应用。本书旨在为培育适合市场发展需要的新型金融工程人才提供一本基础教材。

本教材的特点如下:

(1)降低数学推导的难度。金融工程学中有关期权定价理论的推导需要高深的数学知识,不仅要求学生精通偏微分方程的相关理论,还要求学生掌握随机过程、随机分析等相关理论。虽然体系完整,充满了逻辑严密的数理推导和相关模型,但不利于学生对基本金融理论和经济学理论的理解。因此,本教材力图降低数学推导的难度,重点阐述定价中涉及的重要的金融工程思想,同时要求学生掌握定价公式的实际应用。

(2)注重衍生产品的运用。在介绍交易原理的章节,都会介绍详细市场动作机制,加大实际应用的案例分析。每一章的后面还设有阅读材料,讲述一些金融工程的实际应用案例。希望通过对市场机制、案例、运用和基础衍生产品的讲解,帮助学生增强对金融工程和衍生产品的感性认识,提高学生学习的兴趣和学习效率。

(3)引入随机分析的思想。金融领域重要的是不确定性,即风险。如何用定量的语言来描述金融领域的不确定性,是金融工程重点需要解决的问题。数学中的随机过程、随机分析的内容正好可以用来刻画这种不确定性。本教材在期权定价理论部分,利用随机过程来描述股票价格的不确定性,首次利用随机分析的方法解决股票期权的定价问题。尽管所需的数学知识较深,但本教材尽量做到内容深入浅出,避免复杂的数学推导,将金融工程的思想贯穿全书。

本教材是笔者结合多年来高校本科金融工程学的教学经验和硕士研究生现代金融理论的教学实践编写的,适合作为金融学或财务管理、会计学专业高年级本科生,MBA,硕士生的金融工程理论基础教材或自学参考书。本教材的内容,除了期权定价的随机分析部分外,按教学时数 48 学时设计,教师可以根据教学计划、课时情况和课程体系进行选择性讲解;课时较少的学校可视情况省略第 4 章,第 7 章的随机分析理论,第 8 章或第 10 章的内容。第 7 章的随机分析理论尤其适用于金融学或金融工程专业的硕士研究生教学使用,能为其进一步深造打下坚实的基础。

在本教材的编写过程中,虽然笔者倾注了自己全部的热情和精力,但由于自身的学识和能力有限,存在不足之处在所难免,真诚希望广大的读者以及同行专家能够不吝指正,也希望自己能为中国金融工程学科的建设和金融工程知识的传播尽一份绵薄之力。

最后,感谢杭州电子科技大学经济学院和金融系为本教材的创作提供的支持和帮助;感谢浙江省高教学会教材建设专业委员会将本教材纳入浙江省普通高校"十三五"首批新形态教材建设项目立项建设,并同意在教材出版时使用徽标;另外,本书在编写过程中引用了相关同行专家的研究成果和著作,在此一并表示衷心感谢!

李淑锦

2019 年 5 月

目　　录

第1章

金融工程概述

通过本章的学习,学生可以了解金融工程的概念以及金融工程在实际生活中的应用;了解金融创新的动因与金融衍生工具产生的前提条件;并初步掌握几种最基本的衍生工具,包括远期、期货、期权和互换,以及其他金融风险管理的新工具——金融衍生工具。

 导入案例

20世纪70年代以来,各国的金融管制普遍放松,促进了金融自由化席卷全球,导致全球一体化趋势不断加强,金融创新得到了前所未有的发展,并直接促进了投资基金的产生以及作为金融风险管理手段的金融衍生工具的爆炸式增长,使金融业发生了全面而深刻的变化。在这一过程中,萌芽于新古典金融学的金融工程思想开始逐渐成型,并成为金融创新和金融衍生工具不断发展的理论基础和技术保证。到了20世纪90年代,人们开始在金融领域内大规模、大范围地运用金融工程的思想、方法和技术来解决日益复杂的金融、财务问题,这些问题的解决方案中逐渐打上了越来越深的"工程化"的烙印。

目前,国内许多高校的经济或管理专业都开设了"金融工程"这门学科。同学们最关心的问题可能是,学习金融工程是不是可以学到在金融市场赢利的本领? 或者说,学习金融工程有什么用? 能不能赚钱?

本章就是告诉读者,金融工程是干什么的,金融衍生工具是在什么条件下产生的,基本的金融衍生工具有哪些,它们的优势和劣势分别是什么。

"工程"这个名词在我们日常生活中经常碰到。在《简明大不列颠百科全书》中给"工程"下了这样的定义:工程是应用科学知识使自然资源为人类服务的一种专门技术。

在通常情况下,我们所说的工程是指机械工程,其意义是将一些机械零部件组成一个复杂的系统,使其协同工作,或者为了获得某种功能上的完善而进行相应的调整。

伴随现代科技的发展,机械工程的原理渗透到自然科学和社会科学的诸多领域,出现了各种工程,例如,人文社会科学领域有马克思主义理论研究与建设工程;生命科学领域有生物工程、遗传工程;物理领域有核能工程、宇航工程;化学领域有材料工程;电子领域有电子工程、计算机工程、通信工程;企业管理领域有管理工程等。这些工程已经成为科学理论转化为现实生产力的根本手段,并且深刻地影响和改变着人类的生存环境及人类自身。与此同时,金融领域则在20世纪80年代末兴起了金融工程(financial engineering)。

金融工程的思想可以追溯到数百年前,如1600年左右的日本,富裕的地主们就设计

了一种本质上是期货合约的"大米库存票据"来管理因天气变化导致大米价格涨跌的风险。在20世纪50年代,"金融工程"开始作为一个专有名词出现在有关文献中,但金融工程作为一个自成一体的金融学科,却是在20世纪80年代末和90年代初。

1991年"国际金融工程师学会"的成立,被认定是金融工程学确立的重要标志,该学会的宗旨就是要"界定和培育金融工程这一新兴专业"的人才。1992年,国际金融工程师学会常务理事、美国圣约翰大学教授马歇尔与助手班赛尔合著的《金融工程》一书出版,说明金融工程已经成为一门新兴的学科。

自20世纪90年代末,美国哈佛大学、麻省理工学院、斯坦福大学、康奈尔大学等著名高等学府都开设了金融工程专业(学位),金融工程学也成为西方商学院重要的MBA(工商管理硕士)课程,同时美国的一些高等学府与华尔街的一些重要金融机构合作对其进行了开发和应用方面的研究。目前金融工程学已经成为企业财务人员、银行经营管理专家、基金经理、市场交易员以及金融管理部门相关人士等实务部门工作人员所必修的内容。

随着金融工程学的发展,人们对金融工程所做的界定也在不断深化。为了更好地理解金融工程的含义,本书简要介绍一下几位不同时期的西方著名金融学家对金融工程所给出的定义。

1.1 金融工程的定义

1.1.1 芬纳蒂的定义

美国金融学家约翰·芬纳蒂在1988年给金融工程所做的定义是:金融工程包括创新性金融工具和金融过程的设计、开发和运用,以及对企业整体金融问题的创造性解决方略。

马歇尔与其助手班赛尔合著的《金融工程》一书十分推崇这一定义,他们指出,该定义中的两个词"创新"和"创造"值得重视,它们具有三种含义:

(1)金融领域中思想的跃进,其创造性最高,如创造出第一个零息债券、第一个互换合约等。

(2)对已有的概念做出新的理解和应用,如将期货交易推广到以前未能涉及的领域,发展出众多的期权及互换的变种等。

(3)对已有的金融产品和手段进行重新组合,以适应某种特定的情况,如远期互换、期货期权、互换期权的出现等。

按照芬纳蒂的思路,金融工程的定义可以分为以下三方面的内容:

(1)新型金融工具的设计和创造,包括新型银行账户、新型的基金、新的保险品种、新的住宅抵押形式等针对普通消费者的金融产品,也包括新的债务工具、股权工具、风险控制工具等基于企业需要而设计出的金融产品。毫无疑问,这些是金融工程中最核心、最重要的领域。

(2)创新性金融过程的设计和开发。例如,运用新技术降低金融运作的成本,根据金融管制的变更改变金融运作的方式,市场套利机会的发掘和利用,发行、交易和清算系统的改进等。

(3)针对企业整体金融问题的创造性解决方略,如创造性的现金管理策略、债务管理策略、企业融资策略、企业融资结构、杠杆收购、项目融资等。芬纳蒂指出,这一类金融工程均涉及企业不同的股东及不同性质的债权人之间金融风险和收益的重新配置。例如,杠杆收购就是使目标公司(被收购公司)的股东大获其利,但也可能导致债权人的风险大大增加;又例如,创新性资金管理策略的引进,有可能因为企业现金流更为合理而使债权人本息的获得更有保障,但股东却可能要承担由于企业流动性增加而引起收益下降的风险。

1.1.2　史密斯和史密森的定义

美国罗彻斯特大学西蒙商学院教授克里弗德·史密斯和大通曼哈顿银行的经理查尔斯·史密森的观点颇具代表性,他们指出:金融工程创造的是导致"非标准现金流"的金融合约,它主要是指用基础的资本市场工具组合成新工具的过程。这个定义的优点在于,它指出了金融工程着眼的是创造"非标准现金流"的新金融工具,这一点从金融工程的一般运作过程中可以清楚地看出。

1.1.3　洛伦兹·格利茨的定义

1994 年,英国金融学家洛伦兹·格利茨在其著作《金融工程学——管理金融风险的工具和技巧》中提出了一个"统一的定义",即金融工程是应用金融工具将现有的金融结构重组以获得人们所希望的结果。可见,洛伦兹·格利茨认为金融工程的目标是重组金融结构以获得所希望的结果。例如,对于投资者来说,金融工程能够使其在风险一定的情况下获得更高的投资收益;对于公司财务人员来说,金融工程能够帮助他们消除目前尚处在投标阶段的项目风险;对于筹资者来说,金融工程可以帮助他们获得更低利率的资金。

1.1.4　本书的定义

马歇尔和班赛尔在《金融工程》一书中指出,芬纳蒂对金融工程的定义是最好的。他们除了对芬纳蒂的定义进行了诠释外,两人还认为金融工程不应只限于在公司和金融机构层面上的应用。近年来,许多富有创造性的金融创新都是面向零售层面的,有时也称其为消费者层面。尽管金融工程所起的作用与传统意义上的投资银行联系更紧密,但一些商业银行也往往涉足其中,所以马歇尔和班赛尔广义地使用"投资银行"这一名词。事实上,马歇尔和班赛尔所说的"投资银行"包括传统的投资银行、开展金融工程业务的商业银行以及参与财务建构和风险管理活动的其他机构。从实用的角度出发,金融工程应包括以下几方面的内容:公司理财、金融交易(包括基础工具和衍生工具交易)、投资与现金管理以及风险管理。其中,风险管理被认为是金融工程中最重要的内容,这是因为近些年公司理财、衍生工具开发、投资与货币管理的核心内容便是风险管理,许多人甚至将"金融工程"视为"风险管理"的同义词。

鉴于以上分析,本书也试着给金融工程下一个定义:金融工程是以一系列的现代金融理论为基础,运用一定的金融技术来研究和解决企业和金融领域的特殊问题,从而满足金融市场上各类市场参与者特定的风险规避和效率提高的需求,其结果是产生具有创新性的金融产品和创造性的解决方案。

理解这一定义,可以从以下三个方面进行:

(1)金融工程是以一系列的现代金融理论为基础的。金融工程师和研究金融理论的学者不同,前者的职责是在后者研究所得到的金融理论的基础上解决实际问题,而金融工程师所做的所有工作都是以一系列的现代金融理论为基础的。反过来,金融工程师的工作又为研究金融理论的学者提供了检验理论正确性的平台,并为其进一步发展理论提供依据。这种理论与实践之间互相促进的关系在金融工程领域体现得淋漓尽致。

(2)金融工程是基于特定环境而运用一定的金融技术研发"非标准现金流"的金融产品和解决金融问题的方案,是为了解决特殊问题、满足特殊需要而出现的。从这个意义上说,它是按客户要求,开发、研制出满足客户需求的"非标准现金流"的金融产品和解决方案。而这种"非标准现金流"的金融产品和解决方案正好满足了市场上大多数参与者规避风险、提高效率的需求,慢慢地这种产品变成了一种流行的标准产品。

(3)金融工程是一个过程,结果是产生创新性的金融产品和创造性的解决方案。目前国内频繁讨论的金融创新和金融衍生产品都是金融工程这一进程创造的产品,而这些产品在反复使用中加以标准化、流通化、交易集中化后,其运行成本将大幅度下降,从而成为今后金融工程创新过程中的重要工具。

这一定义也包括了芬纳蒂所提出的全部三个方面的内容,能够全面而准确地解释金融工程包含的全部内容。

1.2　金融工程在实际生活中的应用

为了读者更好地理解金融工程的概念,下面举两个在实际生活中运用金融工程的例子。

1.2.1　创造性解决方案

【例1-1】　1993年,法国政府在对R-P化工公司实施私有化时遇到了困难。按照政府的设想,R-P化工公司在出售股权的同时,应将一部分股权出售给公司的员工,在保护公司员工利益的同时也使他们保持工作的积极性。但是,R-P化工公司的员工却对这一职工持股计划反应非常冷淡。不得已,政府与公司决定对员工提供10%的价格折扣,结果只有20%的员工购买了本公司的股票。这么少的员工持股无疑使R-P化工公司的管理层对员工未来的工作积极性和人力资源流动深表忧虑,而政府和公司又不愿意提供更多的折扣,也就是以更大的成本吸引员工购买股票。在这种两难境地下,政府和公司决定向美国信孚银行(Bankers Trust New York Corporation)求助。信孚银行在进行了详尽分析之后提出了令各方均感满意的解决方案。

【案例分析】 在这一案例中,企业和政府所面临的问题是大多数投资者(公司员工)的投资欲望不强,而导致这一现状的原因无疑是员工认为预期收益无法抵补预期所需承担的损失。要增加股票对员工的吸引力,必须改变这一投资的风险—收益关系。

这种情况下,人们很容易想到可以提供收益保障、大幅度降低风险的股权融资工具——优先股。但优先股存在两个缺点:①优先股持有者的投票权有所局限,这使它难以成为企业治理结构中积极有力的部分;②优先股持有者不能享受企业高速扩张所带来的高额回报,因而难以吸引对企业发展很有信心的投资者。就该案例来说,这两个缺点无疑是致命的,因为R-P化工公司急于向员工出售股票的目的是使他们成为企业的"主人翁",成为企业完善治理结构和优化日常运作的动力之一。但是,优先股的特征与R-P化工公司的目标相背离。

但是,美国信孚银行并没有简单地否定优先股融资形式,而是巧妙地吸收了优先股的思想,并对原先的普通股进行了根本性的改进,提出的具体方案为:由R-P化工公司出面向员工保证其持有的股票在4年内能够获得25%的回报率,同时其股权所代表的表决权不受影响,并且员工可以获得未来股票二级市场上价格上涨所带来的资本利得的2/3,另外的1/3则作为对R-P化工公司提供的最低回报率的补偿。

这一方案的创新性主要表现在以下四个方面:

(1)对普通股设置最低收益保障,从而从根本上改变职工投资的风险—收益关系。

(2)改造了优先股股东投票权被限制的思路,允许其股东具有完全的投票权,以防止员工成为企业决策中消极的部分。

(3)借鉴了分享性优先股的性质,允许其持有人在获得最低收益保证之余仍可享受与其他股东相一致的分红待遇,这又使其在二级市场上的价格能够与普通股保持一致,股票持有人可以享受优先股难以带来的优厚的资本利益。

(4)以上三点,事实上是为了保证调动公司员工工作的积极性、缓解(incentive incompatibility)激励不相容问题所做的利益让渡。为了使公司其他股东和管理层也能接受这一金融工程方案,美国信孚银行又设置了职工股在二级市场所获资本利润中的1/3应归公司(即全体股东共享)的规定,这样既保证了员工的积极性不受严重影响,又缓解了其他股东对"同股不同权"的抗议,同时还能促使其员工为维护其账面盈利而不将股票在二级市场上出售(因为出售后1/3的资本利润归公司所有),从而成为企业的长期投资者,这无疑强化了员工与企业休戚相关的联系。

该方案产生了以下的效果:

(1)R-P化工公司的员工在不影响其股票表决权的同时还能获得最低收益保障,这使员工的购股兴趣大增。

(2)R-P化工公司只需要支付最低收益就可以促使职工持股,这在一定程度上解决了困扰企业发展的激励问题和信息问题。

(3)如果二级市场价格上升,R-P化工公司还能获得职工持股溢价部分的1/3,如果二级市场境况不佳,R-P化工公司也无须承担股价下跌的风险。

总之,美国信孚银行的方案使R-P化工公司成功地向员工出售了股票,并且只需承担比原先折扣优惠更低的成本。

美国信孚银行通过引进上述四大创新性要素,对原有的优先股思想进行了创新性的改造,才使其提出的对企业整体金融问题的创造性解决方案达到了皆大欢喜的效果,也使几乎陷入困境的 R-P 化工公司私有化改造得以顺利进行。

1.2.2　创新性金融产品

【例 1-2】 假设一个国内投资者十分关心境外证券市场、外汇市场和衍生产品市场的起伏波动,很希望能够亲自到国际金融市场上一显身手。然而,在中国外汇管理制度和严格的金融管制条件下,这一希望成为现实的可能性几乎为零;与此同时,中国经济在迅猛发展,尚处于不成熟阶段的证券市场显然拥有足以令境外投资者羡慕不已的投资回报,但限于金融监管,境外投资者无法直接进入 A 股市场以分享中国股市成长过程中的收益。因此,投资者需要应用现代金融工具寻找解决问题的办法。

【案例分析】 本案例所要解决的问题是:让境内、境外投资者各取所需,获取其在境内或境外证券市场的投资收益。

问题的症结在于中国市场对资本账户和外汇市场进行严格的限制,境内投资者无法将资金汇出境直接投资于境外市场,境外投资者也难以购买 A 股股票以获取境内证券市场的回报。

最后,解决问题的方案为:设计一笔交易,让境内投资者和境外投资者签订一份合约,规定双方各自在境内、境外进行一定规模的投资,一段时间后(如一年后),双方交换各自的投资收益,以实现投资者的投资需求。

在这一方案中,可以由一方进行投资决策,另一方进行操作,即一方发指令,另一方执行指令;也可以不进行真实的投资运作,仅选取某些指数作为双方交换投资收益的依据。例如,双方选择中国上证 50 指数和 S&P500(标准普尔 500)指数,把 2018 年第一个交易日至最后一个交易日的指数变动作为收益交换的依据。依据合同投资额为 1000 万美元,如果在上述时间内上证 50 指数和 S&P500 指数分别上升 18% 和 16%,那么国内投资者在 2018 年年底就要支付境外投资者 1000×(18%−16%)=20 万美元。

当然,作为收益交换依据的还可以是某种证券的价格、期货价格、利率、房产价格等金融指标。

通过实行这一方案,双方都有获益之处:

(1)在不违反现行金融监管的条件下实现了投资的国际化,满足了双方特定的投资需求。

(2)由于不涉及资本的汇入汇出,因而不会对国内金融市场造成冲击,相反还可能由于境外较成熟的投资理念的引入,促进国内投资者投资行为趋于健康化。

(3)双方均无须承担大笔资金汇兑的财务成本。

(4)可以大幅减少双方的头寸暴露,因为对于任何一方来说,外汇风险仅体现在两地有收益差额的资产上,而自行进行国际投资时,其外汇风险体现在本金加收益的外币资产上。

实际上,这一新的合约就是金融工程的产物,即所谓的国际投资收益互换(international stock-return swap),也就是两国投资者不进行本金交换而只进行收益结算的交易方式。

通过上面两个例子,我们可以明白金融工程是如何运用现代金融技术开发出创新性的金融产品和创造性的解决方案,从而解决一定的实际问题,满足客户特定的需要。事实上,作为金融工程在实际中运用的结果,创新性的金融产品和创造性的解决方案是密不可分的。创新性的金融产品从本质上讲就是创造性的解决方案,而创造性的解决方案中往往包含着创新性金融产品的开发和运用。

金融工程有助于交易双方获得自己希望的结果,当然,一方希望的结果可能对另一方来说是不希望看到的,可尽管如此,这也不会带来任何问题。试想:准备花 10 元购买一股股票的投资者也许认为这个价格正是他希望的价格,而卖出的一方也许认为以此价格持有是不合算的。在这个交易中,尽管双方观点不一致,但双方都对这笔交易的完成非常满意。

同时必须注意,金融工程有助于获得较好的结果,但不能实现不可能达到的结果。例如,最聪明的金融家也不可能以负利率筹到资金。2011 年,英镑兑美元年平均汇率为1.603,而现在就没有人可以以这个汇率卖出英镑了。金融工程师的这种局限与机械工程师是一样的,后者也不能制造一辆汽车,每升汽油能跑 100 千米,速度为 500 千米/时。因此,金融工程能帮助人们获得较好的有价值的结果,但不能实现不可能的结果,这也是本节的两个案例想告诉我们的。

1.3 金融创新的动因及金融衍生产品产生的前提条件

金融衍生产品的蓬勃发展是从 20 世纪 70 年代开始的,它实际上是伴随着近几十年来世界经济环境发生的深刻变化以及风靡全球的金融创新浪潮发展起来的。同时金融工程技术的发展为衍生产品的迅速发展提供了有力的工具和手段,而信息技术的进步则成为衍生产品开发和发展的强大技术平台。这些要素就构成了金融创新的动因和金融衍生产品产生的前提。

1.3.1 日益波动的全球经济环境

经济环境因素是指那些公司外部的但多少要影响到公司经营业绩的因素,包括价格的波动性、市场的全球化、税收及会计方面的法规等。金融工程师们非常广义地使用"价格"这一字眼。价格是人们为获得某种有价值的东西或某使用权所需支付的货币数额。有价值的东西可以是商品、本国货币或外币。当讨论对象是商品时,价格的概念对多数人来说都是清楚的,例如,为获得汽油、面包、住房或黄金等就需要支付一定数量的货币,即商品的价格。为使用他人一个单位的本国货币所需付出的成本就是利率,这就是本币的价格;而为得到一个单位的外币而付出本国货币的数额就被称为汇率。

价格是由市场供求力量决定的。用经济学的语言来讲,有价值的东西的消费者对它们有"需求",并在市场上对其报出购买价;同时,有价值的东西的生产者则有相应的"供给",并在市场上报出出售价。消费者的需求与生产者的供给之间的相互作用最终决定了市场交易的结清价格和数量。如果在某一段时间内,某种有价值的东西的供给和需求发生了迅速的变化,那么这种东西的市场结清价格也会发生剧烈的变动,这就是价格的波动性。

20 世纪 60 年代以前,世界经济大多数时候处于一个比较稳定的状态,商品的价格、利率与汇率相对稳定;然而,进入 70 年代以后,许多市场的价格波动速度加快。整个 70 年代加速的螺旋上升式通货膨胀对市场的结清过程起到了极大的破坏作用。如爆发于 1973 年的石油危机,突然改变了石油这个基础性商品的长期价格,带动了其他基础原材料商品价格的上涨,成为商品市场价格波动的重要推手;1973 年,以美元为基础的固定汇率制度(布雷顿森林体系)崩溃,终止了固定汇率的稳定作用和美元与黄金的可转换关系,浮动汇率成为国际外汇市场的主要汇率形式之一。在金融领域,物价波动造成名义利率与实际利率相脱节,加上金融全球化的趋势,利率波动也相应加大。

全球生产和营销活动导致了跨国公司的出现,出现了市场全球化的趋势。20 世纪 70 年代,欧洲美元市场的发展,使以前分割的世界资本市场联为一体。新型金融工具的出现,加速了市场全球化进程。这些金融工具本身也是真正具有革命性意义的金融工程的成果。全球化扩大了市场的规模并极大地促进了竞争。这对消费者是有利的,消费者可以以较低的价格获得较高品质的商品。但这也将现代公司置于很大的风险之中,并且在很多情况下,减少了公司的利润。扩大规模导致企业在资本结构中较多地利用债务,从而增大了企业对利用财务杠杆加大回报的依赖性。在考虑其他风险时尤其要注意对高财务杠杆的使用。特别是,跨国公司总是承担着相当大的汇率风险和利率风险。如果跨国公司能竞争成功并长期强盛,那么这些风险就必须得到有效的管理,尤其是汇率的波动性是绝对不能忽视的。

从 20 世纪 70 年代开始,世界经济环境的不确定性增大,导致了各种市场价格的波动增加,从而使得市场主体面临的风险增大。对风险管理技术和风险管理工具的需求也相应上升,这成为推动衍生产品产生和发展的重要因素之一。

1.3.2 不断变化的制度环境

制度环境的变迁也是衍生产品产生和发展的重要推动力。特别是 20 世纪 80 年代之后,西方主要国家的制度环境转向鼓励创新的市场化和自由化,这也是金融工程发展的重要推动力。

(1)全球经济环境的变化加速了金融机构的竞争,激发了其金融创新的热情。

随着全球经济环境的变化,20 世纪 30 年代大危机以来,在西方国家执行数十年的严格的金融管制制度已经无法适用。80 年代以来,西方各国纷纷放松金融管制,鼓励金融机构业务交叉经营、平等竞争,形成了一股金融自由化的改革浪潮,由此引发金融机构之间的竞争日趋激烈。具有创新能力,已经成为金融机构生存的基本准则。金融创新的突出表现之一就是金融产品的创新,尤其是创造性地产生了能够为市场主体提供规避各类风险(商品价格、利率、汇率、证券价格、信用风险等)和提高流动性的衍生金融产品。

到了 80 年代,随着行业竞争压力的加剧,以及商业银行重新涉足投资银行业,银行开始以低的收费标准吸引比较有钱的客户,使得许多公司放弃了同自己的投资银行长期保持的关系转向其他商业银行以便获得比较优惠的收费。为了更好地竞争并留住客户,投资银行开始把注意力转向创新。他们明白,如果他们所做的一切仍然局限于改造标准的现成形式的金融工具,如股票和债券等,他们将不得不在竞争中对客户压低报价,这样利润将被大大削减。但如果他们能设计出客户需要的独特的金融产品,那么客户便很有可能在协商的基础上被留住——这可以给投资银行带来前所未有的回报。然而,一旦一种新的工具问世以后,用不了多久竞争者就会复制这种工具,或者盗用其较为诱人的特征。这样,银行间便展开了一场发明新式金融产品的竞争,而 80 年代也被一股新式金融产品的风暴所席卷。

(2)很多衍生产品的创新都是不对称税收引起的,许多金融工程活动都受到税收不对称性的激励。

税收不对称的存在基于以下诸多原因:一是政府对某些行业给予特殊的税收豁免待遇与优惠来促进其发展与成长,或者向某些特别的方向引导和调整其发展。二是不同国家向企业施加不同的税收负担。有时情况会更复杂,因为有的国家向国内企业和在其境内经营的外国企业征收不同的税赋。三是一些企业过去的经营业绩留给企业相当可观的减税和冲销额度,这些额度有效地免除了企业在未来几年中的纳税义务等。

如果两个企业按照不同的有效税率纳税,便存在着一种税收上的不对称,这种不对称性是可以被金融工程师利用的。例如,在美国,一个公司向另外一个公司付出利息,通常对于收取利息的公司来说属于完全应税收入,而对于付出利息的公司来说则可以从应税收入中完全扣除。另外,由于一般作为股利来源的收入在付出股利的公司方面已被征税,故而一个公司拥有的由普通股和优先股带来的股利大部分是免税的。在大多数情况下,收到股利的 80% 可以享受免税。现在假设 A 公司的公司边际所得税税率是 40%,它可以按 10% 的成本借入资金。A 公司借入 1000 万美元用来购买公司 8% 的优先股。也就是说,该优先股能产生 8%(面值的百分比)的固定股息,这相当于每年收取 80 万美元的优先股股息。

粗看起来,这笔交易从 A 公司的角度来说没有任何意义。无论如何,A 公司是以 10% 的利率借款而投资于收益仅为 8% 的项目。若考虑到税收的不对称性,这种做法可能变得很有意义。在本例中,由于 A 公司的税率是 40%,而利息支出又是可以从应税收入中完全扣除的,所以 A 公司借款的实际税后成本是 6%,同时该公司从股息中得到的税后收益却达到了 7.36%,这是由于股利的 80% 是免税的,而其余部分则按 40% 的税率征税。后者的计算公式如下:

$$税后报酬率 = 8\% - (8\% \times 20\% \times 40\%) = 7.36\%$$

再进一步,假设政府为鼓励 B 公司所在行业的发展而向该行业提供税收优惠(如 B 公司从事代用燃料的经营业务,而政府正在鼓励代用燃料的开发和使用),这使 B 公司只需按 12% 的税率对其收入纳税。A 公司愿意以 10% 的利率向 B 公司借款并用于购买 B 公司 8% 的固定股息的优先股吗?答案是肯定的。对于 B 公司借给 A 公司的每 1 美元,B 公司将得到 0.1 美元的利息。为此,B 公司将于税后得到 0.088 美元。而 B 公司对于 A 公司向它的投资按每 1 美元支付 0.08 美元的优先股股息。这样,B 公司对于如此调换的每 1 美元都可获得 0.008 美元的净利。与此同时,A 公司也可以获得前面所述的收益,即对于调换的每 1 美元得到 0.0136 美元的净利。这一调换可以使双方赢利。

很明显,这两家公司通过以 A 公司的债务调换 B 公司的权益,针对税收不对称性进行了套利,两家公司都得益,当然受益程度并不一定相同。这个例子的确说明了税收不对称性的作用,同时它还说明了一个问题,即金融工程师利用税收不对称开发出的结构化方案经常是有针对性的,也就是说,它们只有在所涉及的个别企业所独有的情况和财务环境下才成为可能。金融工程师并不是帮企业逃税。逃税是犯法的,而利用税收的不对称性进行套利的金融工程师是在帮助企业避税。对税收的不对称性的这种利用部分地解释了80 年代发展起来的企业间的债务/权益互换。

税率的不对称必然引起合理避税的需求。很多衍生产品的设计就是为了将一种形式的收入(如债务)转换成另一种形式的收入(如权益),特别是将高税率的收入转换成低税率的收入,从而达到避税的目的。

1.3.3 多样化的市场需求

风险与收益是市场空间的两大坐标,不同产品对应不同的风险与收益。随着市场的发展和市场参与者的日益增多,市场主体对不同风险与收益特征的产品需求会日益增大和细化,必然引致衍生产品的不断开发,以满足市场主体的各种需求,填补市场中的空白。

理性人厌恶金融风险,但这并不意味着个人不愿意承担风险,应当理解为只有当个人得到充分的风险补偿时,他才愿意承担风险。在这里,我们考虑一些这样的金融创新,这些创新是通过降低金融产品的内在风险或创造出管理风险用的金融工具等途径来增大企业的价值或个人投资者的效用,从而满足市场上多样化的需求。

例如,按揭贷款担保债券向个人投资者和机构投资者提供了一种新的工具,利用这种新工具可对住宅抵押贷款市场投资而不必过于担心提前还清贷款的风险。而如果对按揭贷款或按揭贷款转手证的交易市场直接投资,此类风险几乎是无法避免的。再来看一下浮动利率债券或可调股息的优先股这两种创新性的金融工具,这些金融工具的价格对利率总水平的变动不像具有相同到期日的固定利息的金融工具那么敏感,因此持有这些金融工具的风险就小得多。

20 世纪 80 年代以后,针对个人和企业对风险的厌恶产生的多样化的市场需求而进行的金融创新的核心在于引入非常有效的风险管理工具和设计出非常精致的风险管理策略。这些引进的风险管理工具包括利率期货与期权、股票指数期货与股票指数期权、外汇期货与外汇期权,以及诸如远期利率协议和远期外汇协议之类的柜台交易合同,还包括利率互换、货币互换、商品互换和权益互换等在内的一系列掉期产品。应市场需求开发或改进的风险管理策略还有资产/负债管理技术——包括各种形式的久期和各种风险"免疫"策略、比较好的风险评估与量化技术;包括以波动性测度将价格风险量化和对风险描述的图形表示,以及开发和改进各种套期保值策略;包括以久期为基础的策略、以回归为基础的和以美元价值为基础的技术等。

更确切地说,1973 年石油危机引发的通货膨胀迫使西方国家放松名义利率管制,导致了利率波动加大,市场出现了转嫁利率风险的需求,两年后美国出现了世界第一手利率期货。布雷顿森林体系崩溃,各国浮动汇率制的实施导致市场上出现了汇率风险,规避汇率风险的需求出现。应市场的需求,在美国出现了第一手货币期货等。

1.3.4　金融理论和金融工程技术的发展

在衍生产品的开发和设计中最重要的两个方面是定价与产品设计,而这两个方面的精确度都依赖于相关金融理论和现代金融工程技术的发展。作为金融的一个分支,现代金融理论和技术的发展是金融工程产生与发展的基础,金融工程活动反过来又为金融理论的进一步创新提供了实践舞台。

不可否认,现代金融工程师的"工具箱"中,大部分概念性的工具都是由学术人员,或者是由实务人员与学术人员密切合作开发出来的。早在古希腊时期,人们已经有了期权的思想萌芽,然而直到 19 世纪的后期,随着工业革命的完成和市场经济中企业制度的建立,金融理论才进入加速发展的态势,为现代金融工程的出现奠定了思想基础。

金融理论的核心是基本的估值关系,这种估值关系说明一项资产的价值等于其产生的未来现金流的现值之和。这个基本关系由艾文·费雪(Irving Fisher)在 1896 年最先确认并解释(费雪对经济学和金融学理论还做出了其他的重要贡献),是解决产品定价的关键技术。这一理论对后来的资产定价理论的发展起到了奠基石的作用。而美国投资理论家本杰明·格雷厄姆(Benjamin Graham)和戴维·多德(David Dodd)的贡献是于 1934 年出版了关于证券估价的著作《证券分析》,其已经成为证券行业的圣经,开创了证券分析史的新纪元。

1938 年,弗莱德里克·麦考利(Frederick Macaulay)提出的久期和利率免疫的思想,成为目前几乎所有从事资产/负债管理的人都普遍使用的工具。久期是指债券持有人得到全部货币回报的平均时间,是一个加权平均数,其权数是债券有效期内各笔收入的现值相对于债券价格的比值。久期的概念对于债券投资具有十分重要的意义。

1952 年,哈里·马科维茨(Harry Markowitz)发表了著名的论文《证券组合分析》,为衡量证券的收益和风险提供了基本思路,指出了在证券市场上存在有效的投资组合,为投资者的组合交易提供了新的思路。他在证券组合理论方面的贡献引发了大量对现代证券组合的分析工作,其分析框架成了构建现代金融工程理论分析的基础。1958 年,莫迪利安尼(F. Modigliani)和默顿·米勒(M. H. Miller)在《美国经济评论》上发表论文《资本成本、公司财务与投资理论》,提出了现代企业金融资本结构理论的基石——MM 定理(Modigliani Miller Theorem),解决了企业资本结构与企业价值关系的问题。这一理论构成了现代金融理论的一个重要支柱,同时提出的无套利定价原理,是金融衍生工具定价的基础。

到了 20 世纪 60 年代,利兰德·约翰逊(Leland Johnson)和杰罗姆·斯特因(Jerome Stein)把证券组合理论扩展到套期保值,从而形成现代套期保值理论。马科维茨的学生威廉·夏普(William Sharpe)提出了马科维茨模型的简化模型——单指数模型,他和简·莫森(Jan Mossin)、约翰·林特纳(John Lintner)一起创造了资本定价模型(CAPM)。资本定价模型(CAPM)和同期的套利定价模型(APT)标志着金融理论走向成熟,成为现代证券投资分析的一个主要支柱。对风险的分类是夏普理论的主要贡献,每一个有价证券的风险被分为两个部分:系统风险和非系统风险,与风险分类相关的两个著名的系数——α 系数和 β 系数已经成为华尔街投资者的常识。与夏普理论不同,套利定价模型源于一个非常朴素的思想,那就是在完善的金融市场上,所有金融产品的价格应该使得这个市场体系不存在可以让投资者获得无风险收益的机会。如若不然,对套利机会的追寻将推动那些失衡的金融产品的价格恢复到无套利机会的状态。根据这一思想,决定金融产品价格的方法就是无套利定价法。

20 世纪 70 年代,美国经济学家罗伯特·默顿(Robert Merton)在金融研究中总结和发展了一系列理论,为金融学和财务学的工程化奠定了坚实的数学基础,取得了一系列突破性的成果;1973 年,费歇·布莱克(Fisher Black)和梅隆·舒尔斯(Myron Scholes)在美国《政治经济学杂志》发表了著名论文《期权与公司债务定价》,给出了第一个完整的期权定价公式,为期权在金融工程领域内的广泛应用铺平了道路,成为在金融工程研究领域最具革命性的里程碑式的成果。

所有这些人都对金融理论做出了奠基性的贡献,这些金融理论的每一部分都成了现代金融工程师所依靠的支撑力量。

1.3.5　信息技术进步的影响

信息技术的进步为金融工程和衍生产品的发展提供了重要的物质条件、研究手段、技术支持平台和新的发展空间。许多金融工程的重大活动都是在科技突破的推动下完成的,而许多此类突破又都与计算机有关。计算机的大规模运算和数据处理能力以及现代信息技术的发展,使实施大型金融工程和衍生产品设计成为可能。

(1)运用计算机软件开发出的各种计算和分析软件包,为金融工程提供了开发和各种新型衍生产品、解决财务金融问题的有效手段。金融产品开发和设计过程最大的难题是定价问题,正是计算机技术的发展帮助金融工程师解决了这一难题。人们运用数值计算和仿真技术把复杂的金融产品分解为相对简单的金融产品的组合,并利用数据处理程序和相关计算机技术对各种简单的金融产品进行估价,解决了金融产品价格没有显式解的问题。

(2)计算机和现代信息技术的应用,创造了全球金融市场,促进了金融机构开展金融活动,同时也促进了金融衍生产品市场的发展。通信的发展使世界范围的即时协商、通过有线数据线路传送数据和通过卫星传送信息和数据等成为可能。大型计算机交易网络的运用,使得金融工程方法的供给者可以直接或间接地与原先分散在单个市场的最终用户联系起来,加快了新型金融工具与技术供求的结合,同时扩大金融新产品的推广范围。微处理器的调整、远程数据传输技术和计算机存储设备的改进,使得金融市场交易者可以用最新的方式、最快的速度获取信息处理信息和做出反应,从而使得最新金融工程技术和衍生产品的应用成为可能。同时,软件程序方面也有了重大的发展,没有软件方面的发展,计算机与远程通信的进步几乎没有意义。

这里用一项重要的金融工程创新活动来说明信息技术进步的重要性,那就是 1982 年原有的商品交易所设计的第一批股票指数期货合同。第一份这样的合同是由堪萨斯城交易委员会引入的价值线综合指数期货合同。此后不久,芝加哥商品交易所引入了标准普尔 500 种股票指数,纽约期货交易所引入了纽约综合指数的指数期货,在一段时间后又引入了主要市场指数期货(芝加哥交易委员会)的股票指数期货。

设计和引入股票指数期货当然是金融工程的重要成果,但在其他因素到位之前,这些合同交易一直很少。这些因素包括能够解释股票指数期货合同(与作为标的物的现货指数相对)估值方法的金融理论的发展和纽约股票交易所中订单匹配电脑系统(即众所周知的指定订单周转系统 DOT)的引入。

在这些工具到位以后,聪明的金融工程师便找出了利用这些指数期货的市场价格与公平价格不一致来套取利润所必需的精妙的数学关系。然后,他们将这些关系转变为计算机程序,并采用必要的硬件和数据连接获得持续的数据来源和即时的订单执行。逐渐地,这些程序越来越精致,到了 1985 年底和 1986 年初,这种交易方式已成为左右权益市场的主要力量。这种名为程序控制交易或期货—现货套利的交易策略导致了被人们严重误解的短期股票价格波动性的增大,后来,又引起了对这些程序交易策略的经济含义的激烈辩论。然而,学术界的讨论最终得到了类似的结论,即程序控制交易提高了市场形成股票价格的效率,并实际上成为传递信息的机制。

这个关于程序控制交易的简单讨论描述了许多金融工程活动与信息技术进步间的关系,还揭示了推动金融工程迅速发展的其他重要因素。首先是金融理论的重要性;其次是那些常常被称为"数量型选手"的金融工程师的重要作用,他们掌握了金融理论之后,通过艰苦细致地考察各种关系和处理各种数据,制定了有用的投机、套利和套期保值的策略。

(3)信息技术的进步还通过影响其他环境因素或与其他因素共同作用,对金融工程和衍生证券的发展产生影响。信息技术的进步使市场获取信息的速度大大加快和获取数据的能力大增强,这就使得个别市场上的异常交易价格迅速蔓延到周边市场乃至世界市场,加剧了全球市场价格的波动性,对价格风险的防范提出了更高的要求。尽管从市场长远的角度看,价格结清速度加快从整体上对经济是有利的,因为更为迅速地按最有效的用途重新配置资源,并在时间上配置得更为合理,但比较大的价格波动使生产者和消费者面临较大的价格风险。这里金融工程师的作用就体现出来了。金融工程师能帮助企业管理市场经济中固有的价格风险。与信息技术进步使价格波动性增加的程度相对应,金融工程师管理风险的作用也变得越来越重要。

1.4 最基本的衍生工具

衍生工具是衍生金融工具的简称。在金融学中,我们知道,金融工具也称为信用工具,是金融市场的交易客体,即交易对象。金融工具包括原生金融工具和衍生金融工具两大类。

衍生工具(derivative instrument),也称衍生产品,如果要给其一个确切的定义,那就是指其未来回报依赖于一个潜在的证券、商品、利率或指数的价值的合约,而这一潜在的证券、商品、利率或指数就称为标的(基础)证券或标的资产,如黄金期货合约是一个衍生工具,其标的资产是黄金;又如股票期权也是一个衍生工具,其标的资产是股票。

根据标的资产的性质不同,衍生产品可以分为商品衍生产品和金融衍生产品。金融衍生产品即金融衍生工具。

商品衍生产品是以商品作为标的资产的衍生产品;金融衍生产品是以金融产品作为标的资产的衍生产品,如证券、利率或指数等。金融衍生产品是市场中主要的衍生产品,也是本书以下章节介绍的主要对象。

在金融市场中,一些证券通常被看作标的资产,如股票、债券等。最常见的衍生产品主要包括远期、期货、期权和互换四大类。

1.4.1　远期——最简单的衍生金融工具

远期合约是指双方约定在未来一个确定的时间,按照某一确定的价格买卖一定数量的某种资产的协议。也就是说,交易双方在合约签订日约定交易对象、交易价格、交易数量和交易时间,并在这个约定的未来交易时间进行实际标的资产的交割和资金收付。

对于远期合约,其交易双方分别被称为远期合约的多方或空方。远期合约的多方(多头)是指在未来约定的时间买进标的资产的那一方,与之相对应,远期合约的空方(空头)就是指未来出售标的资产的那一方。多方的交易方式称为"做多",空方的交易方式称为"做空"。

远期交易具有以下特点:

(1)场外交易。

(2)"定制的"非标准化的交易。可以根据客户的要求专门定制,灵活地满足客户的偏好。

(3)期限通常为一个月、三个月或六个月。

远期合约一般是由买卖双方根据自身的需要直接谈判交易,即它是"定制的",而不是标准化的,因此它缺少金融资产市场流动性所要求的范式合约格式,这使得它的二级市场难以发展起来。因此,远期合约具有以下优缺点:

优点:能消除经济中的不确定性。

缺点:每笔交易的特殊性太强,较难找到符合条件的交易对手;签订后再转让也比较麻烦,需要耗费大量交易成本和搜寻成本;到期时必须履行交割义务;而且远期合约缺乏对交易对手信用风险的强有力的约束,如果到期时交易对手违约,就会给交易方带来损失。

【例1-3】　在经济日益全球化的今天,很多公司都经常使用外汇远期合约或远期外汇合约,例如,两家公司在5月1日签订了一个远期合约,在第180天以每英镑1.678美元的价格交易100万英镑。这个远期合约的多头方(即合约中约定购买英镑的一方)有权利也有义务以每英镑1.678美元的价格买入100万英镑,支付美元167.8万美元,而空头方(即合约中约定出售英镑的一方)同样有权利也有义务以每英镑1.678美元的价格卖出100万英镑,收到167.8万美元。那么远期合约未来给交易双方带来的回报是多少呢?

【案例分析】　试想,由于英镑在第180天有两种可能性:一种升值,一种贬值。不妨假定在第180天时,英镑的价值可能是1.778美元或1.578美元。对于多头方而言,到期英镑为1.778美元时,远期合约给其带来的回报是10万美元,而当英镑的价值为1.578美元时,远期合约给其带来的回报则为-10万美元;当然对于空头方而言正好相反。由此可以看出,远期合约是一种衍生工具,依赖于未来标的资产的价值。在远期合约到期时,一方赢利一方亏损,多头方的赢利必然是空头方的亏损,空头方的赢利也必然是多头方的亏损,且数额相等。

远期合约的标的资产可以是商品,也可以是金融产品。当标的资产为商品时,远期合约是商品衍生工具;如果标的资产为金融产品时,远期合约则是金融衍生工具。

远期合约对于那些预期在将来某一时刻可能需要支付或收到外汇,又希望事先确定相关成本或收益的公司来说是很有意义的。例如,一家美国公司出售上述外汇远期合约给银行,该公司预计三个月后有100万英镑的收入,而其预期未来英镑会贬值。这正是外汇远期市场成为国际金融市场重要组成部分的原因。

主要的金融远期的种类有远期利率协议(forward rate agreement,FRA)、远期外汇合约(forward exchange contracts)和远期股票合约(eqaity forwards)等。

1. 远期利率协议

远期利率协议是买卖双方同意从未来某一商定的时刻开始,在某一特定的时期内按协议利率借贷一笔数额确定、以特定货币表示的名义本金的协议。有关详细的讨论见第十章第二节的内容。

2. 远期外汇合约

远期外汇合约是指双方约定在将来某一时间按约定的汇率买卖一定金额的某种外汇的合约。应当注意的是,有些国家由于外汇管制,在交割时,本金通常并不交割,而只交割合同中规定的远期汇率与当时的即期汇率的差额,即交割盈亏的数量,因此该本金也称为名义本金。

按照远期的开始时刻划分,远期外汇合约又可分为直接远期外汇合约(outright forward foreign exchange contracts)和综合远期外汇协议(synthetic agreement for forward exchange)。直接远期外汇合约的远期期限是直接从现在开始算的,如例1-3,而综合远期外汇协议的远期期限是从未来的某个时点开始算的,因此实际上是远期的远期外汇合约。如3×6综合远期外汇协议是指从交易日之后的3个月开始计算的为期3个月的远期外汇协议。详细的讨论见第十章第二节的内容。

3. 远期股票合约

远期股票合约是指在将来某一特定日期按特定价格交付一定数量单个股票或一揽子股票的协议。远期股票合约在世界上出现的时间不长,交易规模也不大。

1.4.2 期货——标准化的远期合约

期货合约是一种标准化的远期合约,是对远期合约中未来交割的时间、数量以及标的资产进行标准化,即由交易所来规定,而买卖双方只能根据市场的交易情况确定自己未来买卖标的的价格,即竞价确定期货的价格。

期货合约是期货交易者和期货交易所或清算所之间的具有严格法律效力的协议。合约双方约定的未来标的资产交易的价格叫期货价格。合约双方约定的进行标的资产交易的指定日期叫交割日或到期日。

期货合约和远期合约本质上是相同的衍生产品,主要区别在于:

(1)远期合约是OTC交易(场外交易市场)的产品,通常是在金融机构的柜台或通过电话等通信工具进行交易,即远期合约是非标准化的;而期货合约通常都有标准化的合约条款,期货合约的合约规模、交割日期、交割地点及交易的标的资产都是标准化的,在合约上有明确规定,无须双方再商定。价格是期货合约的唯一变量,如美国芝加哥期货交易所规定了每份小麦期货合约的交易规模为 5000 蒲式耳(1 吨=38.01 蒲式耳),有 5 个交割月份(3 月、5 月、7 月、9 月和 12 月)可供选择等。交易则是在专门的期货交易所内进行的。

(2)定价方式不同。远期合约是协商价,而期货合约是公开竞价,随着供求关系的变化,成交价也不断发生变化。

(3)在远期合约的交易中,交易双方将通过直接接触来约定各种条件;但在期货交易中,交易双方并不直接接触,期货交易所(清算所)充当期货交易的中介,并保证最后的交割。交易所通过保证金等制度来防止交易者的信用风险。

(4)结算方式不同。远期合约采用到期一次性结算的方式,而期货合约是每日结算,即所谓的"逐日盯市"制度。

(5)交割方式不同。远期合约采用实物交割方式,而期货合约尤其是金融期货大多采用"对冲平仓"方式进行交割,很少采用实物交割。

1.4.3　期权

期权是两个交易对手之间签订的协议,是期权的购买者或期权的卖方在将来的指定日期或指定日期之前,享有按照固定价格买进或卖出一定数量的标的资产的权利的合约,而不需要承担任何义务。一旦买方决定执行期权合约,期权卖方就有责任配合买方交割期权合约规定的标的资产。因此期权合约的实质是一种权利。

由于期权赋予买方的是权利,因此期权买方要想获得权利就必须要付出代价,即花钱来购买"权利",因此期权的定义隐含着另一要素:期权费或期权价格。期权的卖方就是转让权利收取期权费的一方。

【例 1-4】 (股票期权合约)一个投资者购买一份基于 DELL(戴尔)的股票期权合约,该合约规定投资者在支付每股 1.40 美元的期权费后,就可以获得在一个月后以每股 32.5 美元的价格买入 100 股 DELL 股票的权利。

【案例分析】 由分析可知,如果该期权到期时,DELL 股票的价格上涨到 35 美元,那么期权买方的回报为(35-32.5)×100=250 美元;如果到期时,DELL 股票的价格下跌到 30 美元,那么期权买方的回报为 0(因为此时买方可以放弃执行期权,合约的价值为 0),因此期权合约是一种衍生产品。

根据期权赋予买方的权利,期权合约可以分为看涨期权和看跌期权。看涨期权赋予买方的是未来买进标的资产的权利,而看跌期权赋予买方的则是未来卖出标的资产的权利。

根据期权赋予买方的执行合约时间的不同,期权可以分为欧式期权和美式期权。欧式期权是指期权的买方只有在期权的到期时间才有权利执行其合约;而美式期权则赋予期权买方在到期日之前的任何一个日期均有权利执行其合约。有关期权的详细介绍见第五章的内容。

1.4.4　互换

互换是指交易双方达成协议,在未来一定的期限内,按照约定的条件,交换一定未来现金流的合约。

值得注意的是,互换双方通过互换合约,就货币种类、利率种类进行了交换,这种交换本身并不涉及双方资产负债的增加或减少,不对双方资产和负债产生影响,因此互换业务是表外业务。

【例 1-5】　(利率互换合约)A 公司与 B 公司签订了一份合约,根据合约,A 公司在未来 5 年内每年向 B 公司支付基于 100 万美元本金的 10%固定利率的利息,而 B 公司则同意在未来 5 年内每年向 A 公司支付基于同样 100 万美元本金的利率为 1 年期 LIBOR(伦敦同业拆借利率)+0.3%浮动利率利息。——这一合约就是一个利率互换合约,A 公司与 B 公司被称为利率互换合约的两个交易方。

【案例分析】　这是一个标准的利率互换合约。这份合约给两个公司带来的未来回报将依赖于执行时确定的 LIBOR 利率的大小。比如,在第一年的利息支付日确定的 LIBOR 利率为 9.8%,那么 B 公司则需向 A 公司支付的利率是 10.1%,因此 A 公司将获得 1000 美元的利息收入;相反,如果确定的 LIBOR 利率为 9.5%,那么 A 公司将因此而多支付给 B 公司 2000 美元的利息收入,即 A 公司是亏损的等。由此可知,利率互换合约确实是衍生产品。

如果两公司之间的协议是不仅仅在未来交换利息,同时在开始和结束还交换不同的货币本金,如 A 公司向 B 公司定期提交美元本金及其利息,而对方定期提交英镑本金及其利息,这就形成了货币互换合约,本金的交换只在开始和到期时进行。

利率互换和货币互换是最重要的两种互换合约。互换协议是在场外市场上进行的。在互换市场上,交易方之间可以就互换的标的资产、互换金额、互换期限、互换利益分享等方面进行具体协商,从而更能符合交易者的具体需求,但也因此必须承担一定的流动性成本和信用风险。具体有关互换的讨论见第九章的内容。

本章小结

本章首先界定了金融工程的定义。不同时期的学者对金融工程的定义是不同的。综合这些定义,本书对金融工程做出了如下的界定:金融工程是以一系列的现代金融理论为基础,运用一定的金融技术来研究和解决企业和金融领域的特殊问题,从而满足金融市场上各类市场参与者特定的风险规避和效率提高的需求,其结果是产生具有创新性的金融产品和创造性的解决方案。对于这一定义的理解可以从三个方面进行:①金融工程以一系列的现代金融理论作为基础;②金融工程是基于特定环境而运用一定的金融技术,是为了解决特殊问题、满足特殊需要而出现的;③金融工程是一个过程,它的结果是产生创新性的金融产品和创造性的解决方案。

本章应用两个案例进一步说明了金融工程在实践中的应用:创新和创造。

日益波动的全球经济环境、不断变化的制度环境、多样化的市场需求、金融理论和金融工程技术的发展和信息技术的进步是金融创新的动因及其金融衍生产品产生的前提条件。

衍生产品,也称为衍生工具,是指其未来回报依赖于一个潜在的证券、商品、利率或指数的价值,而这一潜在的证券、商品、利率或指数就称为标的(基础)证券或标的资产。

根据标的资产的性质不同,衍生产品可以分为商品衍生产品和金融衍生产品。金融衍生产品即是金融衍生工具。

最常见的衍生产品主要包括远期、期货、期权和互换四种。

远期是指双方约定在未来一个确定的时间,按照某一确定的价格买卖一定数量的某种资产的协议。

期货合约是一种标准化的远期交易合约,是对远期合约中未来交割的时间、数量以及标的资产进行标准化,即由交易所来规定,而买卖双方只能根据市场的交易情况确定自己未来买卖标的价格,即竞价确定期货价格。

期权则是买方的权利,是期权的持有者在将来的指定日期或指定日期之前,享有按照固定价格买进或卖出一定数量的标的资产的权利的合约。一旦买方决定执行期权合约,期权卖方就有责任配合买方交割期权合约规定的标的资产。

所谓互换,是指交易双方达成协议,在一定的期限内,按照约定的条件,交换一定未来现金流的合约。

练习题

1. 名词解释
(1)远期   (2)期货
(3)看涨期权   (4)看跌期权
(5)美式期权   (6)欧式期权
(7)互换

2. 简答题
(1)请叙述衍生工具的主要类型。它们之间有何共性和差异?
(2)期货和远期有哪些异同点?
(3)"期货和期权是零和游戏。"你如何理解这句话。
(4)互换包括哪些常见的类型?如何利用互换来规避风险?
(5)当前世界上的期权和期货市场发展状况如何?

阅读材料

第2章

期货与期货市场

教学目标

通过本章的学习,学生可以了解西方期货交易的产生与期货市场的发展,掌握期货市场的制度性特征以及期货合约的种类,了解目前世界上著名的金融期货市场,同时了解期货合约的功能,掌握期货在实际生活中的两种重要应用——投机和套期保值。

导入案例

1995年2月26日,新加坡巴林公司期货经理尼克·里森投资日经225股指期货失利,导致巴林银行遭受巨额损失,合计损失达14亿美元,远超巴林银行报告的净资产5.41亿美元,最终无力继续经营而宣布破产。从此这个有着233年经营历史和良好业绩的老牌商业银行在伦敦乃至全球金融界消失。

20世纪70年代以来,期货市场究竟给我们带来的是规避风险还是给企业、金融机构和投资者带来致命的风险?学习了本章可以对这个问题做出初步的回答。

期货合约(futures contracts)是指在交易所交易的、买卖双方约定在将来某个确定的日期(标准化)按事先约定的条件(包括交割价格、交割地点、交割方式等)买入或卖出一定标准数量的特定标的资产的标准化协议。合约中约定的价格就是期货价格(futures price)。与远期合约一样,合约中约定的未来将买入标的资产的一方是期货的多方,而未来卖出标的资产的一方称为空方。期货交易同样不能保证其投资者未来一定盈利,但是可以为投资者提供确定的未来买卖标的资产的价格。

2.1 期货交易的产生

早在古希腊、古罗马和古印度时期就有了关于远期交易的记载,期权期货交易的雏形最早出现在古希腊和欧罗巴时期。亚里士多德的《政治经济学》一书中描述了一名叫泰利斯的智者,他以预定橄榄榨油机的租金价格而获利。在冬季,泰利斯通过对星象进行研究,预测来年春天橄榄的收成。有迹象表明第二年橄榄将获得大丰收。他就与农户协商,并以固定的价格获得第二年春天榨油机的使用权利。随着橄榄的丰收,榨油机出现了供不应求的情况,这时他再通过转让榨油机的使用权利而获利。这便是最早的购买和转让看涨期权的实践活动。

现代意义上的期货交易起源于 19 世纪中期美国的中北部。芝加哥是美国农产品的集散中心,由于当时粮食生产的季节性所带来的谷物供求之间的尖锐矛盾,使得芝加哥的谷物商和农场主承受了巨大的价格风险,苦不堪言。于是,1848 年芝加哥的 82 位商人发起并组建了芝加哥期货交易所,最初仅仅是给交易者提供一个集中见面寻找交易对手的场所。交易双方通过签订远期合同,以事先确定销售价格,确保利润。由于远期合约存在潜在的违约风险,1865 年,CBOT 推出了标准化的协议,将除价格以外所有的合同要素标准化,同时又实行保证金制度,交易所向立约双方收取保证金,做出履约保证。远期交易也随之发展为现代期货交易。

早期的期货合约主要用于农作物的交易,直到 20 世纪 70 年代。70 年代初期固定汇率制度的崩溃为金融期货的产生提供了最初的动力,金融期货逐渐产生并发展起来。德国马克在 1963—1967 年的 5 年间,年平均波动率只有 0.4%,但在随后的五年间(1968—1972 年)提高了 6 倍,达 2.8%。然后在之后的每个五年间平均波动率大约为 9%,又比 2.8% 的波动率提高了 2～3 倍。在此背景下,1972 年 5 月 16 日,全球第一种金融期货合约——外汇期货开始在芝加哥商品交易所(Chicago Mercuntile Exchange,CME)的国际货币市场正式登场;与此同时,新的浮动汇率制度的出现增大了长期和短期利率的波动。在 1975 年 10 月,由芝加哥期货交易所设计了世界第一张利率期货合约,这张期货合约是以美国政府国民抵押贷款协会(Govenment National Mortagage Association,GNMA)发行的抵押证券作标的的,这标志着利率期货这一新的金融期货类别的产生。1982 年 2 月,堪萨斯期货交易所(Kansas City Board of Trade,KCBT)开办堪萨斯价值综合指数期货交易,从此,股价指数期货这一新的金融期货种类开始在世界范围内快速发展起来。由此奠定了金融期货三大类别的主要架构。

在 19 世纪 80 年代,期货交易扩展到其他国家。

1982 年,伦敦国际金融期货交易所(Iondon International Financial Futures Exchange,LIFFE)正式成立,交易的期货范围很广,有许多是以美元作为基础资产,有的是以英镑作为基础资产。自那时起,LIFFE 就成为世界上第三大期货交易所,位列 CME 和 CBOT 之后。1992 年英国从欧洲汇率机制中脱离出来,尽管当年 9 月 16 日被一些人称为“黑色星期三”,但也正是这一天,在 LIFFE 交易的期货合约数量超过了 CME 和 CBOT。

1986 年法国期货交易所(MATIF)在巴黎开始进行期货交易,此后几乎每一年都有新的交易所在世界各地成立,如瑞士的 SOFFEX(1988 年)、都柏林的 IFOX(1989 年)、德国的 DTB(1990 年)以及意大利的 MIF(1992 年),还有亚洲地区新加坡 SIMEX(1984 年)、日本的 TIFFE(1989 年)等。

自从金融期货诞生以来,尽管最早出现的期货合约——以外币和 GNMA 证券为标的,其重要性日渐消失或被取代,但金融期货的增长势头至今不减。各交易所之间的竞争推动着期货市场的进步和创新,不仅表现在所提供的合约品种上,而且表现在期货交易的制度方面。

2.2　期货市场的制度性特征

与远期交易不同,期货交易是在场内进行的,因此期货和远期最大的区别在于交易机制的差异。期货交易的基本特征是标准化合约和在交易所集中交易,这两个特征及其衍生出的一些交易机制,成为期货有别于远期的关键。与场外交易的非标准化远期合约相反,期货是在交易所内交易的标准化合约,有其特有的一些制度性特征,如每日盯市制度和保证金制度等。当然,交易所不同,期货合约种类不同,具体的交易机制会有所不同,但关键之处基本是一致的。美国的芝加哥期货交易所是当今世界上最古老也是最大的期货交易所之一,因此,本书主要用芝加哥期货交易所作为交易所的典型代表,介绍交易所的有关制度。

2.2.1　集中交易和统一清算

期货交易的第一个运行特征是交易在有组织的交易所内集中进行,交易双方不直接接触,交易所和清算机构充当所有期货买方的卖方和所有卖方的买方,匹配买卖撮合成交,集中清算。这种交易方式克服了远期交易信息不充分和违约风险大的缺陷,在很大程度上提高了市场流动性和交易效率,成为远期交易进化到期货交易的一个关键。

交易所和清算所是期货交易的中介机构,为期货交易的完成提供各种相关服务和各种软、硬件支持,以及对期货交易进行管理。

1. 交易所

交易所是投资者根据预先制定的交易制度进行集中交易的场所。传统上,交易所通常是一个自发的非营利性会员组织,是由期货的交易者和经纪商作为会员,并交纳会员费而共同组建的交易场所。但近年来,会员制改为公司制的浪潮一浪高过一浪。可无论是会员制还是公司制,只有取得交易所会员资格的机构或个人才能进入交易所进行期货交易,而非会员则只能通过会员代理进行期货交易。

交易所的会员资格,也称为席位,可以按交易所规定的程序转让,会员也可以按规定退会。这些席位都是宝贵的资产。同时会员不能索取红利性回报,只能通过其参与期货交易的资格获得一定的交易便利,因而这种期货交易所只是为期货合约的集中竞价交易提供场所、设施、服务,并履行相关职责的非营利性的会员制法人,本身不参加期货交易。

交易所的基本功能:

(1) 提供交易场地或交易平台;

(2) 制定并执行保障期货交易的公平、公正、公开等原则条例;

(3) 监管交易所的交易状况,确保交易有秩序地进行;

(4) 根据经济发展和市场交易的需要,设计和推出新的交易合约;

(5) 对投资者和大众进行期货交易知识的宣传、培训,扩大期货交易市场。

交易大厅中的交易者根据其职能的不同可以分为自营商和经纪人两类。前者主要是为其自身的账户进行交易并自负盈亏,通常都是交易所的会员。后者主要代表其所在的公司或替场外的某些客户进行交易。当然这两者之间也存在一定的交叉,不少场内交易者往往身兼以上两种职能,既是自营商又是经纪人。

根据交易目的的不同,期货市场的交易者主要可以分为三类:投机者(speculator)、套利者(arbitrageur)和套期保值者(hedger)。投机者又称为风险投资者,是指那些以追逐利润为目的,根据对未来价格的预期而进行期货的买卖,同时也承担期货较高风险的交易者。通常场内的自营商都是投机者。套利者是指那些利用市场定价的低效率来赚取无风险利润的交易者,通常在两个市场(或两个以上的市场)上同时进行交易以赚取价差。通常这两笔交易的方向相反,如在 A 市场买进时,就在 B 市场卖出;或者,在 A 市场卖出时,就在 B 市场买进。可以说正是大量套利者的存在,使得实际上大多数期货市场的报价中仅存在极少的套利机会。套期保值者参与期货交易的目的是希望通过期货交易,规避他们在现货市场头寸可能面临的价格风险,通常是商品的生产者或某一特定商品的使用者。

表 2-1 列出了当前世界上主要的期货交易所名称和其建立的时间及其交易的主要期货合约类型。

表 2-1　世界上主要的期货交易所及其交易品种

交易所名称及其建立时间	主要的期货合约类型			
	商品期货	外汇期货	利率期货	股指期货
芝加哥期货交易所(CBOT),1848 年	√		√	√
芝加哥商品交易所(CME),1919 年	√	√	√	√
国际货币市场(IMM),1972 年		√		
堪萨斯期货交易所(KCBT),1856 年	√			√
纽约商品交易所(NYMEX),1872 年	√			√
伦敦国际金融期货交易所(LIFFE),1982 年	√	√	√	
东京证券交易所(TSE),1949 年			√	√
东京国际金融期货交易所(TIFFE),1989 年		√	√	
大阪证券交易所(OSE),1878 年				√
新加坡国际货币交易所(SIMEX),1984 年	√	√	√	√
多伦多期货交易所(TMX),1983 年				√
悉尼期货交易所(SFE),1972 年	√		√	√
香港期货交易所(HKEX),1977 年	√	√	√	√

2. 清算所

清算所是负责对期货交易所内交易的期货合约进行记录、汇总和结算操作的独立机构,是确保期货合约可以顺利进行交易的一个不可缺少的组成部分,是期货市场运行机制的核心。它可以是交易所的一个附属机构,也可以是一个独立的机构。清算所充当每笔交易的媒介,使得期货合约的买卖只要价格匹配就可以进行,不用寻找和通知特定的交易对手;清算所采用会员制,只有会员才有资格在清算所进行结算。清算所每天为会员进行净头寸的集中结算和清算,充当买方的卖方和卖方的买方,既向买方保证了卖方的履约,也向卖方保证了买方的履约,极大地降低了期货交易的违约风险,而非清算所会员须通过

清算所会员进行结算,从而形成了这样一个结算体系:

最高层次为清算所直接对清算所会员进行结算;

第二层次为清算所会员对其客户和没有清算所会员资格的交易所会员进行结算;

第三层次为没有清算所会员资格的交易所会员对其客户进行结算。

上述结算体系也是一个多层次的风险分散体系。

清算所往往是大型的金融机构,要求有充足的资本金作为保证。因此由清算所充当所有期货买方的卖方和所有卖方的买方,交易双方就无须担心对方违约;同时,清算所作为每笔期货交易买方的卖方和卖方的买方,拥有完全匹配的多头和空头头寸,因此,总体来看,清算所是"完全套期保值的",即无论期货价格是上涨还是下跌,清算所的财富都不受影响,所以清算所风险最小。在美国期货交易历史上至今还没有清算所违约的先例。

正是因为清算所的存在,因而克服了远期交易中信息不对称和违约风险高等主要缺陷,使得期货的交易量在迅速扩大。

具体来看,期货交易所的清算机构之所以能够降低违约风险,主要原因有三个:一是期货交易有保证金制度和每日盯市结算制度。这是一套严格无负债的运行机制,是期货交易违约风险极低的根本保证,后面会重点介绍这一制度。二是清算机构通常规定,所有会员必须对其他会员(交易日)的清算负无限连带清偿责任,这就极小化了违约风险。三是清算机构自身的资本雄厚,可以作为最后的保障。

2.2.2　标准化的期货合约

期货与远期交易的第二个不同之处在于期货合约通常都有标准化的合约条款。期货合约中未来交割标的资产的数量(通常称为交易单位)、交割日期、交割地点等都是标准化的,即在合约上有明确的规定,无须双方再商定。交易价格是期货合约的唯一变量,因此期货交易的双方最主要的工作就是选择适合自己的期货合约,并通过交易所竞价确定成交价格。

有时,交易所会赋予期货合约的卖方对交割商品(主要是对长期利率期货和商品期货)和交割地点(主要是对商品期货)进行选择的权利,但交易所也将根据空方的选择按事先规定的公式对其收取的价款进行相应的调整。

一般来说,一份标准的期货合约应该包括以下条款:

1. 合约名称

需注明该合约的品种名称及上市交易所的名称,如上海期货交易所的铜期货合约,名称为:上海期货交易所阴极铜期货合约。

2. 交易代码

为了便于交易,每一期货品种都有交易代码,如中国金融期货交易的沪深 300 股指期货的交易代码为 IF。

3. 交易单位

每种期货合约都规定了统一的、标准化的交易标的数量和计量单位,统称"交易单位"或"合约规模"。不同交易所、不同期货品种的交易单位规定各不相同。例如,CBOT 规定小麦期货合约的交易单位为 5000 蒲式耳,如果交易者在该交易所买进了一张(也称一

"手"或一"份")小麦期货合约,就意味着在合约到期进行实物交割时需买进5000蒲式耳的小麦;反之,若卖出一张该小麦期货合约,就必须在到期实物交割时卖出5000蒲式耳的小麦。再以外汇期货为例,在LIFFE市场上,JPY(日元)期货的交易单位为1250万日元,GBP(英镑)期货合约的交易单位是2.5万英镑,CHF(瑞士法郎)期货的交易单位为12.5万瑞士法郎;而在IMM上,GBP(英镑)期货合约的交易单位则为6.25万英镑。

4. 质量和等级条款

商品期货合约规定了统一的、标准化的质量等级,一般采用国际上普遍认可的商品质量等级标准。例如,由于我国黄豆在国际贸易中所占的比例较大,所以日本名古屋谷物交易所就以我国所产黄豆为该交易所黄豆的质量等级的标准品;再如CBOT的小麦期货合约的交割等级分四种:2号软红麦、2号硬红冬麦、2号黑北春麦和1号北春麦,其他替代品种的价格差则由交易所规定。在金融期货的交易中一般不存在质量和等级条款的问题,但长期利率期货也有交割等级的问题,如CBOT交易的长期国债利率期货,其交割等级为从交割月份的第一天至到期日或首次赎回日至少为15年的美国长期国债。

5. 交割地点条款

交易所通常会为期货合约进行实物交割指定统一的实物商品交割仓库,以保证实物交割的正常进行。当可供选择的交割地点不止一个时,空方收取的价款有时会根据所选择的交割地点进行调整。例如,CBOT的小麦期货合约中,交割地点可以是芝加哥、托莱多或俄亥俄州,买者可凭从卖者那里收到的仓单到交割仓库中提取小麦。

6. 交割期条款和最后交易日条款

期货合约的到期交割可能有两种方式:现金交割和实物交割。如果采用现金交割,在现金结算日,买卖双方只需根据结算价计算出各自的盈亏并相应划转资金即可实现交割。如果采用实物交割,期货合约则要规定具体的交割条款,包括交割标的质量与等级条款、交割地点条款等。

期货合约对进行实物交割的月份也会做具体的规定,即期货的到期月份,通常会规定几个不同的合约月份(交割月份)供交易者选择。同时交易所还必须指定在交割月份中可以进行交割的确切时间以及合约的最后交易日。最后交易日即该期货合约在期货市场可以买卖的最后时间。例如,CBOT的长期利率期货合约规定的交割月份有每年的3月、6月、9月和12月,交易者可自己选择交易不同月份的期货合约,交割可以在交割月份的任何一个营业日进行,最后交易日则规定为交割月份的最后一个营业日前的第七个营业日。这意味着,如果交易者买卖了某个月份的长期利率期货合约,那么他必须在该合约规定的最后交易日之前对冲平仓结清头寸,否则就必须在最后交易日之后选择一个营业日进行实物交割。

尽管这些合约的标准化看起来似乎是对期货交易的限制,但实际上,正是期货合约的高度标准化,才提高了期货合约的流动性,从而大大促进了期货交易的发展。

2.2.3 结清期货头寸的方式

结清期货头寸(closing a futures' position)的方式主要有以下三种:实物交割(delivery)、对冲平仓(offset)和期货转现货(exchange-for-physicals,EFP)。

1．实物交割

在期货交易的初期，大多数的期货交易要求通过实物交割的方式来结清头寸。实物交割是指在期货到期时交易双方按照合约的规定进行标的实际交换。实物交割通常要按交易所的规定，在特定时间和特定地点进行，费时又费力。据统计，目前大约只有2％的金融期货合约是通过实物交割来结清头寸的。近年来，期货交易中还引入了现金结算的方式，即交易者在合约到期时不进行实物交割，而是根据最后交易日的结算价格计算交易双方的盈亏，并直接划转双方保证金来结算各自的头寸。

尽管如此，可正是实物交割的存在，才使得整个期货交易得以顺利进行，且期货价格和标的物的现货价格之间才具有内在的联系，因此实物交割的重要性是不容忽视的。因为期货合约具有最后交割的可能性，所以随着期货交割月份的逼近，期货价格才会收敛到标的资产的现货价格。当到达交割期限时，即在期货到期日，期货价格一定等于现货价格，否则，就一定存在无风险套利机会。

2．对冲平仓

对冲平仓是目前金融期货市场上最主要的一种清算头寸的方式。那些不愿意进行实物交割的期货交易者，可以在最后交易日之前通过反向对冲交易来结清自身的期货头寸，而无须进行最后的实物交割。

具体地说，平仓包括两种方式：卖出平仓，即期货合约的多头将原来买进的期货合约卖掉，是与买入建仓相对应的；买入平仓，即期货合约的空头将原来卖出的期货合约买回，是与卖出建仓相对应的。当市场中某一期货合约正在交易时，如果交易双方都是建仓，则市场中该期货合约未平仓合约数增加一个；如果其中一方建仓另一方平仓，则未平仓合约数保持不变；如果双方都是平仓，那么未平仓合约数将减少一个。

对冲平仓既克服了远期交易流动性差的问题，又比实物交割方式来得省事和灵活，因此目前大多数期货交易都是通过对冲平仓方式来结清期货头寸，尤其是金融期货交易。

3．期货转现货

期货转现货是指两个期货交易者经过协商并经交易所同意，同时交易某种现货商品以及基于该现货商品的期货合约来结清两者头寸的一种交易方式。例如，交易者A拥有一份小麦期货合约的多头，并确实希望买入小麦。而另一位交易者拥有一份小麦期货合约的空头，并拥有小麦准备出售。两个交易者通过协商，同意按某一价格交割小麦并抵消相互间的全部期货头寸。交易所通过审核，若认为两者的期货头寸可以相互匹配，同意结清两者的期货头寸，则整个 EFP 过程就完成了。

EFP 有点类似于实物交割，交易者在到期时进行了实物的交割。EFP 不同于对冲平仓在到期之前的反向操作，也不同于实物交割，其不是通过清算所的集中结算，而是两个交易者自己进行的结算，同时交割价格是两个交易者私下协商的，实物交割的交割价格是期货的买卖价格。

2.2.4　保证金制度和每日盯市结算制度

期货与远期的第三个重要差异体现在期货交易有特殊的保证金制度（margin）和每日盯市结算制度（marking to market and daily settlement）。这两种制度是期货市场交易安全的重要保证。

清算所存在的重要好处就是将期货交易所会员公司的交易风险转移到清算所。当将期货交易量及其代表的相应资产都考虑在内时,潜在的损失额是巨大的。清算所不得不考虑采取一些保护措施,以防止会员公司违约而承担巨大的风险,必要的保护首先是通过"保证金制度"来提供的。

对于每一种期货,无论是期货的多方还是空方,在进行期货交易时,清算所都要求会员公司开立专门的保证金账户,并将一定数量的保证金存放在保证金账户里。也就是,期货的买卖双方都必须是会员,在交易之前在经纪公司开立专门的保证金账户,并存入一定数量的保证金,这个保证金也称为初始保证金(initial margin)。初始保证金的数量因合约的不同而不同,也可能因经纪人的不同而不同,如 CME 交易的欧洲美元期货合约每份交纳保证金 500 美元。如果一家会员公司买进该期货合约 100 份,那么就必须交纳保证金 50000 美元现金或将等值证券存放在清算所;若卖出 100 份合约,同样要交纳相同数量的保证金。

值得注意的是,期货的保证金不是支付相应商品价值的"定金",也与用保证金买股票或债券不同,后者的保证金如同存款;相反期货保证金的作用是在会员公司出现违约情况时,给以清算所财务上的保证。当会员公司清仓时,保证金还会被归还给会员公司。因此,初始保证金不要求一定是现金交纳,可以用等值的有价证券作为初始保证金。

所需的保证金应该是多少?简单回答,那应该超过会员公司持有仓位(头寸)的潜在最大损失。不幸的是,潜在损失很难计量。因此,对于大多数的期货合约而言,市场要求期货的交易会员交纳的初始保证金仅为标的资产价值的 10% 左右。事实上,有许多合约的到期日是在未来的几年内。如果在仓位初次建立后保证金只存进一次,清仓后返回保证金,那么在该合约的持有期内经过一段较长的时间,潜在的亏损是巨大的。因此保证金制度并不能有效发挥作用。

为使保证金制度有效,一个不可缺少的步骤是采用逐日盯市(marking to market)的办法,即每日盯市结算制度。在每个交易日结束后,期货交易所就会公布当天的"结算价格"。结算价格的确定由交易所规定,它有可能是当天的加权平均价,也可能是收盘价,还可能是最后几秒钟的平均价。每份未清仓的合约按清算价进行评估,保证金账户会根据期货价格的升跌而进行调整,以反映交易者的盈亏,这就是所谓的逐日盯市。投资者的盈亏是根据结算价格计算的。

当天的结算价格高于昨天的结算价格(或当天的开仓价)时,高出部分就是多头的浮动盈利和空头的浮动亏损。这些浮动盈利和亏损就会在当天晚上分别进入多头的保证金账户和从空头的保证金账户扣除。当保证金账户的余额超过保证金要求时,交易者可随时提取现金或用于开新仓,但交易者取出的资金额不得使保证金账户中的余额低于初始保证金水平。而当保证金账户的余额低于交易所规定的维持保证金水平时(维持保证金水平通常是初始保证金水平的 75%),经纪公司就会通知交易者限期把保证金补足到初始保证金水平,否则就会被强制平仓。这一要求补充保证金的行为就称为保证金追加通知。交易者必须存入的额外的保证金数额被称为变动保证金(variation margin),变动保证金必须以现金支付。

因此,由于保证金制度和每日盯市结算制度,会员公司的潜在损失就被控制在一天内期货价格波动的最大数额,而不是整个合约期限内市场价格波动而招致的损失,从而使得期货合约的违约率变得非常小,几乎可以认为期货合约的违约风险为零。

为了更好地理解保证金制度和每日盯市结算制度,请看下面的例子。

【例 2-1】 假设 2016 年 6 月 1 日,某投资者购买了一份 CBOT 9 月份的燕麦期货合约,每份合约的规模为 5000 蒲式耳,价格为每蒲式耳 170 美分。规定的初始保证金水平为 1400 美元,维持保证水平为 1100 美元。当日交易结束时,该期货合约的价格下跌为每蒲式耳 168 美分,即一份合约损失了 100 美元(0.02×5000),则保证金账户的余额也相应地减少了 100 美元,即减少到 1300 美元(相应地,如果当日该期货合约的价格上涨为每蒲式耳 172 美分,则保证金账户的余额也相应增加 100 美元,即增加到 1500 美元)。以后每日的保证金账户的变化情况如表 2-2 所示。

表 2-2 一份燕麦期货合约多头的保证金计算与每日盯市结算示例

日期	期货价格/（美分/蒲式耳）	每日盈利或亏损/美元	累计盈利或亏损/美元	保证金账户余额/美元	变动保证金/美元
初期	170			1400	
6 月 1 日	168	−100	−100	1300	
6 月 2 日	163	−250	−350	1050	350
6 月 3 日	164	50	−300	1450	
6 月 4 日	162	−100	−400	1350	
6 月 5 日	165	150	−250	1500	
6 月 6 日	161	−200	−450	1300	
6 月 7 日	155	−300	−750	1000	400
6 月 8 日	155	0	−750	1400	
6 月 9 日	160	250	−550	1650	
……					

注:初始保证金为 1400 美元,维持保证金为 1100 美元

需要强调的是,远期交易是到期时一次性结算的,因此在远期的存续期内,实际交割价格始终不变,标的资产市场价格的变动给投资者带来的是浮动盈亏,到期结算时标的资产的市场价格与交割价格的差才是投资者的实际盈亏。期货则不同,由于期货实行每日盯市结算制度,因此随着标的资产市场价格的变化,期货价格也随之发生变化,从而每日的结算价格就不同,每日盯市结算制度使得期货的投资者每日实现的是真实的盈亏。也就是说,期货可以被看作是一个每日以结算价平仓结算并以该结算价重新开立的期货合约,因此期货的实际交割价格每日都会发生变化。

2.2.5 其他相关的交易制度

为了确保期货交易的顺利进行以及控制期货交易者的风险,期货市场还有另外一些相关的交易制度,如最小变动价位条款以及涨跌停板制度等,下面具体描述这两种交易

制度。

1. 最小变动价位条款

期货交易时规定期货的买卖双方报价所允许的最小变动幅度,称为最小变动价位,也称为最小报价单位。期货市场规定,交易者在市场上买卖期货合约时,每次报价的变动必须是这个最小变动价位的整数倍,如在 IMM 市场上,GBP 的最小报价单位是 2 个点,1 个点代表 0.0001 美元;在 LIFFE 市场上,GBP 的最小报价单位则是 1 个点。

2. 涨跌停板制度

每日价格最大波动幅度限制条款,即涨跌停板制度。这一制度是指每一交易日期货合约的成交价格不能高于或低于该合约上一个交易日结算价的一定幅度,达到该幅度则自动限制价格的继续上涨或下跌。这是为了缓解突发事件或过度投机对市场造成的冲击,防止价格波动幅度过大使交易者蒙受过多的损失,维持市场的稳定。例如,中国金融期货交易所交易的沪深 300 股指期货规定每日价格最大波动幅度为上一个交易日结算价的±10%。

2.2.6 期货报价与行情表解读

获取期货价格的途径很多,不少交易所都会提供其交易的期货品种的实时行情和历史数据,许多报纸、杂志及其网站也会刊载相关的期货报价。表 2-3 给出了《华尔街日报》网站上披露的 2007 年 9 月 25 日星期二在 CME 交易的 S&P500 股指期货的行情报价。

表 2-3　2007 年 9 月 25 日(06:46:48)S&P500 股指期货的交易行情

contract	month	last	chg	open	high	low	volume	openint
S&P500/天	Dec'07	1531.7	−2.70	1538.2	1542.5	1528.2	36394	562324
S&P500/天	Mar'08	1524.4$_s$	−2.70	1546.5	1552.1	1539.1	6	7658
S&P500/天	Jun'08	1552.9$_s$	−2.70	1552.9	1552.9	1552.9	0	427
S&P500/天	Sep'08	1562.6$_s$	−2.70	1562.6	1562.6	1562.6	0	25
S&P500/天	Dec'08	1571.6$_s$	−2.70	1571.6	1571.6	1571.6	0	3144
S&P500/天	Mar'09	1580.6$_s$	−2.70	1580.6	1580.6	1580.6	0	1
S&P500/天	Jun'09	1589.6$_s$	−2.70	1589.6	1589.6	1589.6	0	3
S&P500/天	Sep'09	1598.6$_s$	−2.70	1598.6	1598.6	1598.6	0	0

表 2-3 中的各列分别表示期货合约的标的资产(contract)、到期月份(month)、当天结算价(带 s 下标)或实时报价(不带 s 下标)(last)、当天结算价比上一日结算价的涨跌(chg)、本交易的开盘价(open)、最高价(high)、最低价(low)、交易量(volume)、未平仓合约数(openint)。

从表 2-3 中可以看出,到期时间最近的期货品种交易量最大(表中第一行),即交易最活跃。

值得一提的是"未平仓合约数"。未平仓合约数是指某种期货合约流通在外的合约总数,是所有多头持有期货合约数的总和,相应地,也就是所有空方持有期货合约数的总和。

2.3　期货合约的种类

从最广义上来说,期货可以根据标的物的不同,将期货合约分为商品期货和金融期货。

商品期货是指标的物为实物商品的期货合约,如上海期货交易所上市的铜期货、铝期货、天然橡胶期货和燃料期货等,大连商品交易所的大豆期货都属于商品期货。在商品期货市场上,商品期货的参与者中一部分是商品的供应商,一部分则是商品的需求用户,他们通过商品期货交易来固定未来买卖商品的价格,从而规避商品价格波动带来的风险。

一般来说,具备下列属性的商品才能作为期货合约的标的资产:一是价格波动大;二是供需量大;三是易于分级和标准化;四是易于储存和运输。

金融期货是以金融工具为标的物的期货合约,因此金融期货一般不存在质量问题,交割也大多采用差价结算的现金交割方式和对冲平仓方式。根据标的资产的不同,金融期货可分为利率期货、股价指数期货和外汇期货。

利率期货是指交易双方在未来约定的时间按照约定的条件买卖一定数量的同利率密切相关的金融工具的协议,即标的资产是与利率相关的金融工具,如长期国债、短期国库券和欧洲美元定期存单等。

股价指数期货的标的物是股价指数。由于股价指数是一种特殊的商品,它没有具体的实物形态,双方在交易时只能是把股价指数的点数换算成货币单位进行结算,不能进行实物交割,只能通过对冲平仓或现金结算的方式结清期货的头寸。例如,芝加哥商品交易所的 S&P500 指数期货的交易单位(即每份合约交易的标的量)规定为指数点数乘以 250 美元。

外汇期货,也称为货币期货,是指标的资产是外汇的期货合约。最早的外汇期货市场是芝加哥商品交易所的国际货币市场,其标的资产是德国马克、法国法郎、英镑、日元、澳元、加元、瑞士法郎等 7 种货币。

2.4　期货的功能

期货交易所形成的价格,应该反映标的物在交割时的现货价格,如果期货价格和将来的现货价格产生偏差,将会引起套利交易,而套利过程就是价格发现过程。所以,期货交易最基本的功能是价格发现和规避价格风险。

2.4.1　价格发现

按照期货的交易规则,交易所基本上可以实现公平、公正、公开的交易原则,排斥垄断和价格操纵行为。在期货交易中,交易者所关注的只是与期货价格波动相关的因素和现货商品价格的变化趋势。所以大量的交易者在对上述因素进行研究的基础上,制定出相关的交易策略。因此,由这种规范的交易形式产生的期货价格,是所有参与期货交易的投资者对未来某一特定时间的现货价格的预期或期望,包含的信息密度高,置信度强,能够比较正确地反映商品的供给和需求趋势,也能较准确地反映人们对未来价格的预期。这就是期货市场的价格发现功能。

市场参与者可以利用期货市场的价格发现功能进行相关决策,以提高自己适应市场的能力;政府也可以以此价格信号作为依据,改变现货价格信号失真所造成的宏观调控决策或手段的滞后性,从而有利于政府加强对经济的宏观调控。

在实际的商品现货交易中,人们也可以利用期货市场的价格发现功能预测相关商品价格的变化趋势,或者作为远期交易合约计价的基准价格。

期货市场的价格发现功能也决定了期货合约到期时期货价格必定等于现货价格,否则投机者一定可以同时在期货市场和现货市场做相反交易获取套利收益。如果期货价格高于现货价格,那么投机者可以在现货市场买进标的,同时在期货市场卖出该标的期货从而获取差价收入。

2.4.2　规避价格风险

在日常经营活动中,市场主体时常面临着各种利率、汇率和证券价格风险(统称为价格风险)。

期货市场和现货市场是两个平行的市场。在这两个市场中,相同商品的现货价格和期货价格变化,所受到的供给、需求以及相关其他经济因素的影响基本相同。因此,现货市场上的价格和期货市场上的价格变动趋势基本是一致的,尽管变动幅度可能不同。人们可以利用期货市场对现货市场的价格风险进行规避,即在期货市场上持有一个与现货市场上交易方向相反、数量相等的同种商品的期货合约,那么当价格发生任何方向的变化时,交易者在一个市场的亏损,就可以在相当程度上被另一个市场的盈利所弥补,进而达到规避风险的目的。这是期货市场最主要的功能,也是期货市场产生的最根本原因。

【例2-2】　假定A公司是一个大豆经销商。它于2017年3月1日购进3000吨大豆,打算5个月后出售。为了防止大豆价格下降引起损失,它可以在买入3000吨大豆现货的同时,卖出3000吨9月份的大豆期货(在实际交易中卖出若干张既定数量的期货合约,即相当于卖出22份大豆期货合约)。假定3月1日,大豆现货的价格为每吨4000元,9月份的大豆期货价格为每吨4500元。5个月后也就是8月1日,大豆现货价格下降为每吨3800元,9月份的大豆期货价格也下降为每吨4100元,则A公司就可以在卖出3000吨大豆现货的同时,买入3000吨9月份的大豆期货,结清其在大豆期货市场上的空头头寸,并获得差价收入,以弥补现货市场的亏损。A公司的损益情况如表2-4所示。

其结果是:A公司还有每吨200元的净盈利。不做套期保值,它就有每吨200元的亏损。当然这只是价格变化众多可能性中的一种,但总体而言,套期保值可以使投资者在面临价格不利变动时减少损失,在面临价格有利时则相应地减少盈利,得到一个较为中性的结果。

表 2-4　A 公司损益情况

日期	现货市场		期货市场	
3 月 1 日	买入价	4000 元/吨	卖出价	4500 元/吨
8 月 1 日	卖出价	3800 元/吨	买入价	4100 元/吨
	亏损	200 元/吨	盈利	400 元/吨

例如：上例中，若到 8 月 1 日，大豆现货价格上涨到 4200 元，同时 9 月份的大豆期货也上涨到 4600 元/吨，那么 A 公司的损益情况如表 2-5 所示。

表 2-5　A 公司损益情况

日期	现货市场		期货市场	
3 月 1 日	买入价	4000 元/吨	卖出价	4500 元/吨
8 月 1 日	卖出价	4200 元/吨	买入价	4600 元/吨
	盈利	200 元/吨	亏损	100 元/吨

表 2-5 表明，套期保值者由于参与了期货的交易而使得现货市场的盈利减少为 100 元/吨。

表 2-6 给出了现货、远期和期货的区别，以帮助大家正确认识相关合约。

表 2-6　现货、远期和期货的主要区别

项目	现货	远期	期货
交易对象	实物	远期合约	期货合约
合约条款	非标准化	非标准化	标准化
交易目的	转移实物所有权	转移价格风险、转移实物所有权	转移价格风险、发现远期价格、转移实物所有权
交易方式	买卖双方各自进行	买卖双方各自进行	集中在交易所进行
结算方式	直接结算或通过银行中介代为结算	通过银行中介代为结算	通过清算所每日结算
履约保证	买卖双方信用保障	买卖双方信用保障	交易所提供履约担保

2.5　期货的应用

通过前面的介绍可知，期货市场的交易者主要有投机者、套期保值者和套利者三种，相应地，期货的应用也分为三种：投机、套期保值和套利。其中套期保值功能是远期和期货产生的原因，也是远期和期货最重要、最应该发展的应用领域，而投机交易是期货市场的润滑剂，提高了期货合约的流动性。套利交易也是期货的一种应用，但由于套利者的存在，市场上的套利机会一旦出现会在短时间内迅速消失，因此本教材不再讨论期货的第三种应用——套利。

2.5.1 投机

著名的《新帕尔格雷夫经济学大辞典》对投机的解释是:投机是为了以后再销售商品而购买,以期从其价格变化中获利。

哈佛版的《现代高级英汉双解词典》给投机的定义是:投机是冒损失的风险,通过购买货物、股票,希望从市场价值的变化中获利。

本教材的投机指的是一个与套期保值相对的概念,认为期货市场的投机是指买卖期货承担期货交易的风险而从中获利的期货交易。期货投机者就是指那些进入期货市场以追逐利润为目的,同时也承担着较高风险的期货交易者。在期货市场中,有以下几类投机者:

1. 现场投机者

现场投机者是持有期货头寸时间最短的投机者,他们主要通过自身对未来一个很短的时间内(可以是未来的几秒钟到未来的几分钟)期货价格变动的判断来投机获利。当预测到在未来很短的时间(如 30 秒、1 分钟等)内价格会上涨,则迅速买进,然后几秒后即获利平仓的投机者;反之则反向操作获利出局。

2. 当日交易者

与现场交易者不同的是,当日交易者大多试图从一个交易日内期货价格的变动中获利。他们在每天交易结束前就会结清自己的头寸,即不持有隔夜头寸。

当日交易者的一大交易策略就是利用政府公告对期货价格的影响。例如,通常每隔一段时间,政府的农业部就会公布有关农产品的产量信息。一旦某日公布的农产品的产量很高,大大出乎市场预料,那么公告过后,该种农产品的期货价格就会急剧下跌。当日交易者正是利用这一点,根据自己的预期和判断,抢在政府公告之前就卖出该种农产品的期货合约,待公告之后期货价格下跌就立即平仓获利,根本无须持有期货头寸过夜。

3. 头寸交易者

头寸交易者通常是指那些持有期货头寸过夜的投机者,有时他们可能持有头寸长达几个星期甚至几个月。其交易策略主要有两种:单笔头寸(outright position)交易和价差头寸(spread position)交易。而单笔头寸的投机风险往往比价差头寸的投机风险大很多。

(1)单笔头寸

单笔头寸投机包括多头投机和空头投机两种。当投机者预期未来某种期货价格将上涨时,便事先买入该期货合约,待以后价格上涨后再择机对冲。这种先买后卖、赚取期货合约差价利润的交易方式就称为做多。反之,当投机者预期未来某种期货的价格将下跌时,便先行卖出该期货合约,待以后价格下跌后再择机买入对冲平仓获利,这种先卖后买的交易方式就称为做空。

(2)价差头寸

价差头寸投机是通过买卖两种或两种以上的期货合约来获取期货买卖价差收益的交易方式。与单笔头寸的投机相比,在价差交易中,最关键的是判断几种期货合约价差的变化,即合约之间相对价格的变化,而非彼此的绝对价格趋势。

期货市场上的价差头寸投机主要有两种:一种是商品内价差,即同一标的资产不同到期月的合约之间的价差头寸投机;另一种则是商品间价差,即两种或两种以上不同标的资产的合约之间的价差头寸投机。价差交易者就是利用不同合约之间相对价格的变化来投机获利的。

【例 2-2】（商品间价差交易）假设某年 2 月 1 日，芝加哥期货交易所内交易的 7 月份小麦期货合约和玉米期货合约的价格（美分/蒲式耳）分别为：

7 月份小麦期货合约　　　　　　　　329.50
7 月份玉米期货合约　　　　　　　　229.50

某投机者认为这两种合约之间的价差过大，不合理。于是，他按 329.50 美分/蒲式耳的价格卖出 1 份 7 月份的小麦期货合约，按 229.50 美分/蒲式耳的价格买入 1 份 7 月份的玉米期货合约。

随后，小麦期货和玉米期货的价格都下跌，但小麦价格的下跌幅度超过了玉米。如 6 月 1 日这天，7 月份的两种合约的价格分别为

7 月份小麦期货合约　　　　　　　　282.75
7 月份玉米期货合约　　　　　　　　219.50

于是该投机者按 282.75 美分/蒲式耳的价格买入 1 份 7 月份的小麦期货合约对冲平仓，按 219.50 美分/蒲式耳的价格卖出 1 份玉米期货合约对冲平仓。则小麦合约共获利 2337.50 美元[(329.50－282.75)美分×5000]，玉米合约共亏损 500 美元（0.1 美元×5000），整体头寸盈利 1837.50 美元。

假设随后小麦和玉米的价格都上涨，但玉米价格上涨的更多，整体头寸也仍为盈利。读者可以设计一种具体情况进行盈亏分析。

 特别提示

通过上例可以看出，在价差头寸的交易中，最关键的是两种合约之间的相对价格，只要投机者正确判断相对价格走势（本例中，即相对于小麦价格而言，玉米价格将上涨），整体头寸就可获利。

可见，单一头寸的交易策略仅仅要求对一种商品的价格变动进行估计，价差头寸的交易策略则重在对两种或两种以上的期货合约之间，或不同到期日之间的期货相对价格变动进行预测。

2.5.2　套期保值

与投机者不同，套期保值者是指那些进入期货市场的目的在于减小现货市场风险的投资者。无论是现在就持有某一现货资产，还是预期未来的某个时刻具有对该种资产的需求，或是计划在未来某个时刻持有该种资产，都可以看作对该资产有一定的风险暴露。为了规避现货市场的风险从而在期货市场上进行相反头寸买卖的交易方式被称为套期保值。

1. 套期保值的种类
常见的套期保值主要有两种类型：多头套期保值和空头套期保值。
（1）多头套期保值
多头套期保值也称买入套期保值，通常是指为了规避现货市场价格上涨的风险，在期货市场上先买入期货合约建立一个期货多头头寸，而后再在期货合约到期之前卖出该期

货合约进行对冲的期货交易方式。其目的主要是锁定现货的相关成本。

【例 2-3】 白银是制造胶卷的原材料之一,然而白银的价格通常波动很大。因此对于一个胶卷制造商来说,其利润在很大程度上会受到白银价格波动的影响,有着相当大的现货价格风险。假设某年 5 月 15 日,白银现货和期货价格分别为(美分/盎司):

白银现货　　　　　　　　　　　　　　　1050.5

7 月份的期货合约　　　　　　　　　　　1066.0

9 月份的期货合约　　　　　　　　　　　1082.0

某胶卷制造商 2 个月后需要 50000 盎司的白银,由于害怕到时白银价格上涨,那么该制造商应该如何利用白银期货合约进行套期保值?

解　由于一份白银期货合约的交易单位是 5000 盎司,因此他应该买入 10 份 7 月份的白银期货合约,价格为 1066.0 美分/盎司,锁定自己的白银成本。

假定 2 个月后,白银价格果真上涨,7 月 15 日现货市场的价格为 1069.0 美分/盎司,由于期货到期价格等于现货价格,那么他可以执行期货合约,从而使自己的成本锁定在 1066.0 美分/盎司,比当前现货市场节省资金:

$$0.03 \times 50000 = 1500(美元)$$

实际成本比现在市场上的价格高出 15.5 美分/盎司。

事实上,一般情况下期货合约是不进行实物交割的,那么该制造商的实际操作可以如表 2-7 所示。

表 2-7　实际操作(一)

日期	现货市场/(美分/盎司)	期货市场/(美分/盎司)
5 月 15 日	价 1050.5 买 10 份 6 月份白银期货合约	价 1066.0
7 月 15 日	价 1069.0 买 50000 盎司白银 亏 18.5 美分/盎司	价 1069.0 卖 10 份 6 月份白银期货合约 盈 3.0 美分/盎司

同样地,锁定了其到期交易的实际成本,仍然是比现在市场上的价格高 15.5 美分/盎司。

如果该公司由于提高了实际效率,需要在 6 中旬进货,如果当时市场上白银的价格是 1065 美分/盎司,而 7 月白银期货的价格是 1072 美分/盎司,那么他也可以如表 2-8 所示进行交易。

表 2-8　实际操作(二)

日期	现货市场/(美分/盎司)	期货市场(7 月份)/(美分/盎司)
5 月 15 日	价 1050.5 买 10 份 6 月份白银期货合约	价 1066.0
6 月中旬	价 1065.0 买 50000 盎司白银 亏 14.5 美分/盎司	价 1072.0 卖 10 份 7 月份白银期货合约 盈 6.0 美分/盎司

实际成本为 1059.0 美分/盎司,比期货合约的执行价格低,用期货合约进行套期保值比不进行套期保值每盎司节省了 6.0 美分。

(2)空头套期保值

空头套期保值也称卖出套期保值,通常是套期保值者为了规避其在现货市场中现货价格下跌的风险,从而先在期货市场上卖出期货合约建立一个期货空头头寸,而后再在期货合约到期前买入该期货合约对冲平仓的期货交易方式。其目的主要是锁定销售价格,从而锁定实际利润。

【例 2-4】　假设某年 5 月 15 日,白银现货和期货的价格同例 2-3。某银矿主预计 2 个月后将有 50000 盎司的白银待售,而 7 月份的白银期货价格为 1066.0 美分/盎司,该银矿主认为这是一个可以接受的价格水平。为了规避 2 个月后白银价格下跌的风险,该银矿主应该如何利用期货市场进行套期保值?

解　根据题意,该矿主应该按 1066.0 美分/盎司价格卖出 10 份 7 月份的白银期货合约进行套期保值,因每份合约的规模为 5000 盎司白银。

假定到了 7 月 15 日,白银的价格不但没有下跌反而上涨了,如现货市场上白银的价格上涨到 1069.0 美分/盎司,此时期货合约也到期了,期货的价格也为 1069.0 美分/盎司。

此时,该银矿主正好有 50000 盎司的白银待售。他会选择在现货市场上出售自己的白银,价格为 1069.0 美分/盎司,共出售了 50000 盎司白银,因此比最初预期的多收入1500 美元;而在期货市场上,由于进行了套期保值,他不得不在期货市场上按现在的价格1069.0 美分/盎司进行对冲平仓,因此损失了 1500 美元。现货市场与期货市场的盈亏相抵,不亏不盈。

也许有人会讲,如果该矿主不进行套期保值,那么他就不会在期货市场上损失,可以享受现货市场上的盈利,岂不是更好?其实不然,试想,如果 7 月份白银的价格不是上涨而是下跌呢?所以套期保值的目的不是盈利,而是规避现货市场价格变动的风险。

2.套期保值的基差风险

基差(basis)是指在特定时刻需要进行套期保值的现货价格与用于进行套期保值的期货价格之差,用公式来表示:

$$b = H - G$$

这里 b 是基差,H 是需要进行套期保值的现货价格,G 是用于进行套期保值的期货价格。

基差主要的用途是用来分析套期保值的收益和风险。如果在 1 单位现货空头用 1 单位期货多头进行套期保值的情况下,投资者的整个套期保值收益可以表示为:

$$(H_0 - H_1) + (G_1 - G_0) = (H_0 - G_0) - (H_1 - G_1) = b_0 - b_1 \tag{2.1}$$

如果在 1 单位现货多头用 1 单位期货空头进行套期保值的情况下,投资者的整个套期保值收益可以表示为:

$$(H_1 - H_0) + (G_0 - G_1) = (H_1 - G_1) - (H_0 - G_0) = b_1 - b_0 \tag{2.2}$$

其中,下标 0 和 1 分别表示开始套期保值时刻和套期保值结束的时刻,b_0 代表当前时刻的基差,b_1 代表套期保值结束时的基差。

显然,代表当前时刻的基差 b_0 是已知的。套期保值的收益完全由套期保值结束时的基差 b_1 决定,它也决定着套期保值是否能够完全消除价格风险。

如果期货的标的资产与投资者进行套期保值的现货是同种资产,且期货到期日与现货交易日一致,那么根据期货价格到期时收敛于标的资产价格的性质,有

$$H_1 = S_1, G_1 = S_1, b_1 = 0$$

这种情况下,投资者套期保值的收益就是确定的,期货价格就是投资者未来确定的买卖价格,就可以实现完美的套期保值。

实际上,完美的套期保值是很难实现的,一种情况是无法找到期货的标的资产与需要套期保值的现货资产一致的期货合约,不得不选择一个近似标的资产的期货合约进行套期保值,如利用股票期货转移股票或股票组合的风险。这种套期保值通常被称为交叉套期保值。此时,就无法保证 $H_1 = S_1$;更常见的是另一种情况,那就是期货到期时间与需要套期保值的现货到期时间不一致,如现货到期是 8 月份,但市场上没有 8 月份到期的期货合约,可能只好选择 9 月份的期货合约。此时,就无法保证套期保值结束时期货价格一定会收敛到现货的价格,即无法保证 $G_1 = S_1$。

只要无法确定 $H_1 = S_1$ 或 $G_1 = S_1$,就无法保证 $b_1 = 0$,也就无法完全消除价格风险,无法获得完美的套期保值。这里,源自 b_1 的不确定性就被称为基差风险。

可以看出,基差风险描述了运用期货进行套期保值时无法完全对冲的价格风险。但通过套期保值,投资者将所承担的风险由现货价格的不确定变化转变为基差的不确定变化,而基差变动的程度总是远远小于现货价格的变动程度,因此不完美的套期保值虽然无法完全对冲风险,但在很大程度上降低了风险。

值得注意的是,任何一个现货与期货组成的套期保值组合,在其存续期内的每一天基差都会随着期货价格和现货价格的变化而变化。从式(2.1)和式(2.2)可以看出,基差增大对空头套期保值有利,而基差减小对多头套期保值有利。

基差的变化幅度是由现货价格和期货价格涨跌的幅度以及方向决定的,在以下三种情况下:

(1)现货价格的涨幅小于期货价格的涨幅;

(2)现货价格的跌幅大于期货价格的跌幅;

(3)现货价格下跌而期货价格上涨

基差会减小;反之,则基差会增大。

2.6 中国的期货市场

2.6.1 商品期货市场

中华人民共和国期货市场于 20 世纪 80 年代起步,1984 年,由于经济转轨的要求,国家更加依赖经济手段,依靠市场这只无形的手来调节经济,市场和价值规律越来越发挥着重要作用。

1998 年初,国务院发展研究中心、国家体改委、商业部等部门根据中央领导的指示,组织力量开始进行期货市场研究,并成立了期货市场研究小组,系统地研究国外期货市场

的历史和现状,组织人员到国外对期货市场进行考察,积累了大量有关期货市场的理论知识和实际运行规律。经过一段时间的准备工作之后,中国期货市场进入了实际发展阶段。

1990 年 10 月 12 日,经国务院批准,中国郑州粮食批发市场开业。该批发市场以现货交易起步,逐渐引入期货交易机制,迈出了中国期货市场发展的第一步,标志着中国期货市场的诞生。1993 年 5 月 28 日,郑州商品交易所推出标准化期货合约,实现了由现货到期货的过渡。

大连商品交易所成立于 1993 年 2 月 28 日,是经国务院批准并由中国证监会监督管理的四家期货交易所之一,也是中国东北地区唯一一家期货交易所。经中国证监会批准,目前上市交易的品种有玉米、黄大豆 1 号、黄大豆 2 号、豆粕、豆油、棕榈油、线型低密度聚乙烯、聚氯乙烯和焦炭 9 个期货品种。大连商品交易所成立以来,规范运营、稳步发展,已经成为我国重要的期货交易中心。近几年的发展尤为迅速,2006—2010 年,成交量由 2.41 亿手增长至 8.06 亿手,成交额由 5.22 万亿元增长至 41.71 万亿元,实现了跨越式的发展。2010 年在全球交易所期货期权交易量排名中,大连商品交易所位列第 13 名。

期货市场试验初期,上海相继开办了金属、石油、农资、粮油、建材、化工 6 家期货交易所。1991 年 5 月 28 日上海金属商品交易所开业;1994—1995 年期货市场规范整顿时,保留了金属、粮油两家交易所,另外四家交易所合并组成商品交易所;1998—1999 年进一步规范整顿时,由上海金属交易所、上海商品交易所、上海粮油商品交易所合并组建的上海期货交易所于 1999 年 12 月 26 日正式成立。

上海期货交易所目前上市交易的期货品种有铜、铝、橡胶 3 个品种,2000 年成交金额 6663.42 亿元,同比增长 35.78%。2001 年成交金额 8544.3 亿元,同比增长 28.23%。期货市场发现价格、规避风险功能得到较好的发挥,尤其是期铜交易功能显著,成为期货市场的一个成熟品牌。

2.6.2　金融期货市场

中国的金融衍生产品与商品期货一样,是在无序状态中启动的,先后出现了国债期货、股指期货、外汇期货、认股权证和可转换债券等衍生品种。中国金融期货交易所是我国唯一一家金融期货市场,21 世纪最初交易的是沪深 300 股指期货。

1. 外汇期货

外汇期货在上境外汇调剂中心于 1992 年 7 月首先挂牌,1993 年 7 月,国家外汇管理局专门发出《关于加强外汇(期货)交易管理的通知》,规定:办理外汇交易仅限于广州、深圳、上海的金融机构进行试点,在国家外汇管理局与中国证监会有关管理办法出台之前,任何机构不得开办外汇期货。由于客观原因,外汇期货的管理办法至今未出台,官方的外汇期货交易实质上已停止。

2. 国债期货

国债期货是利率期货的一种。1992 年 12 月 2 日,上海证券交易所首次尝试国债期货交易,设计并推出了 12 个品种的期货合约,标志着上海国债期货市场进入了试行期。第一批获准参加交易的会员机构有 20 家,但是没有对个人投资者开放,再加上投资者数量不多且信心和操作经验都不足,因此,国债期货市场初期交易十分冷清。

1992 年 12 月至 1993 年 10 月,国债期货总成交金额只有 5000 万元左右。1993 年 7 月 10 日,财政部决定对国债实施保值补贴,同年 10 月 25 日,上海证券交易所在重新设计了国债期货交易品种、交易机制的基础上,正式向社会投资者开放,并进行了广泛的推介,疲软的国债期货市场开始活跃。

1993 年 12 月 15 日,北京商品交易所开始创办国债期货,共推出四个国债品种,成为我国第一家开展国债期货交易的商品期货交易所。接着,全国其他交易所纷纷开办国债期货业务,国债期货交易的蓬勃发展初现端倪。

这一时期是我国国债期货市场的萌芽和发育阶段。

1994 年是国债期货市场最为繁荣的一年。1994 年国债现货市场总成交量比 1993 年翻了十多倍。现货流动性大为增强,一级市场发行再次畅销,国债终于恢复了其"金边债券"的美誉。

然而,繁荣背后孕育着危机。1994 年 10 月上海证券交易所出现了"314"风波。"314"国债期货合约在数家机构联手做多的操纵下,出现了日价位波幅达 3 元的异常行情,在离最后交收日仅两个交易日时,持仓量仍高达 78.87 万张,远远超过了对应现券的发行量。上海证券交易所为了维护市场正常秩序,只能采取强制平仓的措施才使该事件平息。这一事件给整个国债期货市场留下了隐患,使得国债期货市场逐步演变成超级机构运用巨资互相抗衡以获取巨大投机利润的沃土。

1995 年 2 月,沪市发生了著名的"327"逼仓事件。"327"品种是对 1992 年发行的 3 年期国债期货合约的代称。市场在 1994 年年底就有传言说"327"等低于同期银行利率的国债可能加息,而另一些人则认为不可能,因为一旦加息国家需要多支出约 16 亿元。1995 年 2 月 23 日,提高"327"国债利率的传言得到证实,这一消息对空方造成致命的打击。万国证券在走投无路的情况下铤而走险,在没有相应保证金的情况下,违规操作大量透支交易,于收盘还有 7 分钟的时候,疯狂地抛出 1056 万张卖单,面值达 2112 亿元,将"327"合约价格从 151.30 硬砸到 147.50 元,使得当日开仓的多头全线爆仓。24 日,上海国债期货停市,上海证券交易所发出《关于加强国债期货交易监管工作的紧急通知》,就实行涨跌停板制度、加强持仓量限额管理及期货资金使用管理等问题做出了严格规定。2 月 26 日中国证监会颁布《关于加强国债期货交易风险控制的紧急通知》,要求各国债期货交易所立即采取提高保证金比率、密切注意持仓大户交易情况、严格执行每日结算制度和强行平仓制度等对策。上海证券交易所从 2 月 27 日开始休市,在监管部门及上海市市政府的积极配合下,对"327"国债期货事件进行了调查。

"327"风波之后,各交易所虽采取了提高保证金比例、设置涨跌停板等措施抑制国债期货的投机气焰,但终因当时的市场环境所限,上海证券交易所依旧风波不断,4 月份再次掀起投机狂潮,透支、超仓、恶意操作等现象层出不穷。5 月 10 日,上海证券交易所又爆发了"319"逼空事件。

1995 年 5 月 17 日,中国证监会发出《暂停国债期货交易试点的紧急通知》,宣布我国尚不具备开展国债期货交易的基本条件,暂停国债期货交易试点。5 月 31 日,全国 14 家国债期货交易场所平仓清场完毕,历时两年半的国债交易戛然而止。

2013 年 9 月 6 日,重新设计的国债期货合约重新挂牌上市,首批上市的是 5 年期国债 T 合约,TF1312 成为首季 TF 合约,可交割券范围为 4～7 年。

2015 年 3 月,10 年期 T 合约挂牌上市,T1509 成为首季 T 合约,可交割券范围为 6.5～10.25 年。同时,5 年期合约也顺应 10 年期合约上市而修改了合约,将可交割券范围从 4～7 年改为 4～5.25 年。

2015 年 9 月,自 TF1509 和 T1509 合约开始,国债期货交割规则由多、空双方申请匹配更改为空方举手交割,进入交割月以后,只需要空方进行举手交割,交易所会匹配多头进行交割。空头举手交割较双方申请匹配减少了交割难度,有利于期货价格到期收敛、套利,同时增加了空头合约的期权属性。

2015 年 10 月开始,TF 合约的成交量明显增加,成交量/持仓量一度攀升至 3.0 以上。2015 年 11 月 20 日,中国金融期货交易所对 TF 合约平仓征收 3 元手续费以抑制日内交易过于活跃的情况,之后成交量有所回落。

2017 年 2 月 27 日,2 年期国债期货仿真合约正式上市。首批上市的 2 年期国债期货仿真合约为 2017 年 3 月(TS1703)、2017 年 6 月(TS1706)和 2017 年 9 月(TS1709)。2 年期国债期货仿真合约与 5 年期和 10 年期不同之处在于虚拟券利率设为 2%,而非 3%;同时,对于交割券范围除了约定剩余期限为 2 年(仿真合约定为 1.5～2.25 年),还限定了债券的初始发行期限为不高于 5 年,即只有新发债券是 2 年或 3 年的国债才有机会成为交割券。中国金融期货交易所此次发行 2 年期国债期货仿真合约借鉴了国际成熟市场的经验,能够更好地发挥国债期货利率风险管理的作用。2 年期国债期货仿真合约对于完善我国国债期货市场对冲利率曲线结构、丰富跨品种策略、一定程度上完善短久期债券交易有非常重要的意义。

3. 股指期货

股指期货在中国的发展历史可谓异常“曲折”,严格来说股指期货在中国并不是“新生事物”,早在 1994 年 1 月 5 日海南证券交易中心就曾推出“深圳综合指数”“深圳 A 股指数”两种股指期货合约,共有 6 个,即深证综合指数当月、次月、隔月合约,深圳 A 股指数当月、次月、隔月合约。但海南证券交易中心开设股指期货交易并没有经过国家相关部门批准,属地方越权审批。推出时又正值我国政府大力整顿衍生品市场之时,深圳股票指数期货市场仅生存了 16 天共成交 111 手就被中国证监会下令停止交易。事实上当时国内并不具备开设股指期货的条件,一方面证券市场规模太小,没有市场需求(总市值 3531 亿元、流通市值仅四分之一,上市公司 180 余家,全国证券开户数 777 万户,机构投资者 196 家);另一方面国内期货、证券相关法律法规不健全,不具备健康运作的条件。

1997 年,我国香港股市热炒“红筹股”,香港交易所推出“红筹股指数期货”,香港金融危机期间,境外机构通过打压红筹指数沽空红筹期指牟利。亚洲金融风暴之后红筹股持续六七年低迷,红筹期指乏人问津,2001 年 8 月 31 日该产品退市。2001 年 5 月香港交易所又推出的“MSCIk 中国指数期货”也因没有市场需求而在 2004 年 3 月 29 日停止交易。直至 2003 年 12 月 8 日香港交易所推出“H 股指数期货”,该品种推出后半年月度平均成交量就超越了 2000 年推出的“恒指 mini 型指数期货”,香港交易所趁热打铁于 2004 年 6 月 14 日推出“H 股指数期权”。“H 股指数期货”是香港交易所推出的唯一成功的中国内地概念的指数期货,它是 H 股市场里程碑式的事件,扩大了 H 股及指数的影响。

进入 21 世纪,随着中国证券市场的成熟,证监会开始积极筹备推出股指期货。2006 年 9 月 8 日,中国金融期货交易所(China Finacial Futures Exchange,CFFEX)在上海挂牌成立,标志着有关股指期货的筹备工作有了一个质的飞跃;2006 年 10 月 30 日,中国金融期货交易所开始沪深 300 股指期货的仿真交易活动,首日交易落差 176 点,成交超过 5 万手,至少 60 万人参与;2007 年 6 月 27 日,中国金融期货交易所正式发布《中国金融期货交易所交易规则》及其配套实施细则,标志着中国金融期货交易所规则体系和风险管理制度已经建立,金融期货的法规体系基本完备;2009 年 11 月 13 日,中国金融期货交易所第 11 批会员获批,会员总量增至 111 家,其中,全面结算会员 15 家,交易结算会员 61 家,交易会员 35 家。

经过十多年的酝酿,2010 年 1 月 8 日,国务院原则同意推出以沪深 300 为标的的股指期货,证监会统筹股指期货上市前的各项工作。三个月后,4 月 8 日,证监会主席尚福林在上海宣布股指期货正式启动。4 月 16 日,以沪深 300 指数作为标的的股指期货合约正式登录中国金融期货交易所,拉开了中国股指期货的大幕,成为中国市场上第一种金融期货合约。5 年后,上证 50 和中证 500 股指期货在同一个地方扬帆起航。

本章小结

期货交易的一个运行特征是交易在有组织的交易所内集中进行,交易双方不直接接触,交易所和清算机构充当所有期货买方的卖方和所有卖方的买方,匹配买卖撮合成交,集中清算。

期货与远期交易的不同之处在于期货合约通常都有标准化的合约条款。一份标准的期货合约应该包括以下条款:合约名称、交易代码、交易单位、质量和等级条款、交割地点条款、交割期条款和最后交易日条款。价格是期货合约的唯一变量,因此期货交易的双方最主要的工作就是选择适合自己的期货合约,并通过交易所竞价确定成交价格。

保证金制度和每日盯市结算制度是期货市场交易安全的重要保证,也是期货与远期的第三个重要差异。为了确保期货交易的顺利进行以及控制期货交易者的风险,期货市场还有另外一些相关的交易制度,如最小变动价位条款以及涨跌停板制度等。

结清期货头寸的方式主要有以下三种:实物交割、对冲平仓和期货转现货。

期货可以根据标的物的不同,将期货合约分为商品期货和金融期货。金融期货又可分为利率期货、股价指数期货和外汇期货。期货最主要的功能是价格发现和规避价格风险。

期货主要有三种应用:投机、套期保值和套利。套期保值功能是远期和期货产生的原因,也是远期和期货最重要、最应该发展的应用领域,而投机交易是期货市场的润滑剂,提高了期货合约的流动性。

期货市场的投机者是指那些进入期货市场以追逐利润为目的,同时也承担着较高风险的期货交易者。投机包括单笔头寸投机和价差头寸投机。价差头寸投机又分为商品内价差和商品间价差。价差交易者就是利用不同合约之间相对价格的变化来投机获利。

　　套期保值者是指那些进入期货市场的目的在于减小现货市场风险的投资者。常见的套期保值主要有两种类型：多头套期保值和空头套期保值。

　　中华人民共和国期货市场于 20 世纪 80 年代起步，90 年代建立了商品期货交易市场。中国金融期货交易所是我国唯一一家金融期货市场，交易的第一个品种是沪深 300 股指期货。

练习题

1. 名词解释

(1)商品期货　　　　　　　　　　(2)金融期货

(3)投机　　　　　　　　　　　　(4)套期保值

2. 简答题

(1)什么是期货合约？按其标的物主要可以将期货分为哪几类？

(2)期货合约的基本条款包括哪些？

(3)期货市场的两大基本功能是什么？

(4)"当一份期货合约在交易所交易时，会使得未平仓合约总数发生以下三种变化：增加一份、减少一份或者不变。"请问这一观点是否正确？为什么？

3. 实务题

(1)某投机者买入一份橙汁期货，合约的规模为 15000 磅(1 磅＝0.45 千克)，目前该期货的价格为每磅 1.60 美元，初始保证金为每份 6000 美元，维持保证金为每份 4500 美元。请问期货价格低于多少时该投机者将收到追缴保证金通知？在什么情况下，他可以从其保证金账户中提走 1000 美元的现金？

(2)投资者 A 在 5 月 15 日与投资者 B 签订了一份现货买卖，从 B 处以 235 美分/蒲式耳的价格购入 20000 蒲式耳的燕麦(1 吨燕麦＝68.89 蒲式耳)，计划 9 月份卖出。由于害怕燕麦价格下跌而遭受损失，决定利用 9 月份的燕麦期货合约进行套期保值，假定 9 月份燕麦期货的价格为 240 美分/蒲式耳，请问他应该怎样操作？再假定，到了 9 月 17 日他决定出售拥有的 20000 蒲式耳燕麦时，现货市场上燕麦的价格下跌到 225 美分/蒲式耳，请问他套期保值的结果如何？

4. 计算题

　　假定投资者 A 于 2011 年 9 月进入中国金融期货交易所进行沪深 300 股指期货交易，开仓买进沪深 300 股指期货合约 2 手，价格 2300 点(每点价值 300 元)。依照交易所的规定，初始保证金水平为 12%，请问：该投资者需提交多少初始保证金？如果当日的结算价为 2250 点，投资者的损益如何？如果第二天交易的结算价为 2270 点，那么投资者的损益又如何？

阅读材料

第3章

金融期货交易

教学目标

教学目标

通过本章的学习,学生可以理解利率期货、货币期货和股指期货是金融期货的重要组成部分。了解利率期货的基本概念及发展历程,掌握不同利率期货的合约规格;掌握以IMM市场交易的外汇期货合约为代表的外汇期货的合约规格;掌握四大股价指数以及相应的股指期货合约、股指期货的基本特点;还要掌握利率期货、股指期货和货币期货在投机、套期保值和其他风险管理领域的运用。

导入案例

1997年初,泰铢的远期抛售压力已经达到了无以复加的地步,以索罗斯为代表的投机家在1997年2至3月间开始从泰国银行卖出高达150亿美元的泰铢远期合约,并于2至5月间数次大量抛售泰铢,压低泰铢即期市场的价格,引起泰国金融市场的动荡。同年5月和6月国际投机者又分别对泰铢进行了攻击。基于报复,泰国中央银行禁止泰国银行向货币投机者出售泰铢(必须持有贸易单据的证明,才可以购买泰铢)。因此,当投机者需要泰铢来维护其空头头寸时,他们迫于无奈只能到离岸的金融市场上去购买,但那里的泰铢却相对稀缺。6月中旬,离岸金融市场上的一月期的泰铢借入利率已经猛涨到300%的年利率水平。很显然,泰国中央银行在此前的对抗中已经占据了上风,以索罗斯为代表的投机者损失惨重,而政府则宣称尚有大量的美元储备。但不幸的是,泰国中央银行的庞大储备被证明是子虚乌有。泰国中央银行没有足够多的外汇储备,致使其无法在外汇市场上购买泰铢以维持其汇率。1997年7月2日,泰国政府和金融当局在手忙脚乱之中宣布放弃长达13年之久的泰铢与美元挂钩的汇率制度,实行浮动汇率制。泰铢利率顿时一泻千里,一天之内狂跌20%,并处于无人救助、无人敢救的悲惨境地,创出历史最低点的黑色纪录。货币风暴终于在一夜之间爆发了,并由此形成波及亚洲大部分地区的金融风暴。

如何看待索罗斯的投机行为? 应用外汇期货是否比外汇远期更为方便地规避外汇风险? 学习了本节之后你就可以从中找到答案。

金融期货是以金融产品做标的资产的期货合约,包括利率期货(interest rate futures)、外汇期货(foreign currency futures)和股指期货(share price index futures)三种,下面分三节内容逐一介绍。

3.1　利率期货

利率期货是指在期货市场交易的、约定在未来某个确定的时间按双方约定的价格,买卖一定数量的同利率相关的金融资产的标准化的期货合约。实际上,这是一种将附有利率的有价证券作为期货合约的标的资产,由于这些长期或短期的信用工具和利率的高低密切相关,所以称其为利率期货合约。金融期货品种之中,交易规模和交易数量最大的是短期利率期货。

1975 年 10 月,世界上第一张利率期货合约——政府国民抵押协会抵押凭证期货合约在美国芝加哥期货交易所诞生。1983 年,仅仅在利率期货推出的 8 年时间后,利率期货的交易量就占到了期货市场交易量的 1/4,而且品种也越来越多,几乎世界上所有主要的期货交易所都开展了利率期货业务。

利率期货合约根据基础证券期限的长短,可分为短期利率期货和中长期利率期货。短期利率期货是指标的证券的期限不超过 1 年的利率期货合约,如标的资产为 3 月期国库券、90 天的商业票据、3 月期定期存单、3 月期欧洲美元存款凭证等。中长期利率期货是指标的证券的期限在 1 年以上的利率期货合约,如标的资产为中期国债(期限在 1～10 年间)、长期国债(10 年以上)、房屋抵押债券等。

目前,世界主要市场利率期货交易品种如表 3-1 所示。

表 3-1　世界主要市场利率期货交易品种

合约种类	交易所	最小变动价位 (最小波动值)	合约规模	合约月份
长期国债期货合约	CBOT	1/32 点 (31.25 美元)	10 万美元	3,6,9,12
10 年期中期国债期货合约	CBOT	0.5/32 点 (15.625 美元)	10 万美元	3,6,9,12
5 年期中期国债期货合约	CBOT	0.5/32 点 (15.625 美元)	10 万美元	3,6,9,12
2 年期中期国债期货合约	CBOT	0.25/32 点 (15.625 美元)	20 万美元	3,6,9,12
90 天期国库券期货合约	CME	0.01 点 (25 美元)	100 万美元	3,6,9,12
3 个月欧洲美元期货合约	CME	0.01 点 (25 美元)	100 万美元	3,6,9,12
1 个月 LIBOR 期货合约	CME	0.005 点 (12.5 美元)	300 万美元	连续 12 个月

续表

合约种类	交易所	最小变动价位 （最小波动值）	合约规模	合约月份
3个月欧洲美元期货合约	SIMEX	0.01点 （25美元）	100万美元	3,6,9,12
3个月欧洲日元期货合约	SIMEX	0.005点 （12.5日元）	100万日元	3,6,9,12
3个月欧洲美元期货合约	LIFFE	0.01点 （25美元）	100万美元	3,6,9,12
3个月英镑利率期货合约	LIFFE	0.01点 （12.5英镑）	50万英镑	3,6,9,12

3.1.1 短期利率期货

短期利率期货又称货币市场类利率期货，即凡是以期限不超过1年的货币市场金融工具作为标的资产的利率期货均为短期利率期货，如短期国库券(treasury bill，TB)期货合约、欧洲美元期货合约、商业票据期货合约、大额可转让存单期货合约等。

目前市场上最常见的短期利率期货(在芝加哥商品交易所)是3月期的美国短期国库券期货和3月期的欧洲美元定期存款期货。

1. 短期国库券期货合约

表3-2给出了芝加哥商品交易所的90天短期利率期货的基本指标。下面具体分析其报价及其交易。

表3-2　芝加哥商品交易所90天短期利率期货的基本指标

交易单位	1000000美元面值的3月期美国政府短期国库券
合约月份	3,6,9,12
交割日	合同到期月份的第三个星期三
最后交易日	交割日的前一天
报价	100.00减去未来利率的百分点数
最小波动点	0.01%(一个基点)
最小波动值	25美元
交易时间	7:20—14:00(芝加哥时间)

说明：割月、交割日和最后交易日都是确定何时交割，也就是期货合约现金结算的时间。

(1)短期国库券和短期利率期货的报价

美国政府的短期国库券通常采用贴现方式发行，短期国库券的报价通常是采用贴现率报价方式，并且其报价通常报出面值为100美元的短期国库券的价格，即贴现率为$i\%$。如果用Y表示面值为100美元、距到期日还有n天的短期国库券的现金价格，其报价为

$$i=\frac{360}{n}(100-Y)$$

例如,对于 90 天的短期国库券来说,如果现货价格为 $Y=98$,则报价就为 8.00,也就是说,该短期国库券的贴现率为 8%,是短期国库券提供的以年来计算的美元收益,用占面值的百分比来表示。还要注意,此处的贴现率和短期国库券实际获得的收益率并不相同。后者是以美元收益除以成本来计算的,如前例的实际收益率为 2/98,即 90 天的实际收益率为 2.04%,那么年收益率为 8.16%,而非 8%。

短期利率期货的报价方式则不同于短期国库券本身的报价方式。IMM 市场中 90 天国库券期货通常采用 IMM 指数报价方式。"IMM 指数"是 100 与贴现率分子之差。例如,上例中国库券的报价为 8%,那么该种国库券对应的期货的报价就是 92,也就是等于 100 减去相应的短期国库券的报价。因此,短期利率期货指数化价格 P 的定义是:

$$P=100-i$$

其中,i 就是短期利率期货在名义定期存款期内(未来)利率的分子,如果标的资产是一存单或票据;如果是短期国库券,那么 i 就是该短期国库券价格即贴现率(未来)的分子。

如此定价的原因主要是为了使期货报价与交易者"低买高卖"的习惯相一致。对于短期利率存单,投资者意图通过期货进行投机,他们希望以低利率借入资金(卖出期货)然后以高利率贷出资金(买入期货),即为"贵买贱卖"(很不自然),通过这种指数形式定价,则可以转变为"贱买贵卖",这与习惯相符。例如,IMM 市场上 90 天短期利率期货的报价是 96.08,与之对应的利率是 3.92%。某场内自营商感觉利率将会上升,价格将要下跌,他果断地在 96.08 的价位上卖出 50 份合约。

值得注意的是,短期利率期货报价是指数性质的价格,如 96.08 的价位并不表示价格为 96.08 美元,而是隐含它的利率水平为 3.92%。

短期国库券利率期货价格与期货合约的现金价格的关系:如果 Z 是短期国库券期货的价格,Y 是期货合约的现金价格,那么:

$$Z=100-\frac{360}{n}(100-Y)$$

$$Y=100-\frac{n}{360}(100-Z)$$

例如,若短期国库券期货收盘报价为 95.05,则对应的每张面值为 100 美元的 90 天期国库券期货的现金价格为:

$$Y=100-1/4(100-95.05)=98.7625(美元)$$

即该国库券期货合约交割时 100 美元面值的国库券需要现金 98.7625 美元。

(2)短期利率期货的最小变动价位及最小波动值

在期货市场中,对于所有交易的期货合约都会指明其最小波动值或最小变动价位,即连续两次报价之间的最小变化。在 IMM 市场中,短期利率期货的最小波动点,即最小变动价位是一个点(0.01%)。最小波动值是与最小变动价位相对应的一个概念,是指期货合约的价格波动一个最小变动价位,投资者获得的盈利或亏损额。那么在 IMM 市场上,90 天期短期国库券利率期货合约的最小波动值为:

$$0.01\%\times1000000\times\frac{3}{12}=25(美元)$$

一般存款和借款都是在期末还本付息,而短期利率期货的现金交割是在名义存(借)款的期初进行。

2. 欧洲美元期货合约

以 IMM 交易的 3 个月欧洲美元期货合约为例,其各项具体规定如表 3-3 所示。

表 3-3　IMM 市场 3 个月期欧洲美元期货合约的基本指标

交易单位	本金为 1000000 美元,期限为 3 个月的欧洲美元定期存款
合约月份	3,6,9,12
交割日	合同到期月份的第三个星期三
报价	100.00 减去未来利率的百分点数
最小变动价位	0.01%(一个基点)(也称最小变动价位 0.01 点)
最小波动值	25 美元
交易时间	周一到周五上午 7:20—14:00(芝加哥时间)
交割方式	现金结算

"欧洲美元"是指存放于美国境外的非美国银行或美国银行设在境外的分支机构的美元存款。与短期国库券期货合约不同的是,IMM 市场上欧洲美元期货合约的交易对象不是国库券,而是存放于各大商业银行的欧洲美元定期存款,其利率主要是 3 个月的伦敦同业拆借利率(LIBOR),通常会高于相应期限的短期国库券利率。

短期国库券的发行量受到当期债券数量、当时的利率水平、财政部短期资金需求和政府法定债务等多种因素影响,在整个短期利率工具中,所占总量的比例较小。同时许多持有者只是将短期国库券视为现金的安全替代品,对通过短期国库券期货交易进行套期保值的需求不大,因此欧洲美元期货合约自诞生以来即得到了迅速的发展,其交易量很快就超过了短期国库券期货合约,成为短期利率期货中交易最活跃的品种。

由于欧洲美元期货的标的是欧洲美元定期存款,既不能转让,也不能作为贷款的抵押品或担保物,所以欧洲美元期货在到期时一般不进行实物交割,而是根据最后交易日的结算价格计算交易双方的盈亏,并直接划转双方的保证金账户以结清头寸,即采用现金结算方式结清期货头寸。现金结算方式的成功引入,在整个金融期货的发展史上具有划时代的意义,它不仅直接促进了欧洲美元期货的发展,而且为股价指数期货的推出铺平了道路。

如果用 Z 表示欧洲美元期货的价格,则对于合约规模为 100 万美元的 3 个月欧洲美元期货合约而言,其现金价值就是:

$$10000 \times [100 - 0.25 \times (100 - Z)]$$

例如,2005 年 9 月的欧洲美元期货收盘报价为 98.85,则该份合约的现金价格就等于:

$$10000 \times [100 - 0.25 \times (100 - 98.85)] = 997125(美元)$$

特别提示

对于短期国库券期货合约来说,由于存在实物交割的可能,合约的价格在到期日会收敛到 90 天期短期国库券的价格。而欧洲美元期货合约是在到期月的第三个星期三之前的第二个伦敦营业日用现金结算的,因此最后的交割结算价等于 100 减去合约交易日的 3 个月期伦敦同业拆借利率分子的差,即到期日每份合约的现金价格等于:

$$10000 \times [100 - 0.25 \times R]$$

其中,R 为当时报出的欧洲美元的利率分子。欧洲美元的利率报价是按季度计复利的 90 天欧洲美元存款的实际利率,不是贴现率。因此,可以说欧洲美元期货合约是基于利率的期货合约,短期国库券期货合约是基于短期国库券价格的期货合约。

3.1.2　中长期利率期货

中长期利率期货合约的标的资产是标准化的长期附息证券。一般来说,中长期债券不以贴现方式发行,而是以每半年支付一次利息的方式发行,在到期时再将最后一笔利息和本金一起支付给投资者。

由于中期与长期的利率期货合约比较类似,所以我们的讨论主要集中于长期利率期货合约,其讨论的结论同样适合于其他的中期利率合约。以芝加哥期货交易所的长期国债期货合约为例,其各项具体指标如表 3-4 所示。

表 3-4　芝加哥期货交易所长期国债期货合约

交割单位	面值为 100000 美元的美国国债,息票率 6%(2000 年 3 月以前是 8%)
交割等级	从交割月份的第一天至到期日或首次赎回日期至少为 15 年的美国国债
交割月	3,6,9,12
交割日	交割月份的任意一个营业日
最后交易日	交割月份的最后一个营业日前的第七个营业日
报价	价格报价,即以面值的百分比表示,以百分点数与一个百分点的 1/32 标价,如 86-08 表示 86.25%
最小变动价位	1/32%
最小波动值	31.25 美元
交易时间	7:20—14:00(交易池交易,周一至周五) 8:00—16:00(电子屏幕交易,周六至周日)

CBOT 长期国债期货合约的标的资产为面值为 10 万美元的美国长期政府债券。由于长期国债的信用等级高,流动性强,对利率变动的敏感度高,所以自 1977 年 CBOT 推出首张长期国债期货合约以来,便获得了空前的成功,成为世界上交易量最大的一个品种。

长期利率期货的报价方式与现货的报价方式一致,采用价格报价的方式,都以美元和 1/32 美元报出,即以面值的百分比表示,以百分点数与一个百分点的 1/32 标价,所报价格是 100 美元面值国债的价格。由于合约规模为 10 万美元,如果所报价格为 86-8,则意味着实际交割时面值为 10 万美元的长期国债的现金价格为 86250 美元。

从表 3-4 可以看出,中长期利率期货的最小变动价位是 1/32％,因此对应的每张合约的最小波动值是 31.25 美元。另外,值得注意的是,中长期利率期货合约的报价方式也与短期不同,中长期利率期货合约的报价方式是价格报价,前者以面值的百分比表示,如 96-08 就表示期货报价为 96250 美元(96.25％×100000),而短期利率期货则是指数报价,不是实际交割的现金价格。

应该注意的是,由于美国市场上国债的利息每半年支付一次,因此长期国债期货及国债现货的报价与购买者所实际支付的现金价格是不同的,应该考虑长期国债的利息支付。两者之间的关系是:

$$现金价格＝报价＋上一个付息日以来的累计利息$$

【例 3-1】 假设现在是 2009 年 11 月 5 日,2026 年 8 月 15 日到期、息票利率为 12％的长期国债的价格是 94-28(即 94.875)。由于美国政府债券均为半年付一次息,从到期日可以判断,上次付息日是 2009 年 8 月 15 日,下一次付息日是 2010 年 2 月 15 日。2009 年 8 月 15 日到 2009 年 11 月 5 日之间的天数为 82 天,2009 年 11 月 5 日到 2010 年 2 月 15 日之间的天数是 102 天。

如果一投资者于 2009 年 11 月 5 日买入了该债券,面值为 100 美元,则实际交割时应付的累计利息为:

$$6 \times \frac{82}{184} = 2.674(美元)$$

该债券的现金价格就是:

$$94.875 + 2.674 = 97.549(美元)$$

即该投资者应该为面值 100 美元的该国债支付 97.549 美元,而非 94.875 美元。

1. 交割券与标准券的转换因子

CBOT 长期国债期货的合约月份是每年的 3 月、6 月、9 月、12 月。在合约月份的每一个营业日,空头方都可以选择进行交割,但必须比实际交割日提前两个交易日向清算所提出交割申请。

由于可用于交割的国债的息票率不同,期限也不同,CBOT 因此规定,期货合约交割的标准券是期限为 15 年且息票率为 6％的国债。如果只允许标准的国库券进行交割可能会有一定的麻烦,因为这种债券在交割时的规模一般不会满足期货市场的交易规模,很容易导致出现价格操纵行为。

为避免出现上述情况,期货交易所在设计期货合约时已经考虑到要防止任何人垄断市场,因此期货市场又规定空头方可以选择交割任何长于 15 年且在 15 年内不可赎回的债券,称为非标准券。但是在交割非标准券时,如何正确确定债券的价格就成为一个很重要的问题,由此就出现了转换因子(conversion factor,CF)这一参数。

转换因子就是非标准券与标准券之间的折算比例,在数值上等于面值为 100 美元的非标准券在有效期内的现金流按标准券的息票率(目前为 6％,2000 年 3 月以前为 8％)(每半年计复利一次)贴现到交割月第一天的价值,再扣掉该债券的累计利息,将所得的余额除以 100。在实际计算转换因子时,债券的剩余期限只考虑 3 个月的整数倍,多余的月份舍掉。如果取整数后,债券的剩余期限为半年的倍数,就假定下一次付息是在 6 个月后,否则就假定在 3 个月后付息,并从贴现值中扣掉累计利息,以免重复计算。

可见,对于有效期限相同的债券,息票率越高,转换因子就越大;对于息票率相同的债券,若息票率高于 6%,则到期日越远,转换因子越大;若息票率低于 6%,则到期日越远,转换因子越小。

转换因子通常由交易所计算并在市场上公布。不同利率和不同期限的每一种长期债券,都有一个转换因子,用于计算实际的交割价格。在进行交割时,债券出售者出售债券所获得的金额等于债券对应的转换因子乘以期货价格,再将应计利息考虑在内,即

$$空头方收到的金额 = FP \times CF + ACC$$

其中,FP 为期货价格(交割结算价格),CF 为转换因子,ACC 为从上一付息日以来的应计利息。

假定某一长期国债期货报出的期货价格是 88-00(即 88.00),所交割债券的转换因子为 1.41,交割时面值为 100 美元的债券应计利息为 3.5 美元。那么空头方在交割时,每 100 美元债券收到的现金为(多头方支付):

$$88.00 \times 1.41 + 3.5 = 127.58(美元)$$

因此对于该期货合约,空头方应交割卖出面值为 100000 美元的该长期国债,将收到 127580 美元的现金。

【例 3-2】 假设 2010 年 12 月到期的美国长期国债期货合约的期货价格是 118-08(即 118.25),该合约到期时空方没有标准券,于是就选择交割一种息票率为 6.25%、到期日为 2032 年 2 月 15 日的国债。期货的空方选择在 2010 年 12 月 31 日进行交割。通过查表可得债券的转换因子是 1.0296,因期货价格为 118-08,那么:

$$FP \times CF = 118.25 \times 1.0296 = 121.7502(美元)$$

下面计算 ACC,由于债券的到期日是 2032 年 2 月 15 日,由此可以推出付息时间是每年的 8 月 15 日和 2 月 15 日。2010 年 8 月 15 日到 2010 年 12 月 31 日的天数是 138 天,2010 年 12 月 31 日到 2011 年 2 月 15 日的天数是 46 天,那么上一付息日以来的应计利息为:

$$ACC = 100000 \times 6.25\% \times 1/2 \times 138/184 = 2343.75(美元)$$

由此可以计算出 2010 年 12 月 31 日交割时的现金价格为:

$$121.7502 \times 1000 + 2343.75 = 124093.95(美元)$$

即交割一份这样的期货合约,期货的多头方应向空头方支付 124093.95 美元。

2. 最合算的交割券

转换因子制度固有的缺陷,以及市场定价的差异,决定了用何种国债交割对于买卖双方来说是有差异的。在市场上,空方有权选择用于交割的国债。在债券市场上,一般可用于交割的国债多达 30 种左右,那么就存在一个问题:空方如何选择可用于交割的国债才最合算呢?

这就要求空头方考虑购买交割券的成本,以及由于清算期货合约而收到的现金。最合算的债券应该是使得购买交割券的成本与其可能收到的现金之差最小的那个债券。

如果定义交割差距为购买非标准券的成本与期货结算可能收到的现金之差,那么:

交割差距=债券报价+累计利息-[(期货报价×转换因子)+累计利息]

= 债券报价-期货报价×转换因子

其中,累计利息是指上一付息日以来的累计利息,那么最合算的交割券,就应该是使得交割差距最小的债券。

【例3-3】 假设可供空头选择用于交割的3种国债的报价和期货市场的转换因子如表3-5所示,而期货报价为93-16,请确定最合算的交割券。

表3-5 3种国债的报价和期货市场的转换因子

国债	报价	转换因子
1	144-16	1.5186
2	120-00	1.2614
3	99-26	1.0380

解 根据以上数据,我们可以求出各种国债的交割差距:

国债1:144.50-93.50×1.5186=2.5109

国债2:120.00-93.50×1.2614=2.0591

国债3:99.8125-93.50×1.0380=2.7595

因此,交割最合算的国债是国债2,而不是国债3。

3.1.3 利率期货的运用

1. 投机

利率期货市场的投机行为也可以分为单笔头寸投机和价差头寸投机。

(1)单笔头寸投机

单笔头寸投机的原理很简单:若投机者预期未来利率水平将下降,从而利率期货的价格将上升,便可先行买入期货合约,做多;若投机者认为未来利率将上升,从而利率期货的价格将下跌,则先行卖出期货合约,做空。

【例3-4】 假设2008年9月20日,随着世界范围内金融危机的蔓延,通货膨胀的压力加剧,某投机者认为美国市场上未来的短期利率水平将会上升,于是他在IMM市场上按当时的市场价格90.30卖空10份12月份的欧洲美元期货合约。5天之后,利率水平果然上涨,该期货合约的价格下跌为90.12,一共下跌了18个基点。由于短期利率期货的最小波动值为25美元,那么该投机者此时对冲平仓便可以获利:

$$25×18×10=4500 美元。$$

(2)价差头寸投机

期货市场上大多数的投机行为是利用价差头寸来进行的。与商品期货市场一样,利率期货市场上的价差头寸投机也可以分为商品内价差和商品间价差。商品内价差主要是利用利率期限结构来进行投机,例如,利用近期和远期的短期国库券期货合约进行投机;而商品间价差则主要是利用收益率曲线形状的变化或不同金融工具之间风险水平的差异进行投机,例如,利用具有相同违约风险但却有着不同收益曲线的短期国库券期货合约和长期国债期货合约来进行投机,或者利用短期国库券期货合约和欧洲美元期货合约之间风险水平的不同来进行投机。

【例 3-5】 （近期—远期国库券期货价差交易）表 3-6 给出了某年 3 月 20 日市场上短期国库券的一系列现货贴现率和期货对应标的的贴现率。

表 3-6　现货贴现率和期货对应标的的贴现率

距到期日的期限	短期国库券贴现率	期货合约	期货贴现率	指数价格
3 个月	10.00%	6 月	12.00%	88.00
6 个月	10.85%	9 月	12.50%	87.50
9 个月	11.17%	12 月	13.50%	86.50
12 个月	11.47%			

由表 3-6 可知,短期国库券的收益率曲线向上倾斜。但与现货的收益率曲线相比,某投资者认为期货合约对应的收益率曲线过于陡峭,但预计在未来 6 个月内将趋于平缓,即相应的不同月份期货合约之间的收益价差将会缩小,那么他应该怎样利用价差头寸投机获利呢?

假设果然如该投资者所料,到了 6 月 30 日,12 月份短期国库券期货合约的贴现率从 13.50% 下跌到 11.86%,9 月份短期国库券期货合约的贴现率从 12.5% 下降到 10.98%,即收益率曲线趋于平缓。此时他对冲平仓,投机的结果如何?

解　因 9 月份与 12 月份的期货合约之间价差最大,他应该按当前的市场价格买入 1 份较远月份(12 月份)的短期国库券期货合约,卖出 1 份较近月份(9 月份)的短期国库券期货合约,两份合约之间的价差为 100 个基点(87.50−86.50=1.00)。

到了 6 月 30 日,12 月份短期国库券期货合约的收益率从 13.50% 下跌到 11.86%,9 月份短期国库券期货合约的收益率则从 12.5% 下降到 10.98%,由此可知,市场上 9 月份短期国库券期货合约的报价为 89.02,12 月份短期国库券期货合约报价为 88.14,两者之间的收益价差缩小为 88 个基点(89.02−88.14)。正如预期,其价差缩小了。

如果该投资者此时对冲平仓,尽管 9 月份短期国库券期货合约亏了 152 个基点 (89.02−87.50=1.52),但 12 月份短期国库券利率期货合约赚了 164 个基点(88.14−86.50=1.64),那么实际可获利 12 个基点,由于每个基点的价值为 25 美元,所以总获利为:

$$25×12=300（美元）$$

 特别提示

在例 3-5 中,即使到了 6 月 30 日两份期货合约的收益率都上升,只要收益率曲线变得平缓,投机者仍可从中获利。

【例 3-6】 （短期国库券—长期国债期货价差）表 3-7 给出了某年 7 月 10 日市场上短期国库券和长期国债现货与期货的价格。

表 3-7　短期国库券和长期国债现货与期货的收益率

现货市场	现货收益率	期货合约	期货收益率	期货价格
3 月期国库券	12.00%	9 月份短期国库券期货	12.00%	88.00
6 月期国库券	12.00%	12 月份短期国库券期货	12.00%	88.00
某长期国债	12.00%	9 月份长期国债期货	12.00%	69-29
		12 月份长期国债期货	12.00%	69-29

表 3-7 中所有的收益率均为 12%,代表一条完全水平的收益率曲线。若某投资者认为未来的收益曲线将会向上盘升,那么他可以进行什么样的价差投机交易?

假设到了 11 月 15 日,收益曲线真如该投资者所料向上倾斜:12 月份长期国债期货合约的收益率上升到 12.78%,此时价格为 65-24。12 月份短期国库券期货合约的收益率上升到 12.20%。此时他对冲平仓,投机结果如何?

解　一种办法是利用商品内的价差,即同种利率期货不同到期月之间的价差,卖出较远月份的短期国库券期货合约,买入较近月份的短期国库券期货合约。但这种交易与目前的预期无关,适合于市场上资金面趋紧的情况。

另一种办法是利用商品间价差。一般说来,未来收益率曲线向上倾斜,说明长期国债收益曲线相对于短期国库券收益曲线将上升,那么该投机者可以卖出长期国债期货合约,买入短期国库券期货合约进行价差头寸投机。

假定 7 月 10 日,该投机者按当前的价格卖出了 1 份 12 月份长期国债期货合约,买入 1 份 12 月份短期国库券期货合约进行价差头寸的投机。

到了 11 月 15 日,市场上 12 月份短期国库券期货合约的报价为 87.80,12 月份长期国债期货合约的报价为 65-24。如果此时投资者对冲平仓,尽管 12 月份短期国库券期货合约亏损了 20 个基点(88.00−87.80=0.2),即亏损了 500 美元,但 12 月份长期国债期货合约却因价格变化了 4-05 而赚了 133 个基点,一个基点的价值是 31.25 美元,共获利 31.25×133=4156.25 美元。因此,通过该商品间价差的投机交易,可获利 3656.25 美元。

在价差头寸的投机中,还可以进行短期国库券期货和欧洲美元期货的价差(T-bill/Eurodollar spread,TED)投机以及中期国债期货—长期国债期货价差(notes over bonds,NOB)投机。

NOB 交易策略是利用中期国债期货和长期国债期货收益率绝对水平或相对水平的变化来进行投机的一种策略。

事实上,长期国债和中期国债的价格高度相关,但由于长期国债的久期大于中期国债,因此即使收益率的变化相同,长期国债期货的价格变化也将大于中期国债期货的价格变化。若投机者预计收益率曲线将会向上倾斜,这就意味着长期金融工具(如长期国债)的收益率相对于短期金融工具(如中期国债)的收益率将会上升,该投资者可以通过卖出长期国债期货合约、买入中期国债期货合约进行投机。若投机者预计收益率曲线将会向下倾斜,该投机者就可以通过买入长期国债期货合约、卖出中期国债期货合约进行投机。

2. 套期保值

(1)多头套期保值

如果投资者在现货市场上承担着利率下跌的风险时,可先于期货市场上买进期货合约进行规避现货市场利率下跌风险的交易,就是多头套期保值。

【例 3-7】　假设 2017 年 12 月 15 日,某公司投资经理得知 6 个月后公司将会有一笔 970000 美元资金流入并将用于 90 天期国库券投资。已知当前市场上 90 天期国库券的贴现率为 12%,收益曲线呈水平状(即所有的远期利率也均为 12%),2018 年 6 月份到期的 90 天期国库券期货合约的价格为 88.00。因此,该投资经理预计 6 个月后的那笔资金刚好够买 1 份面值为 1000000 美元的 90 天期国库券。为了预防 6 个月后利率下跌,90 天期国库券的价格上涨,他应该如何使用期货合约进行套期保值?

解　该投资者应该买入 1 份 2018 年 6 月份的 90 天期短期国库券期货合约。

假设到了 6 月 15 日,市场上 90 天期国库券的收益率下降为 10%,此时投资者买进面值为 1000000 美元的 90 天期国库券需要资金 975000 美元 $[10000 \times (100 - \frac{1}{4} \times 10)]$。

由于投资者买入了 1 份 2018 年 6 月份的 90 天期短期国库券期货合约进行套期保值,因此在到期时可以直接进行实物交割从而利用流入的 970000 美元购买 100 万美元面值的国库券,从而免于在现货市场上购买 100 万美元的 90 天期国库券带来的 5000 美元的损失,达到套期保值的目的。

如果不进行实物交割,那么对于投资者来说,在现货市场上直接购买面值 100 万美元的 90 天期国库券则亏损 5000 美元。

再来看期货市场,此时期货合约正好到期,期货收益率等于现货市场的收益率,因此 6 月份 90 天期国库券期货合约的价格为 90.00,卖出该期货合约对冲平仓,因此盈利(90－88 ＝2)200 个基点,共盈利 5000 美元(25×200)。

同样地,期货市场的盈利与现货市场亏损相抵,投资者套期保值的结果是不盈不亏,有效达到了保值的目的。

(2)空头套期保值

如果投资者在利率市场上承担着利率上涨的风险时,则可先于利率期货市场上卖出期货合约进行规避现货市场利率上涨风险的交易,这就是空头套期保值。

【例 3-8】　假设 2016 年 1 月 15 日,某公司投资经理得知,根据公司的投资计划安排,2 个月后必须将一笔面值为 10000000 美元的短期国库券投资变现。为了避免 2 个月后因市场利率上涨而国库券价格下跌,该投资经理决定利用利率期货进行套期保值。已知当前市场上 3 月份短期国库券期货合约的报价为 94.50,他应该怎样操作?

解　由于一份短期国库券期货的交易单位是 100 万美元面值的国库券,而投资经理管理着面值为 10000000 美元的短期国库券,因此他应该卖出 10 份 3 月份 90 天期国库券期货合约,价格为 94.50,进行套期保值。也就是说 2 个月后可以利用这笔价值 1000 千美元的短期国库券进行期货合约的实物交割而变现为 9862500(美元) $[100000 \times (100 - 90/360 \times (100 - 94.5))]$。

假设 3 月份该公司持有的短期国库券需变现时,市场上 90 天期国库券的价格不但没有下跌反而上涨,贴现率变为 5.25%。因 3 月份 90 天期短期国库券期货也到期了,此时期货合约的价格也变为 94.75。因此该公司在现货市场上的变现收入为 9868750 美元,这是因为:

$$100000 \times \left(100 - \frac{90}{360} \times 5.25\right) = 9868750 (美元)$$

现货市场上共盈利 6250 美元(9868750－9862500＝6250),而期货市场上对冲平仓的损失也恰好为 6250 美元(因 1 份期货合约损失了 25 个基点,每个基点的价值为 25 美元,共 10 份期货合约)。期货市场与现货市场收益相抵,套期保值的结果不盈不亏,确保到期时出售面值为 10000000 美元的短期国库券获得的现金价值为 9868750 美元。

3.2 外汇期货

外汇期货合约是最早出现的一种金融期货,也是目前世界上与远期市场和期货市场同样发达的金融期货品种之一。20 世纪 70 年代初,随着布雷顿森林体系的解体,以美元为中心的固定汇率制逐渐被浮动汇率制所代替,国际金融市场上汇率波动频繁,给进口商和出口商、跨国公司和商业银行等外币债权或债务的持有者带来了巨大的汇率风险,在国际经济贸易中急需一种能有效转移和回避汇率风险的金融工具。1972 年 5 月 16 日,芝加哥商品交易所成立了国际货币市场部,首先推出了包括英镑、日元、澳元、德国马克、加元、瑞士法郎和法国法郎在内的 7 种外汇期货合约。1982 年 9 月,LIFFE 成立并推出了自己的外汇期货交易;1984 年,新加坡国际货币交易所(SIMEX)也开办了外汇期货交易并与 IMM 市场联网,全球外汇期货交易量直线上升。

3.2.1 外汇期货的概念

外汇期货,也称为"货币期货"或"外币期货",是指交易双方订立的标准化合约,约定在未来某个确定日期以双方协商的汇率交易一定标准数量的某种外汇的交易。外汇期货在集中性的交易市场以公开竞价的方式进行交易。

"货币期货"属于标准叫法,"外汇期货"属于符合中国习惯的叫法。

3.2.2 外汇期货的合约规格

外汇期货合约是期货交易所制定的以货币为交易标的的一种标准化合约,因此对交易单位、最小变动价位、交易时间、交割月份、交割地点等内容都进行了统一的规定。不同的交易所制定的外汇期货合约的主要内容基本相同,但也会在某些细节上有略微的差别。

目前在国际货币市场上,交易的主要外汇期货合约是 6 大主要货币的期货合约,6 大货币包括欧元、英镑、日元、瑞士法郎、澳元及加元。下面以国际货币市场为例说明外汇期货的合约规格,具体见表 3-8。

表 3-8　国际货币市场普通外汇期货合约

合约币种	英镑	瑞士法郎	加元	日元	澳元	欧元
交易单位	6.25 万	12.5 万	10.0 万	1250 万	10.0 万	12.5 万
最小变动价位	0.0002	0.0001	0.0001	0.000001	0.0001	0.0001
最小变动值	12.5 美元	12.5 美元	10.0 美元	12.5 美元	10 美元	12.5 美元
交易时间	芝加哥时间 7:20 至 14:00，到期合约在最后交易日于 9:16 收盘					
最后交易日	交割日前第二个营业日上午 9:16					
交割日期	合约月份的第三个星期三					
交割地点	清算所指定的货币发行国银行					

1. 交易单位

外汇期货的交易单位都是以各种货币的某一特定数量来表示，确定的是一份合约交易的标的货币的数量。这一标准的数量由交易所根据各种标的货币同结算货币之间的某一正常的汇率确定，如在 IMM 交易的各种外汇期货中，英镑兑美元的汇率一般最高，日元兑美元的汇率一般最低，所以英镑期货合约的交易数量最低，只为 6.25 万英镑，而日元期货合约的交易数量最高，为 1250 万日元。

2. 最小变动价位与最小波动值

外汇期货的最小变动价位通常以一定的"点"来表示。"点"是指外汇市场所报出的外汇汇率中小数点之后最后一位的数字。由于各种交易货币小数点以后的位数不同，所以点对不同货币的含义也不同。如在 IMM 交易的外汇期货合约中，英镑、瑞士法郎、加元、欧元及澳元同美国的汇率均报价至小数点后第四位，日元同美元的汇率报价至小数点后第六位，因此同样的 1 个点，对英镑等六种货币而言，其含义为 0.0001；而对日元而言，其含义为 0.000001。

外汇期货的最小变动价位是指每一单位货币的汇率变动一次的最小幅度。在 IMM 市场中，英镑的最小变动价位为 0.0002（通常称为 2 个点），这表示在英镑期货交易中，每次价格变动的最小幅度是每英镑 0.0002 美元。这一最小幅度与交易单位的乘积是每份期货合约的最小波动值，即期货投资者一份合约的盈利或亏损的数值。如英镑期货合约的交易数量是 6.25 万英磅，所以每份英镑期货合约的价格变动一个最小变动价位 0.0002 时，期货投资者的盈利或亏损额 12.5 美元。

3. 每日价格波动限制

外汇期货的每日价格波动限制一般也以一定的点数来表示，如英镑期货每日价格波动限制为 400 点，瑞士法郎、日元、澳元均为 150 点，而加元为 100 点等。值得注意的是，由于不同货币的点数有不同的含义，因此外汇期货的每日价格波动限制不能根据点数来比较其大小，如瑞士法郎与日元期货的每日价格波动限制均为 150 点，但瑞士法郎的 150点代表每马克 0.0150 美元，而日元的 150 点代表每日元 0.000150 美元。不过由于一份日元期货合约的交易单位是一份瑞士法郎期货合约的 100 倍，因而这两种期货合约的每日价格波动限制均为每合约 1875 美元。又如，加元期货的每日价格波动限制为 100 点，而澳元期货每日价格波动限制为 150 点，然而从其实际的含义看，澳元期货的 150 点是加元期货之 100 点的 1.5 倍。因此澳元期货合约的交易单位是 10 万澳元（每合约限制为 1500 美元），加元期货合约的交易单位是 10 万加元（每合约限制为 1000 美元），每份澳元期货合约的每日价格波动限制大于每份加元期货合约的价格波动限制。

要注意的是，IMM 对各种外汇期货规定的每日价格波动限制只适用于开市后的 15 分钟，而 15 分钟后则不再限制。

4. 其他规定

除以上规定外，IMM 还就合约的月份、交易时间、最后交易日、交割日期及交割地点等方面做出了规定，但这几个方面的规定对于各种货币都是相同的，具体规定参见表 3-5。

3.2.3　外汇期货的运用

1. 投机

外汇期货的投机是指交易者根据其对未来市场走势的预测和判断，通过买卖外汇期货合约，从中赚取差价的交易行为，主要分为单笔头寸投机和价差头寸投机。

（1）单笔头寸投机

单笔头寸投机可以分为做多和做空。做多是投机者预测某种外汇的期货价格将会上升，便买入该外汇期货合约，待以后择机对冲，若价格上升则盈利，否则就亏损；做空则是投机者预测某种外汇的期货价格将下跌，便先行卖出该外汇期货合约，待以后再择机买进对冲，若价格下跌则盈利，否则则亏损。

【例 3-9】　假定 2017 年 9 月 3 日，IMM 市场上 12 月份加元的期货价格为 0.7425 美元/加元，某投机者预测加元期货将进入牛市，便买进 4 份 12 月份加元期货合约。至 10 月中旬，12 月份加元期货价格果真上扬，到 11 月中旬已涨到 0.7439 美元/加元，如该投资者此时对冲平仓，盈亏如何？

解　一份合约每加元赢利 0.0014 美元，即赢利为 14 点，每个点价值为 10 美元，那么 4 份合约共赢利：

$$10 \times 14 \times 4 = 560（美元）$$

【例 3-10】　假定 2017 年 10 月 7 日，IMM 市场上欧元现货和期货的价格如下：

欧元现货价格	1.1643 美元/欧元
12 月份欧元期货价格	1.1649 美元/欧元
次年 3 月份欧元期货价格	1.1677 美元/欧元

从上述价格可以看出，市场预期欧元未来相对于美元将会升值。然而某投资者认为未来欧元的价格将会下跌，他应该如何操作？再假定，到了 2018 年 3 月 10 日，欧元现货价格为 1.1651 美元/欧元，3 月份的欧元期货合约的价格为 1.1653 美元/欧元，他投机的结果如何？

解　由于他预测欧元的价格将会下跌，因此他应该卖出欧元期货合约进行投机。假定他于 10 月 7 日卖出了一份次年 3 月份的欧元期货合约。

到了 3 月 10 日，由于欧元现货价格为 1.1651 美元/欧元，3 月份的欧元期货合约的价格为 1.1653 美元/欧元，均高于 10 月 7 日欧元现货的价格 1.1643 美元/欧元。尽管他

的判断有误,但由于 3 月份的欧元期货价格下跌,此时对冲平仓,投机者仍可获利 24 点,即盈利:

$$12.5 \times 24 = 300(美元)$$

(2)价差头寸投机

由于单笔头寸投机的风险极大,所以在外汇期货市场上有相当部分的投机者属于价差头寸的投机者。外汇期货的价差头寸也可分为商品内价差和商品间价差。下面看一商品内价差的例子。

【例 3-11】　假定 2017 年 8 月 12 日 IMM 市场上英镑的现货和期货价格如下:

英镑现货价格	1.4485 美元/英镑
9 月份英镑期货价格	1.4480 美元/英镑
12 月份英镑期货价格	1.4460 美元/英镑
次年 3 月份英镑期货价格	1.4460 美元/英镑
次年 6 月份英镑期货价格	1.4470 美元/英镑

某投机者预计未来一年内英镑相对于美元将会贬值,但又害怕单笔头寸投机风险过大,所以打算做一笔价差头寸的投机交易,他应该怎样操作?

假设到了 2017 年 12 月 11 日,市场上 12 月份英镑期货的价格下跌到 1.4313 美元/英镑,次年 3 月份英镑期货合约的价格下跌到 1.4253 美元/英镑。若投机者此时对冲平仓,结束所有的头寸,他的投机赢利是多少?

解　他应该卖出一份价格相对高估的次年 3 月份英镑期货合约,同时买进 1 份价格相对低估的 12 月份英镑期货合约,建立一个价差头寸来达到其投机的目的。

到了 2017 年 12 月 11 日,由于卖出 12 月份的英镑期货对冲平仓,亏损 147 个点;买进次年 3 月份的 GBP 期货对冲头寸,则盈利 207 个点,所以投机净盈利 60 个点,每个点的价值为 6.25 美元,因此盈利为 375 美元。

2. 套期保值

外汇期货市场上的套期保值主要是国际经贸交往中的债权人和债务人为防止其预计收回的债权或将要支付的债务因计价货币贬值或升值而蒙受损失,从而希望将汇率风险控制在一定程度内,便在金融期货市场上做一笔与金融现货市场头寸相反、期限对称、金额相当的外汇期货交易,以达到保值的目的。同样可以分为多头套期保值和空头套期保值。

多头套期保值是为了防止现货市场上出现货币升值的风险从而在期货市场上先行买进同种货币的期货合约的交易;反之,空头套期保值是为了防止现货市场上出现货币贬值的风险从而在期货市场上先行卖出同种货币的期货合约的交易。

【例 3-12】(多头套期保值)　加拿大某出口企业(A 公司)于 2016 年 3 月 5 日向美国 B 公司出口一批价值为 1500000 美元的商品,用美元计价结算,3 个月后取得货款。为减小汇率风险,A 公司拟在 IMM 市场做外汇期货套期保值以减小可能的损失。假定 2016 年 3 月 5 日和 6 月 5 日的加元现货与期货价格如下

	3 月 5 日	6 月 5 日
加元现货价格	0.8001 美元/加元	0.8334 美元/加元

6 月份加元期货价格　　　0.8003 美元/加元　　　　0.8316 美元/加元

为了防止美元相对于加元贬值(事实上也如此),A 公司应该如何进行套期保值?并根据 6 月 5 日的市场数据说明其套期保值的结果。

解　尽管 A 公司担心的是未来美元相对加元贬值,但由于 IMM 外汇期货市场中美元仅是计价单位,而不是标的货币,所以不能直接卖出美元期货,而必须是通过买入加元期货来达到相同的目的。由于 A 公司预计 3 个月后有 150 万美元的货款回收,那么如果此时兑换为加元的话,可以获得加元的数额为:

$$\frac{150}{0.8001}=187.4766 \text{ 万(加元)}$$

一份加元期货的交易单位为 10 万加元,所以他应该在期货市场上买入 19 份 6 月份的加元期货合约进行套期保值。表 3-9 分析了 A 公司的套期保值交易。

表 3-9　A 公司的套期保值交易

	现货市场	期货市场
3 月 5 日	价:0.8001 美元/加元	价:0.8003 美元/加元 买 19 份 6 月份加元期货,交割时需花费 1520570 美元
6 月 5 日	价:0.8334 美元/加元 卖 150 万美元,收回加元 1799856 万	价:0.8316 美元/加元 卖 19 份 6 月份加元期货,交割时获得 1580040 美元
盈亏状况	亏:74910 加元	盈:59470(10×313×19)美元 = 71358 加元
总头寸盈亏		亏:3553 加元

从表 3-9 可以看出,其套期保值的结果是略亏,亏损额为 3553 加元。

【例 3-13】(空头套期保值)　假设 2017 年初某美国公司的子公司 B(在德国)预计当年年底需汇回母公司的净利润用欧元计算为 4300000 欧元,而 IMM 市场上 2017 年 1 月 2 日和 12 月 15 日欧元现货与期货的价格如下:

	1 月 2 日	12 月 15 日
欧元现货价格	1.1700 美元/欧元	1.1500 美元/欧元
12 月份欧元期货价格	1.1554 美元/欧元	1.1500 美元/欧元

因为担心到时美元升值,B 公司拟在 IMM 做外汇期货套期保值以减小可能的损失,他应该怎样套期保值?结果又如何?

解　由于担心美元升值而欧元贬值,因此应该出售欧元期货合约进行套期保值,而现货市场欧元的风险数量是 4300000 欧元,一份欧元期货的交易单位是 12.5 万欧元,所以

$$\frac{4300000}{125000}=34.4$$

他应该卖出约 35 份 12 月份的欧元期货进行好为人师套期保值。其具体套期保值的交易结果如表 3-10 所示。

表 3-10　套期保值的交易结果

	现货市场	期货市场
1 月 2 日	价:1.1700 美元/欧元	价:1.1554 美元/欧元 卖 35 份 12 月份欧元期货
12 月 15 日	价:1.1500 美元/欧元 卖 430 万欧元	价:1.1500 美元/欧元 买 35 份 6 月份欧元期货
盈亏状况	亏:0.0200 美元/欧元 总计 86 000 美元	盈:54×12.5×35＝23625(美元)
总头寸盈亏	亏:62375(美元)	

　　套期保值的结果并不好,亏损额为 62375 美元,实际上是将其兑换美元的价格稳定在:1.1700−62375/4300000＝1.1555(美元/欧元)

3.3　股指期货

　　股指期货是金融期货中产生最晚的一个品种,也是 20 世纪 80 年代金融创新过程中出现的最重要、最成功的金融衍生工具之一,是金融期货家族中最年轻、最具生命力的一员。自从 1982 年 2 月 24 日由美国堪萨斯期货交易所首次推出以来,日益受到金融界及其他各类投资者的青睐。目前,它已成为世界各大金融期货市场上交易最活跃的期货品种之一。

　　股指期货以股价指数作为交易标的物。为正确理解和把握股指期货,应先对股价指数及其编制方法有一个比较正确的认识。

3.3.1　股票价格指数简介

　　股票价格指数,简称股价指数,是运用统计学中的指数方法编制而成的、反映股市中总体股价或某类股票价格变动情况的一种相对指标,其计算方法主要有算术平均法和加权平均法两种。

　　股价指数一般以指数点(简称为"点")表示整个股票市场价格总水平的高低。若点数增大,表示股市行情上涨;点数减小,则表示股市行情下跌。

　　世界各国的股票市场都有自己的股价指数,即使在同一国家,不同的股票市场也有不同的股价指数,甚至在同一股票市场也会同时编制不同的股价指数以适应不同的需要。

　　股价指数的基本编制原理是:选取一定数量的股票作为样本,同时选择一种计算简便、易于修正,并能保持统计口径一致性和连续性的计算公式,并确定某一日期为基期,将某一既定的整数(如 100、1000 等)定为该基期的股价指数。然后根据某特定时间各种样本股票的实际市场价格,用选取的计算公式计算出该时间的股价指数。通过该时间股价指数与基期股价指数或其他时间股价指数的对比,反映出样本股票的价格总水平及其变动方向和变动幅度。

编制股价指数时,对于公式的选择通常有以下几种:

1. 简单算术平均法

简单算术平均法是将各样本股票的计算期价格与其基期价格的比率之和除以样本股票的个数,再乘以基期股价指数,从而得到计算期的股价指数。

若以 n 表示样本股票的个数,以 $P_1^i(i=1,2,3,\cdots,n)$ 表示第 i 种股票的计算期价格,以 $P_0^i(i=1,2,3,\cdots,n)$ 表示第 i 种股票的基期价格,以 I_1 表示计算期股价指数,以 I_0 表示基期股价指数,则:

$$I_1 = \frac{1}{n}\left(\frac{P_1^1}{P_0^1}+\frac{P_1^2}{P_0^2}+\frac{P_1^3}{P_0^3}+\cdots+\frac{P_1^n}{P_0^n}\right) \times I_0 \tag{3.1}$$

【例 3-14】 某股票市场选择三种股票作为样本股票,其计算期价格分别为 12 元、14 元和 16 元,基期价格分别为 10 元、12 元和 14 元;基期股价指数为 100,则计算期股价指数为:

$$\frac{1}{3} \times \left(\frac{12}{10}+\frac{14}{12}+\frac{16}{14}\right) \times 100 = 116.9$$

这个计算结果表示该市场计算期的股票价格水平比基期上升了 16.9%,通常称为上涨了 16.9 点。

2. 综合法

综合法是将各样本股票的计算期价格和基期价格分别加总,然后将计算期价格总和与基期价格总和相比,再乘上基期股价指数而得出计算期股价指数。

仍以 I_1 表示计算期股价指数,以 I_0 表示基期股价指数,以 n 表示组成股价指数的样本股票的个数,以 $P_1^i(i=1,2,3,\cdots,n)$ 表示第 i 种股票的计算期价格;以 $P_0^i(i=1,2,3,\cdots,n)$ 表示第 i 种股票的基期价格,则计算期股价指数可表示为:

$$I_1 = \frac{\sum\limits_{i=1}^{n} P_1^i}{\sum\limits_{i=1}^{n} P_0^i} \times I_0 \tag{3.2}$$

3. 加权综合法

上述两种方法都没有考虑各种股票的权数大小。加权综合法正是为了弥补这一缺点而产生的。

加权综合法就是在公式(3.2)的基础上再加进各种股票的权数,以反映权数大小各不相同的各种股票在形成股价指数时的相对重要性。若以 W_i 表示第 i 种股票的权数,则式(3.2)就可被改写成加权综合指数:

$$I_1 = \frac{\sum\limits_{i=1}^{n} P_1^i \times W_i}{\sum\limits_{i=1}^{n} P_0^i \times W_i} \times I_0 \tag{3.3}$$

在公式(3.3)中,W_i 为一同度量因素,这一因素可以是股票的成交金额,也可以是股票的上市股数。各国在编制股价指数时一般都以各种股票的上市股数作为权数。

在加权综合法中,以哪一时期的同度量因素作为权数也是一个需要选择的问题。若

选基期的同度量因素作为权数,则公式 3.3 被称为拉斯贝尔公式(Laspeyres Formula);
而若选择计算期的同度量因素作为权数,则公式 3.3 被称为派许公式(Paasche Formula)。目前,各国在编制股价指数时大多选用派许公式。我国上海证券交易所的股价指数就是根据派许公式编制的。

3.3.2 世界著名股价指数简介

1. 道琼斯股价平均指数

道琼斯股价平均指数(Dow Jones Averages,DJA)是当今国际上最负盛名的股价指数。它以 1928 年 10 月 1 日为基期,并令基期指数为 100。其计算方法几经修正,样本股票也几经调整。目前,道琼斯股价平均指数共有四组分类指数,它们依次是:

(1)道琼斯工业平均指数:它以 30 种实力雄厚且在工业界具有代表性的工业公司发行的股票作为样本股票编制而成。现在人们通常所称的道琼斯指数一般就是该指数。

(2)道琼斯运输业平均指数:它由 20 种具有代表性的运输业股票构成其样本股票。这 20 种运输业股票包括 8 种铁路运输业股票、8 种航空运输业股票及 4 种公路运输业股票。

(3)道琼斯公用事业平均指数:它以 15 种公用事业公司的股票作为样本股票编制而成。

(4)道琼斯综合平均指数:它由上述 65 种股票的价格加总平均而成,用以全面地反映整个股市的行情及其变动。

2. 标准普尔股价综合指数

标准普尔股价综合指数(Standard and Poor's Composite Index),也称标准普尔 500 指数(S&P500 Index),是一种历史悠久且有重大影响的股价指数。它以 1941—1943 年为基期,令基期指数为 10,并以各种股票的发行量为权数,采用加权平均法编制而成。目前,该指数主要以在纽约证券交易所上市的 500 种股票作为样本股票,其中包括 400 种工业股票、40 种公用事业股票、20 种运输业股票及 40 种金融业股票。

与道琼斯股价平均指数相比,标准普尔股价综合指数具有抽样面广、代表性强且能比较精确地反映各种股票的价格对整个股市行情的影响等优点,是一种理想的股价指数期货合约的标的指数。

3. 纽约证券交易所综合股价指数

纽约证券交易所综合股价指数(New York Stock Exchange Composite Index)于 1966 年开始编制。这一指数的样本股票包括所有在纽约证券交易所上市的 1500 余种股票。以 1965 年 12 月 31 日为基期,令基期指数为 50(这一数字接近于当时该交易所所有上市股票的平均价格),其编制方法也采用加权平均法。1982 年 5 月,纽约期货交易所推出的股价指数期货合约即以这一指数为标的物。

4. 主要市场指数

主要市场指数(Major Market Index,MMI)是 CBOT 为开办股指期货交易而专门编制的一种指数。早在 20 世纪 80 年代初 CBOT 就企图以道琼斯工业平均指数(DJIA)为标的指数推出股指期货合约,却遭到道琼斯公司的极力反对,并诉诸法院。在此情况下,

CBOT才从纽约证券交易所上市的工业股票中选取20种蓝筹股票作为样本股票编制主要市场指数,以1983年为基期,令基期指数为200,并以此为标的物开展股指期货交易。然而主要市场指数所包括的20种股票中,有16种股票是道琼斯工业平均指数的样本股票,而且在指数的计算上只要将主要市场指数乘以0.5,则所得结果与道琼斯工业平均指数极为接近,这两种指数的相关系数高达0.98以上。

5. 金融时报指数

金融时报指数是由英国伦敦证券交易所编制,并在《金融时报》(Financial Times)上发表的股价指数。根据样本股票的种数,金融时报指数分别有30种股票指数、100种股票指数及500种股票指数三种。

在现货股票投资中运用较多的是以30种代表性工商业股票为样本计算的指数。这种指数以1935年作为基期,令基期指数为100。

在股指期货交易中,被作为期货合约之标的指数的是以100种股票为样本、用几何平均法计算的指数。这种指数被称为"金融时报—证券交易所100种股票价格指数"(Financial Times-Stock Exchange 100 Index,FT-SE100)。该指数以1984年1月3日为基期,并令基期指数为1000。

6. 日经225股价指数

日本股票市场中所交易的股票通常分为"第一部类"和"第二部类"。日经225股价指数(Nikkei 225 Index,NK225)是由东京证券交易所模仿道琼斯股价平均指数的方法编制。1975年5月,日本经济新闻社买进道琼斯公司的商标,以东京证券交易所第一部上市的225种代表性股票作为成分股编制股价平均指数,并定名为"日经—道指数"。目前,以这一指数为标的指数的期货合约主要在日本的大阪证券交易所及新加坡的国际货币交易所交易。

7. 沪深300指数

沪深300指数,简称为沪深300,是由中证指数有限公司(China Securities Index Co.,Ltd)编制的。中证指数有限公司成立于2005年8月25日,是由上海证券交易所和深圳证券交易所共同出资发起设立的一家专业从事证券指数及指数衍生产品开发服务的公司。

沪深300指数是沪、深证券交易所于2005年4月8日联合发布的反映A股市场整体走势的指数。沪深300指数编制目标是反映中国证券市场股票价格变动的概貌和运行状况,并能够作为投资业绩的评价标准,为指数化投资和指数衍生产品创新提供基础条件。沪深300指数样本覆盖了沪深市场60%左右的市值,具有良好的市场代表性和可投资性。它的推出,丰富了市场现有的指数体系,增加了一项用于观察市场走势的指标,也进一步为指数投资产品的创新和发展提供了基础条件,十分有利于投资者全面把握我国股票市场总体运行状况。

沪深300指数是以从上海和深圳证券市场中选取的300只A股股票作为样本,其中沪市有179只,深市121只。样本选择标准为规模大、流动性好的股票,并以2004年12月31日为基期,基期指数为1000点,其是以调整股本为权重,采用派许加权综合指数公式进行计算。

3.3.3　股价指数期货合约

表 3-11 说明了芝加哥期货交易所的道琼斯工业平均指数期货合约的具体指标。可以看出,与外汇期货、利率期货的交易一样,股价指数期货交易的客体——股价指数期货合约也具备交易所要求的一些标准化规范,如交易单位、最小变动价位(也叫刻度)、合约月份、交易时间、最后交易日及结算方式等,下面具体说明。

表 3-11　CBOT DJIA 期货合约

交易单位	10 美元×DJIA
最小变动价位	1 个指数点(每份合约 10 美元)
合约月份	3、6、9、12 月
交易时间	芝加哥时间 7:20 至 15:15
最后交易日	合约月份第 3 个星期五的前一个交易日
交割方式	现金结算

1. 交易单位

股指期货的交易单位即合约规模不是固定的金额,而是标的股价指数与既定的金额的乘积。这一既定的金额即一点指数的价值称为合约乘数,如 CBOT 交易的 12 月份 DJIA 期货合约的价格为 9571 点,而合约乘数为 10 美元,即每点代表的价值是 10 美元,所以该期货合约的交易单位就为 95710 美元。

2. 最小变动价位

股指期货的价格以及最小变动价位(即刻度)也用“点”来表示,但与货币期货合约和利率期货合约的“点”不同,此处的“点”是“指数点”,如 CBOT 交易的 DJIA 期货合约的最小变动价位是 1 个指数点,每个指数点的价值是 10 美元,所以每份合约的最小波动值为 10 美元。

3. 每日价格波动限制

自 1987 年 10 月的股灾之后,绝大多数的交易所对其上市的股指期货合约规定了每日价格波动限制,但各交易所的规定在限制的幅度以及限制的方式上各不相同,并时常进行调整。

4. 现金结算方式

由于股价指数本身就是一种价格,而非股票资产,所以股指期货交易就不能像其他金融期货交易那样到期进行实物交割。在股指期货的结算中,也引进了欧洲美元期货交割时所采用的现金结算方式。

表 3-12、表 3-13、表 3-14 分别说明了芝加哥商品交易所的日经 225 指数期货、国际货币市场交易的 S&P500 期货合约和伦敦国际金融期货交易所交易的 FT-SE100 指数期货合约的指标。

中国金融期货交易所交易的沪深 300 指数期货的合约规格见表 3-15。

表 3-12　CME 日经 225 股价指数期货合约

交易单位	5 美元×日经 225 股价指数
最小变动价位（最小波动值）	5 个指数点（每份合约 25 美元）
合约月份	3、6、9、12 月
交易时间	芝加哥时间上午 8：00 至下午 3：15
最后交易日	最后结算价格确定日之前的那个交易日
交割方式	现金结算

表 3-13　CME IMM 分部 S&P500 期货合约

交易单位	250 美元×S&P500
最小变动价位（最小波动值）	0.1 个指数点（每份合约 25 美元）
合约月份	3、6、9、12 月
交易时间	芝加哥时间上午 8：30 至下午 3：15
最后交易日	最后结算价格确定日之前的那个交易日
交割方式	现金结算

表 3-14　LIFFE FT-SE100 指数期货合约

交易单位	25 英镑×FT-SE100
报价	指数点，以点及半点表示，如 2820.5
最小变动价位（最小波动值）	0.5 个指数点（每份合约 12.5 英镑）
合约月份	3、6、9、12 月
交易时间	8：35—16：10（场内交易） 16：32—17：30（APT 屏幕交易）
最后交易日	交割月份第三个星期五的 10：30
交割结算价	最后交易日 10：10—10：30FT-SE100 指数的平均水平
交割方式	现金结算

表 3-15　沪深 300 股指数期货合约

合约标的	沪深 300 指数
合约乘数	每点 300 元
交易单位	沪深 300 指数×300 元
报价单位	指数点
最小变动价位	0.2 点
合约月份	当月、下月及随后两个季月
交易时间	9：15—11：30,13：00—15：15
最后交易日交易时间	9：15—11：30,13：00—15：00
价格限制	上一个交易日结算价的±10％

合约标的	沪深 300 指数
合约交易保证金	合约价值的 12%
交割方式	现金交割
最后交易日	合约到期月份的第三个周五,遇法定节假日顺延
最后结算日	同最后交易日

3.3.4 股指期货的运用

1. 投机

股指期货的投机性交易也可以分为简单的单笔头寸投机和复杂的价差头寸投机。

(1)单笔头寸投机

单笔头寸投机是指投机者根据自身对整体股市的预测和判断而采取的先买后卖或先卖后买的"做多"或"做空"的交易行为。在这种投机交易中,投机者需要判断的是指数的走势,通过预测大盘的走势来确定是要"做多"还是"做空"。

【例 3-15】 恒生指数由在香港上市的较有代表性的 33 家公司的股票编制而成,以成分股的发行股数为权数,采用加权平均法计算。最初以 1964 年 7 月 31 日为基期,基期指数为 100,后因技术原因改为以 1984 年 1 月 13 日为基期,基期指数定为 975.47。恒生指数现已成为反映香港政治、经济和社会状况的主要风向标。恒生指数期货则是以港元为货币单位的标准化期货合约,期货合约的合约乘数为 50 港元。

假定 2018 年 3 月,某投资者预测香港股市在短期内将会受到利好消息的推动而上涨,便于 29500 点时买进恒生指数期货 10 份,半个月后,恒生指数期货的价格上涨到 29850 点,此时投资者抛出手中的期货合约,获利 175000 港元[50×(29850−29500)×10]。

反之,若半个月后恒生指数期货的价格下跌至 29300 点,如果投资者此时平仓,亏损 100000 港元(50×(29300−29500)×10)。

可以看出,单笔头寸投机的结果,关键取决于投机者对未来股票指数走势的预测,如果判断准确则赚钱,否则就亏本。正是由于单笔头寸投机的风险极大,所以比较保守的投机者会选择价差头寸投机的方式来减小其头寸暴露的风险。

(2)价差头寸投机

按通常的观点,股指期货的价差头寸投机可以分为跨市场交易、跨月份交易和跨品种交易三种。跨市场交易是指投机者在两个不同的金融期货市场同时买进和卖出同一种股指期货合约,从中套取差价利润。事实上这种交易可以看作是一种套利,在价格低的市场买进,价格高的市场上卖出而不需要承担风险,但可以获取差价收益。跨月份交易是指投机者利用对同种股指期货不同合约月份之间的差价变化的预测,从而买一卖一获取差价利润。这种交易就是前面所说的商品内价差交易。跨品种交易则是指投机者利用两种不同但具有替代性的或受供求因素制约的股价指数期货合约的预期价差变化进行买卖活动,从中获取差价利润。这种投机交易就是前面提到的商品间价差。

【例 3-16】 假设 2018 年 4 月 22 日,6 月份的 S&P500 期货合约的价格为 2679.4,12 月份 S&P500 期货合约的价格为 2685.7。某投机者认为短期内美国股市将会受到利好消息的影响而大幅上涨。而通常情况下,对既定的股价指数走势变化,到期日为较远月份的期货合约往往比较近月份期货合约对股价指数本身有更大的反映。因此,该投机者认为 12 月份 S&P500 期货合约的价格上涨幅度将会超过 6 月份 S&P500 期货合约。由于害怕承担太大的风险,于是他决定做跨月份交易。请问他应该怎样投机?假设到 5 月 6 日,股市上涨,6 月份 S&P500 期货合约的价格上涨为 2702.5,12 月份 S&P500 期货合约的价格也上涨,达到 2709.3,此时对冲平仓,他的投机结果如何?

解 他应该按当前市场价格买入 1 份 12 月份的期货合约,卖出 1 份 6 月份的期货合约进行价差头寸的投机。

5 月 6 日,由于 6 月份 S&P500 期货合约的价格上涨为 2702.5,共上涨了 23.1 点,而 12 月份 S&P500 期货合约的价格上涨为 2709.3,共上涨了 23.6 点。此时该投机者对冲平仓,该投机者实际获利为:

$$250 \times 0.5 = 125(美元)$$

 特别提示

由于同一标的不同月份的股指期货合约之间高度相关,所以股指期货市场上的跨月份价差头寸的投机交易,往往会因为价差变化极小而使得投机利润不足以弥补交易费用,最终以失败告终,正如本例所看到的,如果考虑现实中的交易费用等成本因素,投机利润就实在是微不足道的了。

前面所述的价差投机选择的两份期货合约的比例均为 1:1,但如果两份合约的风险差异较大时,就不应该进行 1:1 的价差头寸交易,而是进行比率价差交易,具体说明见例 3-15。

【例 3-17】 (比率价差)假设某年 4 月 22 日,9 月份的 S&P500 期货合约的报价为 999.00,而 9 月份 DJIA 期货合约的报价为 8603.50。而最近的一次美国股市上涨是由于大公司股票价格的上涨带动的,某投机者也相信在不久的将来还将有一次类似的由大公司股票价格上涨所推动的股市大幅上涨。因此,投机者认为由大公司股票集中构成的 DJIA 将会比 S&P500 上涨速度更快。但为了控制风险,该投机者决定利用股指期货的跨品种交易进行价差头寸投机,那么该投机者应该怎样操作?到 5 月 6 日,股市真的上涨了,DJIA 期货合约的价格上涨到 8857.30,S&P500 期货合约的价格上涨到 1026.50,请问他投机的结果如何?

解 9 月份 S&P500 期货的合约规模为:999.00×250＝249750(美元),9 月份的 DJIA 期货的合约规模为:8603.50×10＝86035(美元),两种合约的规模之比大约为 3:1,因此,为了使两种期货的头寸风险相当,又能够与其对市场相对价格走势的预期相符,该投机者决定买卖 9 月份 DJIA 期货合约和 S&P500 期货合约进行价差头寸投机,比例确定为 4:1。

他应该做的跨品种投机交易为:以 8603.50 的价格买入 20 份 9 月份 DJIA 期货合约,以 999.00 的价格卖出 5 份 9 月份 S&P500 期货合约。

到了 5 月 6 日,股市上涨,DJIA 期货合约的价格上涨幅度超过 S&P500 期货合约的价格上涨幅度。若该投机者此时对冲平仓,尽管 S&P500 期货头寸亏损了 34375 美元 ＝ [(999.00－1 026.5)×250×5],而在 DJIA 期货合约上盈利 50760 美元[(8857.30－ 8603.50)×10×20],所以总盈利为 16385 美元。

 特别提示

　　由于股指期货合约的种类繁多,不同合约的交易单位也有较大的差别,因此投机者在进行跨品种价差投机时,不仅要对市场的相对价格走势有正确的判断,选择正确的期货合约种类进行交易,而且还必须适当地选择不同期货合约交易的比率。因此,这类价差交易就被称作"比率价差"(ratio spread)。

　　2. 套期保值

　　股指期货的套期保值也分为多头套期保值和空头套期保值。前者适合的场合主要是当投资者准备投资股票,又唯恐实际购买时因股价上涨而蒙受损失,便预先买进股指期货,待实际购买股票时再进行对冲平仓,以弥补现货市场可能遭受的损失;后者则主要适用于手中已持有股票的投资者或准备发行股票的筹资者,他们因惧怕股价下跌而遭受损失,便预先在期货市场上卖出相应的股指期货,利用股指期货的空头和股票的多头相配合,避免总头寸的风险。

　　【例 3-18】　2011 年年初,美国某基金经理计划于 2 月底将一笔总金额为 60 亿日元的资金投资于日本股票组合。为防止到时日本股市上涨而使投资受挫,该基金经理决定利用 CME 3 月份的日经 225 股指期货来进行套期保值。假定当时 3 月份的日经 225 股指期货合约的报价为 14400 点,而美元兑日元的汇率为 1 美元＝140 日元,那么他应该如何套期保值?

　　解　因为日经 225 股指期货的合约乘数为 5 美元,故该日经 225 股指期货合约的规模为 72000 美元(5×14400)。又由于美元兑日元的汇率为 1 美元＝140 日元,所以 60 亿日元＝42857143 美元,近似等于 43000000 美元,他应该购买 600(43000000/72000＝597.22)份日经 225 股指期货合约进行套期保值。

　　结果不出所料,到了 2 月底资金到位进行投资时,其所选择的投资组合的价格上涨,CME 3 月份的日经 225 股指期货合约的价格也上涨到 14760 点。若该基金经理此时对冲平仓,则期货市场上的盈利为:

$$(14760－14400)×5×600＝1080000(美元)$$

　　通过这一操作,在一定程度上弥补了现货市场上的损失。

 特别提示

　　CME 市场中以日经 225 作标的指数的日经 225 股指期货合约以美元计价结算,所以该套期保值策略存在着较大的汇率风险。而新加坡国际货币期货交易所(SIMEX)交易的日经 225 股指期货合约则是直接以日元结算,如果利用该期货合约来进行套期保值,就可以有效地避免汇率风险。

　　值得注意的是,用来套期保值的股票组合的风险与日经 225 作标的指数的风险大小是否一致? 这也是股指期货套期保值必须注意的一个问题。

在前面的套期保值的介绍中,我们没有强调套期保值的策略。事实上,在运用期货(不仅是股指期货)进行套期保值时,需要回答以下三个问题:①选择哪一种期货合约;②选择哪一种期货头寸的方向,即多头还是空头;③期货合约的交易数量是多少。

(1)合约的选择

对于合约的选择,总的原则是,套期保值者应该选择具有足够流动性且与被套期保值的现货资产高度相关的合约品种。

基于这一原则,尽管可能有适合的远期合约可以进行套期保值,利用期货合约可能对套期保值者更加有利。因此我们不讨论远期合约的套期保值。

在利用期货进行套期保值时,一般市场中可用的期货合约有四种。如果市场中存在可得的期货到期日与套期保值的现货到期时间无法完全吻合的情况,就存在如何选择期货合约的问题。一般的操作原则是避免在现货到期的月份中持有期货头寸,因为到期月中期货价格常常会出现异常波动,可能给套期保值者带来额外的风险;同时又需要期货合约的期限覆盖现货的风险。因此,在到期时间无法吻合的情况下,套期保值者可以选择比所需保值现货期限略晚但到期月份尽量接近的期货品种,因为为了与现货同一天结束,期货可以用提前平仓的方式,避免期货市场的风险暴露。

通常来说,套期保值结束时,或者现货与期货头寸同时到期,或者现货到期的同时期货平仓结清。不应该发生的是期货到期而现货尚未到期。

(2)头寸方向的选择

头寸方向的选择相对简单,前面已经讨论过。其关键问题是针对套期保值者规避现货的风险问题,原则是当现货市场价格上涨可能给套期保值者带来损失时,选择多头套期保值;当现货市场价格下跌可能造成不利影响时,选择空头套期保值。

(3)合约的数量

期货合约选择好之后,就需要选择用于套期保值的合约数量。这个问题与通常所说的套期保值比率有关。

一般情况下,如果选择套期保值的期货合约的标的资产与现货资产一致时,或者说风险一致时,套期保值使用的期货合约的数量简单地计算就等于:

$$\frac{套期保值现货资产的数量}{期货合约的合约规模}$$

在前面的套期保值案例中,我们都是如此选择期货合约的交易数量的。

下面利用套期保值比率来探讨这一问题。

套期保值比率指的是用于套期保值的期货头寸对被套期保值的现货资产头寸的比率,即:

$$\frac{套期保值资产头寸数量}{被套期保值资产头寸数量}$$

当选择用于套期保值的期货合约的标的资产与现货资产不一致时,就存在确定最优套期保值比率的问题,如利用股指期货来对股票组合的风险进行套期保值的情形。最优套期保值比率是指能够最有效、最大限度地消除被保值对象价格变动风险的套期保值比率。下面以多头套期保值为例讨论最优套期保值比率问题。

如果 1 单位的现货头寸用 n 单位的期货多头进行套期保值,那么套期保值者的整个套期保值组合的价值变动可以表示为

$$\Delta\pi = n\Delta G - \Delta H = n(G_1 - G_0) - (H_1 - H_0) \tag{3.4}$$

其中 π 表示套期保值组合的价值,其他符号见 2.5.2 有关套期保值的基差风险的介绍。

对于现货来说,价值就是价格。现货价格的变动就是现货头寸价值的变动。对于期货头寸而言,尽管价格不等于价值,但 1 单位期货价格的变动也反映了 1 单位期货头寸价值的变动。

从直觉上说,最优套期保值比率就是使得套期保值组合的价值变动对被套期保值的价值的变化敏感性为零的套期保值比率,也就是完全消除了现货资产价值变动带来的风险的套期保值比率,即使得:

$$\frac{\mathrm{d}(\Delta\pi)}{\mathrm{d}(\Delta H)} = 0 \tag{3.5}$$

的套期保值比率。利用公式(3.4)计算即可知,无论对多头套期保值还是空头套期保值,最优套期保值比率均为

$$n = \frac{\mathrm{d}(\Delta H)}{\mathrm{d}(\Delta G)} = \frac{dr_H \times H_0}{dr_G \times G_0} \tag{3.6}$$

其中,r_H 和 r_G 分别表示现货和期货的收益率,注意在开始时刻,H_0 和 G_0 是已知的。

公式(3.6)体现了期货最优套期保值比率的本质含义,即它是 1 单位的期货价格每变动 1 时,1 单位现货价值变动的数量。也就是说,1 单位的现货需要 n 单位的期货头寸对其进行套期保值,才能达到最优的消除现货风险的效果。

可以很容易地证明,当被保值的现货资产与期货的标的资产一样,且期货到期时间与现货到期时间一致时,最优套期保值比率就等于 1。这是因为当期货到期时,期货价格等于现货价格。

由于上述最优套期保值比率 n 是针对单位价值变动的,而实际的最优套期保值数量 N 还要在此基础上考虑具体头寸的规模,即最优套期保值数量:

$$N = n \times \frac{Q_H}{Q_G} = \frac{\mathrm{d}(\Delta H) \times Q_H}{\mathrm{d}(\Delta G) \times Q_G} = \frac{dr_H \times H_0 \times Q_H}{dr_G \times G_0 \times Q_G} = \frac{dr_H \times V_H}{dr_G \times V_G} \tag{3.7}$$

其中,Q_H 和 V_H 分别为需要进行套期保值的现货头寸的数量和总价值;Q_G 为用于套期保值的每份期货合约中的数量或乘数,具体由期货合约规则确定,如一份长期国债期货的合约规模为 100000 美元面值的长期国债,而期货价格是以 100 美元面值的国债价格报出的,因此其乘数就是 1000;V_G 则为每份期货合约的合约规模。

目前,常用来估计最优套期保值比率的方法是最小方差套期保值比率法。最小方差套期保值比率是指套期保值的目标是使得整个套期保值组合收益的波动最小化的套期保值比率。对于期货来说,无论是多头套期保值还是空头,套期保值收益的方差均为:

$$\sigma_\Pi^2 = \sigma_H^2 + n\sigma_G^2 - 2n\sigma_{HG} = \sigma_H^2 + n^2\sigma_G^2 - 2n\rho_{HG}\sigma_H\sigma_G \tag{3.8}$$

其中,σ_H^2、σ_G^2 分别是现货价格变化 ΔH 和期货价格变化 ΔG 的方差,σ_{HG} 为 ΔH 和 ΔG 的协方差,ρ_{HG} 为 ΔH 和 ΔG 的相关系数。

在最小方差套期保值比率法下,最小套期保值比率必须使得 σ_Π^2 最小化,即有:

$$\frac{d\sigma_\Pi^2}{dn} = 2n\sigma_G^2 - 2\rho_{HG}\sigma_H\sigma_G = 0$$

且有：

$$\frac{d^2\sigma_\Pi^2}{dn^2} = 2\sigma_G^2 > 0$$

因此，可以得到使得套期保值收益风险最小的最小方差套期保值比率为：

$$n = \rho_{HG}\frac{\sigma_H}{\sigma_G} \tag{3.9}$$

从式（3.9）可以看出，当 ΔH 和 ΔG 的相关系数等于1，且 ΔH 和 ΔG 的标准差相等时，最小方差套期保值比率等于1。当被保值的资产与期货的标的资产一样，且期货到期时间与现货保值的到期时间一致时，就是这种情况。

【例3-19】 假设投资者手中持有某种现货，价值1000000美元，目前现货的价格是100美元。拟运用某种标的与该相似的期货合约进行3个月的套期保值。如果已知该现货资产价格季度变化的标准差为0.65美元，该期货价格季度变化的标准差为0.81美元，两个价格变化的相关系数为0.8，每份期货合约规模为100000美元，期货价格为50美元。请问，三个月期货合约的最小方差套期比率是多少？应如何进行套期保值操作？

解 由式（3.9）可知，最小方差套期保值比率为：

$$n = \rho_{HG}\frac{\sigma_H}{\sigma_G} = 0.8 \times \frac{0.65}{0.81} = 0.64$$

再由式（3.7）可知，投资者应该持有的期货合约份数为：

$$N = n \times \frac{Q_H}{Q_G} = 0.64 \times \frac{1000000/100}{100\,000/50} = 3.2$$

因此，投资者应该持有3份3个月期货合约空头来进行套期保值。

再返回股指期货的套期保值，在实践中，可以运用历史数据，利用一元线性回归方程式

$$R_H = a + bR_G + \varepsilon \tag{3.10}$$

来估计系数 b，即可获得股指期货最小方差套期保值比率，上述回归方程中的 R^2 可以用来检验套期保值的有效性。

值得注意的是，由于 n 是用点为单位计算得到的，所以股指期货的最小方差套期保值数量为：

$$N = n \times \frac{V_H}{V_G} \tag{3.11}$$

其中，V_H 为现货头寸的总金额；V_G 为一份期货合约的合约规模，即期货点数乘以每点的价值。

在资本资产定价模型中大家知道，CAPM（资本资产定价模型）中衡量股票系统性风险的系数公式为：

$$\beta = \frac{\sigma_{R_iR_M}}{\sigma_{R_M}^2} = \rho_{R_iR_M}\frac{\sigma_{R_i}}{\sigma_{R_M}} \tag{3.12}$$

式（3.12）与式（3.9）非常类似，似乎 β 系数就是用作股指期货的最小方差套期保值比

率。事实上还是有点差异的,但如果 R_M 所表示的市场指数组合与用于套期保值的股指期货的价格变动一致,且套期保值期间,被套期保值的股票组合的 β 系数能很好地代表其真实的系统性风险,那么 β 系数的确是股指期货最小方差套期保值比率的一个良好的近似。在通常确定套期保值合约的数量时,就把股票组合的 β 系数作为最小方差套期保值比率来使用。

【例 3-20】　假设 2016 年 3 月 14 日,某投资经理管理着一个总价值为 40000000 美元的多样化股票投资组合,该组合相对于 S&P500 的 β 系数为 1.22,这意味着 S&P500 每变动 1%,该股票投资组合的价值就将变动 1.22%。由于害怕熊市到来股价下跌,投资组合遭受损失,假定当前市场上 12 月份 S&P500 股指期货合约的价格为 1060.00,那么该投资经理应该如何操作? 如果到了 8 月 16 日 12 月份 S&P500 股指期货合约的价格下跌到 1013.00,股票投资组合的总价值下跌了 5.4%,此时投资者决定对冲平仓,他的总盈亏如何?

解　一种方法是立即卖出所有的股票,将所得的收入投资于短期的债务工具,待熊市过后再重新回到股市。显然,这涉及昂贵的交易费用,而且一下子将如此大规模的股票进行抛售,必然导致股价下跌,也就不能按原本预期的较高价格卖出所有的股票,所以这种方法是保守的、不可行的。

另一种方法是利用 S&P500 股指期货进行套期保值。通过在期货市场上卖出一定量的股指期货合约,即使股价下跌,该投资经理仍可利用期货市场上的盈利来冲抵现货市场上的损失,从而达到降低总体头寸风险的目的。有效的股指期货对冲将使得对冲者整体头寸的 β 值等于 0,从而整体头寸近似以无风险利率增长。那么究竟卖出多少数量的期货合约才合适呢? 如果选择 1∶1 的套期保值比率,即对每一美元的投资组合价值都相应地卖出 1 美元的股指期货合约来进行套期保值,那么为了 40000000 美元保值,他需要卖出的期货合约数为:

$$\frac{V_P}{V_F}=\frac{40000000}{1060\times250}=150.94\approx150(\text{份})$$

其中,V_P 为投资组合的价值;V_F 为期货合约的规模。

这种方法的一个最主要的问题就在于忽略了股票投资组合相对于 S&P500 有较高的波动性。如果考虑股票投资组合相对于 S&P500 的风险大小,则利用最小套期保值比率即 β 系数,需要卖出的期货合约数目应为:

$$\frac{V_P}{V_F}\beta_P=\frac{40000000}{1060\times250}\times1.22=150.94\times1.22=184.15\approx185(\text{份})$$

其中,β_P 为被套期保值的投资组合的 β 系数,用来近似最小方差套期保值比率。

现将两种情况下的套期保值结果列于表 3-16 进行比较。

表 3-16　两种套期保值策略的比较

	股票市场	期货市场	
		期货合约数 $=V_P/V_F$	期货合约数 $=V_P/(V_F\cdot\beta_P)$
3 月 14 日	持有价值为 40000000 美元的股票投资组合	卖出 150 份 S&P500 期货合约,价格为 1060.00	卖出 185 份 S&P500 期货合约,价格为 1060.00

续表

	股票市场	期货市场	
		期货合约数＝V_P/V_F	期货合约数＝$V_P/(V_F \cdot P_P)$
8月16日	投资组合的价值下跌到37840000美元	买入150份S&P500期货合约,价格为1013.00(下跌4.43%)	买入185份S&P500期货合约,价格为1013.00(下跌4.43%)
盈亏状况	损失：-2160000美元	盈利：1762500美元($47×250×150$)	盈利：2173750美元($47×250×185$)
总头寸盈亏		净损失：-397500美元	净盈利：13750美元

 特别提示

从上面的比较分析可以看出,卖出185份期货合约时可以达到较好的套期保值效果,但也必须注意到,这种理想化的结果隐含着两个基本假设:第一,套期保值期限内股票投资组合的价值变动与风险系数β代表的波动性是一致的;第二,股指期货合约价格的变动也与股价指数的变动相一致。实际中,绝大多数的股指期货合约价格的波动性都要大于标的指数价格本身,因此在进行套期保值时应该将其考虑在内。

本章小结

利率期货是指在期货市场交易的双方约定在未来某个确定的时间按双方约定的价格,买卖一定数量的同利率相关的金融资产的标准化的期货合约。根据基础证券期限的长短,利率期货合约可分为短期利率期货和中长期利率期货。

最常见的短期利率期货(在芝加哥商品交易所)是3个月的美国短期国库券期货和3个月的欧洲美元定期存款期货。美国政府的短期国库券通常采用贴现方式发行。短期国库券的报价通常是采用贴现率方式报价,其报价公式为:

$$i = \frac{360}{n}(100 - Y)$$

在IMM市场中,3个月美国短期国库券期货和3个月的欧洲美元定期存款期货通常采用IMM指数报价方式。"IMM指数"是100与贴现率分子之差,即:

$$P = 100 - i$$

长期利率期货的报价方式与现货的报价方式一致,采用价格报价方式,都以美元整数和1/32美元报出,即以面值的百分比表示,以百分点数与一个百分点的1/32标价,所报价格是100美元面值国债的价格。

转换因子就是非标准券与标准券之间的折算比例,通常由交易所计算并在市场上公布。最合算的交割债券,就应该是使得交割差距最小的债券。

外汇期货合约是期货交易所制定的以货币为交易标的的一种标准化合约,因此对交易单位、最小变动价位、交易时间、交割月份、交割地点等内容都进行了统一的规定。

股指期货以股价指数作为交易标的物。由于股价指数本身就是一种价格,而非股票资产,所以股指期货交易就不能像其他金融期货交易那样到期进行实物交割。在股指期货的结算中采用现金结算方式。

利率期货、货币期货和股指期货都可用于投机和套期保值。股指期货的价差头寸投机可以分为跨市场交易、跨月份交易和跨品种交易三种。在跨品种交易的投机时常常使用"比率价差"。在利用股指期货进行套期保值时应该注意标的资产的风险与期货标的资产的风险是不同的。

套期保值比率是套期保值中一个重要的概念。套期保值比率指的是用于套期保值的期货头寸对被套期保值的现货资产头寸的比率,即:

$$\frac{套期保值资产头寸数量}{被套期保值资产头寸数量}$$

当选择用于套期保值的期货合约的标的资产与现货资产不一致时,就存在确定最优套期保值比率的问题。无论是多头套期保值还是空头套期保值,最优套期保值比率均为:

$$n=\frac{\mathrm{d}(\Delta H)}{\mathrm{d}(\Delta G)}=\frac{dr_H \times H_0}{dr_G \times G_0}$$

其中,r_H 和 r_G 分别表示现货和期货的收益率,注意在开始时刻,H_0 和 G_0 是已知的。最优套期保值数量为:

$$N=n\times\frac{Q_H}{Q_G}=\frac{\mathrm{d}(\Delta H)\times Q_H}{\mathrm{d}(\Delta G)\times Q_G}=\frac{dr_H \times H_0 \times Q_H}{dr_G \times G_0 \times Q_G}=\frac{dr_H \times V_H}{dr_G \times V_G}$$

通常用来估计最优套期保值比率的方法是最小方差套期保值比率法。使得套期保值收益风险最小的最小方差套期保值比率为:

$$n=\rho_{HG}\frac{\sigma_H}{\sigma_G}$$

对于股指期货套期保值,其最小方差套期保值数量为:

$$N=n\times\frac{V_H}{V_G}$$

其中,n 是最小方差套期保值比率,通常 β 系数是股指期货最小方差套期保值比率的一个良好的近似。

练 习 题

1. 名词解释

(1) 货币期货　　　　　(2) 利率期货

(3) 股指期货　　　　　(4) 价差头寸投机

2. 简答题

(1) 什么是转换因子?如何利用转换因子选择最合算的债券进行交割?

(2) 外汇期货合约包括哪些要素?具体内容是什么?

（3）什么是股票价格指数期货？如何利用股票价格指数期货来进行避险？

3. 实务题

（1）已知当前市场上 90 天期国库券的贴现率为 8.65%，请问面值为 1000000 美元的 90 天期国库券的现金价格是多少？

（2）已知当前市场上 3 个月短期国库券利率期货的指数报价为 88.60，请问对应的标的的贴现率是多少？如果该投资者按此价格购买了 10 份该期货合约，当其价格上涨到 88.90 时，该投资者的盈亏情况如何？

（3）假设某公司投资经理得知 3 个星期后（即 6 月 15 日）将有一笔资金流入公司并计划投资于总面值为 10000000 美元的 90 天期国库券。当前市场上 6 月份到期的短期国库券期货合约的报价为 94.75，而 90 天期短期国库券的报价为 6%。请问：为了规避 3 个星期后利率下降的风险，该投资经理应如何进行套期保值？若 3 个星期后，利率不但没有下降反而上升，90 天期国库券的贴现率上涨到 6.25%，则该投资经理套期保值的结果怎样？

（4）某投资银行于 8 月间承销一家跨国公司发行的欧洲债券，总金额为 20000000 美元，期限为 15 年，息票率为 8%，每年计息一次，该投资银行承诺以 79.74 美元的价格承销。若此投资银行估计承销期约为 6 周，而当时市场利率为 10.75%，9 月份 15 年美国长期国债期货的价格为 79-24。假如到 9 月份时，市场利率升到 11%，9 月份 15 年美国长期国债期货合约的价格下跌到 78-06。请问：该投资银行应如何进行套期保值？假定 9 月份利率上升后，该投资银行以 78.20 美元的贴现价出售欧洲债券，试计算该投资银行的实际损益情况。

（5）假设现在是 8 月 20 日，美国哈佛大学的戴维斯先生正在为该校教授明年 6 月份的伦敦讲学计划做资金上的安排。预计前往的教授共 42 人，每位教授的费用是 1500 英镑，这笔费用需要于明年 3 月 15 日支付给英国有关方面，当前市场上英镑的即期汇率为：1 英镑＝1.62 美元。当前市场上英镑期货的报价如下：

9 月份期货	1.6152 美元/英镑
12 月份期货	1.6074 美元/英镑
明年 3 月份期货	1.6002 美元/英镑
明年 6 月份期货	1.5936 美元/英镑

每份英镑期货合约的规模为 62500 英镑。为了避免英镑汇率上升的风险，请问：戴维斯先生该如何利用期货市场进行套期保值？假设到 3 月 15 日，市场上英镑对美元的即期汇率为 1 英镑＝1.65 美元，6 月份英镑期货合约的价格为 1.6451 美元/英镑。请计算戴维斯先生套期保值的总盈亏情况。

（6）布莱克先生管理着 ABC 公司一笔价值为 60000000 美元的股票投资组合。8 月 7 日，ABC 公司宣布大面积裁员，预计在未来的 4 个月内，将会从该笔股票投资组合中陆续支出 10000000 美元用于补偿所裁员工的损失。布莱克先生担心未来股价下跌，影响股票的变现收入，决定利用期货市场对预期的 10000000 美元进行套期保值。已知该投资组合相对于 S&P500 的 β 系数为 1.2，目前市场上 S&P500 期货价格如下：

9 月份	1088.50
12 月份	1100.00

　　　　次年 3 月份　　　　　　　　　　1110.50

　　请问：布莱克先生应该如何进行操作？假如不出所料，到了 12 月 10 日，12 月份的 S&P500 期货合约的价格下跌到 1058.00，股票投资组合的总价值下跌了 4.2%，分析布莱克先生套期保值的结果。

第4章

远期和期货定价

教学目标

通过本章的学习，学生应首先掌握无套利定价理论，能够正确理解远期价格和期货价格的定义以及相互关系；能够掌握无收益资产远期合约的远期价格公式，并进一步掌握支付已知现金收益资产和支付已知收益率资产的远期合约的远期价格公式。

 导入案例

国际上套利活动的存在，使得远期汇率与即期汇率、货币市场的利率之间必然存在一种有机联系。实际上，远期汇率与即期汇率的差异基本上是由两种货币不同的利息率水平所决定的，这是因为，如果高息货币不进行即期买卖而进行远期买卖，买方在这一段时间内可获得利息上的收益，而卖方须等到这段时间过后才能利用高息货币，因而造成了损失，那么这种损失应该通过远期外汇的升贴水进行弥补。

假设英国伦敦市场上的利息率为10%，美国纽约市场上的利息率为5%，英镑对美元的即期汇率为1英镑＝2美元。英国银行在即期市场上卖出外汇20万美元，可以向客户索要10万英镑；如果银行出售了3个月的外汇远期20万美元，3个月后它能否向客户索要10万英镑呢？也就是说，这一外汇远期的远期价格是否可以是1英镑＝2美元？答案是否定的。学习本章之后你就可以解释这一问题。

4.1 无套利定价理论

在金融资产（特别是以期权为代表的衍生工具）的定价分析中，无套利定价理论既是一种定价方法，也是定价理论中最基本的原则之一。

严格意义上讲，套利机会就是在几种金融资产的交易过程中，交易者可以在不需要期初投资支出的条件下获取无风险的报酬。如果用定量的语言描述的话，套利机会就是一个投资组合 Φ，该组合在构造的时刻不需要支出，即

$$V_0(\Phi)=0$$

但一定存在某一时刻 $t\in[0,T]$，使得

$$V_t(\Phi)\geqslant 0 \text{ 且 } \Pr\{V_t(\Phi)>0\}>0$$

这里，V 表示组合的价值，下标 t 表示时间，$\Pr\{A\}$ 表示事件 A 发生的概率。

那么在金融市场中是否一定存在套利机会呢？下面举例说明。

【例 4-1】　股票现在的价格为 40 元。由于近期股票市场疲软，某投资者预测半年后这只股票的价格有两种可能性：上涨到 42 元或下跌到 35 元，而市场上半年期的存款利率为 12%，投资者会怎样操作？是否存在无风险的套利机会？

由于投资者预测股价上涨幅度太小，他可能会构造投资组合：

(1) 卖空 1000 股股票，期限半年，收取现金 40000 元。

(2) 将 40000 元现金存入银行，期限半年，对应的无风险利率为 6%（12%×0.5）。

将该组合持有到到期时刻。

半年后，他可以获取本息收入 40000×(1+6%)=42400 元；而卖空的股票需要归还，此时即使股票价格上涨，投资者买进 1000 股股票仅需 42000 元，他仍可以获得 400 元的无风险收入。因此上面的投资组合就是一个套利机会。

由于市场中有套利者存在，所以会使得套利机会在短时间内迅速消失。如上面的例子中，套利者一旦发现这一套利机会，就会到股票市场上卖空股票，使股价下跌的幅度更大，而在货币市场上出借资金从而使得利率下降，这样套利机会就迅速消失了。

无套利定价理论的基本条件是市场无套利机会，即任意的投资组合 Φ 在任意时段 $[t_1, t_2] \subseteq [0, T]$ 内都不是套利机会，那么称市场在时段 $[0, T]$ 内是无套利的。事实上，如果市场是有效的，市场价格必然因套利行为做出相应的调整，重新回到均衡状态。这就是无套利的定价原则。

下面给出无套利定价理论及其推论。

无套利定价理论　假定市场在时段 $[0, T]$ 内无套利机会，则对于任意两个投资组合 Φ_1 和 Φ_2，如果

$$V_T(\Phi_1) \geqslant V_T(\Phi_2) \text{ 且 } \Pr\{V_T(\Phi_1) > V_T(\Phi_2)\} > 0$$

那么，对于任意的 $t \in [0, T]$，必有

$$V_t(\Phi_1) > V_t(\Phi_2)$$

证明：反证法。若不然，一定存在时刻 $t^* \in [0, T]$，使得

$$V_{t^*}(\Phi_1) \leqslant V_{t^*}(\Phi_2)$$

记 $E = V_{t^*}(\Phi_2) - V_{t^*}(\Phi_1) \geqslant 0$。在 $t^* \in [0, T]$ 时刻构造新的投资策略（组合）：

$$\Phi_c = \Phi_1 - \Phi_2 + E$$

即卖空组合 Φ_2，买进组合 Φ_1，并将多余的资金 E（如果有的话）存入银行。由此可知：

$$V_{t^*}(\Phi_c) = 0$$

且由假设条件知：

$$V_T(\Phi_c) = V_T(\Phi_1) - V_T(\Phi_2) + E\exp(r^*(T - t^*)) \geqslant 0$$

其中，r^* 是时间区间 $[t^*, T]$ 内的无风险连续复利率，且

$$\Pr(\Phi_c > 0) > 0$$

因此，Φ_c 是 $[0, T]$ 内的一个套利机会。与定理的假设矛盾，证毕。

推论　若市场在时段 $[0, T]$ 内是无套利机会的，且两个投资组合 Φ_1 和 Φ_2 满足：

$$V_T(\Phi_1) = V_T(\Phi_2)$$

那么对于任意的 $t \in [0, T]$，必有

$$V_t(\Phi_1) = V_t(\Phi_2)$$

证明:在开始时刻,考虑组合

$$\Phi_c = \Phi_1 - \Phi_2 + \varepsilon B_0, \ \varepsilon > 0$$

其中

$$B_t = \exp(rt), t \geqslant 0$$

则有 $V_T(\Phi_c) = \varepsilon B_T > 0$。由无套利定价理论知:对于任意的 $t \in [0, T]$,有

$$V_t(\Phi_c) = V_t(\Phi_1) - V_t(\Phi_2) + \varepsilon B_t > 0$$

即

$$V_t(\Phi_1) > V_t(\Phi_2) - \varepsilon B_t$$

令 $\varepsilon \to 0$ 则 $\qquad\qquad\qquad V_t(\Phi_1) \geqslant V_t(\Phi_2)$

同理可证:$V_t(\Phi_1) \leqslant V_t(\Phi_2)$,因此一定有 $V_t(\Phi_1) = V_t(\Phi_2)$。

由以上无套利定价的定理及其推论可以看出,无套利定价的基本思想是:构建两种投资组合,让其终值相等,则其现值也一定相等。若其终值不等,则其现值也不等,且终值大的组合其现值也一定是较大的;否则就会产生套利机会,即卖出现值较高的投资组合,买入现值较低的组合,并持有到期末,套利者就可获取无风险的收益。

值得注意的是,套利者这么做的时候,没有任何风险。如果市场有效,上述无风险利润的存在就会被市场其他套利者发现,从而引发许多套利者利用套利机会获取无风险的收益,结果产生以下的市场效应:大量买入现值较低的投资组合,导致市场对此投资组合的需求增加,该投资组合的价格上涨;大量抛售现值较高的投资组合,从而导致市场上该投资组合的供给增加引发价格下跌。结果是两组合的价差迅速缩小,套利机会消失,两组合的现值最终趋于相等。

4.2 远期价格和期货价格的关系

金融远期合约是指双方约定在未来某个确定的时间,按约定的价格买卖一定数量的某种金融资产的合约。合约中规定的未来买卖标的物的价格称为交割价格。如果信息是对称的,合约中买卖双方对未来的预期就是相同的,那么合约双方所选择的交割价格应使合约的价值在签署时对买卖双方都是一样的,即合约的价值等于零。也就是说,买卖双方进入远期合约的多头或空头头寸是无需成本的。因此使得远期合约在买卖双方签订时的价值为零的交割价格就称为远期价格(forward price)。

显然,这个远期价格是远期合约的理论价格,它与远期合约在实际交易中形成的实际价格(即双方签约时确定的交割价格)并不一定相等。一旦理论价格与实际交割价格不相等,就会出现套利机会。若交割价格高于远期价格,套利者就可以通过借入资金购买标的资产现货,同时出售远期合约等待交割来获取无风险的套利收益。具体见例4-2。

【例 4-2】 假定 2015 年 11 月,货币市场上美元利率是 2%,人民币利率是 3.5%,外汇市场上美元与人民币的即期汇率是 1 美元 = 6.5 元人民币(1:6.5),问题是 1 年期的人民币远期汇率是否还可以是 1:6.5 呢?

答案是否定的,因为在此情况下会发生无风险的套利活动。套利者可以构造套利组合:

(1)从货币市场借入 1 美元,期限一年(一年后归还 1.02 美元);

(2)在即期汇率市场上将 1 美元兑换成 6.5 元人民币,存入银行,期限一年,到期可获得 6.7275 元人民币;

(3)在远期市场上出售人民币的远期合约:标的资产为人民币,数量 6.7275 元。价格为 1∶6.5,期限为一年。

将该组合持有到到期,那么一年后,人民币存款到期,本息合计获得 6.7275 元。在远期市场上用来结清远期头寸,由于价格是 1 美元=6.5 人民币,收到 1.035 美元的现金。归还借入 1 美元的本息 1.02 美元后,还有 0.015 美元的剩余,如果不计成本的话,这个剩余就是套利者获得的无风险的收益,说明上述组合就是一个套利机会。那么为什么会出现该套利机会呢? 显然,是因为远期合约的交割价格不合理,也就是说 1∶6.5 不应该是人民币远期汇率的理论价格。

远期合约是非标准化的合约,将合约标准化后推向市场,就是期货合约,因此理论上讲,期货和远期合约的本质是相同的。期货合约中对应的未来买卖标的资产的价格就是期货价格(futures price)。本章所说的期货价格即指期货的理论价格,与在市场中形成的实际价格是不同的。本节将讨论远期价格或期货价格的关系。为了分析简便,讨论将基于下面的假设条件。

4.2.1　基本假设

1. 没有交易费用和税收(市场无摩擦)

这一假设也称为市场无摩擦。如果存在交易费用和税收,构造套利机会就会有成本,从而加大了定价的难度。

2. 市场参与者能以相同的无风险利率借入和贷出资金

事实上,在实际借贷资金时,借入与贷出资金的利率是不同的。但为了简化定价难度而做出这一假定。

3. 远期合约没有违约风险

远期与期货最主要的差异就在于违约风险。远期由于是场外交易的,因此存在违约风险,期货是场内交易的,期货交易的制度性特征保证了期货的交易者不能违约。为了消除两者的差异,因此假定远期合约没有违约风险。在现实生活中,远期交易的双方都是信誉极好的大型公司与金融机构,没有特殊情况一般是不会故意违约的。

4. 允许现货卖空行为

一是因为构造套利组合的需要;二是目前各国金融市场都设立了现货卖空的机制,因此这一假设也是符合市场要求的。

5. 市场上无套利机会存在

正如前面所述,当套利机会出现时,市场参与者将马上参与套利活动,从而使套利机会迅速消失。本章讨论的远期价格和期货价格就是在没有套利机会条件下的均衡价格。

6. 期货合约的保证金账户支付同样的无风险利率

这意味着任何人均可以不花成本地取得远期和期货的多头和空头头寸,否则进入期货合约是需要成本的。

7. 证券是无限可分的

这意味着人们在买进卖出金融产品时可以交易任意份额,不一定是整数。如买卖股票时不一定是 100 股。

4.2.2　使用的符号

在本章,为了后面定价使用方便,规定使用的各符号的含义如下:

T:表示远期和期货合约的到期时间,单位为年;

t:表示现在的时刻,单位为年,$T-t$ 表示远期和期货合约中以年为单位的剩余期限;

S_t:表示标的资产在现在时刻 t 价格;

S_T:表示标的资产在到期时刻 T 的价格;

f:表示远期合约多头在现在时刻 t 的价格;

F:表示现在时刻 t 的远期合约或期货合约的理论价格,在本节中,如无特别注明,就简称为远期价格或期货价格;

r:表示 T 时刻到期的以连续复利计算的 t 时刻的无风险利率(年利率),在本章中,如无特别说明,利率均为连续复利。

4.2.3　远期价格和期货价格的关系

美国著名经济学家罗斯(Ross)等人的研究表明,当无风险利率恒定,且所有到期日都不变时,交割日相同的远期价格和期货价格应相等。

但是,当利率变化无法预测时,远期价格和期货价格就不相等。至于两者谁高则取决于标的资产的价格与利率的相关性。当标的资产的价格与利率正相关时,期货价格高于远期价格。这是因为:当标的资产价格上涨时,期货价格也会随之上涨,期货合约的多头会因每日结算制而立即获利,并可按高于平均利率的利率将所获利润进行再投资;而当标的资产价格下跌时,期货合约的多头会因每日结算制而立即亏损,此时投资人可以按低于平均利率的利率从市场上融资以补充保证金。相比之下,远期合约的多头将不会因利率的变动而受到上述的影响。因此,期货多头比远期多头更具吸引力,期货价格自然就高于远期价格。相反,当标的资产的价格与利率呈负相关时,远期价格就高于期货价格。

合约有效期的长短也影响远期价格和期货价格之间差异的幅度。有效期越短,两者的差距越小。当有效期只有几个月时,两者的差距通常很小。

此外,税收、交易费用、保证金的处理方式、违约风险、流动性等方面的因素也影响着远期价格和期货价格差异大小。

但研究结果表明,在现实生活中,期货和远期的价格差别往往可以忽略不计。在估计外汇期货和远期合约之间的合理差价时,康奈尔(Cornell)和莱因格纳(Leigner)发现,盯市所带来的收益太小了,以至于远期和期货的价格几乎没有区别。因此,在大多数情况下,我们仍可以合理地假定远期和期货的价格相等,都用 F 来表示。

鉴于以上结论,本章在讨论期货和远期的定价问题时,就仅对远期合约进行定价分析,而对远期的定价同样适用于期货合约。

市场上交易的金融远期和金融期货,其标的金融产品有的有收益,有的无收益。标的是否有收益对远期和期货的价格会产生直接的影响。有收益的金融产品其收益可能是用来支付已知现金收益的或支付已知收益率的。下面分别就这三种情况讨论远期合约的定价问题。

4.3　无收益资产远期合约的价格

无收益资产是指在到期日之前不产生现金流的资产,如贴现债券,就是无收益资产的代表。无收益资产远期合约是指其标的资产在远期的有效期内是无收益资产。

为了使对问题的叙述更加清晰明了,定价问题更加简单,在以下章节中,无论远期合约的标的资产是有收益的还是无收益的,均假定远期的到期时间为 T,交割价格为 K,交割标的资产的数量为一单位。

4.3.1　现货远期平价公式

使用无套利定价方法为无收益资产远期合约定价,需要构造两个组合。在本节,构建如下两个组合:

组合 A:买进一份远期合约,存入一笔数额为 $Ke^{-r(T-t)}$ 的现金存款,到期时间是 T,利率为 r(连续复利)。

组合 B:购买一单位的标的资产。

下面分析两个组合到期时刻的价值。在到期日 T,远期合约多头的价值为:$S_T - K$,数额为 $Ke^{-r(T-t)}$ 的现金到期时的价值为 K,那么组合 A 的价值为 S_T,组合 B 的价值为 S_T。两组合在到期日 T 时价值相等。

由无套利定价原理可知,两组合期初的价值也相等,即

$$f + Ke^{-r(T-t)} = S$$

亦即

$$f = S - Ke^{-r(T-t)} \tag{4.1}$$

式(4.1)表明,无收益资产的远期合约多头的价值等于标的资产的现价与期货交割价格现值的差额。

由于远期合约的价格 F 就是使合约双方在期初的价值为零的远期合约的交割价格,即当 $f = 0$ 时,$F = K$,那么由式(4.1)可知:

$$F = Se^{r(T-t)} \tag{4.2}$$

这就是无收益资产远期合约的现货——远期平价定理(spot-forward parity theorem)或称为现货—远期平价公式。对期货合约而言,就是现货—期货平价定理。这表明,对于无

收益资产远期合约而言,其理论价格等于标的资产价格的终值。

下面我们分析一下,如果远期合约的价格 F 不满足式(4.2),是否一定存在套利机会。如果 $K > F = Se^{r(T-t)}$,此时,套利者可以构造如下组合:

(1)以连续复利率 r 借入现金 S,期限为 $T-t$;

(2)用现金 S 购买一单位的标的资产,持有到到期时刻 T;

(3)卖出一份该远期合约(其交割价格为 K)。

在到期时刻 T,用组合中(2)的一单位的标的资产交割远期合约(3),得现金 K,用于归还组合中(1)的借款本息 $Se^{r(T-t)}$,还可以得到无风险利润 $K - Se^{r(T-t)} > 0$。

反过来,若 $K < F = Se^{r(T-t)}$,套利者可以反向操作,即卖空一份标的资产,得现金 S,将所得的收入以无风险连续利率进行投资,期限为 $T-t$,同时买入一份该远期合约(价格为 K)。到到期时刻 T,执行远期合约,用现金 K 买得一单位的标的资产用于归还卖空时借入的标的资产,以无风险利率投资的收益为 $Se^{r(T-t)}$,从而实现无风险正收益 $Se^{r(T-t)} - K > 0$。

 特别提示

下面举一个例子,一个股票远期合约,标的股票在远期合约的期限内不支付红利,合约期限是 3 个月。假设标的股票现在的价格是 40 元,无风险连续复利率为 5%。那么这份远期合约的理论价格应该为:

$$F = 40e^{0.05 \times 0.25} = 40.50$$

如果市场上该合约的交割价格为 40.20 元,套利者就可以卖空股票并将所得收入以无风险利率投资并买进该股票的远期,期末可以获得 0.30 元(40.50 − 40.20)的套利收益;反之,如果市场上的价格为 40.80 元,那么套利者可以借钱买入股票并卖出远期合约,期末同样可以赢得 0.30 元(40.80 − 40.50)的套利收入。

【例 4-3】 设一份标的证券为一年期贴现债券、剩余期限为 6 个月的远期合约,其交割价格为 950 美元,6 个月期的无风险利率(连续复利)为 6%,该债券的现价为 930 美元,那么该远期合约多头的价值为多少?

解 1 年期的贴现债券是无收益资产,故由式(4.1)知该远期合约多头的价值为

$$f = 930 - 950e^{-0.06 \times 0.5} = 8.08(美元)$$

说明该远期合约多头的价值为正,那么对空头的价值就应该为负,合约对多方是有利的。

【例 4-4】 假设 1 年期的贴现债券价格为 960 美元,3 个月期无风险利率为 5%,则 3 个月期的该债券远期合约的远期价格为多少?

解 因远期合约的标的资产是 1 年期贴现债券,故由式(4.2)可知:

$$F = 960e^{0.05 \times 0.25} = 972(美元)$$

所以该远期合约的远期价格为 972 美元。

4.3.2 远期价格的期限结构

远期价格的期限结构描述的是不同期限远期价格之间的关系。设 F 为在 T 时刻交

割的远期合约的远期价格，F^* 表示在 T^* 时刻交割的远期合约的远期价格，r 为 T 时刻到期的无风险利率，r^* 为 T^* 时刻到期的无风险利率，$\hat{r}$ 为 T 到 T^* 时刻的无风险远期利率（假定 $T < T^*$）。对于无收益资产的远期合约而言，有

$$F = Se^{r(T-t)}$$

$$F^* = Se^{r^*(T^*-t)}$$

那么两式相除消掉 S 后即可得到不同期限远期合约价格的关系：

$$F^* = Fe^{r^*(T^*-t)-r(T-t)} \tag{4.3}$$

更进一步，则有：

$$F^* = Fe^{\hat{r}(T^*-T)} \tag{4.4}$$

 特别提示

在远期价格的期限结构中，r 和 r^* 被称为即期利率，而 $\hat{r}$ 被称为远期利率。当即期利率和远期利率均为连续复利率时，即期利率和远期利率的关系为：

$$\hat{r} = \frac{r^*(T^*-t)-r(T-t)}{T^*-T}$$

在上面的推导过程中，使用了这一公式。

【例 4-5】 假定某种不支付现金股利股票的 6 个月远期合约的价格为 20 元，目前市场上 6 个月至 1 年的远期利率为 8%，求以该股票为标的资产的 1 年期的远期合约的价格。

解 由式（4.4）知，该股票一年期远期合约的价格应该为

$$F^* = 20e^{0.08 \times 0.5} = 20.82(元)$$

4.4　支付已知现金收益资产远期合约的价格

支付已知现金收益的资产是指到期前会产生完全可预测的现金流的资产，如附息债券和支付已知现金红利的股票。黄金、白银等贵金属本身不产生收益，但需要花费一定的存储成本，存储成本是完全可预测的，所以可以看作是负收益。

在本节中，假定已知现金收益的现值为 I，对黄金、白银而言，I 为负值。

支付已知现金收益资产远期合约是指该远期合约的标的资产为支付已知现金收益的资产。假定一份远期合约，在合约期限内标的证券支付的已知现金收益的现值为 I。

由于标的资产在远期合约的期限内支付现金收益，为了给这种远期合约定价，必须对上一节中的两个组合进行调整，具体的办法是：

组合 A：买进一份远期合约，存入一笔数额为 $Ke^{-r(T-t)}$ 的存款，到期时间是 T，利率为 r（连续复利）；

组合 B：买进一单位标的证券，加上一笔期限为从现在到现金收益派发日、本金为 I 的负债。

组合 A 没有变，其到到期时刻 T 时的价值仍然等于一单位标的资产的价值，组合 B

的价值也是一单位的标的资产的价值,这是因为标的资产的收益刚好用来偿还负债的本息,即组合 A 和组合 B 到期时的价值相同。由无套利定价原理可知,组合 A 和组合 B 在现在时刻 t 的价值也相同,即

$$f+Ke^{-r(T-t)}=S-I$$

由此可知

$$f=S-I-Ke^{-r(T-t)} \tag{4.5}$$

【例 4-6】 假设 6 个月期和 12 个月期的无风险利率分别为 9% 和 10%,而一种 10 年期债券的现货价格为 990 美元,该证券 1 年期远期合约的交割价格为 1001 美元,该债券在 6 个月和 12 个月后都将收到 60 美元的利息,且第 2 次付息日在远期合约交割日之前,求该合约的价值。

解 这一标的资产在其合约期内有已知的现金收益,所以首先应该计算现金收益的现值:

$$I=60e^{-0.09\times0.5}+60e^{-0.1\times1}=111.65(美元)$$

由已知条件可知:$S=990,K=1001$,无风险利率 $r=10\%$,所以该合约多头的价值为:

$$f=990-111.65-1001e^{-0.1\times1}=-27.39(美元)$$

相应地合约空头的价值为 27.39 美元,该远期合约对空方有利,说明交割价格偏高。

既然远期合约的理论价格就是使合约的现值为零的交割价格。由式(4.5),令 $f=0$,则有:

$$K=(S-I)e^{r(T-t)}$$

即远期合约的远期价格为:

$$F=(S-I)e^{r(T-t)} \tag{4.6}$$

这就是支付已知现金收益资产远期的现货—远期平价公式。

【例 4-7】 所有的假设条件见例 4-6,求该远期合约的远期价格。

解 利用公式(4.6),其远期价格为:

$$F=(990-111.65)e^{0.1\times1}=970.73(美元)$$

可以看出,例 4-6 中交易的远期合约的交割价格 1001 美元过高,对多方是不利的。

【例 4-8】 假设黄金的现价为每盎司 450 美元,其储存成本为每年每盎司 2 美元,在年度末支付,无风险年利率为 7%。求 1 年期黄金远期的价格。

解 黄金的储存成本为每年每盎司 2 美元,故其收益是负的,且收益的现值为:

$$I=-2e^{-0.07\times1}=-1.865(美元)$$

由公式(4.6)可知,该黄金远期的理论价格为:

$$F=(450+1.865)e^{0.07\times1}=484.6(美元)$$

4.5 支付已知收益率资产远期合约的价格

支付已知收益率的资产是指在到期日前将产生与该资产现货价格成一定比率的收益

的资产,如外汇是这类资产的典型代表,其收益率就是该外汇发行国的无风险利率(连续复利率)。

支付已知收益率资产的远期合约是指在该远期合约的期限内其标的资产为支付已知收益率的资产。

4.5.1　一般的现货—远期平价公式

设一份远期合约,在合约的期限内标的资产支付已知的现金收益率为 q(按复利计)。

为了给这种远期合约定价,我们仍需要构造两个投资组合:

组合 A:买进一份远期合约,存入一笔数额为 $Ke^{-r(T-t)}$ 的存款,期限到远期的到期日 T,利率为 r;

组合 B:投资 $e^{-q(T-t)}$ 单位标的证券,并且将所有的收入再投资于该证券。

下面我们分析两个组合的情况:在到期日 T,组合 A 的价值仍是一个单位的标的资产的价值,组合 B 的价值为 $e^{-q(T-t)}e^{q(T-t)}=1$ 单位的标的证券的价值,因此在到期日 T,组合 A 与组合 B 的价值相同,那么在初始时刻,组合 A 与组合 B 的价值也相同,因此有:

$$f+Ke^{-r(T-t)}=Se^{-q(T-t)}$$

即远期合约多头的价值:

$$f=Se^{-q(T-t)}-Ke^{-r(T-t)} \tag{4.7}$$

再令 $f=0$,得:

$$K=Se^{(r-q)(T-t)}$$

所以远期合约的远期价格为:

$$F=Se^{(r-q)(T-t)} \tag{4.8}$$

这就是支付已知现金收益率资产远期的现货—远期平价公式。

【例 4-9】　A 股票现在的市场价格是 25 美元,年平均红利率为 4%,无风险利率为 10%,若该股票 6 个月期的远期合约的交割价格为 27 美元,求该合约的价值及远期价格。

解　由式(4.7)可知,该合约多头的价值为:

$$f=25e^{-0.04\times0.5}-27e^{-0.1\times0.5}=-1.18(美元)$$

那么该合约空头的价值为 1.18 美元,说明远期合约对多方不利,也就是交割价格过高。

由式(4.8)可知,该远期合约的远期价格为:

$$F=25e^{(0.1-0.04)\times0.5}=25.76(美元)$$

这进一步说明了远期合约的交割价格偏高于其理论价格的事实。

4.5.2　外汇远期和期货的定价

外汇属于支付已知收益率的资产,其收益率是该外汇发行国连续复利的无风险利率,用 r_f 来表示。

我们用 S 表示以本币表示的一单位外汇的即期价格,K 表示远期合约中约定的以本币表示的一单位外汇的交割价格,即 S、K 均为用直接标价法表示的外汇汇率。由式(4.7),可以直接得到外汇远期合约多头的价值为:

$$f=Se^{-r_f(T-t)}-Ke^{-r(T-t)} \tag{4.9}$$

再由式(4.8)可知,外汇远期的价格为:

$$F=Se^{(r-r_f)(T-t)} \tag{4.10}$$

这就是国际金融领域著名的利率平价公式。它表明,当外汇利率大于本国利率($r_f>r$)时,则该外汇的远期汇率就小于即期汇率;若该外汇的利率小于本国的利率($r_f<r$),则该外汇的远期汇率就大于即期汇率。

【例 4-10】 若在某年 6 月 15 日,美国某进口商预计 3 月后需支付货款 100 万英镑,即期价为 1 英镑=1.6500 美元,美元年利率为 5.25%,英镑年利率为 3.75%,为避免英镑升值,该进口商决定利用期货合约进行套期保值,那么该进口商应以什么样的价格买入 9 月份外汇期货合约才能避险保值?

解 事实上,这就是求 9 月份的英镑期货合约的价格,因标的英镑是支付已知收益率的资产,故由公式(4.10)可知:

$$F=1.6500e^{(5.25\%-3.75\%)\times0.25}=1.6562(美元)$$

那么该进口商应该以低于 1 英镑=1.6562 美元的价格买入 9 月份的英镑期货合约进行套期保值,可有效规避汇率风险。

本章小结

套利就是在几种金融资产的交易过程中,交易者可以在不需要期初投资支出的条件下获取无风险报酬的机会。

无套利定价理论的条件是假定市场无套利机会,即任意的投资组合 Φ 在任意时段 $[t_1,t_2]\subseteq[0,T]$ 内都不是套利机会,那么称市场在时段 $[0,T]$ 内是无套利的。事实上,如果市场是有效的,市场价格必然由于套利行为而做出相应的调整,重新回到均衡状态。这就是无套利的定价原则。

无套利定价的基本思想是:构建两种投资组合,让其终值相等,则其现值也一定相等。

使得远期合约在买卖双方签订时的价值为零的交割价格就称为远期价格,远期价格即远期合约的理论价格。

当无风险利率恒定,且对所有到期日都不变时,交割日相同的远期价格和期货价格应相等。当利率变化无法预测时,远期价格和期货价格就不相等。当标的资产远期的价格与利率正相关时,期货价格高于远期价格。当标的资产的价格与利率呈负相关时,远期价格就高于期货价格。在现实生活中,如果忽视远期合约的违约风险以及期货合约交易的保证金,期货和远期的价格的差别往往可以忽略不计。

无收益资产远期合约多头的价值为:

$$f=S-Ke^{-r(T-t)}$$

其远期价格为:

$$F=Se^{r(T-t)}$$

这就是无收益资产远期的现货—远期平价定理,或称现货—期货平价定理。

支付已知现金收益资产远期合约多头的价值为：

$$f = S - I - Ke^{-r(T-t)}$$

其远期价格为：

$$F = (S - I)e^{r(T-t)}$$

这就是支付已知现金收益资产远期的现货—远期平价公式。

支付已知收益率资产远期合约多头的价值为：

$$f = Se^{-q(T-t)} - Ke^{-r(T-t)}$$

其远期价格为：

$$F = Se^{(r-q)(T-t)}$$

这就是支付已知现金收益率资产远期的现货—远期平价公式。

外汇属于支付已知收益率的资产，其收益率是该外汇发行国连续复利的无风险利率，用 r_f 来表示，那么外汇远期的理论价格为：

$$F = Se^{(r-r_f)(T-t)}$$

这就是国际金融领域著名的利率平价关系。

练习题

1. 名词解释

(1)远期价格　　　　　　(2)期货价格

2. 简答题

(1)什么是无收益资产？什么是已知现金收益的资产？什么是已知现金收益率的资产？

(2)请解释远期价格和期货价格的关系。

(3)简述远期价格的期限结构。

(4)简述无套利定价的基本思想。

3. 计算题

(1)某交易商出售了 1 亿日元的远期合约，合约规定的远期汇率是 0.0080 美元/日元。如果合约到期时即期市场的汇率分别为 0.0074 美元/日元和 0.0090 美元/日元，请问在两种情况下，该交易商的盈利或亏损情况如何？

(2)假设一种无红利支付的股票目前的市场价格为 20 元，无风险连续复利率的年利率为 10%，求该股票为标的资产的 3 个月期远期合约的价格。

(3)假定恒生指数当前为 12000 点，香港的无风险连续复利率为 8%（年利率），恒生指数股息的收益率大约为每年 3%，试求该指数做标的资产的期货合约现在的价格。

(4)目前白银的价格为每盎司 80 美元，储存成本为每年每盎司 2 美元，每 3 个月支付一次。如果所有期限的无风险连续复利率均为 5%，求 9 个月后到期的白银期货的价格。

(5)假设某股票预计在 2 个月和 5 个月后均支付每股 1 元的股息，而该股票目前的市价为 30 元。如果市场上 2 个月期的无风险连续复利率（年利率）为 5%，5 个月期的无风险连续复利率(年利率)为 6%,半年期的无风险连续复利率(年利率)为 6.5%。如果某投资者希望卖出该股票 6 个月期的远期合约,请问:

①该远期合约的价格等于多少对该投资者是公平的? 如果签订合约时,签订的交割价格正好等于远期价格,那么该远期合约空头的价值等于多少?

②如果 3 个月后,该股票的价格上涨到 35 元,而 3 个月期的无风险连续复利率(年利率)为 5.5%,此时该远期合约的价格应该等于多少? 此时上面签订的远期合约空头的价值是多少?

3. 实务题

(1)瑞士和美国 2 个月期连续复利率分别为 2% 和 7%,瑞士法郎现货价格为 0.6500 美元/瑞士法郎,而市场上瑞士法郎期货的价格 0.6600 美元/瑞士法郎,请问有无套利机会? 为什么? 如果有,请构造套利机会,并计算套利收益。

(2)目前市场上黄金的价格为 1500 美元/盎司,而 1 年期黄金远期合约的价格为 1750 美元/盎司。如果 1 年期的市场借贷利率为 10%,不考虑黄金的储藏成本,请问有无套利机会? 为什么? 如果有,请构造套利机会,并计算套利收益。

阅读材料

附　录

连续复利

由于本书在期货、期权等衍生产品的定价中,基本都使用连续复利,因此这里给出连续复利的基础知识。

复利的概念是和单利相对的,假设数额为 A 元的资产以利率 r 投资了 n 年,如果利率是单利,那么上述投资的终值即本息和为:

$$A(1+r \times n) \tag{F.1}$$

如果利息按每年一次计复利,则上述投资的本息和为:

$$A(1+r)^n \tag{F.2}$$

如果每年计 m 次利息,则其终值为:

$$A\left(1+\frac{r}{m}\right)^{mn} \tag{F.3}$$

当 m 趋于无穷大时,就称为连续复利,此时的终值就是

$$\lim_{(m \to \infty)} A\left(1+\frac{r}{m}\right)^{mn} = Ae^{rn} \tag{F.4}$$

公式(F.4)就是在本书中经常使用的连续复利终值公式。反过来,A 元终值的 n 年现值即为:

$$Ae^{(-rn)} \tag{F.5}$$

其中,r 为连续复利的年利率。

表 1 揭示了 100 元本金在提高复利次数的情况下到一年到期时终值的情况(结果精

确到小数点后两位)。可以看出,连续复利与每天计复利得到的结果几乎是一样的。因此,从实用的角度看,通常可以认为连续复利与每天计复利是等价的。

表 1 复利频率与终值(利率为每年 10%)

复利频率	100 元本金一年后的本息和(保留两位小数)/元
每一年($m=1$)	110.00
每半年($m=2$)	110.25
每季度($m=4$)	110.38
每月($m=12$)	110.47
每周($m=52$)	110.51
每天($m=365$)	110.52
连续复利	110.52

从公式(F.3)和公式(F.4),可以很容易地在连续复利和一年计 m 次复利的年利率之间进行转换。假设 r_c 是连续复利的年利率,r_m 是与之等价(即终值相等)的每年计 m 次复利的年利率,那么有

$$e^{r_c n} = \left(1 + \frac{r_m}{m}\right)^{mn}$$

即

$$e^{r_c} = \left(1 + \frac{r_m}{m}\right)^{m}$$

这就意味着

$$r_c = m \ln\left(1 + \frac{r_m}{m}\right) \tag{F.6}$$

或者

$$r_m = m\left(e^{\frac{r_c}{m}} - 1\right) \tag{F.7}$$

特别地,当 $m=1$ 时,即一年计一次复利的情况下:

$$r_c = \ln(1 + r_1) = \ln\left(\frac{P_1}{P_0}\right) = \ln(P_1) - \ln(P_0) \tag{F.8}$$

$$r_1 = (e^{r_c} - 1) \tag{F.9}$$

其中,r_1 为 1 年计一次复利的年利率;P_1 和 P_0 分别为 1 年期末和期初的资产价格。

第5章

期权与期权市场

通过本章的学习,学生可以掌握期权的定义及其相关的基本概念和分类,并对期权市场的具体运作机制有一个深入的了解;理解期权的内在价值以及实值期权、平价期权和虚值期权;了解期权有形市场中期权标准合约的基本内容、期权的报价机制、期权市场的基本交易制度。

 导入案例

2004年12月1日,中国航油(新加坡)股份有限公司(以下简称中航油)通过新交所发布公告:公司正在寻求法律保护,以免受债权人起诉。原来中航油出现了5.5亿美元(按当时的汇率约合人民币45亿元)的巨额亏损。中航油出现如此巨额亏损主要是由于公司从事期权投机交易活动引起的。业界将该起事件称为中国版的"巴林事件"。中航油究竟是如何进行期权投机并造成如此严重后果的呢?学习完本章之后,你会找到答案。

5.1 期权的基本概念

期权,是一种权利,其赋予买方在规定的期限内按双方约定的价格购买或出售一定数量某种标的资产权利的合约。双方约定的购买或出售标的资产的价格称为期权的协议价格(striking price)或执行价格(exercise price)。金融期权,其标的资产就是金融产品或原生金融工具。

期权赋予其购买者在期权的期限内买进或卖出标的资产的权利,因此买方要想获得这一权利,就必须支付给期权的出售者一定的费用,这笔费用被称为期权费(premium),或者称为期权价格(option price)。

期权是金融工程所有工具中非常独特的一种,它使期权买方有能力避免坏的结果,同时从好的结果中获益。因此,期权以及由它衍生出来的其他工具似乎是世界上最好的事,但是,期权不是免费的。获得一种永远不会带来坏处的东西肯定是要付费的。尽管如此,期权经常是控制风险的理想选择,即管理风险而不是完全避免风险。

虽然人们使用各种各样的期权已有几百年的历史,但是金融期权在20世纪70年代才创立,并且在80年代得到了广泛的应用。如今,期权已经成为所有金融工具中功能最

多和最激动人心的工具。期权赋予投资者的选择权为投资者创造了盈利机会,而且其他的金融工具中经常内含或隐藏着期权的思想。

为了准确理解期权这一金融产品,首先需要深入领会与期权有关的几个基本概念,理清期权交易中的相关权利与义务关系。

5.1.1　期权买方和期权卖方

任何一种交易都既有购买方也有出售方,期权也不例外。期权买方,也称为持有人(holder)或期权多方(buyer),在支付期权费后,就有了在合约规定的时间行使其购买或出售标的资产的权利,当然也可以不行使这个权利,而且不承担任何义务。

相反,期权卖方,也叫作签发者(writer)或期权空头(seller),在收取了买方所支付的期权费之后,就承担了在规定时间内根据买方要求履行合约的义务,而没有任何权利。

显然,在期权交易中,买卖双方在权利和义务上有着明显的不对称性,这意味着期权的买方和卖方获利和损失的机会不是均等的。对于赋予买方买进标的资产权利的期权合约而言,当标的资产的市场价格上升时,期权的买方(多头)会获利,而价格下降时不会受到损失。相反,期权的卖方(空头)总是损失,而不可能获利。这充分说明了,对于期权的买卖双方而言,权利和义务是不对称的。期权费正是作为权利和义务不对称性的弥补,由买方支付给卖方的。事实上,期权的多方获得了好处而没有任何损失,是得到了一种权利而非义务,如果买方不支付任何费用显然是不可能获得的,同样,对于只会损失或者只能盈亏平衡的卖方而言,收取一定的费用是合理的。因此,期权费一经支付,无论买方是否行使权利,其所付的期权费均不退还。

 特别提示

期权和其他所有金融工具的不同之处是支付模式不对称,以及买卖双方需要事先交付一笔费用。

5.1.2　看涨期权和看跌期权

按照期权买方的权利,期权可分为看涨期权(call option)和看跌期权(put option)。凡是赋予期权买方以执行价格购买标的资产权利的合约就是看涨期权;反之,赋予期权买方以执行价格出售标的资产权利的合约就是看跌期权。看涨期权允许持有人从标的资产价格的上升中获益;而看跌期权则允许期权的持有人从标的资产价格的下跌中获益。因此,那些担心未来标的资产价格上涨的投资者将成为看涨期权的买方,而那些担心未来标的资产价格下跌的投资者会成为看跌期权的买方。

假定市场上有人希望规避标的资产价格下跌的风险,此时看涨期权不能提供任何保护,可以选择购买看跌期权来规避这一风险。这是因为尽管看涨期权的空方不会因标的市场价格下跌而受到损失,但同样也不会获益,原因是此时期权的多方不会选择执行期权。同理,如果市场上有人希望规避标的资产价格上涨的风险,此时看跌期权不能提供任何保护,尽管看跌期权的空方不会因标的市场价格上涨而受到损失,但同样也不会获益,因为此时期权的多方不会选择执行期权。他可以选择购买看涨期权来规避标的资产价格上涨的风险。

值得注意的是,在期权交易中,存在两重的买卖关系:对期权本身的购买和出售形成了期权购买方和出售方,对期权标的资产的购买和出售则构成了看涨期权和看跌期权。其中的权利和义务关系如表5-1所示。

表 5-1　期权交易中的双重买卖关系

买卖方	看涨期权	看跌期权
期权买方	以执行价格买入标的资产的权利	以执行价格卖出标的资产的权利
期权卖方	以执行价格卖出标的资产的义务	以执行价格买入标的资产的义务

 特别提示

认股权证是一种与股票看涨期权相类似的合约,是附加在公司债务工具上的、赋予持有者在某一天或某一期限内按事先规定的价格购买该公司一定数量股票的权利。

股票看涨期权与认股权证的共同之处:①两者均是权利的象征,持有者可以履行这种权利,也可以放弃;②两者都是可转让的。

两者的区别:①认股权证是由发行债务工具和股票的公司开出的,而期权是由独立的期权卖者开出的。②认股权证通常是发行公司为改善其债务工具的条件而发行的,获得者无须交纳额外的费用;而期权则需支付期权费后才可获得。③有的认股权证是无期限的,而期权都是有期限的。

同样地,认估权证是一种与股票看跌期权相类似的合约。

5.1.3　到期时间

期权合约的另一个重要因素是期权的到期时间,期权的买方只能在合约所规定的时间内行使其权利,一旦超过期限(到期时间)仍未执行即意味着自愿放弃了这一权利。

按照期权买方执行期权的时间划分,期权可分为欧式期权和美式期权。欧式期权持有者只能在接近期权到期时间的一个非常短暂的有效时期内执行。美式期权却赋予持有人很大的自由度,在合约签订之日起到合约到期时间的任何时候,期权持有者都有权利执行合约。但不管是何种期权,一旦过了有效期,则没有任何价值可言了。

显然,在其他条件(标的资产、执行价格和到期时间)都相同的情况下,由于美式期权的持有者除了拥有欧式期权的所有权利外,还拥有一个在到期之前随时执行期权的权利,其价值肯定不会小于对应的欧式期权的价值。

 特别提示

美式和欧式期权这两个术语分别来源于美洲和欧洲的期权交易所不同的交易方式。现在地理位置已经不相关了,但名称却保留了下来。

5.1.4 执行价格

执行价格是指期权合约所规定的、期权买方在行使其权利时实际购买或出售标的资产的价格,也称为实施价格,或协议价格,或敲定价格。

执行价格在购买期权时就已经规定好了。显然,一旦执行价格确定,期权买方就只能根据执行价格与标的资产的实际市场价格的相对高低来决定是否执行期权。执行期权,就是期权持有人在期权有效期内要求期权卖方以执行价格出售(对于看涨期权)或购买(对于看跌期权)合约规定的标的资产的行为。如果是现金结算,则不需要真实资产的交割。

由期权的执行价格以及是否执行期权合约,衍生出了期权交易中常用的几个概念:内在价值、实值、虚值和平价期权。

期权的内在价值,有时也称为“货币性”,是指期权买方马上行使期权时可以获得的收益现值。具体而言,对于美式看涨期权买方来说,内在价值就是市场价格高于执行价格带来的收益;而对于美式看跌期权买方来说,内在价值就是执行价格高于市场价格带来的收益。如果用 S 表示标的资产当前的市场价格,用 K 表示期权的执行价格,用 T 表示期权的到期日,用 t 表示期权的现在时刻,那么,对于美式看涨期权,其内在价值为 $\max(S-K,0)$,对于美式看跌期权,其内在价值为 $\max(K-S,0)$。

但对于欧式期权,由于现在没有执行合约的权利,因此考虑期权现在执行的话,就必须考虑期权执行价格的贴现值。因此期权的内在价值如表 5-2 所示。

表 5-2 看涨、看跌期权的内在价值

类型	看涨期权	看跌期权
美式	$\max(S-K,0)$	$\max(K-S,0)$
欧式	$\max(S-Ke^{-r(T-t)},0)$	$\max(Ke^{-r(T-t)}-S,0)$

 特别提示

(1)为简单起见,这里仅给出了标的资产无红利支付情形下的期权的内在价值。

(2)当标的资产的市场价格低于执行价格时,看涨期权的买方是不会行使期权的;同理,当标的资产的市场价格高于执行价格时,看跌期权的买方也不会行使期权,因此期权的内在价值总是大于等于零。

(3)在实际应用中,如果不特别强调欧式和美式,就可以认为看涨期权的内在价值等于 $\max(S-K,0)$,看跌期权的内在价值等于 $\max(K-S,0)$。

实值期权(in the money)是指如果期权被持有人马上执行的话,它将给持有人带来正的现金流,即期权的买方是盈利的。如果盈利的数额很大,则称期权深度实值。虚值期权(out of the money)是指如果期权被马上执行,它将给期权的买方带来负的现金流,即期权的买方是亏损的。如果亏损的数值很大,则称期权深度虚值。平价期权(at the money)是指执行合约给期权的买方带来零现金流,如果它被期权买方马上执行的话。

对于不同的看涨期权和看跌期权,其处于实值、虚值和平价的条件如表 5-3 所示。

表 5-3   实值、虚值和平价期权

类型		看涨期权	看跌期权
实值期权	欧式	$S>Ke^{-r(T-t)}$	$S<Ke^{-r(T-t)}$
	美式	$S>K$	$S<K$
虚值期权	欧式	$S<Ke^{-r(T-t)}$	$S>Ke^{-r(T-t)}$
	美式	$S<K$	$S>K$
平价期权	欧式	$S=Ke^{-r(T-t)}$	$S=Ke^{-r(T-t)}$
	美式	$S=K$	$S=K$

 特别提示

如果不特别强调是欧式期权还是美式期权,那么,对于看涨期权,当 $S>K$ 时,期权是实值的,当 $S<K$ 时,期权是虚值的,当 $S=K$ 时,期权是平价的。类似的,可以讨论看跌期权的情况。

5.1.5 期权费

期权是其卖方将一定的权利赋予买方而自己承担相应义务的一种交易,作为给期权出售方承担义务的报酬,期权买方必然要支付一定的费用,这就是期权费或期权价格。

期权费的存在是与期权交易的单向保险性质相联系的。同样作为避险的金融工具,市场主体在运用期货(远期)进行保值的时候,直接根据需要进入合约的多方和空方。在他们把亏损的可能即风险的不利部分转移出去的同时,也把盈利的可能即风险的有利部分转移出去了。期货(远期)最大的优点在于获得了确定的交割价格,因而是一种双向保值。而期权则完全不同,多方享有执行与否的主动权,因而只是把不利部分转移出去而保留了风险的有利部分,所以是一种单向保值。显然期权是相对更有利的保值工具。

一般而言,通过期权保值的市场主体都会选择进入期权的多方,进一步根据自己买卖的需要选择看涨期权或看跌期权。市场是公平有效的,避险者进入期货(远期)合约是几乎无须任何初始成本的,而进入期权多方则需要支付相应的成本,即期权费。

进一步拓展思考,市场主体买入期权,就如同向期权卖方投了一个规避市场价格不利变化的保险,因而其支付的期权费与投保人向保险公司支付的保险费在本质上是一样的,都是为了单向规避风险而付出的代价,而这也正是在英文中,期权费和保险费为同一单词(premium)的原因。

在期权交易中,期权费视期权种类、期限、标的资产价格的波动程度不同而有所不同,它的计算和确定称为"期权定价",是期权交易中最重要和最复杂的问题,也是本书后面章节要介绍的内容。

 特别提示

期权费与执行价格是期权合约中两个完全不同的价格:期权费是期权合约本身的价

格，执行价格则是指在期权合约中事先约定的、在规定期限内买卖标的资产的交易价格。

【例 5-1】 2016 年 12 月 12 日（星期一），1 月份到期、执行价格为 25 美元的微软股票的看涨期权的价格为 1.95 美元，该股票期权是美式期权。如果这一天微软股票的市场价格是 26.5 美元，那么该看涨期权处于实值状态，内在价值为 1.5 美元，与此同时，1 月份到期、执行价格为 25 美元的微软股票的看跌期权价格仅为 0.2 美元，显然是因为当时的股票价格高于执行价格，使得该期权处于虚值状态，这是内在价值等于零的缘故。

假定一个投资者预期微软股票的价格会上涨，他可以有两种操作方法：以每股 26.5 美元的价格买入股票；以每股 1.95 美元的价格买入执行价格为 25 美元的股票看涨期权。显然，购买期权的交易成本较低，从而期权向投资者提供了一个较高的杠杆交易工具。

5.2　期权的分类

具体来看，根据不同的划分标准，存在许多不同种类的期权合约，如表 5-4 所示。

表 5-4　期权种类的划分

分类标准	期权种类
期权购买方的权利	看涨期权和看跌期权
期权购买方执行期权的时限	欧式期权和美式期权
内在价值	实值、虚值和平价期权
期权合约的标的资产	股票期权、货币期权、指数期权、利率期权、互换期权、期货期权及复合期权等
期权产品结构	常规期权和奇异期权
期权卖方履约保证	有担保期权和无担保期权
交易场所	场内期权和场外期权

其中，前面三种分类在第一节中已经做了介绍，这里不再重复。事实上，这三种分类方法是根据期权的基本特征进行的，是期权的最基本的种类。下面分别介绍其他的期权分类方法。

5.2.1　不同标的资产的期权合约

按照合约标的资产的不同，金融期权可分为股票期权、货币期权（或称外汇期权）、期货期权、指数期权、利率期权、互换期权及复合期权等。其中在交易所交易的期权主要包括股票期权、指数期权、期货期权、货币期权、利率期权等，货币期权、利率期权、互换期权及复合期权等的场外交易非常活跃。

1. **股票期权**

股票期权（stock options）是指以单一股票作为标的资产的期权合约，是目前交易量最大的期权。芝加哥期权交易所（CBOE）、费城证券交易所（PHLX）、美国证券交易所

(AMEX)、太平洋证券交易所(PSE)和纽约证券交易所(NYSE)都交易股票期权。

一般来说,标准的股票期权即交易所交易的股票期权是美式期权。股票期权合约中规定的交易数量是100股股票,即每个股票期权合约的买方有权利按特定的执行价格购买或出售100股股票,而执行价格和期权费都是针对1股股票给出的。

 特别提示

在股票期权的交易中,可能会遇到期权有效期内出现股票分配现金红利、股票红利(送红股)或股票分拆、股票合并的情况。根据已有的交易规则,场内股票期权对分配现金红利"无保护",但对股票红利、股票分拆及股票合并都是"有保护"的。例如,如果作为标的物的股票出现了十送一的股票红利,那么原来交易单位为100股的期权在送股发生后转换为110股的期权,这就是所谓的"有保护";如果出现了1股拆2股的分拆,那么原来的100股的期权在分拆后自然地转换为200股的期权……,但如果在期权的有效期内出现了每股0.1元的红利,那么分红前后期权的交易单位不变,仍然是100股。这就是期权对现金红利"无保护"。但场外交易的期权是受股利保护的,也就是说,公司如果派送现金红利,该公司股票期权的执行价格就应减去红利。

2. 货币期权

货币期权也称为外汇期权(foreign exchange option),其标的资产是一种外汇。目前世界上最主要的外汇期权交易所是芝加哥商品交易所、费城交易所等,其中费城交易所同时提供欧式期权和美式期权的交易,标的物包括欧元、澳元、日元、加元等货币。期权合约的交易规模取决于货币的种类。通常货币期权的交易单位是以相应货币期货的交易单位为单位或是期货交易单位的一半作为其单位。如费城交易所对于上市交易的货币期货规定:每份欧元期权合约规模规定为62500欧元,计价货币(基础货币)是美元,最小价格变化为1点,保证金要用美元交纳。具体如表5-5所示。

表5-5 费城交易所外汇期权合约的规定

标的货币	澳元	英镑	加元	欧元	日元	瑞士法郎
合约规模	50000	31250	50000	62500	6250000	62500
期权头寸限额	200000	200000	200000	200000	200000	200000
基础货币	美元	美元	美元	美元	美元	美元
最小价格变化/美元	0.0001	0.0001	0.0001	0.0001	0.000001	0.0001
保证金	美元	美元	美元	美元	美元	美元

 特别提示

在场外交易方面,也存在着大规模的外汇期权交易。外汇期权的价格和日期都可以定制,为此许多银行和金融机构会随时买卖外汇期权。

【例5-2】 现在是2017年1月20日,费城交易所交易的执行价格为1.25美元/欧元、3月份到期的欧元看涨期权,期权费是2.0美分/欧元。某投资者购买了一份该看涨期权。假定到了3月份的到期日,市场上欧元的即期汇率为1.30美元/欧元,那么该投资

者选择行权,获得的利润为:$(1.30-1.25)\times62500=3125$(美元)

支付的期权费为:

$$62500\times0.02=1250(美元)$$

因此,这笔期权交易的净利润为 1875 美元。

3. 指数期权

指数期权(index options)根据其标的指数不同而不同,大部分的指数期权是股价指数期权(stock index option),其标的物是股票价格指数。在美国,最著名的两个指数期权是在 CBOE 市场上交易的,分别为 S&P100 和 S&P500 指数期权,前者为美式期权,后者为欧式期权。

一般来说,每一份指数期权合约购买或出售的金额为特定指数执行价格的 100 美元。所有指数期权都是用现金结算而非真实交割指数或指数所包含的股票。

【例 5-3】　股价指数期权的现金结算。以 S&P100 看涨期权为例,如果 S&P100 指数期权的执行价格为 250,假定买方在 S&P100 指数为 290 时履行期权合约,则看涨期权的卖方必须支付给期权的买方 4000 美元$((290-250)\times100)$的现金。

特别提示

很显然,那些管理着复杂投资组合的机构投资者会是股票指数期权的最主要的交易者。通过现金结算,可以让这些机构投资者以最简单的方式为他们的投资组合进行套期保值。

4. 期货期权

期货期权(futures options)是指其标的资产为期货合约的期权。期货期权的标的物既可以是金融期货,也可以是商品期货,因此期货期权又可以进一步分为以利率期货、外汇期货、股指期货、农产品期货、能源期货和金属期货等作为标的资产的期权。大多数的期货合约有相应的期货期权。期货合约的到期日通常紧随着相应的期货期权的到期日,如纽约股票交易所的指数期货期权与标的期货合约同一天到期;而国际货币市场外汇期货期权的到期日比标的的期货合约的到期日要早两个交易日。

世界上交易最为活跃的期货期权是在芝加哥交易所交易的以中长期国债期货(CBOT)、欧洲美元期货(CME)以及日元期货(CME)、加元期货(CME)、黄金期货(CMX)等作标的资产的期权,还有原油和其他油制品期货(NYM)、玉米期货(CBOT)和糖期货(CSCE)的期权。

期货期权的重要特点之一在于其交割方式:对于一份期货看涨期权,持有者执行后可以获得该期货合约的多头头寸,再加上一笔等于期货当前价格减去执行价格的现金;对于期货看跌期权,如果持有者执行一份该期权,将获得一份该期货合约的空头头寸再加上一笔等于执行价格减去期货当前价格的现金数额。由于期货合约的价值为零,并且可以立即结清,所以期货期权的损益状况和以期货价格代替标的资产价格时相应期权的损益状况一致。

特别提示

实际上期货期权的到期日相当复杂。比如,美国长期国债期货期权的到期月是"合约名称中的月"之前的月份,即到期月之前的那个月份。再如,最近的 S&P500 期货期权合约在"合约名称中的月份"到期,因此 10 月 S&P500 期货期权在 10 月到期,交割的标的物是最近到期的 S&P500 期货合约,即 12 月到期的 S&P500 期货。

5. 利率期权

利率期权(interest rate options)是指以各种利率相关资产(如各种债券)作为标的资产的期权。实际上,在交易所内交易的最普遍的利率期权是长期国债期货期权、中期国债期货期权和欧洲美元期货期权,同时大部分的利率期货期权的运作与一般的期货期权合约相似。

当利率下降时,利率期货价格上涨;当利率上升时,利率期货价格下跌。认为短期利率将要上升的投资者可以通过购买基于欧洲美元期货的看跌期权来进行投机。反之,认为利率将要下降的投资者可以通过购买基于欧洲美元期货的看涨期权来进行投机。同理,认为长期利率要上升时,投资者可以通过购买基于中期国债期货或长期国债期货的看跌期权进行投机,反之则购买基于中期国债期货或长期国债期货的看涨期权来进行投机。

 特别提示

利率期权的标的资产多为利率期货合约,而且执行期权是不需要持有或交付国债的,结算方式为现金结算。

6. 互换期权

互换期权是以互换合约作为标的资产的期权(常常被列入互换产品的种类)。通常其标的资产是利率互换,其到期日是执行期权进行利率互换的日期,执行价格是利率互换的固定利率,因此互换期权是另一种防范长期利率风险的工具。

互换期权分为"付方互换"期权和"收方互换"期权。"付方互换"期权是指其持有人有权在互换中支付固定利率,而"收方互换"期权是指期权的持有人有权在互换中接受固定利率。

 特别提示

有少数人采用"买入互换权"(call swaps)和"卖出互换权"(put swaps)的说法,但这种说法含义模糊,对于买入互换权是有权支付固定利率还是有权接受固定利率,从业人员彼此也有不同意见。

7. 复合期权

复合期权是期权的期权,即以期权作为其标的资产的期权,也是一种奇异期权。

复合期权有四种:看涨期权的看涨期权、看跌期权的看涨期权、看涨期权的看跌期权和看跌期权的看跌期权。前两个策略是持有人有权买入标的期权,后两个是期权的持有人有权出售标的期权。

为什么要买入复合期权?原因主要有两个:一个是在不能确定是否需要防范风险的

情况下提供风险防范的方法;另一个是有比直接买入期权更便宜的风险保护措施。

 特别提示

大多数的复合期权在开始时是平价期权,因而初始的执行价格等于标的期权的市场价格。

5.2.2　常规期权和奇异期权

从期权产品结构设计上看,前面所介绍的欧式期权和美式期权都是比较标准和常规化的期权,因此该类期权被称为常规期权;在产品结构上更为复杂的期权通常称为奇异期权。

从期权的发展来看,奇异期权通常都是在场外交易的。往往是金融机构根据客户的需求开发出来的,其灵活性和多样性是常规期权不能比拟的,但相应地,奇异期权的定价和保值往往更加困难。下面分别介绍几种常见的奇异期权。

1. 合同条款变化型期权

合同条款变化型期权,是由标准条款的一些基本特征的变化而产生的新期权;或者是对现有的常规期权和其他一些金融资产加以分拆和组合得到的期权,包括以下几种:

(1)半美式期权或百慕大式期权(Bermudan option):期权的执行时间将介于欧式期权与美式期权之间,它可以在期权的有效期内事先确定的几个特定的日期或一段时间执行。

(2)数字期权或二元期权(binary options):这种期权有两种类型:一种是现金或无价值看涨期权,另一种是资产或无价值看涨期权。前者是指在到期日,如果标的资产价格低于执行价格,该期权没有价值;如果高于执行价格,则该期权卖方支付一个固定的现金数额。后者是指在到期日,如果标的资产价格低于执行价格,该期权没有价值;如果高于执行价格,则该期权卖方支付一个等于资产价格本身的款项。

(3)迟付期权或或有期权:这种期权除非已执行,否则在到期时不需要支付购买期权的价格。但是,只要该期权在到期日内是实值期权就必须执行,即使其价值可能小于期权价格。也就是说,对于期权的购买者而言,如果期权在到期时是虚值的,就不用支付购买期权的费用了。这有点像一种假想的汽车保险,如果在给定一年中没有索赔要求,就不用支付保险费。购买一个迟付期权相当于买入一个标准期权再卖出一个现金或无价值看涨期权,后者的收益刚好等于标准期权的期权费。因此最终的收益也相应调整。

(4)买卖权可选期权:是指期权的持有者有权在未来的某一天选择期权的种类,即选择该期权是看涨期权还是看跌期权。这种期权很像底部跨式组合策略,但却便宜得多,这是因为买卖权可选期权的购买者在做过选择后,就只拥有一种期权了,而底部跨式组合的持有人同时持有看涨和看跌两种期权直到到期日,具体见下一章的内容。

2. 路径依赖型期权

路径依赖型期权的最终收益不仅依赖于标的资产到期日的价格,更取决于期权有效期内标的资产价格变化的路径,主要包括以下几种:

(1)亚式期权(asian options):是指其到期损益结果依赖于标的资产在一段特定时间

（整个期权有效期或其中的一部分时段）内的平均价格（可能是执行价格，也可能是最后的标的资产市场价格取平均值）。这种平均价格可以有几种：①可以为月平均、周平均、日平均或任何一个预先确定的时间周期平均；②平均周期可以是期权整个有效期，也可以是有效期中的某一事先约定的时间段；③可以是算术平均或几何平均，在实际应用时，算术平均更常用，因为这种平均方法易于理解，便于计算，然而，基于算术平均的亚式期权比基于几何平均的亚式期权的定价更加困难。

亚式期权比标准期权便宜，因为标的资产价格在一段时间内的平均值的变动比特定日期价格的变动幅度要小，这就减少了期权的风险从而降低了其时间价值。亚式期权是当今金融衍生产品市场上交易最为活跃的奇异期权之一。

（2）障碍期权（barrier options）：是指该期权的损益状况依赖于标的资产价格在一段特定时间内是否达到某个特定的水平，这个临界值就叫作"障碍"水平。这种期权一开始就会确定两个价格水平，一个是执行价格，另一个是特定的"障碍"价格。具体地，根据标的资产的价格触及障碍水平时会发生的情况，可以将障碍期权分为两种：敲出障碍期权（knock-out options）和敲入障碍期权（knock-in options）。前者是指如果在期权的有效期内当标的资产的价格达到约定的障碍水平时，该期权作废（即被"敲出"），如果在规定的时间内资产价格并未触及障碍水平，则仍然是一个常规期权；后者则正好相反，只有资产价格在规定时间内达到障碍水平，该期权才得以存在（即被"敲入"），此时其损益结果与常规期权相同，反之，该期权作废。

障碍看涨期权的障碍价格通常会比执行价格和当前资产价格都要低。这就产生了两种类型的期权："向下敲出"型看涨期权（down-and-out calls）和"向上敲入"型看涨期权。期权的障碍价格也有设定为高于执行价格和标的资产价格的情形，就产生了两种看跌期权："向上敲出"型看跌期权和"向下敲入"型看跌期权。

（3）回溯期权（lookback options）：是指期权的收益依赖于标的资产在某个确定的时段（称为回溯时段）中达到的最大或最小价格的期权，即回溯期权的执行价格是在到期时确定的。在期权的到期日，持有人可以回顾资产的价格变动，在期权的有效期内选择最佳的资产价格作为其执行价格。例如，对于回溯看涨期权，执行价格就是期权有效期内标的资产的最低价，而对于看跌期权则是标的资产价格的最高价。

如果回溯期权是美式的，则对投资者更有利，因为期权的持有者不必担心会错过执行的最佳时间，回溯期权总会在最佳价格下执行。另外，回溯期权在到期时不可能是虚值期权，最糟的情况是在到期日标的资产价格是回溯看涨期权有效期内价格的最小值（对于看跌期权则是价格的最高值），这时的回溯期权以平价期权到期。然而，由于回溯期权的收益总比标准期权的收益高，因此其期权费是非常昂贵的。

（4）重置期权（reset options）：是指在期权的有效期内其执行价格可以重新设置的期权。重置期权在一开始首先确定一个初始的执行价格，然后在一系列预先约定好的时间内可以根据当时的资产价格来重新确定执行价格。例如，对于重置看涨期权，起初设定的执行价格为100，在第一个重置日，若标的资产的价格已经下跌为95，那么其执行价格被重新设定为95；而如果标的资产的价格上涨为110，则其执行价格仍然为100。

（5）复合期权：见5.2.1。

3. 多因素期权

多因素期权是指其最终收益依赖于两个或更多的标的资产的价格,主要包括:

(1)彩虹期权:收益依赖于两个或多个标的资产的价格。彩虹期权也有看涨看跌之分。彩虹看涨期权的收益是由两个或多个标的资产的最高价格决定,而彩虹看跌期权的收益则由其最低价格确定。

如果用 $S_1, S_2 \cdots, S_n$ 来表示 n 种标的资产的价格,用 K 表示期权的执行价格,那么用公式表示的彩虹看涨期权的收益为:

$$(\max(S_1, S_2, \cdots, S_n) - K)^+$$

那么彩虹看跌期权的收益为:

$$(K - \min(S_1, S_2, \cdots, S_n))^+$$

(2)一篮子期权:是另一种多因素期权,可以看作是彩虹期权的变种,其收益由一篮子标的资产的加权平均价格决定。股票指数期权,诸如 FTSE100 期权或 S&P100 期权实际上是交易所交易的一篮子期权。

(3)价差期权:收益取决于一对资产的价格差。如期权的收益是英国和德国六个月利率的差额。

(4)汇率连动期权:收益取决于一种标的资产的价格,但其风险的程度则由另一种资产价格决定。通常,该期权的标价是一种货币,但其标的资产的标价是另一种货币。

5.2.3　有担保期权和无担保期权

有担保期权(covered options)和无担保期权(naked options)是根据期权出售方的头寸状况来分类的。对于期权的出售方,在期权的有效期内,只有义务没有权利,如果在卖出看涨(看跌)期权的同时,实际拥有该期权合约所规定的标的资产的相反头寸,就称为"有担保期权",反之,就称为"无担保期权"。

一般来说,人们在提到有担保期权时往往指的是"有担保的看涨期权"。期权的卖方在卖出期权的同时,实际拥有该期权合约所规定的标的资产,并将它存放在经纪人那里作为履约的保证。对于有担保的看涨期权,由于期权的出售方已经将期权合约的相同数量的标的资产存放在经纪人处,相当于交纳了足额的保证金,所以经纪人不再要求其交纳保证金。

如果用 S_T 代表标的资产到期时刻的价格,用 X 表示期权的执行价格,对于无担保的看涨期权的出售方,其可能的最大损失为 $X - S_T$,由此可以看出出售方的潜在损失是较大的,所以存在违约的可能,因此经纪人会要求无担保的看涨期权的出售方缴纳保证金,以确保其履约。

5.2.4　场内期权和场外期权

根据交易场所的不同,期权可以分为场内期权和场外期权。场内期权也称为交易所交易(上市)期权(exchange-traded options, traded options),场外期权(over-the-counter options, OTC options)则没有集中交易的场所。

这两种期权的主要差异在于：

(1)场内期权在集中性的金融期货交易所或期权交易所交易,而场外期权则在非集中性的交易场所进行。

(2)场内期权有标准化的期权合约和交易机制,交易数量、执行价格、到期日、履约时间等均由交易所统一规定;而场外期权则是非标准化的,各种交易要素均由交易双方自由协定。

(3)场内期权最大的优点是流动性好、交易便利、成本较低,交易可以随时通过反向操作来对冲原有的头寸,但同时也限制了套期保值者根据自己的需要进行选择的余地,而场外期权在个性化方面则更为灵活有效。

5.3　期权市场

期权市场是期权合约的交易场所。与期货交易不同,期权市场未必有特定的、集中性的交易场所。因此,期权市场既包括各种场内市场(交易所市场),也包括各种场外市场。我们将主要以美国芝加哥期权市场为例,来说明期权场内市场的基本特征。

在许多人看来,期权是直到最近才出现的金融创新工具之一,事实上,早在古希腊和古罗马时期,期权交易的雏形就已经出现了。到18—19世纪,美国和欧洲的农产品期权交易已经相当流行。19世纪以单一股票为标的资产的期权在美国诞生,期权交易才开始被引入金融市场。

1973年以前,期权交易都是在非正式的场外市场进行的。由于场外期权存在卖方违约的风险,流动性也较差,加上场外交易较分散等特点,期权交易种类一直比较单一,规模有限,交易效率较低,因此期权交易的发展依然比较缓慢,直到1968年,在美国成交的股票期权所代表的标的股票数量还只有纽约证券交易所成交的股票数量的1%。

顺应市场需求,1973年4月26日,美国最大的期货交易所之一的芝加哥期货交易所(CBOT)创办了第一个集中性的期权市场——芝加哥期权交易所(CBOE),开始进行场内股票看涨期权交易,大获成功。同年,Black和Scholes在期权定价方面取得突破性成就,同时,由于交易制度的创新和理论、技术方面的发展共同促进了CBOE的迅速发展,由此引发越来越多的交易所开办期权交易,新的期权品种也不断推出。从标准化的看涨期权到看跌期权,从股票期权到以其他金融资产为标的资产的期权,期权市场获得了前所未有的发展。与之相应,期权市场的交易量也大幅度地增加,1974年CBOE全年成交的股票期权合约所代表的股数就已经超过了美国证券交易所全年的股票成交量。

交易所期权的巨大成功及其对期权交易的重要推动主要归结为三个方面的原因:①交易所交易的集中性、合约标准化和二级市场的建立便利了期权的交易管理和价格信息,为投资者提供了期权工具的流动性,使得交易者能够更加灵活地管理他们的资产头寸,因此促进了期权市场的发展和交易量的大幅增长;②清算所的建立解决了场外市场长期为之困扰的违约风险问题;③无纸化交易的发展带来了更为通畅的交易系统和更低的交易成本,从而促进了期权交易量的迅速扩大。

5.3.1　期权交易所的标准化合约及其相关规定

交易所期权的最大特征和成功原因之一就是期权合约的标准化。每个交易所对每种交易的期权合约的各种规格分别做了预先的规定。

1. 交易单位

交易单位,也称为"合约大小",就是一张期权合约中规定的标的资产的交易数量。标的资产不同,期权合约的交易单位也不同,但即使是同一标的资产的期权,在不同的交易所上市,其合约的交易单位也不一定相同。一般而言,股票期权的交易单位是 100 股股票;指数期权的交易单位是一张标的指数的执行价格与 100 美元的乘积;至于各种外汇期权的交易单位,则视交易所的不同和货币种类的不同而不同,一般以期货的交易单位为单位或以期货交易单位的一半作为其单位,如在 PHLX,英镑期权合约的交易单位为 31250 英镑,而欧元期权合约的交易单位为 62500 欧元。

2. 执行价格

期权合约中的执行价格是由交易所事先确定的。一般来说,当交易所准备上市某种期权合约时,将首先根据该合约标的资产的最近收盘价,依据某一特定的形式来确定一个中心执行价格,然后再根据特定的幅度设定该中心价格的上下各若干级距(intervals)的执行价格。

在期权交易中,交易所通常规定执行价格的级距,如在股票期权交易中,执行价格的级距设定为:2.5 美元,5 美元,10 美元。当标的股票的价格低于 25 美元时,执行价格的级距设定为 2.5 美元;当股票价格高于 25 美元且低于 200 美元时,级距设定为 5 美元;当标的股票的价格超过 200 美元时,级距设定为 10 美元。

交易所在引入新的到期日的股票期权时,交易所通常选择最接近股票现价的那两个执行价格;如果股票价格的波动超过了最高执行价格或最低执行价格时,交易会引入新的执行价格的期权。例如,假定 10 月到期的期权开始交易时,股票的价格为 53 美元,交易所最初提供的看涨期权的执行价格为 50 美元和 55 美元两种,如果股票价格上涨到 55 美元以上,交易所将提供执行价格为 60 美元的期权;反过来,如果股票价格下跌到 50 美元以下,交易所将推出执行价格为 45 美元的期权,依此类推。

3. 到期循环、到期月、到期日、执行日和最后交易日

到期循环、到期月、到期日、执行日和最后交易日是期权交易所对期权时间的预先规定,尽管不同的交易所细节上可能不甚相同,但基本原理是一样的。下面以 CBOE 为例来说明期权合约的时间规定。

在 CBOE 中,所有的期权除了 LEAPS 都将在以下三个月份的基础上循环:1 月、2 月和 3 月。1 月循环期权的到期月份包括 1 月、4 月、7 月、10 月;2 月循环期权的到期月份包括 2 月、5 月、8 月、11 月;3 月循环期权的到期月份包括 3 月、6 月、9 月、12 月。因此在 CBOE 市场中,每个月都会有到期的期权合约。

到期日,就是期权买方可以享有期权赋予的权利的最后日期,如 CBOE 股票期权的到期日为到期月第三个星期五之后紧随的那个星期六。但事实上,CBOE 要求期权买方在到期日的前一个交易日(如果为非交易日,则往前顺延)美国东部时间下午 5:30 之前就

必须对其是否打算执行期权做出表示。

执行日是由交易所规定的,是期权买方可以实际执行该期权的日期。显然,对于欧式期权来说,执行日就是期权的到期日,而美式期权的执行日则是期权有效期内的任一个交易日。

最后交易日是和到期日紧密相连的日期,是期权交易者可以在市场上交易期权的最后日期,如 CBOE 股票期权的最后交易日就是到期月的第三个星期五。如果在这一天期权买方没有进行对冲交易,就必须在放弃或执行期权之间做出选择。

从交易所交易的实际情况看,以 CBOE 交易的股票期权为例,每个月交易的股票期权实际上都有 4 个到期月:离当前最近的两个日历月和本期权所属循环中的下两个到期月。例如,在 12 月 1 日,一个属于 1 月循环的期权包括以下 4 个到期月:12 月、1 月、4 月和 7 月。当 12 月的到期日过去之后,一个属于 1 月循环的期权则包括以下 4 个到期月:1月、2 月、4 月和 7 月。

4. 交割规定

在场内期权交易中,期权的交易者可以在最后交易日结束之前,随时进行反向交易,结清头寸。这与期货交易中的对冲是完全相同的。相反,如果最后交易日结束之后,交易者所持有的头寸仍未平仓,买方就有权要求执行,而卖方就必须做好相应的履约准备。当然,如果是美式期权,期权买方随时有权决定交割。从实际看,期权交割的比例要比期货高得多。

事实上,不同的期权规定的交割方式也不同。一般来说,各种现货期权,交易双方都直接以执行价格对资产进行实际交割;指数期权不能进行实物交割,只能进行现金结算,即按照执行价格与期权执行日交易结束时的市场价格之差以现金进行结算;而期货期权执行时,买方将从卖方处获得期货合约的相应头寸,再加上执行价格与期货价格之间的差额。

5. 红利和股票分割

股票期权和指数期权往往还涉及红利和股票分割的问题。早期的场外期权是受现金红利保护的,现在无论是否派发现金红利,交易所交易的期权都是"无保护"的,但当股票有股票红利或股票分拆及股票合并时都是"有保护"的,见 5.2.1 中第一个特别提示。

具体地说,当股票分割或送红股的时候,交易所规定期权要进行调整。其调整方法为:在 n 股对 m 股(即 m 股股票分割为 n 股)股票分割后,执行价格降为原来执行价格的 m/n,每一期权合约所包含的交易数量上升到原来的 n/m 倍;如果每 100 股送 n 股的股票红利等同于 $(100+n)$ 股对 100 股的分割,则可以利用股票分割的方式对期权合约进行调整。

为了进一步理解标准化期权合约的主要内容,表 5-6 列出了 CBOE 一些主要期权合约的具体规格。

表 5-6　CBOE 主要期权合约的具体规格

类别	股票期权	S&P100 指数期权	S&P500 指数期权	Nasdaq100 指数期权
标的资产	股票或 ADRs	S&P100 指数	S&P500 指数	Nasdaq100 指数
执行价格	股票或 ADRs 的价格	指数值	指数值	指数值
交易单位	100 股	指数值×100 美元	指数值×100 美元	指数值×100 美元
期权类型	美式	美式	欧式	欧式
到期月	两个最近的日历月和所属循环中的下两个月	四个最近的日历月和 3 月循环中的下一个月	三个最近的日历月和 3 月循环中的下三个月	三个最近的日历月和 3 月循环中的下三个月
执行价格级距	2.5、5、10 美元	5 个基点	5 个基点	5 个基点
结算方式	标的资产交割	现金结算	现金结算	现金结算
交易时间	8：30—15：02	8：30—15：15	8：30—15：15	8：30—15：15

5.3.2　基本交易制度

1. 交易机制

和其他金融资产的交易相似,各大期权交易所的交易机制也主要包括以下两种:公开喊价机制(open outcry,即在有形的交易大厅内使用喊价和手势等方式进行报价与交易)和电子交易系统(electronic trading system)。

(1)以 CBOE 为代表的做市商参与的公开喊价市场体系

在 CBOE 的交易大厅内有三种交易者:做市商(market maker)、场内经纪人(floor broker)和指令簿记员(order book official)。

做市商是指在交易所拥有或租用一个席位,为自己的账户交易并获取利润的交易者。不过,做市商还有"做市"的义务,即报出某种期权的买入价和卖出价,接受并完成投资大众的买卖要求,从而确保买卖指令可在某一价格立即执行而没有任何拖延,增加了期权市场的流动性。由于卖出价肯定大于买入价,它们之间的差额即买卖价差就是做市商的利润。交易所一般会设定买卖价差的上限,通常的做法是:如果期权价格低于 0.5 美元,则期权买卖价差不得超过 0.25 美元;如果期权的价格在 0.5 和 10 美元之间,则买卖价差不得超过 0.5 美元;如果期权的价格在 10 和 20 美元之间,则买卖价差不得超过 0.75 美元;如果期权价格超过 20 美元,则买卖价差不得超过 1 美元。

场内经纪人是指在期权交易所内负责帮助交易所外的交易者执行交易指令的经纪人。场内经纪人通常是如美林证券之类的经纪公司的代表,也有独立的经纪人。当投资者通知其经纪人购买或出售某一期权的时候,场内经纪人可以和其他的场内经纪人进行交易,也可以和做市商进行交易。场内经纪人的工作是获取最优价格,迅速执行收到的指令。他们工作的收益来源于佣金或由其所属的经纪公司支付的薪水。

指令簿记员则是交易所的雇员,他们的主要作用是便利买卖指令的流动和执行。由于许多传递给场内交易员的指令是限价指令,即只能在特定价格或更有利的价格才能执行的指令,因而有时无法立即执行。这时,场内经纪人就将这些指令传递给指令簿记员,由他们将这些指令输入计算机,进入指令登记簿——那些在特定价格才可交易的指令的列表,并将该信息予以披露。这样所有的交易者就可以了解目前等待交易指令的最优价格(最高的买入价格和最低的卖出价),市场价格一旦达到指定价格,指令簿记员就执行该指令。

除了以上几种交易者外,期权交易所的场内大厅内通常还有其他一些交易所官员,负责将每笔交易输入交易所的价格报告系统,进行交易监管等。

(2)ISE 的完全电子交易

2000 年国际证券交易所(ISE)成立之前,美国的各大期权交易所一直保持着公开喊价市场。ISE 是美国第一家采用电子交易的期权交易所。ISE 在交易机制上针对传统的期权交易进行了改进,提高了交易效率,降低了交易费用,因此发展迅速,进而引发了其他期权交易所的改革,它们纷纷引入电子交易。

ISE 的完全电子交易最主要的特点就是无交易大厅,因而也就不需要相应的场内经纪人等中介,所有指令都通过电子交易系统完成。这使得期权交易的效率提高,费用降低,这是 ISE 成为期权交易界黑马的重要原因之一,也带来了期权交易体制的改革。同时,ISE 也引入了主要做市商品和竞争性做市商,为期权提供连续报价,以解决电子交易流动性较差、价格波动较大的问题。

2. 期权交易指令

(1)头寸限额和执行限额

交易所为每种期权都规定了期权交易的头寸限额(position limit),即每个投资者在市场的一方(即多方或空方,可以认为看涨期权的多头和看跌期权的空头均处于多方,而看涨期权的空头和看跌期权的多头都处于空方)所能持有的期权头寸的最大限额。

与之相关的是期权的执行限额(exercise limit),即一个期权买方在规定的一段时间内所能执行的期权合约的最大限额。一般来说,在连续五个交易日内的执行限额大小往往等于头寸限额。显然,交易所之所以这样规定,主要是为了防止某一投资者承受过大的风险或对市场有过大的操纵。这种限额规定是否合理及必要,仍然是一个具有争议的问题。

具体来看,不同的交易所、不同的期权、不同的市场状况,对头寸限额和执行限额都有不同的规定。有的交易所以合约的数量作为限制标准,有的则以合约的总金额作为限制标准。除此之外,标的资产的性质和具体市场状况不同,限额也不同。如 CBOE 股票期权的头寸限额和执行,限额要视公司发行在外的股份数多少和标的股票过去 6 个月内的交易量大小而定,从 25000 份合约到 250000 份合约不等。

(2)买卖指令

所有期权买卖指令有两种:一种是建仓指令,一种是平仓指令。建仓指令包括:

①买入建仓(open a position with a purchase),即买入一个期权,建立一个新头寸;

②卖出建仓(open a position with a sale),即卖出一个期权,建立一个新头寸。

平仓指令也包括两种:

①买入平仓(close a position with a purchase),即买入一个期权,对冲原有的空头头寸;

②卖出平仓(close a position with a sale)，即卖出一个期权，对冲原有的多头头寸。

显然，平仓指令都是用于对冲和结清现有头寸的，因而又被称为对冲指令。同时，买入建仓和卖出平仓相呼应，卖出建仓和买入平仓相呼应。

当某种期权合约正在交易时，如果交易双方都是建仓，则市场中未平仓合约数增加一个；如果其中一方是建仓而另一方是平仓，则未平仓合约数不变；如果双方都是平仓，则市场中未平仓的合约数将减少一个。

5.3.3　交易所的清算制度

1. 期权清算公司

与期货交易类似，期权交易所内完成的期权交易都必须通过期权清算公司(option clearing corporation，OCC)进行清算和交割。OCC 是由一定数额的会员组成的，一般来说，清算会员必须满足资本的最低限额要求，并且必须提供特种基金，若有任一会员在清算时无法提供需要的资金，则可使用该基金。从本质上看，OCC 的功能主要有以下两个：

(1)期权交易的清算

假设某投资者 A 通过经纪公司甲，买入了一个期权费为 4 美元、执行价格为 100 美元、1 月到期的 X 股票看涨期权；投资者 B 通过经纪公司乙，以 4 美元的期权费卖出了这个相应的看涨期权。这个交易完成后，A 必须在下一个交易日的清晨全额支付期权费，这之后的清算过程为：OCC 将该笔相互匹配的交易记录在册，使得甲的代理清算公司账户上增加了一个 X 股票看涨期权多头，减少一笔期权费，而乙的代理清算公司账户上增加了一个 X 股票看涨期权空头，增加一笔期权费。同时期权头寸和期权费将在清算公司、经纪公司和投资者之间出现相应的流动，最终使得 A 在甲经纪公司、甲在其对应的清算公司的账户上同时增加一个看涨期权的多头头寸，减少一笔期权费；而 B 在乙经纪公司、乙在其对应的清算公司的账户上同样增加一个看涨期权的空头头寸，增加一笔期权费。但是，无论怎样，OCC 的清算只和其清算成员进行，具体的真实交易者和经纪公司的名字都不会在 OCC 出现。由此我们可以看出，OCC 清算具有以下两个基本特点：

①非会员的经纪公司和自营商所完成的期权交易都必须通过清算会员在 OCC 进行清算。

②对于每一个期权买方来说，OCC 就是他的卖方；对于每一个期权的卖方来说，OCC 就是他的买方。OCC 的存在实际上为期权交易的买卖双方提供了重要的中介和担保，使得投资者无须担心具体交易对手的信用情况，信用风险都集中在 OCC 身上。同时作为每个期权买方的卖方和每个期权卖方的买方，OCC 拥有为零的净头寸，因而不存在价格风险。

(2)期权的实施

当期权买方想要执行某个期权时，投资者需要首先通知他的经纪人，经纪人通知负责结清其交易的 OCC 清算会员。在该会员向 OCC 发出执行指令后，OCC 即随机选择某个持有相同期权空头的会员，该会员再按照事先订立的程序，选择某个特定的出售该期权的投资者。

在期权的到期日，所有实值的期权都应该执行，除非交易成本很高，抵消了期权的收益。一些经纪公司和交易所设定了一些规则,到期时自动执行那些对客户有利的实值期权。

2. 保证金制度

除了通过零的净头寸来防止价格风险外,期权清算公司采用和期货交易相似的保证金制度来预防期权卖方的违约风险,即在期权交易开始的时候需要一个初始保证金,之后随着市场价格的变化规定维持保证金的水平,在价格出现不利变化时,投资者需要追加保证金。期权保证金的收取方法是由清算所直接向各清算成员收取,再由清算所会员向自己所代表的经纪公司收取,最后经纪公司再向具体投资者收取。

从期权保证金账户的操作方式看,与期货保证金账户的操作方式基本一致,但由于期权交易和期货交易之间的差异,期权保证金制度也存在一些特殊之处:

(1)由于期权实际上已经包含了一定的杠杆率,期权交易是不允许信用交易的,期权买方必须在交易后的第二个营业日支付全额期权费,这实际上意味着期权买方需要缴纳100%的"保证金"。由于买入期权后,期权买方只有权利没有义务,所以他们无须再缴纳其他保证金。

(2)对于期权卖方而言,情形则比较复杂。首先,期权卖方都必须提交一定的保证金,这是因为交易所和经纪人必须确保当期权执行时,出售期权的投资者不会违约,因此所谓的初始保证金和维持保证金都是针对期权卖方而言的;其次,根据期权种类和市场状况的不同,保证金的要求也不同。这里以股票期权为例介绍保证金制度。

对于有担保看涨期权的卖方而言,出售方实际拥有该期权合约所规定的标的资产,并将它作为履约保证存放在经纪人处,这实际等同于100%保证金,因而无须再缴纳额外的保证金;如果投资者出售的是无担保的期权,初始保证金就是以下计算结果中较大的一个:

①出售期权的期权费加上期权标的资产价值的20%减去期权处于虚值状态的数额(如果存在的话)。

②出售期权的期权费收入加上标的资产价值的10%。

从以上计算公式中可以看出,期权费收入可以直接冲减需要缴纳的保证金;当期权处于虚值状态时,期权卖方的保证金可以减少,显然是因为此时卖方是安全的,也就是与卖方承担的义务是一致的。同时,之所以引入②公式,主要原因是如果期权处于深度虚值状态,①公式计算的结果可能是负的,因此需要引入②公式作为保证金要求。

【例5-4】 某个股票看涨期权的相关参数是:股票的市价15美元,执行价格20美元,期权费1美元,请计算该股票看涨期权的卖方需要交纳的保证金数额。

解 按照①公式计算的数额为:$1 \times 100 + 1500 \times 20\% - 5 \times 100 = -100$(美元)

按照②公式计算的数额为:$1 \times 100 + 1500 \times 10\% = 250$(美元)

因此卖出这一看涨期权的投资者,应向经纪公司交纳250美元的初始保证金,其中100美元是买方交纳的期权费。

如果投资者卖出的是股票指数期权,其初始保证金计算和股票期权保证金的计算几乎相同,只是将以上计算过程中的20%替换为15%,因为指数的波动性通常小于单个股票的波动性。

在期权卖方交纳了规定的初始保证金之后,在期权平仓或执行之前,每天都要进行与初始保证金类似的计算,只是期权费和股票的市价要用当时的市场价格来替代。当计算结果表明要求的保证金额低于保证金账户的现有保证金数额时,投资者可以随时从保证金账户中提取现金;反之,当保证金账户严重不足时,交易所将发出保证金催付通知。

5.3.4　主要的期权交易所

如前所述,期权市场既包括交易所市场,也包括场外市场。这里所说的是进行场内交易的期权交易所。

自 1973 年 CBOE 开始经营并获得巨大成功开始,世界各国的交易所纷纷引进期权交易,尤其是 20 世纪 80 年代以后,世界范围内期权交易所取得了前所未有的发展。其中,美国在交易所期权交易方面一直居于世界前列。表 5-7 列举了美国主要的期权交易所及其主要期权品种。

表 5-7　美国主要的期权交易所及其主要期权品种

期权交易所	主要期权品种
CBOE	股票期权、股指期权、国债期权、ETFs、长期期权、灵活期权、结构性产品等
ISE	股票期权、股指期权
PHLX	股票期权、股指期权、ETFs、外汇期权、长期期权和灵活期权
AMEX	股票期权、股指期权、长期期权、灵活期权和结构性产品等
PCX	股票期权、股指期权
CBOT	基于农产品、稀有金属、股指和债务工具的期货期权
CME	基于农产品、股指、债务工具和外汇的期货期权
CSCE	农产品期货期权
KCBT	农产品期货期权
MIDAM	农产品期货期权、稀有金属期货期权
MGE	农产品期货期权
NYCE	基于农产品、债务工具和外汇的期货期权
NYFE	股指期权
NYME	能源期货期权

 特别提示

长期期权是指期限较长的股票期权或指数期权,如在 CBOE,它们的期限可以长达三年;灵活期权是指投资者可以对执行价格、执行类型和到期日等关键合约条款进行定制,开始时作为指数期权进行交易,后来扩展到股票期权;ETFs 是外汇交易基金期权(Exchange Traded Funds),是信托形式的股份,这些股份是由一系列的股票组合(设计出来的、能够紧密追踪股票价格变化和指定指数收益的股票组合)构成的;结构性产品(structure products)是指一些金融机构发行的,基于期权和其他一些基本金融资产合成的组合金融产品。

从表 5-7 中可以看出,美国的期权交易所主要分为三类:专门的期权交易所、传统的股票市场和期货交易所。

专门的期权交易所主要包括 CBOE 和 ISE,在美国期权市场中占有重要的地位。CBOE 进行多种期权交易,而 ISE 则是期权市场的传奇之一,于 2000 年 4 月成立,是自 1973 年后美国证监会(SEC)批准成立的唯一一所注册交易所,在短短的三年时间内交易量迅速超越其他期权交易所成为美国最大的股票期权交易所,这得益于其引入了完全电子交易系统。

费城证券股票交易所(PHLX)、美国证券交易所(AMEX)和太平洋交易所(PCX)则属于传统的股票交易所,同时也提供期权产品交易。值得注意的是,在这些交易所里交易的期权几乎涵盖所有的期权品种。

第三种期权交易所则由期货交易所组成,包括 CBOT,CME,堪萨斯期货交易所(KCBT),美国咖啡、糖和可可交易所(CSCE),中美洲商品交易所(MIDAM),明尼苏达谷物交易所(MGE),纽约棉花期货交易所(NYCE),纽约期货交易所(NYFE),纽约商品交易所(NYME)。这些期货交易所只提供期货期权的买卖,并往往只交易以本交易所上市的期货合约为标的资产的期权产品。

表 5-8 给出了 CBOE 部分期权合约的基本规格。

表 5-8　CBOE 部分期权合约的基本规格一览表

期权类型	股票期权	S&P100 指数期权	S&P500 指数期权	Nasdaq100 指数期权
标的资产	股票或 ADRs	S&P100 指数	S&P500	Nasdaq100 指数
标的资产水平	股票或 ADRs 价格	指数值	指数值	指数值
乘数	100 股	100 美元	100 美元	100 美元
执行类型	美式	美式	欧式	欧式
到期月	两个最近的日历月和所属循环的下两个月	四个最近的日历月和三月循环的下一个月	三个最近的日历月和三月循环的下三个月	三个最近的日历月和三月循环的下三个月
执行价格级距	2.5、5 或 10 美元	5 个基点	5 个基点	5 个基点
结算方式	标的资产交割	现金结算	现金结算	现金结算
交易时间(美国中部时间)	8:30—15:00	8:30—15:15	8:30—15:15	8:30—15:15

资料来源:CBOE 交易所网站,http://www.cboe.com。

本章小结

期权买方,也称为持有人或期权多方,在支付期权费后,就有了在合约规定的时间行使其购买或出售标的资产的权利;期权卖方,也叫作签发者或期权空头,在收取了买方所支付的期权费之后,就承担了在规定时间内根据买方要求履行合约的义务,而没有任何权利。

在期权交易中,存在两重的买卖关系:对期权本身的购买和出售形成了期权购买方和出售方,对期权标的资产的购买和出售则构成了看涨期权和看跌期权。

按照期权买方执行期权的时间划分,期权可分为欧式期权和美式期权。

期权的内在价值,有时也称为"货币性",是指期权买方马上行使期权时可以获得的收益现值。

实值期权是指如果期权被持有人马上执行的话,它将给持有人带来正的现金流,即期权的买方是盈利的。如果盈利的数额很大,则称期权深度实值。虚值期权是指如果期权被马上执行,它将给期权的买方带来负的现金流,即期权的买方是亏损的。如果亏损的数值很大,则称期权深度虚值。平价期权是指它给期权的买方带来零现金流,如果它被期权买方马上执行的话。

期权是其卖方将一定的权利赋予买方而自己承担相应义务的一种交易,作为给期权出售方承担义务的报酬,期权买方必然要支付一定的费用,这就是期权费或期权价格。期权费的存在是与期权交易的单向保险性质相联系的。

按照合约的标的资产划分,金融期权可分为股票期权、货币期权(或称外汇期权)、期货期权、指数期权、利率期权、互换期权及复合期权等。

按期权的产品结构设计,期权可分为常规期权和奇异期权。从奇异期权的设计和开发上看,奇异期权有三种类型:合同条款变化型期权、路径依赖型期权和多因素期权。

有担保期权和无担保期权是根据期权出售方的头寸状况进行分类的。

根据交易场所的不同,期权可分为场内期权和场外期权。

交易所期权的最大特征和成功原因之一就是期权合约的标准化。每个交易所对每种交易的期权合约的交易单位、执行价格、到期时间、交割规定、红利和股票分割进行了规定。

期权清算公司采用和期货交易相似的保证金制度来预防期权卖方的违约风险。

在美国,场内交易的期权交易所主要分为三类:专门的期权交易所、传统的股票市场和期货交易所。

练习题

1. **名词解释**

(1)货币期权　　　　　　(2)利率期权

(3)股指期权　　　　　　(4)期货期权

2. **简答题**

(1)股票价格指数期权与单一标的股票期权有什么差别?

(2)试比较外汇期货、外汇期权和外汇期货期权的异同点。

(3)什么是利率期货期权?如何利用利率期货期权来进行避险?

3. 实务题

(1)一家上市公司宣布其进行分红送股,拟实行的送股方案为 10 送 1。请问当这一策略实施时,以该公司股票为标的资产的执行价格为 90 美元的股票看涨期权将进行怎样的调整?

(2)在 CBOE 交易的一个股票期权是属于 2 月循环的,那么在 4 月 1 日和 5 月 31 日,将会交易到期月是哪些月份的期权?

(3)一个投资者出售了 2 份无担保的看涨期权,期权价格为 3.5 美元,执行价格为 60 美元。目前标的资产的市场价格为 57 美元,请问他要缴纳多少的保证金?

阅读材料

第6章

期权组合交易策略及盈亏分析

通过本章的学习,学生可以掌握使用多种方式,包括回报图、盈亏图、盈亏的数学表达式和符号运算方法等,对期权及其组合的盈亏进行分析;同时要掌握基本的期权组合交易策略,包括混合期权和差价期权以及这两种期权组合的分类;掌握跨式组合、宽跨式组合以及牛市差价组合、熊市差价组合和蝶式差价组合等交易策略及其盈亏分析和应用。

 导入案例

假定某只股票现价 30 元,其执行价格为 30 元的欧式看涨期权的期权费为 5 元,而相同执行价格的欧式看跌期权的期权费为 4 元。某投资者构造了一个投资组合:

(1)买入 1000 股股票;

(2)卖出 10 份该看涨期权;

(3)买入 10 份该看跌期权。

那么不管股价怎样变化,采用上述交易策略的人总会获利 1000 元(学完本章内容你就可以得到答案)。

这种期权组合交易方式对很多投资者来说是有吸引力的。事实上,任何一个投资者可能都会问这种机会是否一定存在? 在什么情况下才会找到这种机会? 这种机会对提高股票市场的有效性是否有用?

利用期权工具进行组合交易是金融工程学应用的重要领域。期权组合交易的目的是有效规避期权标的资产价格的波动风险,是一种兼顾投资、投机、有效规避标的资产价格波动风险功能的金融工具,是更为灵活的风险资产保值、增值工具。如今越来越多的银行、外贸公司、企业和个人利用期权组合交易策略来规避风险资产价格波动所带来的风险或利用风险资产价格的波动来获取收益。

理论上说,一个投资者进行某一金融资产的投资,必然希望从中获取相应的回报,而现在为该金融资产支付的合理价格,就应该等于这一回报的现值。因此,任一金融资产的回报就是该金融产品的价值。进一步,如果从将来的回报中减去投资者为此资产支付的价格(暂不考虑时间价值),就可以得到这一金融资产未来的盈亏状况,即该投资者在这一投资上的真实损益。因此,可以说,一项金融资产的回报和盈亏状况,是投资者最关心的,也可以理解为金融投资的本质要素。

6.1 基本的期权交易策略及其盈亏分析

本节介绍一些对期权和股票投资者而言基本的交易策略,这些是最简单的策略,但它们却是下一节要介绍的更复杂交易策略的基础。

最基本的期权交易策略就是买进看涨期权或看跌期权,被称为买方看涨期权和买方看跌期权;或出售看涨期权或看跌期权,被称为卖方看涨期权和卖方看跌期权。

为了方便地说明期权的回报与盈亏,本节引入下列符号:用 t 表示当前时刻,期权标的资产(一般假设为股票)的当前价格用 S 表示,T 表示期权的到期时刻,T 时刻标的资产的价格用 S_T 来表示,期权的执行价格为 K。看涨期权现在的价格用 c 表示,看跌期权的价格用 p 表示。

6.1.1 买方看涨期权与卖方看涨期权

买方看涨期权是指期权投资者预期未来标的资产的价格将上涨,通过购买看涨期权合约以保值盈利的一种交易方式,即买进看涨期权的期权交易策略。卖方看涨期权是与买方看涨期权相对应的一种交易策略,是预计标的资产的价格将下跌而投机希望赚取期权费的一种交易策略,即出售看涨期权的期权交易策略。自期权开始挂牌交易以来,购买看涨期权的交易策略是最流行的策略。

对于看涨期权(欧式期权)的买方,其回报将取决于标的资产市价 S_T 与约定执行价格 K 之间的差距,即回报为 $\max(S_T - K, 0)$。同时,由于期权合约是零和游戏,买方的回报与卖方的回报正好相反,所以卖方看涨期权在到期时的回报为:

$$-\max(S_T - K, 0) = \min(K - S_T, 0)$$

由于买方看涨期权在买入期权时要支付期权费,所以买方看涨期权的盈亏是其回报与期权费之间的差额,因此买方看涨期权盈亏的数学表达式为:

$$\max(S_T - K, 0) - c$$

由于 $x^+ = \max(x, 0)$,因此,该交易策略盈亏的表达式可以简写为 $(S_T - K)^+ - c$。分析其盈亏,买方看涨期权的投资者在标的资产的价格 $S_T = K$ 时开始执行期权,但直到 $S_T = K + c$(盈亏平衡点)时才能完全弥补期权费的支出,之后当 $S_T > K + c$ 时,这笔交易开始盈利。因此,买方看涨期权的回报和盈亏分析如图 6-1 所示。

下面简单分析买方看涨期权的交易策略。

1. 市场表现

理论上可以获取的收益是无限的,但实际上应该是有一定的控制限。

2. 何时使用:牛市保值盈利或作为股票的替代品

对初始投资资金有限或对购买看涨期权可以提供的财务杠杆收益感兴趣的投资者可以运用这种策略。投资者的首要动机是从证券的溢价中获得经济收益,所以只有在预期标的资产的价格将上涨的情况下才能采取这一策略进行保值盈利。

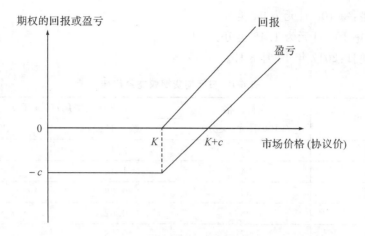

图 6-1 买方看涨期权的回报与盈亏分析

投资者购买看涨期权而不是购买标的股票,实际上是为了达到保险的目的。购买一份看涨期权合约比购买同等数量股票的费用要低很多。当看涨期权的标的股票市场价格下跌的时候,可以使投资损失减到最小。当持有美式看涨期权时,投资者保留了在合约到期前的任何时间以预先确定的执行价格购买确定数量(100 股)标的股票的权利,而持有欧式看涨期权,投资者则保留了在合约到期时以预先确定的执行价格购买确定数量(100股)标的股票的权利。

3. 风险与收益

一份看涨期权多头赋予了股票头寸一种可供选择的杠杆作用。当合约获利越多的时候,增加杠杆可以获得更大比例的收益。买方看涨期权给予了投资者一个预先确定的风险。

最大收益:无限。

最大损失:期权费。

最大利润仅仅依赖于标的股票价格的潜在增长。不管购买看涨期权的投资者的动机是什么,均应权衡潜在收益和所付期权费的成本。

4. 到期日时的盈亏平衡点(BFP)

BFP 的计算公式如下:

$$BFP=执行价格+期权费$$

【例 6-1】 假设 2017 年 10 月 25 日芝加哥商品交易所日元期货期权的交易行情如表 6-1所示。

C 公司是专门从事期权交易的投资公司。据该公司预测,2017 年 12 月份日元币值将有一次坚挺过程,虽然这个过程不会很长,但值得利用这个机会做一笔日元期货期权交易,以获得收益。因此,C 公司在 10 月 25 日决定进行一笔购买日元期货的期权交易。交易内容如下:

交易月份:12 月。

交易数量:10 份合同,每份合同的交易单位为 1250 万日元。

协议价格:每 100 日元为 94 美分。

期权费:每 100 日元为 1.48 美分。

期权到期日:2017 年 12 月 8 日。

表 6-1　日元期货期权交易行情

交易月份	执行价格 /(100 日元/美分)	期货期权费用/(100 日元/美分)	
		购买日元	出售日元
12 月	93	2.12	0.38
12 月	94	1.48	0.70
12 月	95	0.98	1.18
12 月	96	0.62	1.80
12 月	97	0.38	2.56
12 月	98	0.22	3.42

下面分析 C 公司的这笔买方看涨期权交易的盈亏情况:

(1)期权到期日,若日元币值呈坚挺状态,购买日元的期货合约价格上涨为 100 日元比 98 美分。C 公司则按计划行使期权,以 100 日元比 94 美分的协议价格购入日元期货,将期权协议转换为不可撤销的期货合约,且在期货市场上对冲平仓期货合约,则:

每 100 日元收益为 98－94－1.48＝2.52(美分)

总收益为 2.52×1.25/100÷100＝3.15(万美元)

(2)期权到期日,若日元币值无变化或呈疲软状态,购买日元的期货合约价格下跌为 100 日元比 90 美分,C 公司则不行使期权。放弃期权的损失为 C 公司在购入期权时所支付的期权费:

1.48×1.25/100÷100＝1.85(万美元)

这笔交易的盈亏平衡点为:94＋1.48＝95.48(美分)(每 100 日元)

这笔交易的盈亏图及其相对应的卖方看涨期权的盈亏情况如图 6-2 所示。

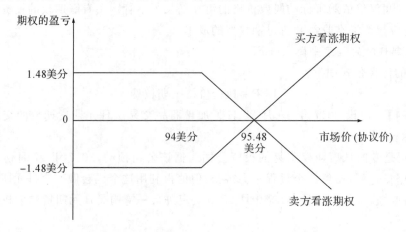

图 6-2　欧式看涨期权的盈亏分析

反过来,对于卖方看涨期权,由于在一开始交易时就收取了一笔期权费,到期时如果看涨期权处于实值,期权的买方会要求执行期权,因此其回报为 $-(S_T-K)^+$,而其盈亏的数学表达式为:

$$c-(S_T-K)^+$$

卖方看涨期权的回报及其盈亏如图 6-3 所示。卖方看涨期权的交易者是预测未来标的资产的价格将下跌而投机获取期权费的一种交易策略。

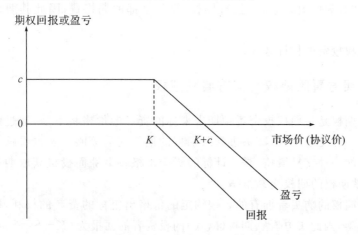

图 6-3　卖方看涨期权的回报与盈亏

与期货交易一样,期权可以提供杠杆的作用。对于期权多头来说,如果市场价格走势与其预期方向相同,一个小比例的价格变化即会带来放大的收益;但是,一旦市场价格走势与其预期相反,一个小比例的价格变化也会带来放大的亏损。下面通过例 6-2 来具体理解期权的杠杆效应。

【例 6-2】 （期权的杠杆效应）美国中部时间 2017 年 9 月 12 日收盘时,GE 股票价格为 40.35 美元,GE 看涨期权的价格为 0.67 美元,其到期日为 2017 年 9 月 26 日,执行价格为 40 美元。

假设投资者 A 看好 GE 公司。根据其资产状况,有两种投资方式供选择:

(1)直接以 40.35 美元的价格买进 1000 股 GE 股票,总成本是 40350 美元;

(2)以 0.67 美元的价格买进 602 份 GE 看涨期权(每份合约拥有购入 100 股 GE 股票的权利),总成本 40334 美元。

假设到了 2017 年 9 月 26 日,GE 股票价格上涨至 45 美元,比较两种投资方式的收益:

(1)股票投资的收益率:

$$\frac{(45-40.35)\times 1000}{40.35\times 1000}=11.5\%$$

(2)执行期权的收益为 $(45-40)\times 100\times 602-0.67\times 100\times 602=260666$ 美元,其期权投资的收益率为:

$$\frac{260666}{0.67\times 100\times 602}=646.27\%$$

可以看出,期权投资的收益率远远高于股票投资的收益率,达 56 倍之多。

但是,如果到了 2017 年 9 月 26 日,GE 股票价格下跌至 35 美元,再比较两种投资的结果:

(1)股票投资的亏损率为:

$$\frac{(35-40.35)\times 1000}{40.35\times 1000}=-13.3\%$$

(2)期权此时为虚值状态,不执行期权,损失全部的期权费,因此其期权投资亏损率为 100%。

这就是期权投资的杠杆效应。

6.1.2 买方看跌期权与卖方看跌期权

买方看跌期权是指期权投资者预期未来标的资产的价格将下跌,通过购买看跌期权以保值盈利的一种交易方式,即买进看跌期权的期权交易策略。卖方看跌期权是与买方看跌期权相反的一种交易策略,是预计标的资产价格将上涨而投机获取期权费的交易方式,即出售看跌期权的期权交易策略。

由于看跌期权的购买者拥有的是按约定的价格出售标的资产的权利,即按执行价格 K 出售标的股票,因此买方看跌期权(欧式)的投资者的回报为 $(K-S_T)^+$。同时,由于期权合约是零和游戏,买方的回报与卖方的回报正好相反,所以卖方看跌期权的回报则为 $-(K-S_T)^+$。由此可知,欧式看跌期权的回报如图 6-4 所示。

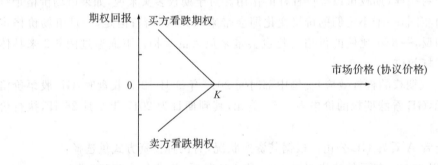

图 6-4 欧式看跌期权回报

再考虑其盈亏状况。由于买方看跌期权在买入期权时要支付期权费,所以买方看跌期权的盈亏是其回报与期权费之间的差额,因此买方看跌期权盈亏的数学表达式为:

$$(K-S_T)^+-p$$

分析其盈亏,买方看跌期权的投资者在标的资产的价格 $S_T=K$ 时开始执行期权,但直到 $S_T=K-p$(盈亏平衡点)时才能完全弥补期权费的支出,之后当 $S_T<K-p$ 时,这笔交易开始盈利,且最大盈利是 $K-p$。反过来,对于卖方看跌期权,其盈亏的数学表达式为:

$$p-(K-S_T)^+$$

因此,买方看跌期权和卖方看跌期权的盈亏分析如图 6-5 所示。

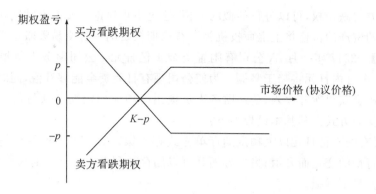

图 6-5　看跌期权盈亏分析

从图 6-5 可以看出,对于看跌期权的卖方,当标的资产的价格跌至执行价格时,由于买方开始执行看跌期权而使其收入减少;当标的资产的价格跌到 $S_T = K - p$ 时,投资者不亏不盈,因此 $S_T = K - p$ 是盈亏平衡点;但当标的的价格跌至 $K - p$ 以下时,卖方开始亏损,其最大亏损是 $K - p$。

下面分析买方看跌期权这一交易策略。

1. 市场表现

理论上可以获取的最大收益是有限的,但与所支付的期权费相比仍然是可观的。

2. 何时使用:熊市保值盈利

投资者的首要动机是从标的股票价格的下跌中获取财务收益,因此投资者更感兴趣的是初始投资资金数量以及购买看跌期权可以提供的财务杠杆收益。购买看跌期权也可以作为出售标的资产的一种替代方法。

投资者购买看跌期权而不是选择出售标的的股票,实际上是为了达到保险的目的。当标的股票市场价格上涨的时候,可以使投资损失减到最小。当持有美式看跌期权时,投资者保留了在合约到期前的任何时间以预先确定的执行价格出售确定数量(100 股)标的股票的权利;而持有欧式看跌期权,投资者则保留了在合约到期时以预先确定的执行价格出售确定数量(100 股)标的股票的权利。

3. 风险与收益

买方看跌期权是一种熊市中的杠杆交易策略,或者是标的股票的"卖空"策略,为投资者提供了较低的潜在风险。和买方看涨期权的交易策略相比,投资者购买并持有看跌期权具有预先确定的有限的财务风险,以防止卖空标的带来的巨大风险。

最大收益:有限的,且等于 $K - p$,即当标的的股票价格为零时取得最大收益。

最大损失:期权费。

最大利润仅仅依赖于标的股票价格的潜在下跌。不管进行买方看跌期权的投资者其动机是什么,均应权衡潜在收益和所支付的期权费成本。

4. 到期时的盈亏平衡点(BFP)

BFP 的计算公式为:

$$BFP = 执行价格 - 期权费 = k - p$$

对于卖方看跌期权,可以进行类似的分析,这里不再讨论。卖方看跌期权的交易者是预测未来标的资产的价格将上涨而投机为了获取期权费的一种交易策略。

【例 6-3】 2017 年 3 月,A 公司有闲置资金 1 亿日元。公司财务人员根据种种信息预测,今后 3 个月内日元将趋于坚挺。为使公司现有日元资金能够升值,同时又抓住这次美元贬值的机会获得额外收入,公司财务人员提出一项大额定期存款与货币期权交易相结合的组合交易方式。其基本设想如下:

(1)将现有的 1 亿日元以大额定期存单方式存入银行。一方面期待该笔日元资金可以随着汇价行情的变化而升值;另一方面又可以用存款利息收入支付期权交易费用,以确保该笔组合交易不亏损。

存款条件是:金额 1 亿日元,期限 3 个月(92 天)

利率 5.6%

(2)在现有时点上向 B 购买一笔 3 个月的美元看跌期权。期待接下来 3 个月内日元升值、美元贬值时,执行该看跌期权,以获取价差收益,扩大投资收益率。

美元看跌期权合约的规格是:金额 50 万美元

协议价格 1 美元=140 日元

期权费用 2.5 日元(每 1 美元)

期限 3 个月

下面仅分析买方看跌期权的盈亏情况,对于组合的盈亏,感兴趣的读者可以自己分析。看跌期权到期时有两种情况:

第一种情况:若 3 个月后美、日元汇价行情正如 A 公司财务人员预测的那样,日元升值、美元贬值。假定 2017 年 6 月期权到期时,市场的即期汇率为 1 美元=130 日元,则 A 公司实施美元看跌期权,按协议金额和价格出售其美元。美元看跌期权的回报为:500 万日元[50 万美元×(140-130)],其盈利为:

$$500-50×2.5=375(万日元)$$

第二种情况:如果美元、日元汇价行情变化与 A 公司财务人员预测的情况不符,美元没有贬值,或美元反而升值时,如到期时美元的价格为 1 美元=150 日元,那么 A 公司将放弃执行期权,其结果为亏损掉期权费 125 万日元。

这笔买方看跌期权的盈亏分析如图 6-6 所示。

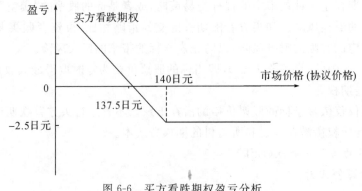

图 6-6 买方看跌期权盈亏分析

6.2 期权组合交易策略与盈亏分析

期权交易的精妙之处在于可以通过不同的期权品种构成众多具有不同盈亏分布特征的组合。下面介绍两种主要的期权组合交易策略,这两种组合交易策略都是由欧式期权构成的,以下不再强调。

6.2.1 混合期权

混合期权是由看涨期权和看跌期权构成的组合,由于是由不同种期权组合而成的,因此称为混合期权。根据看涨看跌期权的执行价格是否相同,混合期权又可分为跨式组合与宽跨式组合。

1. 跨式组合

跨式组合是由具有相同协议价格、相同期限的一份看涨期权和一份看跌期权组成的,两份期权的标的资产相同。跨式组合可以分为两种:底部跨式组合和顶部跨式组合。前者由两份多头组成,后者由两份空头组成。

底部跨式组合是由两份期权的多头构成的,因此其盈亏由两份多头合约的盈亏叠加而成,因此,组合盈亏的数学表达式为:

$$(S_T - K)^+ + (K - S_T)^+ - c - p$$

其盈亏如图 6-7 所示。

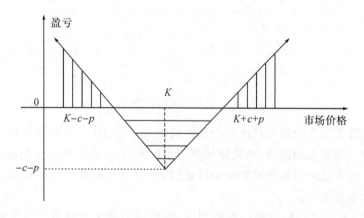

图 6-7 底部跨式组合的盈亏

显然,在期权到期日,如果标的资产的价格非常接近期权的执行价格,底部跨式组合就会发生损失;反之,如果标的资产价格不管是上涨还是下跌,只要偏离执行价格较远,这一组合就有很大的盈利空间。因此,当投资者预期标的资产的价格将会有很大的变动,但无法确认其变动的方向时,就可以运用底部跨式组合交易策略。例如,当某公司将被兼并收购时,投资者就可以利用该公司股票为标的资产的看涨期权和看跌期权构造底部跨式组合。如果兼并收购成功,预期公司的股票价格将快速上涨;如果兼并收购不成功,股票价格将会急剧下跌。无论是哪一种情况,投资者都会获利。

由于底部跨式组合是同时购买了两份期权构造的,因此其成本较高,所以应用底部跨式组合交易要注意以下几点:

(1) 预测在将来一段时间内,标的资产的价格将大幅度波动。

(2) 由于同时购入两个期权,因此成本(支付的期权费用)较高。在实际应用时,必须将所支付的成本与预测的行情变化相比较,如果预测的行情变化幅度大于所支付的成本,则该期权组合有望获利。

(3) 在交易时机上,应选择标的资产价格波动率较低时为宜,因为此时的期权费用相对便宜一些。

(4) 应充分注意,这种组合交易并不是针对市场行情变化趋势设定的,而是针对市场行情波动幅度较大时设定的。

(5) 该组合有两个盈亏平衡点,分别是 $K+c+p$ 和 $K-c-p$。

顶部跨式组合则是由两份期权的空头构成,因此其盈亏由两份期权空头合约的盈亏叠加而成,因此,组合盈亏的数学表达式为:

$$-(S_T-K)^+ -(K-S_T)^+ +c+p$$

其盈亏如图 6-8 所示。

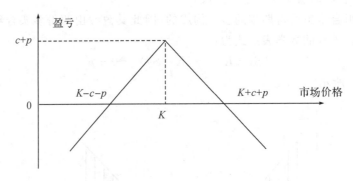

图 6-8　顶部跨式组合的盈亏

显然顶部跨式组合的盈亏状况与底部跨式组合正好相反,如果到期日标的资产的价格在任何方向上出现大的波动,该策略的损失是巨大的,尤其是在向上突破的情况下。

由于这一组合是由两份期权的空头构成的,所以是一种高风险的策略。顶部跨式组合交易的应用要点如下:

(1) 近期内标的资产的价格一度剧烈波动,但眼下尚未出现进一步影响行情波动的因素,因此预测在将来一段时间内,行情呈现胶着状态,价格波动风险较小。

(2) 同时出售两个期权,收取的期权费用较多。在实际应用时,应将所收取的期权费用与预测的行情变化幅度相比较,若预计行情变化幅度小于所收取的期权费率,则该期权组合有望获得收益。

(3) 在交易时机上,应选择标的资产价格波动率较高时为宜,因为此时的期权费用相对高一些。

(4) 这种期权组合交易与行情走势无直接关系,它是针对预测行情波动幅度较小时设定的交易方式。

(5)该组合有两个盈亏平衡点:$K+c+p$ 和 $K-c-p$。

【例 6-4】 2011 年年底,日本市场上贴现率可能上调的说法逐步明朗化,投资家等待进一步消息,因此持观望态度,使市场呈现难以启动的僵持局面。市场上有一种观点认为,在本周内,国债价格可能有所波动,但预计波幅仅限于 2.0～2.5 日元。A 公司希望抓住这个机会,做一笔为期一周的顶部跨式组合交易,具体的交易期权指标如表 6-2 所示。

表 6-2　市场上利率期权的指标

标的物	执行价格	期权类型	行使期限	期权费	交易单位
第 111 号国债	93.4 日元	看涨期权	7 天	1.2 日元	50 亿美元
第 111 号国债	93.4 日元	看跌期权	7 天	1.3 日元	50 亿美元

因此,A 公司通过卖出上面两种期权各一份构造了顶部跨式组合。下面分析 A 公司的盈亏:

① 债券价格行情变化正如 A 公司所预测的那样,波动的范围在 2.0 日元以下,如在 1.20 日元的范围内波动。期权行权日,第 111 号国债以 94.50 日元的价格收盘,则在期权行使日,由于看涨期权买方行使期权,A 公司蒙受如下损失:

$$50×(94.50-93.40)=55(亿日元)$$

而看跌期权由于处于虚值状态,买方不会行使权利,自动放弃。而 A 公司在构造跨式组合交易成交时的费用收入为:

$$50×2.50=125(亿日元)$$

所以净收益为:125-55=70(亿日元),收益没有达到最大。

② 若债券价格行情与预测的情况相反,出现大幅度的波动现象,第 111 号国债价格下降到 90.90 日元以下,或上升到 95.90 日元以上,此时 A 公司所获得的期权费用收入无法弥补在期权交易上的损失。因此,交易结果为亏损。具体的盈亏将取决于下跌与上涨的幅度,如图 6-9 所示。

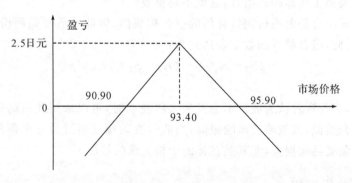

图 6-9　顶部跨式组合的盈亏

2. 宽跨式组合

宽跨式组合由同一标的资产、相同到期日但不同的执行价格的一份看涨期权和一份看跌期权组成,其中看涨期权的协议价格高于看跌期权的协议价格。宽跨式组合也分为底部和顶部两种,前者由多头组成,后者由空头组成。

如果用 K_1 来表示看跌期权的执行价格,用 K_2 来表示看涨期权的执行价格,且 $K_1 <$ K_2,那么底部宽跨式组合盈亏的数学表达式为:

$$(S_T - K_2)^+ + (K_1 - S_T)^+ - c - p$$

其盈亏如图 6-10 所示。

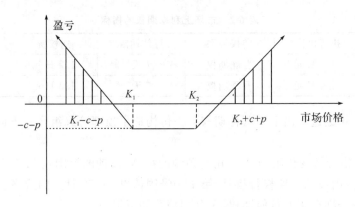

图 6-10 底部宽跨式组合的盈亏

与底部跨式组合类似,底部宽跨式组合的投资者也预期标的资产未来价格会有较大幅度的波动,又无法确定是上涨还是下跌,在上涨和下跌的可能之间具有对称性。但不同的是,底部宽跨式组合只有在标的资产价格有更大的波动(超过 $K_2 + c + p$,或低于 $K_1 - c - p$)时才能获利,当标的资产价格位于中间价位(即在 $K_1 - c - p$ 与 $K_2 + c + p$ 之间)时,底部宽跨式组合遭受损失,在 K_1 与 K_2 之间达到最大损失 $c + p$。也就是说,底部宽跨式组合的利润大小取决于两个执行价格的接近程度,距离越远,潜在损失越小,但要想获利,标的资产价格的波动幅度需要更大一些,是一种比底部跨式组合更加保守的交易策略。其交易的要点类似于底部跨式组合,这里不再重复。

顶部宽跨式组合是由两份期权合约的空头构成的,因此其盈亏是两份期权空头合约盈亏的叠加,因此,组合盈亏的数学表达式为:

$$-(S_T - K_2)^+ - (K_1 - S_T)^+ - c - p$$

其盈亏如图 6-11 所示。

可以看出,当投资者认为股价不会发生大幅波动时,可以采用此策略进行投机,但是与顶部跨式组合类似,该策略的风险极高,当股价变动幅度超过盈亏平衡的价格区域时,投资者可能会蒙受巨额损失,尤其是在标的价格上涨的情况下。

6.2.2 差价期权

差价期权是指由相同期限、不同协议价格的两个或多个同一标的资产的同种期权头寸(即同是看涨期权,或者同是看跌期权)构成的组合,其主要类型有垂直型差价组合和蝶式差价组合,而垂直型差价组合又可分为牛市差价组合和熊市差价组合。

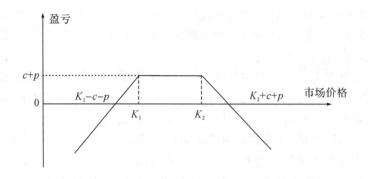

图 6-11 顶部宽跨式组合的盈亏

1. 垂直型差价组合

垂直型差价组合是指买入一个期权的同时卖出另一个同种期权的组合。这两个期权具有相同的标的资产、相同的期限和不同的协议价格,可以同为看涨期权,也可以同为看跌期权。由于该组合的盈亏曲线呈近似垂直型变化,因此被称为垂直型差价组合。

由于买卖期权的执行价格不同,其盈亏的特征也不同,可以将垂直型差价组合分为牛市差价组合和熊市差价组合。

(1)牛市差价组合

牛市差价组合是由一份期权多头与一份同一期限较高执行价格的同种期权(同一标的)的空头组成的组合。牛市差价组合可以有两种:一种是由看涨期权构成的,一种是由看跌期权构成的。

如果用 K_1、K_2 分别表示两份期权合约的执行价格,且 $K_2 > K_1$。看涨期权构成的牛市差价组合是:购买一份执行价格为 K_1 的看涨期权、卖出一份执行价格为 K_2 的看涨期权,这两份期权的期限相同,是同一标的资产的期权合约。假定两份合约对应的期权费分别用 c_1、c_2 表示。由于执行价格越高,看涨期权未来获得收益的可能性越小,因此期权的价值越低,期权费就越低,所以 $c_1 > c_2$,因此构建这一组合需要初始投资。这一组合盈亏的数学表达式为:

$$(S_T - K_1)^+ - (S_T - K_2)^+ - c_1 + c_2$$

其盈亏如图 6-12 所示。

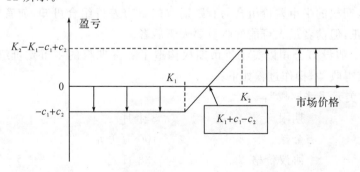

图 6-12 看涨期权的牛市差价组合交易的盈亏

从图 6-12 中可以看出,到期日现货价格升高对组合持有者有利,故称为牛市差价组合,且盈亏曲线呈近似垂直型变化,收益和损失都被限定在一定的范围内,是一种比较安全的交易方式。

牛市差价组合限制了投资者在股价上升时的潜在收益,同时也限制了股价下跌时的损失,因此是投资者在预测行情将会上升,但又对这种预测缺乏信心时采用的交易方式。组合的最大收益出现在标的资产的价格上升至高于较高执行价格时;如果到期时标的资产的价格在两个执行价格之间,买入的看涨期权实值,卖出的看涨期权虚值,究竟会盈利还是亏损决定于标的市场价格与 $K_1+c_1-c_2$ 的高低。$K_1+c_1-c_2$ 是其盈亏平衡点。

同样,看跌期权构成的牛市差价组合是:购买一份执行价格为 K_1 的看跌期权、卖出一份执行价格为 K_2 的看跌期权,这两份期权的期限相同,是同一标的资产的期权合约。假定两份看跌期权对应的期权费分别用 p_1、p_2 表示。由于执行价格越高,看跌期权未来获得收益的可能性越大,因此期权的价值越大,期权费就越贵,所以 $p_1 < p_2$,因此构建这一组合并不需要初始投资。这一组合盈亏的数学表达式为:

$$(K_1-S_T)^+ - (K_2-S_T)^+ - p_1 + p_2$$

其盈亏如图 6-13 所示。

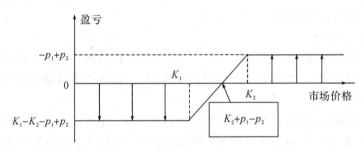

图 6-13　看跌期权的牛市差价组合交易的盈亏

从图 6-13 中可以看出,到期日现货价格升高对组合持有者较有利,故是牛市差价组合的一种,且盈亏曲线呈近似垂直型变化,收益和损失都被限定在一定的范围内,是一种比较安全的交易方式,故也是垂直型价差交易的一种。$K_2+p_1-p_2$ 是组合的盈亏平衡点。

比较看涨期权的牛市差价组合与看跌期权的牛市差价组合可知,前者期初的现金流为负,后者为正,但前者最大可能的收益要大于后者。

【例 6-5】　假设 B 公司以美元货币期权构造了看涨期权的牛市差价组合,以期从美元的升值中获得收益,操作过程如下:

① 购买"美元看涨期权":

期限	3 个月
金额	100 万美元
协议价格	138 日元
支付期权费用	4 日元

②出售"美元看涨期权"：

期限	3 个月
金额	100 万美元
协议价格	140.5 日元
收取期权费用	3 日元

下面分析 B 公司的盈亏情况。在期权行使日，B 公司同时进行出售和购买两种期权对应标的资产的交易，其盈亏情况如图 6-14 所示。

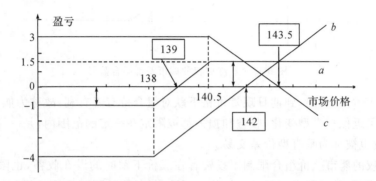

图 6-14　B 公司在看涨期权牛市价差中的盈亏曲线（单元：日元）

其中：① 曲线 a 是看涨期权的牛市差价组合交易损益曲线，若到期时美元价格高于 139 日元，交易结果是盈利，最大盈利额为 1.5 日元（140.5＋3－138－4）；若到期时美元价格低于 139 日元，交易结果为亏损，最大亏损额为 1.0 日元（4－3）；盈亏平衡点是 139 日元。

② 曲线 b 是买方看涨期权交易损益曲线，若到期时美元价格低于 142 日元，交易结果为亏损，当进一步低于 138 日元时达到最大亏损 4 日元（支付的期权费用）；若到期时美元价格高于 142 日元，交易结果转为盈利，盈利额可能无限大；盈亏平衡点是 142 日元。

③ 曲线 c 是卖方看涨期权交易损益曲线，若到期时美元价格低于 143.5 日元，交易结果为盈利，当低于 140.5 日元时盈利达到最大为 3 日元（收取的期权费用）；若到期时美元价格高于 143.5 日元，交易结果转为亏损，亏损额可能无限大；盈亏平衡点是 143.5 日元。

（2）熊市差价组合

熊市差价组合刚好跟牛市差价组合相反，由一份期权多头与一份同一期限较低执行价格的同种期权（同一标的）的空头构成的组合。与牛市差价组合类似，熊市差价组合也可以有两种：一种是由看涨期权构成的，一种是由看跌期权构成的。

仍然用 K_1、K_2 表示两份期权合约的执行价格，且 $K_2＞K_1$。看涨期权构成的熊市差价组合是：出售一份执行价格为 K_1 的看涨期权、购买一份执行价格为 K_2 的看涨期权，这两份期权的期限相同，是同一标的的资产的期权合约。假定两份合约的期权费仍然分别用 c_1、c_2 表示，由前面分析知 $c_1＞c_2$，因此构建这一组合不需要初始投资，期初会有现金注入，而组合盈亏的数学表达式为：

$$-(S_T-K_1)^+ + (S_T-K_2)^+ + c_1 - c_2$$

组合的盈亏分析如图 6-15 所示。

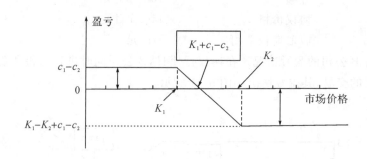

图 6-15　看涨期权的熊市差价组合盈亏

从图 6-15 可以看出,到期日现货价格下跌对组合持有者有利,故称为熊市差价组合,且盈亏曲线呈近似垂直型变化,收益和损失都被限定在一定的范围内,是一种比较安全的交易方式,故也被称为垂直型价差交易。

看涨期权的熊市差价组合限制了投资者在股价下跌时的潜在收益,也限制了股价上涨时的损失,因此是投资者在预测行情将会下跌,但对这种预测又缺乏信心时进行投机以获取期权价差收益的投机方式。组合的最大收益出现在标的资产的价格下跌至低于较低执行价格时;如果到期时标的资产的价格在两个执行价格之间,买入的看涨期权实值,卖出的看涨期权虚值,究竟会盈利还是亏损决定于标的市场价格与 $K_1+c_1-c_2$ 的高低。$K_1+c_1-c_2$ 是其盈亏平衡点。

看跌期权构成的熊市差价组合是:出售一份执行价格为 K_1 的看跌期权、购买一份执行价格为 K_2 的看跌期权,这两份期权的期限相同,是同一标的资产的期权合约。假定两份合约看跌期权对应的期权费分别用 p_1、p_2 表示,那么 $p_1<p_2$,因此构建这一组合需要初始投入。

看跌期权构成的熊市差价组合盈亏的数学表达式为:
$$-(K_1-S_T)^+ + (K_2-S_T)^+ + p_1 - p_2$$
其盈亏如图 6-16 所示。

从图 6-16 可以看出,到期日现货价格下跌对组合持有者较有利,故称为熊市差价组合,且盈亏曲线呈近似垂直型变化,收益和损失都被限定在一定的范围内,是一种比较安全的交易方式,故也称为垂直型价差交易。$K_2-p_1+p_2$ 是组合的盈亏平衡点。

比较看涨期权的熊市差价组合与看跌期权的熊市差价组合的盈亏图可知,前者期初的现金流为正,后者为负,但前者最大可能的收益要小于后者。

【例 6-6】　假设 A 公司持有美元货币期权组成的看跌期权的熊市差价组合,期望从美元的贬值中获取收益,其操作过程如下:

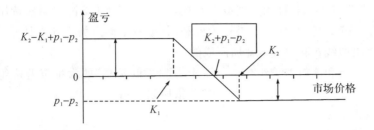

图 6-16　看跌期权的熊市差价组合的盈亏

① 出售"美元看跌期权"：

　　　　期限　　　　　　　　3 个月

　　　　金额　　　　　　　　100 万美元

　　　　协议价格　　　　　　138 日元

　　　　收取期权费用　　　　3 日元

② 购买"美元看跌期权"：

　　　　期限　　　　　　　　3 个月

　　　　金额　　　　　　　　100 万美元

　　　　协议价格　　　　　　140.5 日元

　　　　支付期权费用　　　　4 日元

下面分析 A 公司在到期日时的盈亏情况。在期权行使日，A 公司期权组合交易的盈亏情况如图 6-17 所示。

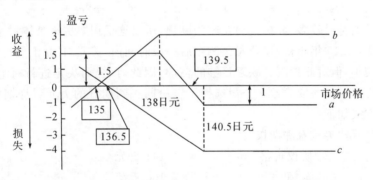

图 6-17　A 公司在看跌期权的熊市差价交易中的损益曲线

其中：① 曲线 a 是该期权组合交易损益曲线，若到期时美元价格低于 138 日元，收益最大，为 1.5 日元（140.5＋3－138－4）；若到期时美元价格高于 140.5 日元，损失最大，为 1.0 日元（4－3）；盈亏平衡点是 139.5 日元。

② 曲线 b 是卖方看跌期权交易损益曲线，若到期时美元价格高于 135 日元，交易结果为盈利，当超过 138 日元时，达到最大盈利，为 3.0 日元（收取的期权费用）；若到期时美元价格低于 135 日元时，交易结果转为亏损；其盈亏平衡点是 135 日元。

③ 曲线 c 是买方看跌期权交易损益曲线，若到期时美元价格高于 136.5 日元，交易

结果为亏损,当超过 140.5 日元达到最大亏损,为 4.0 日元(支付的期权费用);若到期时美元价格低于 136.5 日元,交易结果转为盈利;其盈亏平衡点为 136.5 日元。

曲线 a 是由曲线 b 和曲线 c 叠加而成的。

通过比较牛市和熊市差价组合可以看出,凡"买低卖高"的为牛市差价组合,而"买高卖低"的为熊市差价组合,这里的低和高都是指协议价格。

2. 蝶式差价组合

蝶式差价组合是由同时购买和出售四份具有相同期限、不同协议价格的同一标的同种期权头寸组成。典型的蝶式差价组合为四份期权头寸,共有三个执行价格 K_1,K_2,K_3,它们的关系是:$K_1 < K_3 < K_2$,且 $K_3 = \dfrac{K_1 + K_2}{2}$。

蝶式差价组合又可以分为两种:正向蝶式差价组合和反向蝶式差价组合。正向蝶式差价组合是由执行价格为 K_1 和 K_2 的期权多头和两份执行价格为 K_3 的同种期权空头组成的。同种期权指的是同一标的资产的看涨期权或同一标的资产的看跌期权,因此可以分成看涨期权的正向蝶式差价组合和看跌期权的正向蝶式差价组合。

正向蝶式差价组合是一种相对中性的投资策略,在以下条件下适合采用:中性的预测认为标的资产的价格在期权的有效期内变动极小但信心不足。

下面以看涨期权正向蝶式差价为例来分析其盈亏情况。

由于看涨期权的正向蝶式差价组合由执行价格为 K_1 和 K_2 的看涨期权多头和两份执行价格为 K_3 的看涨期权空头组成,如果相应的期权费分别用 c_1、c_2、c_3 来表示,那么组合到期时盈亏的数学表达式为:

$$(S_T - K_1)^+ + (S_T - K_2)^+ - 2(S_T - K_3)^+ + 2c_3 - c_1 - c_2$$

由于涉及的符号较多,分析其损益较为麻烦,所以这里用案例来具体讨论。

【例 6-7】 2010 年年初,A 公司预测今后一段时间内,美元、日元汇价行情趋于稳定,价格波幅会较小,但对此预测又缺乏足够的信心,因此,该公司决定进行一笔看涨期权的正向蝶式差价交易来获取收益。公司选择了三份同一到期日的美元看涨期权进行交易,具体的操作方式如下:

(1)购买一份"美元看涨期权":

协议价格	141 日元
金额	100 万美元
支付期权费用	1.5 日元

(2)购买一份"美元看涨期权":

协议价格	143 日元
金额	100 万美元
支付期权费用	0.2 日元

(3)出售两份"美元看涨期权":

协议价格	142 日元
金额	100 万美元
收取期权费用	0.6 日元

试分析组合的盈亏情况。

解 由题意可知:初始的交易成本为:

$$1.5+0.2-2\times0.6=0.5(\text{日元/美元})$$

该组合盈亏的数学表达式为:

$$(S_T-141)^++(S_T-143)^+-2(S_T-142)^+-0.5$$

其中,S_T 表示到期时美元的汇率。其盈亏状况分析如表 6-3 所示。

表 6-3 A公司的看涨期权正向蝶式差价组合盈亏状况分析

到期汇率 S_T	看涨期权多头 （141 日元）	看涨期权多头 （143 日元）	看涨期权空头 （142 日元）	组合盈亏
$S_T\leqslant141$	0	0	0	-0.5
$141<S_T\leqslant142$	S_T-141	0	0	$S_T-141.5$
$142<S_T\leqslant143$	S_T-141	0	$-S_T+142$	$-S_T+142.5$
$S_T>143$	S_T-141	S_T-143	$-S_T+142$	-0.5

组合的盈亏如图 6-18 所示。

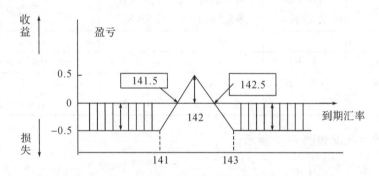

图 6-18 A公司的看涨期权正向蝶式差价交易的损益曲线

在本例中,到期时如果美元的价格等于三份期权中间的协议价格 142 日元/美元,那么组合的收益最大,为 0.5 日元/美元;当低于最低的协议价格 141 日元/美元或高于最高的协议价格 143 日元/美元时,组合达到最大亏损,亏损额为 0.5 日元/美元;当等于141.5 日元/美元和 142.5 日元/美元时,组合达到收支均衡,这两点为组合的盈亏平衡点。

事实上,看涨期权的正向蝶式差价组合是由看涨期权的两种差价组合构成的:

一种是看涨期权的牛市差价组合:一份执行价格为 K_1(本例中为 141 日元/美元)的看涨期权多头和一份执行价格为 K_3(本例中为 142 日元/美元)的看涨期权空头;

另一种是看涨期权的熊市差价组合:一份执行价格为 K_3(本例中为 142 日元/美元)的看涨期权空头和一份执行价格为 K_2(本例中为 143 日元/美元)的看涨期权多头。

类似地,看跌期权的正向蝶式差价组合是由看跌期权的两种差价组合构成的:

一种是看跌期权的牛市差价组合:一份执行价格为 K_1 的看跌期权多头和一份执行价格为 K_3 的看跌期权空头;

另一种是看跌期权的熊市差价组合:一份执行价格为 K_3 的看跌期权空头和一份执

行价格为 K_2 的看跌期权多头。

反向蝶式差价组合与正向蝶式差价组合正好相反,由执行价格为 K_1 和 K_2 的期权空头和两份执行价格为 K_3 的同种期权多头组成。同种期权指的是同一标的资产的看涨期权或同一标的资产的看跌期权,因此可以分成看涨期权的反向蝶式差价组合和看跌期权的反向蝶式差价组合。

反向蝶式差价组合也是一种相对中性的投资策略,在以下条件适合采用:中性的预测认为标的资产的价格在期权的有效期内波动会增大但信心不足。

下面以看涨期权为例来分析反向蝶式差价组合的盈亏情况。

由于看涨期权的反向蝶式差价组合由执行价格为 K_1 和 K_2 的看涨期权空头和两份执行价格为 K_3 的看涨期权多头组成,如果相应的期权费分别用 c_1,c_2,c_3 来表示,那么组合到期时盈亏的数学表达式为:

$$-(S_T-K_1)^+ - (S_T-K_2)^+ + 2(S_T-K_3)^+ - 2c_3 + c_1 + c_2$$

其盈亏状况分析如表 6-4 所示。

表 6-4　A 公司的看涨期权反向蝶式差价组合盈亏状况分析

到期汇率 S_T	看涨期权空头(K_1)	看涨期权多头(K_3)	看涨期权空头(K_2)	组合盈亏
$S_T \leqslant K_1$	0	0	0	$c_1+c_2-2c_3$
$K<S_T \leqslant K_3$	$-S_T+K_1$	0	0	$-S_T+K_1+c_1+c_2-2c_3$
$K_3<S_T \leqslant K_2$	$-S_T+K_1$	S_T-K_3	0	$S_T-2K_3+K_1+c_1+c_2-2c_3$
$S_T>K_2$	$-S_T+K_1$	S_T-K_3	$-S_T+K_2$	$c_1+c_2-2c_3$

粗略的盈亏状况如图 6-19 所示。

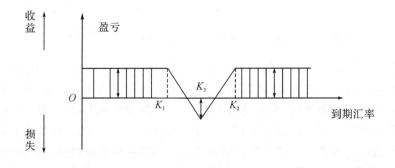

图 6-19　反向蝶式差价交易的损益曲线

事实上,看涨期权的反向蝶式差价组合是由看涨期权的两种差价组合构成的:

一种是看涨期权的熊市差价组合:一份执行价格为 K_1 的看涨期权空头和一份执行价格为 K_3 的看涨期权多头;

另一种是看涨期权的牛市差价组合:一份执行价格为 K_3 的看涨期权多头和一份执行价格为 K_2 的看涨期权空头。

看跌期权的反向蝶式差价组合是由看跌期权的两种差价组合构成的:

一种是看跌期权的熊市差价组合:一份执行价格为 K_1 的看跌期权空头和一份执行价格为 K_3 的看跌期权多头;

另一种是看跌期权的牛市差价组合:一份执行价格为 K_3 的看跌期权多头和一份执行价格为 K_2 的看跌期权空头。

6.3　期权组合盈亏图的算法

前两节介绍了期权以及期权组合的盈亏分析的几种方法,如盈亏的数学表达式以及盈亏的状况分析表,最后还可以利用盈亏图来分析其盈亏状况。本节介绍一种采用简单的运算符号来分析期权组合基本盈亏状况的方法。通过这些运算符号,可以形象地表示期权和期权组合的盈亏状态。

首先定义符号规则,如果期权交易的结果在盈亏图上出现负斜率,那么就用数(−1)来表示;如果出现的结果是正斜率,就用数(+1)来表示;如果出现的结果是水平的,那么用数(0)表示,每个折点都用逗号隔开。根据这种规定,各种基本头寸的盈亏状态可以表示为:

看涨多头:(0,+1)

看涨空头:(0,−1)

看跌多头:(−1,0)

看跌空头:(+1,0)

标的资产多头:(+1,+1)

标的资产空头:(−1,−1)

这六种基本的头寸就好像"建筑材料",只要将它们进行不同的组合,就可以创造出各种各样的盈亏状态,从而满足不同的金融需求,例如,一个看涨期权的多头加上一个看跌期权的空头可以组成一个新的组合,因为

$$(0,+1)+(+1,0)=(+1,+1)$$

因此

看涨多头＋看跌空头＝标的资产多头

图 6-20 说明了这一性质。

 特别提示

这里的盈亏组合算法得到的解仅仅是粗略的图的形状,而非严格的盈亏分析图。

又例如,标的资产的空头加上看跌期权的空头,那么

$$(-1,-1)+(+1,0)=(0,-1)$$

所以

标的资产空头＋看跌期权空头＝看涨期权空头

其组合分解如图 6-21 所示。

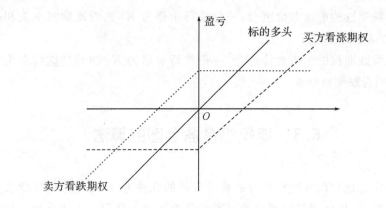

图 6-20　标的资产多头的组合分解

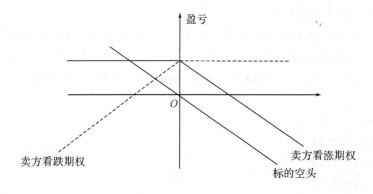

图 6-21　看涨期权空头的组合分解

再例如,因为

$$(-1,0)+(+1,+1)=(0,+1)$$

因此

　　　　看跌期权多头＋标的资产多头＝看涨期权多头

其组合分解如图 6-22 所示。

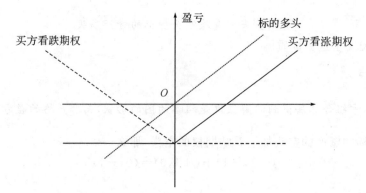

图 6-22　看涨期权多头的组合分解

本章小结

任一金融资产的回报就是该金融产品的价值。进一步,如果从将来的回报中减去投资者为此资产支付的价格(暂不考虑时间价值),就可以得到这一金融资产未来的盈亏状况,即该投资者在这一投资上的真实损益。

运用回报图和盈亏图,可以方便地看出期权的价值和损益状态。

最基本的期权交易策略就是买进看涨期权或看跌期权,被称为买方看涨期权和买方看跌期权;或出售看涨期权或看跌期权,被称为卖方看涨期权和卖方看跌期权。

买方看涨期权到期时的回报为:

$$(S_T - K)^+$$

其盈亏数学表达式为:

$$(S_T - K)^+ - c$$

而卖方看涨期权的回报与盈亏正好与之相反。

买方看跌期权到期时的回报为:

$$(K - S_T)^+$$

其盈亏数学表达式为:

$$(K - S_T)^+ - p$$

而卖方看跌期权的回报与盈亏正好与之相反。

期权交易的精妙之处在于可以通过不同的期权品种构成众多具有不同盈亏分布特征的组合,如混合期权和差价期权等。

混合期权是由看涨期权和看跌期权构成的组合,混合期权有跨式组合与宽跨式组合之分。

差价期权是指由相同期限、不同协议价格的两个或多个同种期权头寸(即同是看涨期权,或同是看跌期权)构成的组合,其主要类型有垂直型差价组合和蝶式差价组合,而垂直型差价组合又可分为牛市差价组合和熊市差价组合;蝶式差价组合又可分为正向蝶式差价组合和反向蝶式差价组合。

"买低卖高"为牛市差价组合,而"买高卖低"为熊市差价组合,这里的低和高都是指构成组合的期权的协议价格。

蝶式差价是由同时购买和出售四份具有相同期限、不同协议价格的同一标的同种期权头寸组成。

练习题

1. 名词解释

(1)混合期权　　　　　　　(2)差价组合

（3）蝶式差价组合　　　　　　（4）底部跨式组合

2. 简答题

（1）宽跨式组合和跨式组合之间有何区别？

（2）请解释构造熊市差价组合的两种方法。

（3）对于投资者来说，什么时候构建牛市差价组合是合适的？

3. 实务题

（1）某投资者买进了一份执行价格为 K 的欧式看涨期权同时卖出一份相同标的资产、相同期限、相同执行价格的欧式看跌期权，请分析该投资者到期时的盈亏状况。

（2）2011 年 12 月 1 日，A 公司买入一个执行价格为 6.35 美元的看跌期权的同时，卖出一个执行价格为 6.38 美元的看涨期权，构造了一个期权组合。两笔期权交易标的数量均为 200 万美元，到期日均为 2012 年 2 月 1 日，期权费相同。请分析组合到期时的盈亏状况。

（3）有效期为 3 个月的股票看涨期权的执行价格分别为 15,17.5 和 20，其相应的期权费分别为 4,2 和 0.5。请利用这些期权构造反向蝶式差价组合，写出其盈亏的数学表达式，并做出盈亏图，分析其盈亏情况。

（4）一个执行价格为 50 美元的股票看涨期权的期权费为 2 美元，与之同一标的资产、同一到期日的执行价格为 45 美元的看跌期权的期权费为 3 美元。如何用这两个期权来构造宽跨式组合？请分析这种组合的回报和盈亏，并说明投资者对未来股价的预测是什么情况时应该构造底部宽跨式组合。

阅读材料

第7章

期权定价理论

教学目标

通过本章的学习,学生要能够运用期权价格曲线,掌握期权的内在价值和时间价值及其相互关系,掌握期权价值的影响因素和期权价格的上下界以及欧式看涨期权和看跌期权的平价关系。了解二叉树图的构造方法,学会应用二叉树期权定价模型解决金融期权定价问题。理解著名的布莱克—舒尔斯期权定价公式及其应用,并了解在标的资产有红利收益的情况下的布莱克—舒尔斯期权定价公式。

导入案例

期权有组织的市场交易是在 1973 年美国芝加哥开始的,在刚开始创立的时候,年成交量还不到 1 亿张,到 1995 年扩大到 10 亿张。从 1995 到 2001 年的短短 6 年间,全球期权交易量在 1995 年的基础上又翻了一倍多,达到年成交合约 27 亿张的规模。到 2003 年,全球期权总交易量高达 50 亿张,期权市场呈现出良好的发展态势和前景。如果没有一个可靠的期权定价方法,很难想象如此巨大的交易数量能够有秩序地进行。

事实上,在现实生活中,期权也常常被误定价,但也只是瞬间发生瞬间消失。假设一种股票当前的价格为 100 元,股票在 3 个月内不支付股利,且假定 3 个月后的价格可能为 120 元或者 80 元,再假定市场上 3 个月的无风险年利率为 12%,那么一个 3 个月后到期、执行价格为 110 元的该股票的欧式看涨期权,其期权价格可以高于或低于 5.6 元吗?结论是否定的。学习完本章之后就可以知道,由于市场上套利者的存在,此时该看涨期权的价格只能是 5.6 元。

如前所述,期权交易实质上是一种权利的交易,在这种交易中,期权购买者为了获得期权合约所赋予的权利,就必须向期权的出售方支付一定的费用。这一费用就是期权费(期权价格),因此,期权费就是指期权的购买者为获取未来的权利而支付给期权卖方的代价,或是期权的出售方因让渡未来的权利而向期权的买方收取的报酬。在期权交易中,期权价格(价值)的确定是一个非常重要而复杂的核心问题。

有关期权定价理论,最早可以追溯到 Bachelier(1900),他将布朗运动引入与法国债券相关的期权模型中,比爱因斯坦在物理学领域独立运用布朗运动还要早五年。在 20 世纪 60 年代,相关的研究迅速增加,尤其是 1973 年布莱克和舒尔斯成功地定价了欧式股票看涨期权以来,许多专家学者纷纷提出了各种期权定价模型,以说明期权价格的决定和变动。最著名的模型主要有两个:一个是二叉树模型(离散型),一个是布莱克—舒尔斯模型

（连续型）。本章首先讨论期权价格的基本特征，接着在此基础上更好地说明这两个模型的内涵。

7.1 期权价格的影响因素

在现实的期权交易中，期权价格会受到各种各样因素的复杂影响，但理论上说，期权价格是由两个部分组成的：一是内在价值；二是时间价值，即期权价格等于内在价值与时间价值之和。

7.1.1 内在价值和时间价值

1. 内在价值

期权的内在价值是期权合约本身具有的价值，也就是期权多头马上行使期权时可以获得的收益的现值。关于内在价值，本书第六章已经详细介绍过。举例说明，如果股票的市场价格为 60 美元，而对于以该股票为标的资产、执行价格为 50 美元的看涨期权，其购买方现在执行这一期权可以获得的收益为 1000 美元[$(60-50)\times100$]。这 1000 美元就是该看涨期权的内在价值，而对应每股股票的内在价值为 10 美元。

从本例可以很明显地看到，期权合约有无内在价值以及内在价值的大小取决于期权的执行价格与其标的资产市场价格之间的关系，即与期权是实值、虚值还是平价有很大的关系。具体地说，理解期权的内在价值，需要注意以下两个方面的问题：

（1）欧式期权和美式期权的内在价值存在一定的差异。美式期权和欧式期权的最大区别在于执行的时间问题。欧式期权只有在到期日才能执行，因此，对于无收益资产的欧式看涨期权来说，其内在价值应该是 $(S_T-K)^+$ 的现值（其中 K 是期权的执行价格），即 $[S-Ke^{-r(T-t)}]^+$；而美式期权由于可以提前执行，美式看涨期权的内在价值就应该等于即时执行的现值，即 $(S-K)^+$。

因此，欧式期权和美式期权的内在价值的主要差异就在于是否贴现，但实际生活中常常不考虑贴现问题，而将它们视为相同，即都采用美式期权即时执行的内在价值。

（2）期权的内在价值一定大于或等于零。从理论上说，实值期权的内在价值大于零，虚值期权的内在价值小于零，平价期权的内在价值等于零。但实际上，由于虚值期权的购买者在期权虚值时是不会执行期权的，因此其内在价值也为零。

图 7-1 绘制了看涨期权和看跌期权的内在价值线。从图中可以看出，在执行价格一定的时候，标的资产的市场价格决定了期权内在价值的大小，如对于欧式看涨（看跌）期权来说，平价点为 $Ke^{-r(T-t)}$。在平价点，不管是看涨期权还是看跌期权，其内在价值都为零；当标的资产的市场价格 $S>Ke^{-r(T-t)}$ 时，看涨期权的内在价值大于零，且等于 $S-Ke^{-r(T-t)}$，即标的资产的市场价格越高，内在价值越大，而看跌期权的内在价值等于零；当标的资产的价格 $S<Ke^{-r(T-t)}$ 时，看涨期权的内在价值等于零，而看跌期权的内在价值大于零，且等于 $Ke^{-r(T-t)}-S$。对于美式看涨和看跌期权也可以类似地分析。反过来，如果

标的资产的市场价格一定时,期权的执行价格决定了其内在价值的大小。当执行价格提高(降低)时,图7-1(a)和(b)中的两条内在价值线都向右(左)移动,也就意味着,在同市场价格水平上,看涨期权的内在价值减少(增大),而看跌期权的内在价值则相应地增大(减少)。

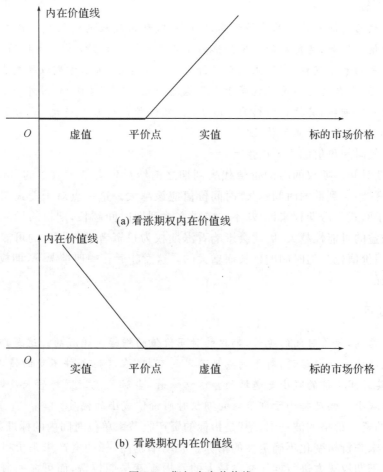

(a) 看涨期权内在价值线

(b) 看跌期权内在价值线

图 7-1 期权内在价值线

2. 时间价值

内在价值是决定期权价格的主要因素,但并非唯一的因素。在现实市场中,各种期权通常是以高于期权内在价值的价格在进行交易的,平价期权和虚值期权在这一点上尤其明显。这两种期权虽然内在价值为零,但在到期以前,总是以高于零的价格在买卖。这是因为在期权价格中还包含另一个重要的部分,那就是期权的时间价值。

与货币的时间价值不同,期权的时间价值是指在期权有效期内标的资产价格波动为期权持有者带来收益的可能性所隐含的价值。换句话说,期权的时间价值实质上是期权在其到期之前获利潜力的价值。事实上,看涨期权买方通过支付期权费,获得了无限可能的收益和有限可能的损失。这意味着标的资产价格同样上升和下降所带来的期权价值的变化是不对称的。这一不对称性,使得期权的总价值超过了其内在价值,就是期权时间价值的根本来源。

与内在价值不同,时间价值通常不易直接计算,因此,一般是利用期权的价格减去内在价值求得的。

 特别提示

由于期权的时间价值不易直接计算,所以一般利用期权的价格减去内在价值计算期权的时间价值。例如,某债券的市场价格为 104 美元,而以该债券作为标的资产、执行价格为 100 美元的看涨期权,市场上成交的价格为 5.5 美元,那么该期权的内在价值为 4 美元(104-100),那么其时间价值就等于 1.5 美元(5.5-4)。又例如,另外一支以该债券为标的资产的看涨期权,其执行价格为 105 美元,期权费仅为 0.5 美元,而由于内在价值为零(104<105),因此其时间价值就等于期权费 0.5 美元。

影响期权时间价值的主要因素有:

(1)到期时间。期权的时间价值代表到期之前给投资者带来收益的可能性大小,因此,一般而言,距离到期的时间越长,时间价值应该越大。这一点对于美式期权来说是肯定的,但对于欧式看涨期权来说,却不一定成立。到期时间越长,期权的标的资产在此期限内发放收益的可能性越大,因此会影响看涨期权为投资者带来收益的可能性。但总的来说,其时间价值也是随时间的延长而增大的。这意味着在一般情况下,期权的边际时间价值都是正的。

 特别提示

应该注意到,随着时间的延长,期权的时间价值的增幅是递减的。这是期权的边际时间价值递减规律。换句话说,对于到期日确定的期权,在其他条件不变的情况下,随着时间的流逝,其时间价值的减小是递增的。这意味着,当时间流逝同样的长度,期限长的期权时间价值减小的幅度将小于期限短的期权时间价值减小的幅度。

(2)标的资产价格的波动率。其是指标的资产收益率单位时间内的标准差,是用来衡量标的资产未来价格变化不确定性的指标。波动率越高,标的资产未来价格的波动幅度就越大。由于期权买方进行期权交易最大的亏损额就是期权费,而可能的最大盈利是执行时标的资产的市场价格与执行价格的差额,因此,无论是看涨期权还是看跌期权,其标的资产的波动率越高,期权的时间价值越大。

(3)内在价值。时间价值还受期权内在价值的影响,以无收益看涨期权为例,当 $S=Ke^{-r(T-t)}$ 时,期权的时间价值最大,当 $S-Ke^{-r(T-t)}$ 的绝对值增大时,期权的时间价值是递减的,如图 7-2 所示。

下面举例来说明期权内在价值与时间价值之间的关系。

【例 7-1】 假设 A 股票(无红利)的市价为 9.05 元,A 股票有两种欧式看涨期权,其协议价格分别为 $K_1=10$ 元、$K_2=8$ 元,它们的有效期都是 1 年,1 年期无风险利率为 10%(连续复利)。那么这两种看涨期权的时间价值谁高?

通过分析这两个期权的内在价值可知:第一个期权的内在价值为 0($9.05-10e^{-0.1×1}$),而第二个期权的内在价值为 1.81($9.05-8e^{-0.1×1}$)元。

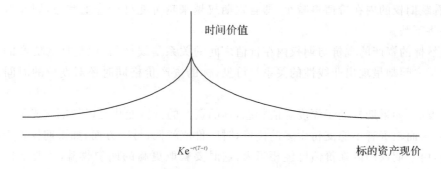

图 7-2　无收益资产看涨期权的时间价值与内在价值的关系

要想分析出哪一个期权的时间价值高,可用反证法。不妨假设这两种看涨期权的时间价值相同,都是 2 元,那么第一种期权的价格为 2 元,第二种期权的价格为 3.81 元,此时投资者愿意买哪一种呢?我们比较这两种期权,假定一年后出现以下三种情况:

情况一:$S_T = 14$,那么期权持有者可从期权 1 中获利 $14 - 10 - 2e^{0.1 \times 1} = 1.79$(元),从期权 2 中获利 $14 - 8 - 3.81e^{0.1 \times 1} = 1.79$(元),获利金额相等。

情况二:$S_T = 10$,那么期权持有者在期权 1 上亏损 $-2e^{0.1 \times 1} = -2.21$(元),期权 2 也亏损 $10 - 8 - 3.81e^{0.1 \times 1} = -2.21$(元)。

情况三:$S_T = 8$,那么期权 1 的亏损仍为 2.21 元,而期权 2 的亏损则为 $3.81e^{0.1 \times 1} = 4.21$(元),期权 1 的亏损小于期权 2。

由此可见,无论未来 A 股票是涨、是跌还是平,期权 1 均优于期权 2,因此期权 1 的时间价值不应该等于期权 2 的时间价值,而应该比期权 2 的时间价值高。

同样可以比较下面两个期权:$K_1 = 10$ 和 $K_3 = 12$,其他条件与上例相同。显然这两种期权都是内在价值为零的看涨期权,但 $K_3 = 12$ 的期权是虚值期权。通过同样的分析可以得到,期权 1 的时间价值应高于期权 2 的时间价值。

综上,在这三种期权中,执行价格为 10 元($9.05 = 10e^{-0.1 \times 1}$)的看涨期权时间价值最大,即 $S = Ke^{-r(T-t)}$ 的看涨期权的时间价值最大。

 特别提示

由以上分析得知,对于无收益资产的欧式看涨期权,平价期权的时间价值最大,而实值期权和虚值期权的时间价值是递减的。

7.1.2　期权价格的影响因素

期权价格是由内在价值和时间价值两部分组成的,因此凡是影响内在价值和时间价值的因素,都是影响期权价格的因素。归纳起来,期权价格的影响因素有六个,这六个因素都是通过影响期权的内在价值和时间价值来影响期权的价格的。

1. **标的资产的市场价格**

随着标的资产价格的上涨,看涨期权的内在价值越来越高,即看涨期权越来越可能处于实值状态,因此看涨期权的价格将上升。对看跌期权则正好相反,随着标的资产价格的上涨,看跌期权的内在价值将减小,即看跌期权越来越可能处于虚值状态,因此看跌期权的价格将下跌。

虽然标的资产的现价与期权内在价值之间的关系是线性的,但是标的资产的价格与期权价格之间却呈现出非线性的关系。可见,标的资产价格同时还对期权的时间价值产生影响。

一方面,如果期权处于深度虚值状态,标的资产的价格变化足以使期权成为实值的希望很小,因而投资者不愿支付太多的代价,时间价值就低;另一方面,如果期权处于深度实值状态,由于期权的内在价值已经相当大,这时要获取更高的期望收益,就要承担很大的风险,因而投资者也不愿意支付过多的代价,时间价值也就低。一般来说,当期权处于平价状态时,期权的时间价值将达到最大。

在期权价格的决定中,内在价值占主导地位,因此,内在价值和时间价值的综合影响就使得标的资产的价格与期权价格之间呈现出如图 7-3 所示的曲线关系。

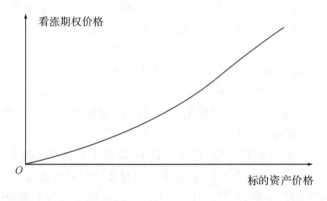

图 7-3　标的资产价格对看涨期权价格的影响

2. 期权的执行价格

执行价格越高,看涨期权处于实值的可能性越低,看涨期权的内在价值越小,因此,如果到期日相同,执行价格越高,看涨期权的价格就越小,看涨期权价格将随执行价格的上涨而下降。对于看跌期权则正好相反。更高的执行价格意味着看跌期权处于实值的可能性越大,期权的内在价值越大,则看跌期权的价格越高,即随着执行价格的上升,看跌期权的价格在上涨。

3. 期权的有效期

期权的有效期是期权时间价值的影响因素,因此也是期权价格的影响因素。

对于美式期权而言,无论是看涨还是看跌,期限越长获利机会就越多,因此期权的价格会越高。考虑其他条件都相同,只有到期日不同的两个美式期权,有效期越长期权被执行的机会较有效期短的期权更多,因此有效期长的美式期权的价格总会大于等于有效期短的美式期权的价格。

对于欧式期权,由于其只能在期末执行,有效期长的期权不一定包含有效期短的期权的所有执行机会,如标的资产在期限长的有效期内有红利支付(在期限短的有效期内可能没有),那么期限长的期权的价格就会低于期限短的期权。这就使欧式期权的有效期与期权的价格之间的关系显得较为复杂。例如,同一股票、同一执行价格的两份欧式看涨期权,一个有效期为一个月,一个为两个月,如果标的股票在 6 周后将有大量红利发放,由于支付红利会使股价下跌,而期权又对现金红利无保护,因此,在这种情况下,一个月到期的期权价格可能会高于两个月才到期的期权。

如果剔除了标的资产支付发放现金红利这一收益的特殊情况,由于有效期长,标的资产价格波动的不确定性就越大,期权空头亏损的可能性就大,因此即使是欧式期权,有效期长,其期权的价格也越高,即期权的边际时间价值为正。

另外,由于期权经常被作为避险保值的工具,而期权费则是保值者为了规避不利风险所支付的费用,所以,有效期越长,意味着保险时间越长,避险者所应支付的保险费就应当越高。

4. 标的资产价格的波动率

标的资产价格的波动率是期权时间价值的影响因素,也是期权价格的影响因素之一,对期权价格具有重要的影响。

标的价格的波动率越高,股价上升或下跌的可能性越大,则在期权的有效期内,标的资产价格涨跌使得期权达到实值的可能性越大,因此,无论是看涨期权还是看跌期权,标的资产价格的波动率越大,其时间价值和期权价格都越大。

 特别提示

为期权定价时,期权有效期内标的资产的波动率是一个未知数,因此,标的资产价格的波动率只能通过近似估计得到。估计波动率的方法主要有两种:一种是利用过去所观察到的标的资产价格波动的历史数据来估计未来价格的波动率。这种方法求得的波动率称为"历史波动率"。另一种是利用期权定价模型,设定波动率为未知数,将期权价格和相应的各个参数代入模型,从而推算出波动率。这种算法推算出来的波动率被称为"隐含波动率"。

5. 无风险利率

期权价格的另一个影响因素是无风险利率,尤其是短期无风险利率。利率对期权价格的影响是复杂的,需要区别分析,分析的角度不同可能结论也不相同。

(1)利率对期权价格的影响体现在对标的资产的价格以及贴现率的影响上。从静态的角度考虑,即比较不同利率水平下的两种均衡状态。无风险利率越高,则标的资产的预期收益率就越高,这意味着期权对应的标的资产的价格及其未来预期价格都较高;同时由于无风险利率越高,贴现率就越高,未来同样的预期盈利的现值就越低。这两种效应都将减少看跌期权的价值。但对于看涨期权,前者将使期权价格上涨,后者将使期权价格下跌。由于前者的效应大于后者,所以对应于较高的无风险利率,看涨期权的价格也较高。从动态的角度分析,即考虑一个均衡被打破到另一个均衡形成的过程。在标的资产(如债券)与利率呈负相关、无风险利率提高时,原有的均衡被打破,为了使标的资产的预期收益率提高,均衡过程通常是通过同时降低标的资产的期初价格和预期未来价格,只是前者的降幅更大来实现的;同时贴现率也随之上升。对于看涨期权来说,两种效应都将使期权价格下降;而对于看跌期权而言,前者效应为正,后者效应为负,前者效应通常大于后者,因此净效应是使看跌期权的价格上升。

从静态和动态两个角度分析的结论则刚好相反,因此在具体运用时要注意区分角度,根据具体情况作全面深入的分析。

(2)换一个角度讨论。就利率本身对期权价格的影响而言,利率的变动对看涨期权的价格有正向的影响,对看跌期权的价格有反向的影响。这种影响在股票期权中表现尤其突出。因为,对于买进股票的投资者而言,买进股票本身与买进以该股票为标的资产的看涨期权在某种程度上有替代性,那么买进看涨期权相对节省资金,因此可以给投资者带来机会收益,看涨期权的价格将随无风险利率上升而上涨;同样,买进看跌期权和直接卖出股票具有一定的替代性,在利率较高的时候,投资者显然倾向于直接卖出股票,用获取的资金再投资而赚取更高的利息收益,而买进看跌期权却需要支付期权费,因此利率与看跌期权的价格成反向关系。

也有人从期权费机会成本的角度来分析利率对期权价格的影响。由于期权费是在期初以现金方式支付的,所以具有机会成本,而这一成本显然取决于利率的高低:利率越高,期权价格机会成本越高,投资者将会把资金从期权市场转移到其他市场,从而导致期权价格下降;反之,当无风险利率较低时,较低的机会成本显然会带来期权价格的上涨。

总之,无风险利率对期权价格的影响是非常复杂的。在具体运用时,要根据实际情况全面分析,从而得到相应的结论。

6. 标的资产的现金收益

根据第5章的说明,标的资产分红或获得相应的现金收益,而执行价格并未进行调整,因此在期权的有效期内标的资产产生收益,将减少标的资产的价格,从而使看涨期权的价格下降,并使看跌期权价格上升。因此,看涨期权的价值与标的资产的预期现金收益的大小成反向变动,而看跌期权的价格则与其现金股利的变动成正向关系。

由以上分析,决定和影响期权价格的因素很多,而且各个因素对期权价格的影响也较复杂,有影响方向的不同,也有影响程度的不同;各个因素之间,有相互补充的关系,也有相互抵消的关系。表7-1列举了这些主要影响因素对期权价格的影响。

表 7-1 期权价格的主要影响因素

影响因素	欧式看涨	欧式看跌	美式看涨	美式看跌
标的资产的价格	+	−	+	−
执行价格	−	+	−	+
到期期限	?	+	+	+
标的资产价格的波动率	+	+	+	+
无风险利率	?	?	?	?
标的资产的现金收益	−	+	−	+

特别提示

在表7-1中,"+"表示正向的影响,"−"表示反向的影响,"?"表示影响方向不能完全确定。

7.2　期权价格的上下界及其相互关系

为了推导期权价格的精确公式,首先讨论期权价格的上下界。期权价格边界的确定最早是由 Merton 完成的,他运用随机占优(stochastic dominance)的思想,提出了关于期权价格的基本理性条件。其基本思想如下:假设有两个投资组合 A 和 B,其投资的报酬是不确定的。如果在投资期限内,在任何情况下组合 A 的投资收益都不低于组合 B 的投资收益,则称组合 A 随机优于组合 B,那么理性的投资者一定会选择组合 A,因此组合 A 的价格必然高于组合 B 的价格。由此,Merton 得出了期权价值非负的基本结论,即

$$c \geqslant 0; C \geqslant 0; p \geqslant 0; P \geqslant 0$$

其中,小写的 c、p 分别表示欧式看涨期权和看跌期权的价格,大写的 C、P 则对应于美式看涨期权和看跌期权的价格。

本节基本的假设条件是:

(1)市场不存在套利机会;

(2)证券交易不付交易费用(市场无摩擦);

(3)无风险利率 r 是常数,表示连续的复利率。

要得到期权价格的上下限,本节使用的方法是无套利定价法。关于无套利定价理论见第 4 章第 1 节中的讨论,这里不再重复。

7.2.1　有效期内无收益标的资产的欧式期权的上下界

对于有效期内无收益标的资产的欧式看涨期权,有:

$$(S_t - Ke^{-r(T-t)})^+ < c_t < S_t \tag{7.1}$$

而其相应的欧式看跌期权的上下界为:

$$(Ke^{-r(T-t)} - S_t)^+ < p_t < Ke^{-r(T-t)} \tag{7.2}$$

其中,t 代表现在时刻,S_t 表示标的资产现在的价格,T 表示期权的到期日,r 表示在期权的有效期限 $T-t$(或 $[t,T]$)内的无风险利率。

下面利用无套利定价理论说明公式(7.1),即欧式看涨期权价格的上下界。在现在时刻 t,构造两个投资组合:

组合 A:买进一份看涨期权,并将一笔价值为 $Ke^{-r(T-t)}$ 的现金存入银行,到期日为 T,连续复利率为 r;

组合 B:买进一单位的标的资产,价格为 S_t。

下面考虑这两种组合到期时的价值。如果用 S_T 表示到期时标的资产的价格,那么组合 A 到期时的价值为

$$c_T + K = (S_T - K)^+ + K = \max\{S_T, K\}$$

而组合 B 到期时的价值就是 S_T,那么有 $V_T(A) \geqslant V_T(B)$,其中 $V_T(A)$、$V_T(B)$ 分别表示组合 A 与组合 B 在到期时刻 T 的价值,且

$$\Pr\{V_T(A)>V_T(B)\}=\Pr\{K-S_T>0\}>0$$

由无套利定价理论知：

$$V_t(A)>V_t(B)$$

其中，$V_t(A)$、$V_t(B)$ 分别表示组合 A 和组合 B 现在时刻的价值，即

$$c_t+Ke^{-r(T-t)}>S_t$$

由于

$$c_t>0$$

所以得到了看涨期权的下界。再构造另一个投资组合 C：买进一份看涨期权，则其到期时的价值为：

$$V_T(C)=(S_T-K)^+$$

而与组合 B 比较，有

$$V_T(B)>V_T(C)$$

所以由无套利定价理论知看涨期权的上界成立，即

$$S_t>c_t$$

因此获得了无收益标的资产欧式看涨期权价格的上下界公式(7.1)。无收益标的资产欧式看跌期权价格的上下界公式(7.2)可以用类似方法证明。

公式(7.1)告诉我们，欧式看涨期权的下界实际上就是其内在价值。公式(7.2)同样说明了欧式看跌期权的下界也是其内在价值。进一步证明了期权价格是由内在价值和时间价值两部分构成的。

7.2.2　有效期内有固定收益标的资产的欧式期权价格的上下界

在期权的有效期内，标的资产有固定的收益。如果用 D 表示期权有效期内标的资产收益的现值，那么只要将上述组合 A 中的现金改为 $D+Ke^{-r(T-t)}$，经过类似推导，就可得出有固定收益资产的欧式看涨期权的价格的上下界为：

$$(S_t-D-Ke^{-r(T-t)})^+<c_t<S_t \tag{7.3}$$

类似地，对于有固定收益资产的欧式看跌期权，其价格的上下界为：

$$(Ke^{-r(T-t)}+D-S_t)^+<p_t<Xe^{-r(T-t)} \tag{7.4}$$

7.2.3　无收益标的资产的美式期权价格的上下界

在任何情况下，期权的价值都不会超过标的资产的价格，否则，套利者就可以通过买进标的资产并卖出期权来获得无风险利润，因此对于美式看涨期权来说，标的资产的价格一定是其价格的上界，即

$$C_t\leqslant S_t$$

对于美式看跌期权，其多头执行期权得到的最高价值为执行价格 K，因此美式看跌期权购买方所支付的价格不应该超过其上界 K，即

$$P_t\leqslant K$$

对于无收益资产的美式看涨期权，由于现金会产生收益，而提前执行看涨期权得到的

标的资产无收益,再加上美式期权的时间价值总是正的,所以可以直观地判断,提前执行无收益资产的美式期权是不明智的。事实上,考虑两个投资组合:

组合 A:一份美式看涨期权和一笔金额为 $Ke^{-r(T-t)}$ 的现金(在 $T-t$ 期限内无风险连续复利率为 r);

组合 B:购买一单位的标的资产。

如果美式期权不提前执行,那么到到期日 T,组合 A 的价值为 $\max\{S_T, K\}$,而组合 B 的价值为 S_T,可见组合 A 的价值大于等于组合 B 的价值,由无套利定价理论知,在任何时刻,组合 A 的价值一定大于组合 B 的价值。

如果美式期权被提前执行,假定在 τ 时刻美式期权被执行,则提前执行看涨期权所得的盈利为 $S_\tau - K$,其中 S_τ 表示 τ 时刻标的资产的价格,一般有 $S_\tau > K$,而此时现金的价值为 $Ke^{-\hat{r}(T-\tau)}$,其中 $\hat{r}$ 表示 $\tau - t$ 时段的无风险连续复利率。因此若组合 A 中美式期权被提前执行的话,在 τ 时刻组合 A 的价值为 $S_\tau - K + Ke^{-\hat{r}(T-\tau)}$,而组合 B 的价值为 S_τ。由于 $T > \tau, \hat{r} > 0$,所以 $Ke^{-\hat{r}(T-\tau)} < K$,那么 $S_\tau - K + Ke^{-\hat{r}(T-\tau)} < S_\tau$,这就是说如果提前执行美式期权的话,组合 A 的价值将小于组合 B 的价值。

比较两种情况,可以得出结论:提前执行无收益资产的美式期权是不明智的。因此,同一种无收益标的资产的美式看涨期权和欧式看涨期权的价值是相等的,即 $C=c$。由此可知,无收益资产的美式看涨期权的上下界公式为:

$$[S_t - Ke^{-r(T-t)}]^+ \leqslant C_t \leqslant S_t \tag{7.5}$$

对于看跌期权,提前执行无收益资产的美式期权是否合理? 考察下面两个组合:

组合 C:购买一份美式看跌期权,再购买一单位的标的资产。

组合 D:一笔金额为 $Ke^{-r(T-t)}$ 的现金存款(在 $T-t$ 期限内无风险连续复利率为 r)。

如果美式看跌期权没有被提前执行,组合 C 到期时的价值为 $\max(K, S_T)$,组合 D 到期时的价值为 K,因此组合 C 的价值高于组合 D 的价值。

如果美式看跌期权被提前执行,假定执行的时刻为 τ,则组合 C 的价值为 K,而组合 D 的价值为 $Ke^{-\hat{r}(T-\tau)}$,其中 $\hat{r}$ 表示 $\tau - t$ 时段的无风险连续复利率,由此可知组合 C 的价值也高于组合 D 的价值。

比较上面两种结果,是否要提前执行美式看跌期权,主要取决于期权实值的数额 $K-S_\tau$ 以及无风险利率水平 $\hat{r}$ 等因素。一般说来,只要 S 相对于 K 较低,或者 $\hat{r}$ 较大时,提前执行美式看跌期权是非常有利的。

既然美式看跌期权提前执行是有利的,那么其他条件相同的美式看跌期权与欧式看跌期权相比,显然价格更高,所以价值下限应该是:

$$P_t \geqslant K - S_t$$

由此可知,无收益资产的美式看跌期权的上下界公式为:

$$(K - S_t)^+ \leqslant P_t \leqslant K \tag{7.6}$$

7.2.4 有固定收益标的资产的美式期权价格的上下界

提前执行有收益资产的美式看涨期权可以较早获得标的资产,因此可以较早获得现金收益,现金收益又可以派生利息,因此,在一定条件下,提前执行有收益资产的美式看涨期权有可能是合理的。

由于存在提前执行的可能性,有收益资产的美式看涨期权的价值一定大于等于欧式看涨期权,且基本下限相同,则有

$$[S_t - D - Ke^{-r(T-t)}]^+ \leqslant c_t \leqslant C_t \leqslant S_t \tag{7.7}$$

同理,由于美式看跌期权有提前执行的可能,所以有收益资产的美式看跌期权的上下界公式为:

$$(K + D - S_t)^+ \leqslant P_t \leqslant K \tag{7.8}$$

其中,D 仍然表示期权有效期内标的资产收益的现值。

7.2.5 欧式看涨和看跌期权的平价关系

在标的资产无收益的情况下,考虑同一标的、同一到期日、同一协议价格的欧式看涨期权价格 c 和欧式看跌期权价格 p 之间的关系。应特别注意:这两种期权标的资产相同,执行价格相等(都为 K),期限相同(到期日均为 T)。用 t 表示现在时刻,S_t 表示标的资产现在的价格。

利用无套利定价原理,构造两个组合:

组合 A:买进一份欧式看涨期权,金额为 $Ke^{-r(T-t)}$ 的存款(在 $T-t$ 期限内无风险连续复利率为 r);

组合 B:买进一份看跌期权,买进一单位的标的资产。

考虑两组合到期时的价值。组合 A 到期日 T 时的价值:

$$V_T(A) = (S_T - K)^+ + K = \max(S_T, K)$$

组合 B 到期时的价值:

$$V_T(B) = (K - S_T)^+ + S_T = \max(S_T, K)$$

由无套利定价理论,两组合在现在时刻 t 的价值也相同,因此有:

$$c_t + Ke^{-r(T-t)} = S_t + p_t \tag{7.9}$$

这就是在标的资产无收益的情况下,欧式看涨期权和欧式看跌期权的著名的平价公式。

在标的资产有固定收益的情况下,如用 D 表示期权有效期内标的资产收益的现值,只要将组合 A 中的现金改为 $D + Ke^{-r(T-t)}$,那么由于标的资产能够获得现金收益,而 D 就是这笔现金收益的现值,因此持有两个组合至到期,两个组合的价值仍相等,那么就有关系:

$$c_t + Ke^{-r(T-t)} + D = S_t + p_t \tag{7.10}$$

公式(7.10)是标的资产有固定收益情况下欧式看涨期权和看跌期权的平价关系。

从公式(7.9)和公式(7.10)的平价关系中,可以更深入地理解看涨期权和看跌期权的特性。

由公式(7.10),其他条件不变,在标的资产有红利收益的情况下,看跌期权的价格将上涨,而且红利支付越大,看跌期权的价格上涨幅度越大,同时由于:

$$c_t = S_t + p_t - Ke^{-r(T-t)} - D$$

说明在标的资产有红利收益的情况下,看涨期权的价值将下跌。

在没有红利支付的情况下,根据公式(7.9),有

$$c_t = S_t + p_t - Ke^{-r(T-t)}$$

说明看涨期权等价于借钱买进股票,并购买一份看跌期权来提供保险。与直接购买股票相比,看涨期权做多有两个优点:一是提供保险,二是利用杠杆效应。

由于美式期权可以提前执行,美式看涨与看跌期权价格的关系比较复杂,具体讨论可以参见本章的阅读材料。

7.3 期权价格曲线

通过以上分析,了解了期权价格的影响因素,获得了期权价格的上下界,就可以初步描绘出期权价格曲线的基本形状。

从以上分析可知,期权价格由内在价值和时间价值共同确定,其中最主要的影响因素是标的资产的价格和期权合约的执行价格,因此以标的资产的价格作为期权价格曲线的横轴,用纵轴表示期权价格。同时,看涨期权的上限等于标的资产的价格,而看跌期权的上限为执行价格或执行价格的现值;另外,期权的下限总等于期权的内在价值。

7.3.1 看涨期权的价格曲线

对于无收益标的资产的美式看涨期权,提前执行期权是不明智的,由此可知,美式看涨期权的价格等于欧式看涨期权的价格,因此无论是美式还是欧式期权,其价格曲线是一样的。由公式(7.1)和公式(7.5)知,其上限是 S,下限是内在价值 $(S_t - Ke^{-r(T-t)})^+$,当 $S < Ke^{-r(T-t)}$ 时,内在价值等于零,期权价格就等于时间价值。当 $S = 0$ 时,$C = c = 0$;当 $S \rightarrow Ke^{-r(T-t)}$ 时,看涨期权的价格趋近于 $S - Ke^{-r(T-t)}$。

此外,期权的价格还受到标的资产的波动率以及无风险利率、到期期限等因素的影响。根据前面的分析知,一般情况下,无风险利率越大,期限越长,标的资产价格的波动率越大,则期权价格曲线以原点为中心越往左上方旋转,但基本形状不会变化,不会超过期权价格的上下限,如图 7-4 所示。

对于有收益资产的看涨期权,由公式(7.3)和公式(7.7)知,欧式和美式期权价格的上下限是一样的,因此其价格曲线与图 7-4 类似,只是把 $Ke^{-r(T-t)}$ 换成 $D + Ke^{-r(T-t)}$,平价点发生了变化,形状不变,这里就不再详述。

7.3.2 看跌期权的价格曲线

对于无收益资产的欧式看跌期权,公式(7.2)告诉我们,其上限是 $Ke^{-r(T-t)}$,下限是其内在价值 $(Ke^{-r(T-t)} - S_t)^+$。当 $S < Ke^{-r(T-t)}$ 时,看跌期权处于实值状态,期权价格超过内在价值;当 $S > Ke^{-r(T-t)}$ 时,看跌期权处于虚值状态,内在价值等于零,期权价格就等

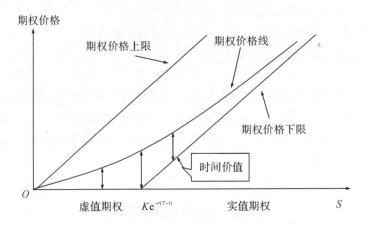

图 7-4　无收益资产看涨期权的价格曲线

于其时间价值。当 $S=0$ 时，期权的价值就等于 $Ke^{-r(T-t)}$；当 $S\to+\infty$ 时，看跌期权的价格趋近于 0。

无风险利率越低，期权期限越长，标的资产价格的波动率越大，欧式看跌期权的价格将越大，因此其价格曲线以原点为中心越往右下方倾斜，但不能超过下限，其价格曲线如图 7-5 所示。

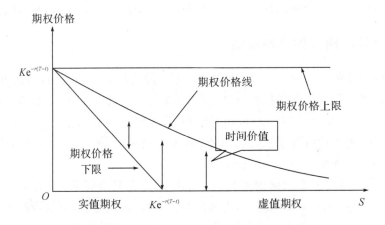

图 7-5　无收益资产欧式看跌期权的价格曲线

对于有固定收益资产的欧式看跌期权，其价格曲线与图 7-5 类似，只是将横轴的 $Ke^{-r(T-t)}$ 换成 $D+Ke^{-r(T-t)}$，图的形状不变。

对于无收益资产的美式看跌期权，由公式（7.6）知，其价格的上限为 K，下限为 $(K-S_t)^+$，且当标的资产的价格足够低时，提前执行美式看跌期权是明智的，此时期权的价值为 $K-S_t$。因此，当 S 较小时，美式看跌期权的价格曲线与其下限或者说内在价值曲线重合，当 $S_t=K$ 时，时间价值最大。由此可知其价格曲线如图 7-6 所示。

对于有固定收益资产的美式看跌期权，由公式（7-6）知，其价格的上限与无收益资产的美式看跌期权一样，下限为 $(K+D-S_t)^+$，由此可知其价格曲线类似于图 7-6，只是将横轴的 K 换成 $D+K$，图的形状不变。

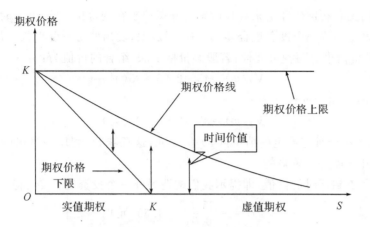

图 7-6　无收益资产美式看跌期权的价格曲线

7.4　二叉树期权模型

在金融学上,二叉树期权模型提供了计算期权价值的一般数值方法。二叉树期权模型最早是由考克斯、罗斯和鲁宾斯坦于 1979 年提出的。从本质上说,该模型使用一种离散的方法,分析随着时间推移标的资产价格的离散变动情况。期权价格就是在风险中性条件下随着标的资产价格变化而变化的。

二叉树期权模型模拟随着时间变化的标的资产价格的离散变化,并与某一特定时点相对应,因此这种方法可以处理各种变动情况,而其他模型却不能。

　特别提示

二叉树期权模型可以被应用于评估在任何时点可执行的美式期权的价值,或者用于评估在多个时点上执行的百慕大期权。在本书的最后会用一个例子说明二叉树期权模型在美式期权定价中的应用。

二叉树期权模型比较简单,在软件环境下很容易实现,因此被广泛应用于金融学领域。

【例 7-2】　假定原生资产——股票现在时刻的价格为 $S_0 = 40$ 元,一个月后($T = 1/12$)它有两种可能性:上扬到 45 元或下跌到 35 元。那么现在购买一张一个月到期、执行价格为 $K = 40$ 元的平价欧式看涨期权,应该支付多少期权金?(假定一年期的存款利率为 12%)。

分析　由于标的股票一个月后有两种可能的价格,而该看涨期权到期时的价值为
$$c_T = (S_T - 40)^+$$
依赖于标的到期时的价格,那么在到期时刻 $t = T$,期权的价值亦有两种可能性:若股票价格上涨,$c_T = (45 - 40)^+ = 5$(元);若股票价格下跌,则 $c_T = (35 - 40)^+ = 0$(元),即期权一文不值。

下面利用无套利定价理论来寻找股票看涨期权现在的价格。在 $t=0$ 时刻,可以利用风险对冲的思想构造一个投资组合 Φ:买进一只股票,卖出两份看涨期权。那么组合在到期日 $t=T$,其价值也有两种可能性:若股票价格上涨,组合的价值为:

$$V_T(\Phi)=45-2\times5=35(元)$$

若股票价格下跌,组合的价值为:

$$V_T(\Phi)=35-2\times0=35(元)$$

即在到期日,该组合具有确定的值 $V_T(\Phi)=35$ 元,这意味着,利用两种风险资产对冲,构造出来的新组合 Φ 是无风险的。

根据组合 Φ 到期时的价值,即提示我们构造另外一个投资组合 Φ_1:将数量为

$$B=\frac{35}{1+0.01}=34.65(元)$$

的现金存入银行,期限为一个月,那么到期时该组合的价值为 $V_T(\Phi_1)=35$ 元。因此有

$$V_T(\Phi)=V_T(\Phi_1)$$

由无套利假设及其推论,知:

$$V_0(\Phi)=V_0(\Phi_1)$$

因此有

$$S_0-2c_0=B$$

由此得

$$c_0=\frac{40-34.65}{2}=2.675$$

这表明投资者为了购买这张看涨期权,在现在时刻应该支付期权费 2.675 元。

这个例子的关键在于:

(1)利用两种风险资产:股票 S 和看涨期权 c,只要选择合适的份数,即可构造出一个无风险投资组合 Φ,这种思想就是风险对冲。

(2)由无套利定价理论知:

$$V_T(\Phi)=(1+1\%)V_0(\Phi)$$

即无风险组合的价值增长是按无风险利率增长的。而且,得到的期权价格 $c_0=2.675$ 元与投资者对未来价格的预期无关,因此所得的价格就是期权的风险中性价格。

依据上例的分析,本节做如下的基本假设:

(1)市场不存在套利机会;

(2)证券交易不支付交易费用(市场无摩擦);

(3)无风险利率 r 是常数,用单利计算;

(4)证券是无限可分的。

没有特别的说明,在本节中上面的假设条件不变。

7.4.1　二叉树一期模型

1. 仅考虑无风险利率是单利的情况

类似于上面的案例,关于风险资产(股票、外汇等)的价格变化规律的研究,从最简单

的模型——单时段-双状态模型开始,这种模型就称为二叉树的一期模型。

单时段(one period):是指交易只在初始时刻 0 和终止时刻 $t=T$ 进行。

双状态(two state):是指标的资产的价格在未来 $t=T$ 时刻只有两种可能性:S_T^u 和 S_T^d,即上涨到 S_T^u 或下跌到 S_T^d。并且假定 $S_T^u=uS_0$,即上涨到初始价格 S_0 的 u 倍;且 $S_T^d=dS_0$,即下跌到初始价格 S_0 的 d 倍。不失一般性,假定 $u>d$。如果进一步假定标的资产价格上涨的概率为 p,那么简单的股票价格变化的二叉树模型如图 7-7 所示。

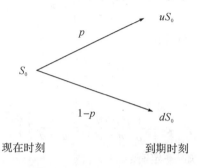

图 7-7 简单的标的资产的二叉树模型

问题是:投资者现在要购买一张到期日为 T、执行价格为 K 的欧式看涨期权,如果在 $[0,T]$ 内无风险利率为 r(实际利率),那么应该为该欧式看涨期权支付多少期权费?

在到期 T 时刻,由于欧式看涨期权价值为

$$c_T=(S_T-K)^+$$

根据已知条件,在到期日 T,期权价值是已知的,也有两种可能性:

$$c_T^u=(uS_0-K)^+ \text{ 和 } c_T^d=(dS_0-K)^+$$

根据上面例子的提示,可以利用两种风险资产对冲,构造无风险的投资组合。试想买进一单位的标的资产,必然面临着标的资产价格下跌的风险。为了规避这一风险,投资者可以选择出售看涨期权来对冲风险,即卖出适当份额的看涨期权与它对冲,就可使得组合无风险。记这个份额为 Δ,上述思想就是 Δ—风险对冲的思想。

构造这一投资组合 Φ:买进一单位的标的资产,卖掉 Δ 份以该风险资产作为标的资产的欧式看涨期权,使得该组合无风险。

由于标的资产价格在到期时有两种可能性,那么组合到期时的价值也有两种可能性:如果标的资产的价格上涨,那么组合的价值为:

$$V_T^u(\Phi)=S_T^u-\Delta \cdot c_T^u$$

如果标的资产的价格下跌,那么组合的价值为:

$$V_T^d(\Phi)=S_T^d-\Delta \cdot c_T^d$$

假定存在 Δ 使得组合 Φ 无风险,那么无论标的资产价格是上涨还是下跌,组合到期时的价值是不变的,即

$$V_T(\Phi)=V_T^u(\Phi)=V_T^d(\Phi)$$

因此有

$$S_T^u-\Delta \cdot c_T^u=S_T^d-\Delta \cdot c_T^d \tag{7.11}$$

事实上,假设(4)保证了 Δ 一定存在,既然 Φ 是无风险的,那么组合 Φ 在 $[0,T]$ 内的投资增长率为无风险利率 r(实际利率),即

$$V_T(\Phi)=\rho V_0(\Phi)=(1+r)V_0(\Phi)$$

由此得

$$S_T^u-\Delta\cdot c_T^u=\rho(S_0-\Delta\cdot c_0) \tag{7.12}$$

在公式(7.11)和公式(7.12)中,Δ 和 c_0 是未知量。令

$$\rho=1+r$$

求解公式(7.11)和公式(7.12)可得

$$\Delta=\frac{S_0(u-d)}{c_T^u-c_T^d} \tag{7.13}$$

且

$$c_0=\frac{1}{\rho}\left(\frac{\rho-d}{u-d}c_T^u+\frac{u-\rho}{u-d}c_T^d\right) \tag{7.14}$$

进一步,由无套利假设知,一定有:

$$d<\rho<u \tag{7.15}$$

事实上,如果存在 $d\geqslant\rho$,则用无风险利率借入 S_0 的现金,期限到 T 时刻,然后购买一单位的标的资产持有至到期 T,则在到期日 $t=T$ 时,标的资产最差的可能是下跌为 dS_0,用卖出标的资产获得的现金偿还债务,那么可以获得的最少收益是:

$$S_0(d-\rho)\geqslant0$$

也就是说,这个组合就是一个套利机会,与市场不存在套利机会的假设矛盾。同理,如果 $u\leqslant\rho$,反向操作即可构造套利机会,因此在市场无套利的条件下,公式(7.15)一定成立。

因此可以定义一个新的概率测度 Q:

$$q_u=\frac{\rho-d}{u-d}=\Pr(S_T=S_T^u),q_d=\frac{u-\rho}{u-d}=\Pr(S_T=S_T^d)$$

易知:

$$0<q_u<1,0<q_d<1\text{ 且 }q_u+q_d=1$$

从而公式(7.14)可以改写为:

$$c_0=\frac{1}{\rho}(q_uc_T^u+q_dc_T^d)=\frac{1}{\rho}E^Q(c_T) \tag{7.16}$$

这里的 $E^Q(c_T)$ 就是概率测度 Q 下随机变量 c_T 的数学期望。

由于:

$$\frac{E^Q[S_T]-S_0}{S_0}=r \tag{7.17}$$

说明风险资产在概率 Q 下的期望收益率是无风险利率,与人们的偏好无关,因此通常也将这种概率 Q 称为风险中性概率。

公式(7.16)说明,欧式看涨期权的价格可以解释为:在风险中性概率条件下,欧式看涨期权的价格是其到期价值的期望值的贴现值。

特别提示

公式(7.17)说明在概率测度 Q 下,风险资产 S 在到期时刻 T 的期望回报率与无风险资产的期望回报相同,通常把具有这个性质的金融市场称为风险中性世界。在这样的世界中,所有的投资者对风险不要求补偿,所有证券(无论是有风险的还是无风险的)的预期收益率都是无风险利率。

特别地,公式(7.16)给出的期权价格与实际概率 p 没有任何关系,是在风险中性概率测度下的期权到期价值的期望值的贴现值,因此将在风险中性概率测度下给出的期权定价公式(7.16)称为期权的风险中性价格。

【例 7-3】 设股票现在的价格为 21 元,未来股票价格以 $p=0.5$ 的概率向上或向下波动,且上涨的倍数 $u=1.4$,下跌的倍数 $d=1.1$,那么股票价格到期时的变化情况如图 7-8 所示。

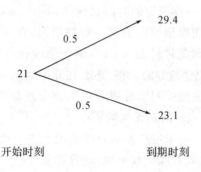

开始时刻   到期时刻

图 7-8　股票价格的一期二叉树模型

假定交易只在开始和到期时刻进行。如果对应期限内的无风险利率为 15%,试求执行价格为 22 元的欧式看涨期权现在的价格。

解 由上面的分析,知
$$c_T^u=(29.4-22)^+=7.4,\ c_T^d=(23.1-22)^+=1.1$$
且
$$q_u=\frac{1.15-1.1}{1.4-1.1}=\frac{1}{6},\ q_d=1-q_u=\frac{5}{6},\ \Delta=\frac{21\times(1.4-1.1)}{7.4-1.1}=1$$
所以欧式看涨期权现在的价格就是
$$c=\frac{q_uc_T^u+q_dc_T^d}{1+r}=\frac{\dfrac{1}{6}\times7.4+\dfrac{5}{6}\times1.1}{1.15}=1.87$$

 特别提示

由此可知,构造投资组合所需的投资为:$21-1\times1.87=19.13$,而在期末,无论股票价格是上涨还是下跌,投资的总价值均等于 22 元。事实上,如果股票价格上涨到 29.4,投资组合的价值为:
$$uS_0-\Delta c_T^u=29.4-1\times7.4=22$$

如果股票价格下跌为 23.1,投资组合的价值为

$$dS_0 - \Delta c_T^d = 23.1 - 1 \times 1.1 = 22$$

因此该投资组合的回报率等于:

$$\frac{22}{19.13} = 1.15 = 1 + r$$

上面的例子进一步说明二叉树期权模型的三个有趣的性质:

(1)期权的价格不依赖于股票价格上升或下降的实际概率;

(2)投资者对风险的态度与期权定价公式无关,只假设投资者是理性的,偏好更多的财富;

(3)除了时间变量外,标的资产价格是期权价值唯一依赖的变量。

2. 考虑无风险利率是复利的情况

本部分将上面无风险利率为单利的情形进一步推广到复利的情形。用现金债券来表示货币的时间价值,并且在一期模型的时间区间$[0,T]$内的无风险连续复利率为r。为了便于本节后面将上面的一期模型推广到更一般的情况,在一期模型中,记$\delta t = T$,那么在开始时刻1美元的现金至到期时刻$\delta t = T$时,其价值应该等于$\exp(r\delta t)$美元。为了更加一般化,我们用B来表示现金债券的价格,那么在开始时刻可以用B_0的价格买卖现金债券,一个节点之后,即一期模型的到期时刻$\delta t = T$,现金债券的价格应该是确定的,且等于$B_0\exp(r\delta t)$,因此现金债券代表的是无风险资产。

欧式看涨期权是股票上的未定权益的特殊情况。更一般地,用符号f表示股票上的一般未定权益,那么对于欧式看涨期权来说,就意味着

$$f(T) = (S_T - K)^+$$

由于股票到期时刻的价格是一个随机变量,所以未定权益f是一个随机变量。

为了更加一般化上面的一期模型,考虑一般的一期模型如图7-9所示。一期模型只有一个时间段,开始时刻为$t=0$,表示为时刻0;结束时刻为$\delta t = T$,表示为时刻1。股票的随机性表现在,股票从时刻0的节点1出发,到时刻1时,以概率p上涨到节点3,以概率$1-p$下跌到节点2。用s_1表示股票在时刻0节点1时的价格,用s_2和s_3分别表示到时刻1时股票在节点2和节点3时的价格。

对于股票上的未定权益f,其在时刻1时的价值是可以知道的,分别用$f(2)$和$f(3)$表示其取值。对于欧式看涨期权来说,$f(2) = (s_2 - K)^+$,$f(3) = (s_3 - K)^+$,K是期权的执行价格。

根据前面的思想,用持有股票和未定权益合适的数量构造组合并使得组合是无风险的,事实上就相当于用持有股票和现金债券合适的数量来复制未定权益的价值。

下面再次利用无套利定价理论来定价未定权益f,从而引出复制的思想。如果用ϕ表示在时刻0持有的股票的数量,ψ表示持有的现金债券的数量,即(ϕ, ψ)表示一个组合,如果该组合到时刻1时正好等于未定权益f的价值,由无套利定价理论知,组合(ϕ, ψ)和由未定权益构成的组合在任何时刻价值都相等。事实上,组合(ϕ, ψ)复制了未定权益。由于时刻1时有两个节点,在不同的节点上股票的价格不同,这就意味着,组合(ϕ, ψ)在不同的节点上其价值应该等于未定权益在不同节点上的价值,即在股票价格上涨到节点

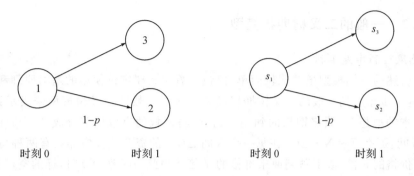

图 7-9 一般的二叉树图

3 的情况下,有

$$\phi s_3 + \psi B_0 \exp(r\delta t) = f(3) \qquad (7.18)$$

而在股票价格下跌到节点 2 的时候,有

$$\phi s_2 + \psi B_0 \exp(r\delta t) = f(2) \qquad (7.19)$$

那么有

$$\phi = \frac{f(3) - f(2)}{s_3 - s_2} \qquad \psi = B_0^{-1} \exp(-r\delta t) \left(f(3) - \frac{f(3) - f(2)}{s_3 - s_2} s_3 \right) \qquad (7.20)$$

用 v 表示组合 (ϕ, ψ) 在时刻 0(节点 1)时的价值,那么

$$v = \phi s_1 + \psi B_0 = s_1 \frac{f(3) - f(2)}{s_3 - s_2} + \exp(-r\delta t) \left(f(3) - \frac{f(3) - f(2)}{s_3 - s_2} s_3 \right) \qquad (7.21)$$

由无套利定价理论知,未定权益 f 在时刻 0 时的价值就等于 v,即 $f(1) = v$。

重新整理式(7.21),并令

$$q = \frac{s_1 \exp(r\delta t) - s_2}{s_3 - s_2} \qquad (7.22)$$

那么未定权益 f 在时刻 0(节点 1)时的价值为:

$$f(1) = \phi s_1 + \psi B_0 = \exp(-\gamma \delta t) [(1-q)f(2) + qf(3)] \qquad (7.23)$$

可以看出,这与单利情况下欧式看涨期权的定价公式是一致的,只不过这时考虑的情况更加一般化,即对所有的未定权益 f 都成立。

这里再次注意到,在假定市场上不存在套利机会的情况下,一定有

$$s_2 < s_1 \exp(r\delta t) < s_3 \qquad (7.24)$$

否则就一定存在套利机会。因此就有 $0 < q < 1$。

定义新的概率测度 Q:

$$\Pr\{S_1 = s_3\} = q, \qquad \Pr\{S_1 = s_2\} = 1 - q$$

这就是我们前面所说的风险中性概率测度。事实上,用随机变量 S_1 表示股票在时刻 1 时的价格,可以证明:

$$E_Q(S_1) = s_3 q + s_2(1-q) = s_1$$

此时,对欧式看涨期权这一未定权益而言,公式(7.23)可以写为:

$$c_0 = \exp(-\gamma \delta t) E^Q[c_T]$$

这就是考虑连续复利时欧式看涨期权的定价公式,完全类似于单利时的公式(7.16)。

7.4.2 一般的二叉树期权模型

1. 无风险利率是单利

以上所述的一期模型虽然比较简单,但包含着二叉树定价模型的基本原理和方法,因此,可以进一步拓展到一般的二叉树期权模型。应用一般的二叉树模型来表示证券价格变化的基本的思想是:假定期权的到期日为 T,将期权的有效期等分成 N 个时间间隔为 Δt 的小区间,那么 $T = N \cdot \Delta t$。在每一个区间 Δt,标的资产的价格都只有两种可能性:上涨到原来价格的 u 倍,或下跌到原来价格的 d 倍。因此当时刻为 0 时,标的资产的价格为 S_0,那么到 Δt 时,标的资产价格要么上涨到 uS_0,要么下跌到 dS_0,依此类推,当 $N = 4$ 时,标的资产价格的二叉树如图 7-10 所示。

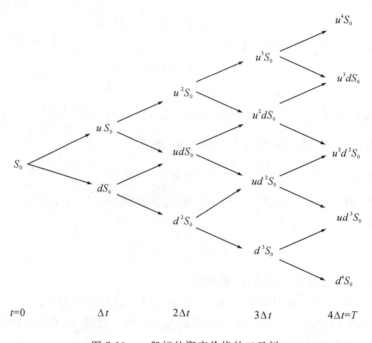

图 7-10 一般标的资产价格的二叉树

👤 **特别提示**

一般地,将期权的有效期等分成 N 个时间间隔为 Δt 的小区间的二叉树模型称为二叉树的 N 期模型。

在时刻 $i\Delta t$,标的资产价格有 $i+1$ 种可能性:$j = s_0 u^j d^{i-j}$,其中 $j = 0, 1, 2, \cdots, i$。因此对于 N 期模型,标的资产的价格到期时有 $N+1$ 种可能性:$s_0 u^j d^{N-j}$。如当 $N = 2$ 时,该二叉树模型为二期模型,对应地,标的资产到期时的价格有 3 种可能性:$S_0 u^2$,$S_0 ud$ 和 $S_0 d^2$。

另外,如果已知股票价格的年波动率 σ,那么股票价格在时间区间 Δt 内上涨或下跌的倍数等于

$$u = \mathrm{e}^{\sigma\sqrt{\Delta t}}, d = \mathrm{e}^{-\sigma\sqrt{\Delta t}}$$

时,二叉树模型得到的期权定价公式与后面的连续模型得到的结果将一致。

利用标的资产的二叉树图可以看出,在开始与到期之间的每一个节点上,都可以与后一期对应的两个节点形成一个一期模型,从而就可以采用倒推方法利用一期二叉树模型来给欧式期权定价。

从二叉树的末端 T 时刻开始倒推,在到期时,欧式看涨期权的价值是已知的,为(S_T-K)$^+$,因此在风险中性条件下,利用前面的一期模型,就可求得时刻 $T - \Delta t$ 的每一结点上的期权的价值,即在风险中性测度下 T 时刻期权价值的期望值的贴现值;同理要求解 $T - 2\Delta t$ 时的每一结点的期权值,也可以将 $T - \Delta t$ 时的期权价值的风险中性测度期望值进行贴现得到。依此类推,最终可以求得现在时刻的期权价格。

下面通过一个二期模型的例子来说明。

【例 7-4】 设股票现在的价格为 21 元,股票价格经过两个时间段的波动,且在第一时间段,股票价格以 $p = 0.5$ 的概率向上或向下波动,且 $u = 1.4, d = 1.1$,那么股票价格在期权到期 T 时刻的变化情况,如图 7-11 所示。

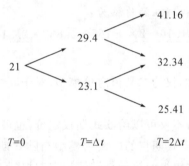

图 7-11 股票价格的二期二叉树

如果对应期限 Δt 内的无风险利率为 15%,试求执行价格为 22 元的欧式看涨期权现在的价格。

由一期模型的讨论知,风险中性概率测度为

$$q_u = \frac{\rho - d}{u - d} = \frac{1.15 - 1.1}{1.4 - 1.1} = 16.7\%, \quad q_d = 1 - q_u = 83.3\%$$

欧式看涨期权:在其到期日 $T = 2\Delta t$,看涨期权的价值为:

当 $S_T = 41.16$ 时,期权的价值为 $c_T^{uu} = (41.16 - 22)^+ = 19.16$

当 $S_T = 32.34$ 时,期权的价值为 $c_T^{ud} = (32.34 - 22)^+ = 10.34$

当 $S_T = 25.41$ 时,期权的价值为 $c_T^{dd} = (25.41 - 22)^+ = 3.41$

那么在 Δt 时刻期权的价值可以利用前面的一期模型倒推得到:股票价格上涨到29.4时期权的价值为:

$$c_u = \frac{q_u c_T^{uu} + q_d c_T^{ud}}{\rho} = \frac{16.7\% \times 19.16 + 83.3\% \times 10.34}{115\%} = 10.27$$

当股票价格下跌到 23.1 时,期权的价值为

$$c_d = \frac{q_u c_T^{ud} + q_d c_T^{dd}}{\rho} = \frac{16.7\% \times 10.34 + 83.3\% \times 3.41}{115\%} = 3.97$$

同理,从 $t=0$ 到 $t=\Delta t$ 仍可以看作一期模型,那么欧式看涨期权开始时刻的价格为:

$$c_0 = \frac{q_u c_u + q_d c_d}{\rho} = \frac{q_u^2 c_T^{uu} + 2q_u q_d c_T^{ud} + q^2{}_d c_T^{dd}}{\rho^2} \tag{7.25}$$

即

$$c_0 = \frac{q_u c_u + q_d c_d}{\rho} = \frac{16.7\% \times 10.27 + 83.3\% \times 3.97}{115\%} = 4.37(元)$$

 特别提示

事实上,公式(7.25)是二叉树二期模型情况下欧式看涨期权的一般定价公式。例如,上例中的其他条件不变,求执行价格为 30 元的欧式看涨期权的价格,那么由题意知:

$$c_T^{uu} = (41.16 - 30)^+ = 11.16$$
$$c_T^{ud} = (32.34 - 30)^+ = 2.34$$
$$c_T^{dd} = (25.41 - 30)^+ = 0$$

则由公式(7.25)知该看涨期权现在的价格为:

$$c_0 = \frac{0.167^2 \times 11.16 + 2 \times 0.167 \times 0.833 \times 2.34}{1.15^2} = 0.7276(元)$$

以上讨论的是欧式看涨期权的二叉树定价模型,对于欧式看跌期权可以同样讨论,这里就不再重复了。

二叉树模型的优势在于,不仅可以给欧式期权定价,也可以给美式期权定价。对于美式期权,由于可以提前执行,美式期权的二叉树模型与欧式期权的最大的不同是,要在二叉树结构图的每一结点上,比较提前执行与继续持有期权到下一时刻,期权价值哪一个较大,即要选择较大者作为该结点上期权的价值。下面通过例子来说明。

【例 7-5】 设美式看涨期权的标的资产是不支付红利的股票,当前的市场价格 50 元,股票价格在每一个月都以 $p=0.5$ 的概率向上和向下波动,且上涨、下跌的倍数分别为 $u=1.2, d=0.8$。4 个月期内的无风险利率为 16%。如果该期权的到期期限为 4 个月,执行价格为 50 元。试利用四期二叉树模型计算该美式看涨期权现在的价格。

解 由题意得,四期二叉树模型的股票价格的二叉树如图 7-12 所示。

根据题目的假设,可知在每一个小的期限(一个月)内,无风险利率(实际利率)为 $16\%/4=4\%$,即 $\rho=1.04$,所以风险中性概率测度为:

$$q_u = \frac{\rho - d}{u - d} = \frac{1.04 - 0.8}{1.2 - 0.8} = 0.6, \quad q_d = 1 - q_u = 0.4$$

而 4 个月到期时,该美式看涨期权的价值分别为:

当 $S_T = 103.68$ 时,期权的价值为 $c_T^{4u} = (103.68 - 50)^+ = 53.68$

当 $S_T = 69.12$ 时,期权的价值为 $c_T^{3u} = (69.12 - 50)^+ = 19.12$

当 $S_T = 46.08$ 或以下时,期权的价值为 $c_T^{2u} = c_T^{1u} = c_T^{0u} = 0$

下面考察第 3 个月时美式看涨期权的价值。

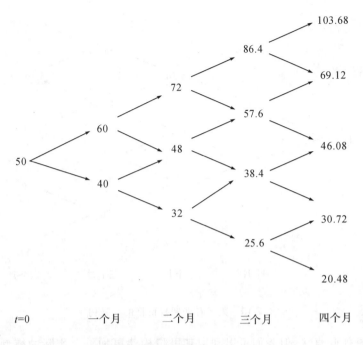

$t=0$　　　　　一个月　　　二个月　　　三个月　　　四个月

图 7-12　股票价格的四期二叉树

在标的资产的价格经过三次上涨达到 86.4 元时，如果马上执行，美式看涨期权的价值为 $(86.4-50)^+=36.4$；如果不执行持有至到期，由期权定价的二叉树一期模型知，此时美式看涨期权的价值为

$$\frac{1}{1.04}(0.6\times53.68+0.4\times19.12)=38.32$$

比较以上两种可能性，由于 $38.32>36.4$，说明此时执行美式期权是不合算的，因此在该结点上，美式看涨期权的价值就是 38.32 元。

同样地，在标的资产经过两次上涨一次下跌到达 57.6 元时，如果马上执行期权，美式看涨期权的价值为 $(57.6-50)^+=7.6$；如果不执行持有至到期，此时美式看涨期权的价值为

$$\frac{1}{1.04}(0.6\times19.2+0.4\times0)=11.08$$

这说明此时提前执行是不合算的，期权的价值仍然是 11.08。

类似比较每一节点，即可得美式看涨期权在各节点上的期权价值，如图 7-13 所示。

上面计算的结果证实了一个结论：对于无收益资产的美式看涨期权，提前执行是不合算的，因为在上面每一节点的计算过程中发现，持有到下一节点的美式看涨期权的价值总是超过其提前执行的价值。美式看涨期权的价格与欧式看涨期权的价格是一样的，都等于 11.60 元。

有红利支付的美式看涨期权的定价情况较复杂，不在本书的讨论范围内，本书省略。

2. 考虑无风险利率是复利的情况

现在我们把复利模型下的二叉树一期模型推广到更加一般的情况。一期模型很简

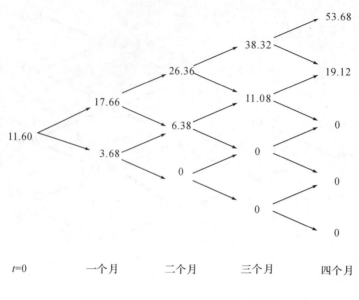

图 7-13　美式看涨期权价格的二叉树

单,市场并不是如此直接,但我们可以利用其思想构建更加符合实际的模型,然后把已有的结论推广到复杂的模型上。

股票价格的变化是随机的,在一个非常小的时间区间,如从 $t=0$ 到 $t=\delta t$,股票价格变化类似于一期模型,在每一个节点上只有两种可能性。如果时刻 0 股票的价格用 S_0 表示,就有 $S_0=s_1$,那么到时刻 1,即 $t=\delta t$,股票的价格 S_1 是不确定的,但有两种可能性,即 s_2 和 s_3;再在时刻 2,即 $t=2\delta t$,股票价格 S_2 不确定但在每一个节点上各有两种可能的取值,所以 S_2 依赖于在时间 $t=\delta t$ 所在的节点的位置,也就是,如果从 $t=\delta t$ 时刻的节点 2 出发,那么 S_2 的可能取值是 s_4 和 s_5,如果从 $t=\delta t$ 时的节点 3 出发,那么 S_2 的取值可能是 s_6 和 s_7;依此类推,就形成了更加一般的股票价格树。具体见图 7-14。

正如图 7-14 所示,在时刻 i,即 $t=i\delta t$,股票价格有 2^i 种可能性(节点),从某个节点 j 出发(此时股票的价格为 s_j),到下一时刻 $i+1$,即 $t=(i+1)\delta t$,股票价格仍然只有两种可能性:以概率 p_j 上涨到节点 $2j+1$ 时价格为 s_{2j+1},以概率 $1-p_j$ 下跌到节点 $2j$ 时股票的价格为 s_{2j}。这样的模型就解决了股票价格到期时只有两种可能性的问题,那么未定权益到期时的价值也就有了许多种可能性,而且考虑的时刻 i 越多,到期时股票价格的可能性就越多,越接近于实际市场中股票价格的变化。换句话说,如果选取的 δt 越小,那么股票到期时的价格就可以有足够多的可能性。如果 δt 趋近于零,那就是股票价格为连续的情况。

现在考虑现金债券的情况,此时我们考虑复利,也就是说,如果已知期权有效期限内的无风险复利率为 r,那么在每一个小的时间区间 δt 内,现金价值的增长率为 $\exp(r\delta t)$。可以看出,现金债券的价值增长是确定的、无风险的,如果开始时刻有现金 B_0,那么到时刻 n,即 $t=n\delta t$ 时,现金债券的价值就是 $B_0\exp(rn\delta t)$。

同样利用向后归纳的方法来分析未定权益在零时刻的价格。可以从二叉树的最后一

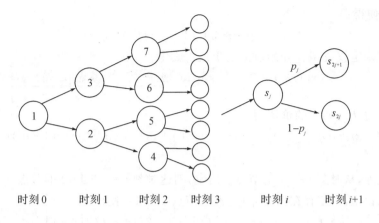

图 7-14 一般的多期二叉树图

层 $t=n\delta t=T$ 出发,选择一个小的二叉分支,利用已有的一期模型来获得倒数一层 $t=(n-1)\delta t$ 各个节点对应的未定权益 f 的价值,然后一直倒推,直到获得开始时刻 $t=0$ 未定权益 f 的价值。

例如,先考虑一个二期模型如图 7-15 所示。这是一棵两个时间段、三个分叉的树。

在到期时刻 2,未定权益 f 在各个节点上的价值是已知的,用 $f(4),f(5),f(6),f(7)$ 来表示。如果该未定权益是看涨期权,那么 $f(4)=(s_4-K)^+$, $f(5)=(s_5-K)^+$,…,其中 K 是期权的执行价格。考虑时刻 1,从节点 3 出发,到达节点 6 和节点 7,这是一个一期模型。

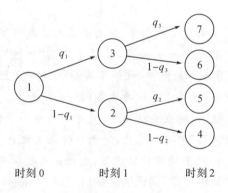

图 7-15 一般的二期二叉树模型节点

由前面的讨论知,存在概率 q_3(上涨到节点 7 的概率),使得:

$$f(3)=\exp(-r\delta t)\big[(1-q_3)f(6)+q_3f(7)\big]$$

同理,从节点 2 出发到达节点 4 和节点 5 是一个一期模型,那么一定存在上涨的概率 q_2(到达节点 5),使得:

$$f(2)=\exp(-r\delta t)\big[(1-q_2)f(4)+q_2f(5)\big]$$

现在已经求出了在节点 2 和节点 3 的未定权益 f 的价值,那么考虑时刻 0,从节点 1 出发只能到达节点 2 和节点 3,这又构成一个新的一期模型,那么一定存在概率 q_1(上涨

到节点 3),使得:

$$f(1) = \exp(-r\delta t)[(1-q_1)f(2) + q_1 f(3)]$$

从而得到了未定权益 f 在开始时刻的价值。其中

$$q_1 = \frac{s_1 \exp(r\delta t) - s_2}{s_3 - s_2}, q_2 = \frac{s_2 \exp(r\delta t) - s_4}{s_5 - s_4}, q_3 = \frac{s_3 \exp(r\delta t) - s_6}{s_7 - s_6}$$

所以未定权益 f 开始时的价值为:

$$f(1) = \exp(-2r\delta t)[q_1 q_3 f(7) + q_1(1-q_3)f(6) + (1-q_1)q_2 f(5) + (1-q_1)(1-q_2)f(4)]$$

(7.26)

更一般地,从时刻 $t = i\delta t$ 的节点 j 出发,到达时刻 $t = (i+1)\delta t$ 的节点 $2j$ 和 $2j+1$,构成一个一期模型,一定存在概率 q_j(上涨到节点 $2j+1$),使得:

$$f(j) = \exp(-r\delta t)[(1-q_j)f(2j) + q_j f(2j+1)]$$

其中

$$q_j = \frac{s_j \exp(r\delta t) - s_{2j}}{s_{2j+1} - s_{2j}}$$

并且在市场无套利的假设条件下,一定有:

$$s_{2j} < s_j \exp(r\delta t) < s_{2j+1}, \forall j = 1, 2, \cdots, 2^n$$

(7.27)

因此,从时刻 $t = i\delta t$ 的节点 j 出发,到达时刻 $t = (i+1)\delta t$ 的节点 $2j$ 和 $2j+1$ 的风险中性概率测度 Q 为:

$$\Pr\{S_{(j+1)} = s_{(2j+1)}\} = q_j; \Pr\{S_{(j+1)} = s_{2j}\} = 1 - q_j$$

(7.28)

 特别提示

尽管没有正式地定义二叉树上的期望,但由上面的二期模型的结果不难看出,沿着树上特定的轨道(路径)到达某个节点的概率,就等于这些"树枝"上的概率之积。例如,在图 7-15 中,上涨两次到达节点 7 的概率,就等于其两个"树枝"上的概率积 $q_1 q_3$;下跌一次上涨一次到达节点 5 的概率,就等于其概率之积 $(1-q_1)q_2$。

更一般地,两个独立事件同时发生的概率,就等于这两个事件发生的概率的乘积。

定义了概率之后,从式(7.26)可以看出,时刻 0 时未定权益 f 的价值就等于其到期时未定权益 f 的价值的概率加权平均值的贴现值,也就是其数学期望的贴现值。

返回到一般的 n 期二叉树模型,同样地从最后一层 $t = n\delta t = T$ 开始,此时各个节点上未定权益 f 的价值已知,然后类似于二期模型,进行逐层倒推。先利用一期模型,获得倒数第一层 $t = (n-1)\delta t$ 时各节点上未定权益 f 的价值……直到获得开始时刻未定权益 f 的值。如对于欧式看涨期权,其到期时在各个不同的节点上,其价值等于 $f(T) = (S_T - K)^+$。这样就可以获得任何未定权益 f 的套利价格。同样注意的是,我们并不需要股票价格上涨下跌的实际概率,一期模型告诉我们,定义的新概率 q_j 实质上就是风险中性概率。

为了更加容易理解,我们举一个具体的例子。

【例 7-6】 假定股票价格的二叉树如图 7-16 所示。每一个节点上显示的都是股票的价格,股票价格每一次上涨的概率都为 3/4,下跌的概率都为 1/4。为了更加简单,不妨

假定无风险利率为零。那么到期为时刻 3、执行价格为 100 的欧式看涨期权开始时的价格是多少呢?

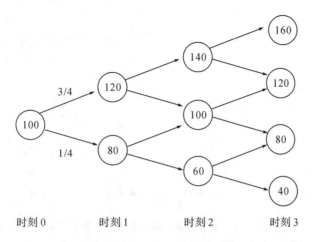

图 7-16　三期二叉树模型的股票价格树

该看涨期权在时刻 3 的价值很容易计算,从上到下,其价值分别为 60,20,0,0。现在利用二叉树定价公式,需要求新的概率值 q。在利率 r 为零的情况下,前面的公式变得相对简单了。如果用 now、up 和 down 分别表示股票出发节点对应的股票现在的价格、上涨的价格和下跌的价格,那么对应每一个节点,其风险中性概率 q 为:

$$q = \frac{s_{\text{now}} - s_{\text{down}}}{s_{\text{up}} - s_{\text{down}}}$$

那么未定权益 f 现在的价值就等于:

$$f_{\text{now}} = q f_{\text{up}} + (1-q) f_{\text{down}}$$

事实上,通过计算,我们发现本例中每一个节点上,股票价格上涨的风险中性概率都是 1/2,那么就可以利用期权到期即时刻 3 的价值计算出其在时刻 2 的价值,然后再倒推,最后可以计算出期权开始时的价格为 15,如图 7-17 所示。

尽管我们可以计算出未定权益的价格了,但我们已经好久没有讨论前面的构造策略了,事实上,这个策略非常重要,特别是当股票价格在连续的情况下,这个策略实际上就是一个复制策略,我们下面来讨论。

在开始时刻 0,由一期模型的公式(7.20),可以计算出此时应该持有的股票数量为:

$$\phi = \frac{25 - 5}{120 - 80} = 0.5$$

由于股票价格为 100,买进 0.5 只股票的成本是 50。又由于开始时看涨期权的价值为 15,那么还需要借入现金 35 才可以使得持有组合的价值等于该看涨期权开始时的价值。

假定到时刻 1 时股票价格上涨,到达 120

到达时刻 1,再一次利用公式(7.20)计算知,此时组合应该持有股票的数量为:

$$\phi = \frac{40 - 10}{140 - 100} = 0.75$$

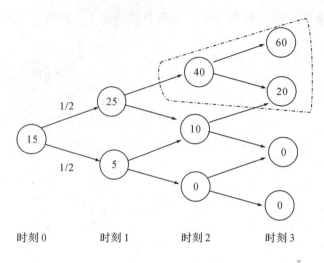

图 7-17 未定权益—欧式看涨期权的价格树

此时股票的价格为 120,要持有 0.75 只股票需要另外买进 0.25 只股票,也就是说需要现金 30,那么此时借入现金的总数就是 65。

假定到时刻 2 时股票价格再次上涨,到达 140

在时刻 2,同样地,此时应该持有的股票数量为:

$$\phi = \frac{60-20}{160-120} = 1$$

由于此刻股票的价格为 140,持有 1 只股票需要另外买进 0.25 只股票,也就是说需要现金 35,那么借入现金的总数就应该是 100。

假定到时刻 3 时股票价格下跌,到达 120

到了时刻 3,此时,期权处于实值状态,期权的价值是 20。考虑目前持有的组合,此时持有 1 只股票和 100 的负债,股票价格为 120,所以卖掉股票用来偿还债务,其组合的价值也是 20。所以说该组合复制了看涨期权。

上面股票价格的走势对应的期权价值的变化及其组合的变化如表 7-2 所示。在表 7-2 中,从时间区间 $i=0$ 到 $i=1$ 持有股票的数量为 $\phi_1 = 0.5$,此时期权的价值等于旧组合和新构组合的价值,即期权价值 $V_1 = \phi_1 S_1 + \psi_1$,且 $V_1 = \phi_2 S_1 + \psi_2$。

表 7-2　看涨期权价值及随时间变化的组合

时刻 i	下一次跳	股票价格 S_i	期权价值 V_i	持有股票数量 ϕ_i	持有现金数量 ψ_i
0	—	100	15	—	—
1	向上	120	25	0.5	−35
2	向上	140	40	0.75	−65
3	向下	120	20	1	−100

反过来,如果股票一开始就下跌,会是怎样的情况呢? 事实上,如果股票价格的变化

轨迹是100→80→100→80,那么看涨期权价值及随时间变化的组合如表7-3所示。

表7-3 沿另一条轨道看涨期权价值及随时间变化的组合

时刻 i	下一次跳	股票价格 S_i	期权价值 V_i	持有股票数量 ϕ_i	持有现金数量 ψ_i
0	—	100	15	—	—
1	向下	80	5	0.5	−35
2	向上	100	10	0.25	−15
3	向下	80	0	0.5	−40

下面看具体的分析。

假定到时刻 1 时股票价格下跌,到达 80

时刻1:由公式(7.20)计算知,此时组合应该持有股票的数量为:

$$\phi = \frac{10-0}{100-60} = 0.25$$

该时刻股票的价格为80,持有0.25只股票需要卖出0.25只股票,获得现金20,那么借入现金的总数现在就是15。

假定到时刻 2 时股票价格上涨,到达 100

时刻2:同样计算,此时组合应该持有股票的数量为:

$$\phi = \frac{20-0}{120-80} = 0.5$$

由于现在股票的价格为100,持有0.5只股票需要另外买进0.25只股票,也就是说需要现金25,那么借入现金的总数现在就是40。

假定到时刻 3 时股票价格下跌,到达 80

时刻3:此时期权到期,股票价格小于期权的执行价格,期权处于虚值状态,因此期权的价值是0。考虑持有的组合,此时持有0.5只股票和40的负债,股票价格为80,所以卖掉股票正好用来偿还债务,其组合的价值也是0。

 特别提示

我们注意到,上面所有的过程(S,V,ϕ,ψ)依赖于股票价格随后上涨和下跌的结果,所以ϕ,ψ是随机的,依赖于股票价格随后的涨跌结果。

注意股票价格在时刻3到达各个节点的概率:在风险中性测度q下,到达最上面节点160只有一条轨道,所以其概率是1/8;到达节点120有三条可能的轨道,每一条的概率是1/8;因此到达该节点的概率是3/8;同理可以分析出到达节点80和40的概率分别为3/8和1/8。那么看涨期权到期价值的贴现值为:

$$60 \times \frac{1}{8} + 20 \times \frac{3}{8} + 0 \times \frac{3}{8} + 0 \times \frac{1}{8} = 15$$

与我们上面的分析结果是一样的。

如果考虑股票价格实际每次上涨和下跌的概率为3/4和1/4的情况,那么在时刻3,

金融工程学

到达每一节点（从上到下）的概率分别是 $27/64, 27/64, 9/64, 1/64$，那么在实际测度下，看涨期权到期时价值的贴现值就应该等于：

$$60 \times \frac{27}{64} + 20 \times \frac{27}{64} + 0 \times \frac{9}{64} + 0 \times \frac{1}{64} = 33.75$$

总结上面的分析结果，对于一般的多期二叉树模型，我们有：

$$q = \frac{e^{r\delta t} s_{\text{now}} - s_{\text{down}}}{s_{\text{up}} - s_{\text{down}}} \qquad\qquad \phi = \frac{f_{\text{up}} - f_{\text{down}}}{s_{\text{up}} - s_{\text{down}}}$$

$$f_{\text{now}} = e^{-r\delta t}(q f_{\text{up}} + (1-q) f_{\text{down}}) \qquad \psi = B_{\text{now}}^{-1}(f_{\text{now}} - \phi s_{\text{now}}) \qquad (7.29)$$

$$V = f(1) = E_Q(B_T^{-1} X)$$

式中：q 表示风险中性上涨概率；r 表示在有效期内的无风险利率（复利率）；f 表示未定权益的价值过程；s 表示股票价格过程；ϕ 表示持有股票的数量；B 表示现金债券的价格过程，且 $B_0 = 1$；ψ 表示持有现金债券的数量；Q 表示风险中性测度，由 q 组成；V 表示未定权益零时刻的价值；X 表示未定权益到期时的价值收益；δt 表示小的时间区间长度；T 表示未定权益的到期时间。

7.4.3　离散情况的二项表示定理

实际上，期望算子更加具有一般性。从 7.4.2 的分析可以看出，对于一般的未定权益 f，存在某些 q_i 的集合构成的风险中性概率，使得任何未定权益 f 的价格等于其到期时价值 X 的数学期望的贴现值。尽管这给了很多股票价格为连续模型的启示，但这还不够，我们必须开始对一些已有的非正式的概念作正式的定义。下面我们通过一个二叉树模型来进行说明。

【例 7-7】　一支股票价格经过二期变化，具体的节点如图 7.18 所示，共有 7 个节点。

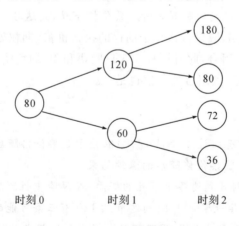

图 7-18　二期股票价格

（1）我们称股票价格可能取值的集合为一个过程 S，在我们的二叉树上可能的股票价格过程 S 如图 7-18 所示。用随机变量 S_i 来表示时刻 i 时股票的价格，例如 S_1 就是股票在时刻 1 时的价格，从图上看，它的取值可以是 120，也可以是 60，这取决于它是在第三个节点还是在第二个节点。

（2）与股票价格过程分开，我们称在树上的概率集合 p_j 或 q_j 为一个测度 P 或测度 Q。测度描述的是在每一个节点上上涨或下跌的可能性，用 p_j 表示在节点 j 向上运动的概率。我们可以选择一个简单的测度 P，在各个节点上，所有上涨下跌的概率是一样的，具体见图 7-19(a)，或选择一个更加复杂的测度 Q，具体见图 7-19(b)。

现在我们已经将股票的价格过程 S 和树上的概率测度 P 分开了。在实际定价未定权益时，我们不需要知道实际测度 P，需要知道的是风险中性测度 Q。风险中性测度 Q 则依赖于股票价格过程 S，与实际测度 P 无关。

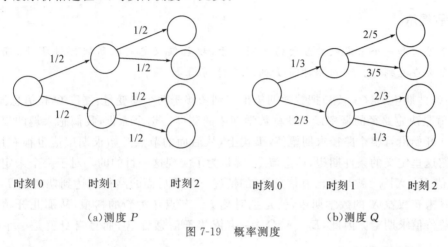

(a)测度 P (b)测度 Q

图 7-19 概率测度

（3）信息流 $\Im_i$ 表示股票价格树上直到时刻 i 所有股票价格的历史，就是直到时刻 i 所有已知的股票价格信息。如果 $\Im_0$ 只包括由一个节点 1 构成的价格轨道，那么 $\Im_0=\{1\}$；到时刻 1，信息流 $\Im_1$ 就有两种可能性，或者是 $\Im_1=\{1,2\}$，如果第一次跳跃是下跌；或者是 $\Im_1=\{1,3\}$，如果第一次跳跃是上涨。信息流是与股票价格树的节点相对应的，具体见表 7-4。可以看出，信息流对应于时刻 i 的每一个节点，为什么呢？因为我们的二叉树模型确保了到达每一个节点，只有一条路径。信息流固定一个价格的历史选择，因此就固定了一个节点。为了知道我们处在什么位置，那只需要知道信息流即可（至少是对非交叉的情况如此）。

表 7-4 信息流过程 $\Im_i$

节点	1	2	3	4	5	6	7
信息流	$\{1\}$	$\{1,2\}$	$\{1,3\}$	$\{1,2,4\}$	$\{1,2,5\}$	$\{1,3,6\}$	$\{1,3,7\}$

（4）一个未定权益 X 是到期时刻 T 对应的所有节点的函数，或者等价地它是信息流 $\Im_T$ 的函数，这是由节点和路径这种一对一的关系决定的。例如，时刻 2 的过程 S_2 就是一个未定权益；到期时刻在时刻 2，执行价格是 70 的欧式看涨期权也是一个未定权益；沿着路径到时刻 2 时取值为股票价格的最大值也是一个未定权益。具体的取值见表 7-5。

表 7-5　时刻 2 的 3 个未定权益

节点	S_2	$(S_2-70)^+$	$\max\{S_0,S_1,S_2\}$
7	180	110	180
6	80	10	120
5	72	2	80
4	36	0	80

 特别提示

　　一个过程和一个未定权益最大的区别在于,权益仅仅定义在到期时刻 T 上,而一个过程则定义在直到(包括)到期时间 T 的所有时刻。

　　(5)条件期望 $E_Q(\cdot|\mathfrak{I}_i)$ 把数学期望推广到依赖于两个参变量:测度 Q 和信息流 $\mathfrak{I}_i$。测度 Q 就是决定路径的概率以及计算数学期望的测度。迄今为止,我们感兴趣的仅仅是从时刻 0 开始沿着整个路径求期望值,事实上,从后面的节点开始求期望值也很有用,这就是我们这里定义的条件期望,信息流 $\mathfrak{I}_i$ 就是为了实现这一目的的。对于一个未定权益 X,这个值 $E_Q(X|\mathfrak{I}_i)$ 就是在已有信息 $\mathfrak{I}_i$ 的情况下沿着后面的路径到达到期时刻 T 的各个节点时未定权益 X 的数学期望,就是把时刻 i 的节点作为新的树根,从那儿开始对未来的权益价值求期望。因此,$E_Q(\cdot|\mathfrak{I}_i)$ 一定依赖于信息流 $\mathfrak{I}_i$,而且自身就是一个随机变量。

　　对于时刻 i 的每一个节点,$E_Q(X|\mathfrak{I}_i)$ 就是我们已经到达那个节点后的期望值。举一个例子,如果我们取图 7-19a 的概率测度 P,X 就是未定权益 S_2,取值见表 7-5。下面我们来计算条件期望 $E_P(S_2|\mathfrak{I}_i)$。

　　明智地,首先选择从根部(时刻 0)开始,就是求 $E_P(S_2|\mathfrak{I}_0)$,它的值应该等于无条件期望值 $E_P(S_2)$;再选择从到期时刻 2 开始,那么无论在哪一个节点上,股票价格没有进一步的发展,此时在已知了所有股票价格信息的情况下,S_2 就类似于常数,没有不确定性存在,因此此刻的条件期望值应该就是股票价格了,即 $E_P(S_2|\mathfrak{I}_2)=S_2$;剩下的条件期望 $E_P(S_2|\mathfrak{I}_1)$ 就依赖于在时刻 1 所在的节点位置,具体的计算和结果见表 7-6。

表 7-6　依赖于信息流的条件期望

条件期望	信息流节点	条件期望值
$E_P(S_2|\mathfrak{I}_0)$	$\{1\}$	$(180+80+72+36)/4=92$
$E_P(S_2|\mathfrak{I}_1)$	$\{1,2\}$	$(72+36)/2=54$
	$\{1,3\}$	$(180+80)/2=130$
$E_P(S_2|\mathfrak{I}_2)$	$\{1,2,4\}$	36
	$\{1,2,5\}$	72
	$\{1,3,6\}$	80
	$\{1,3,7\}$	180

　　可以看出,$E_P(S_2|\mathfrak{I}_i)$ 依赖于时刻 i,是一个随机过程,这个过程可以用图 7-20 表示。

用条件期望,我们将一个未定权益 S_2(仅依赖于到期时刻 2)转换为一个随机过程 E_P $(S_2 | \mathfrak{F}_i)$(依赖于所有的时刻 i)。这是一种可以方便地将任何未定权益 X 转换成一个随机过程的有效的方法。

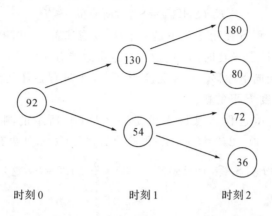

图 7-20 条件期望过程 $E_P(S_2 | \mathfrak{F}_i)$

　　(6)一个可料的过程 $\phi = \phi_i$ 是在同一棵树上的一个过程,它在任何时刻 i 的任一节点上的取值仅依赖于直到前一个节点的历史,即 $\mathfrak{F}_{i-1}$。考虑到股票价格二叉树上节点和历史价格之间一对一的关系,股票价格 S_i 仅仅是一个过程,不是可料过程,因为 S_i 的值只能在时刻 i 来确定,不能在 $i-1$ 时刻来确定时刻 i 的股票价格。与股票价格过程 S_i 相比,可料过程则在前一个时刻 $i-1$ 就能确定在时刻 i 的取值,好像并不依赖于随后已经发生的下一时刻股票价格的分支。如一个现金债券价格过程 B_i 就是可料的,延迟的股票价格过程 $\phi_i = S_{i-1}$,$i \geqslant 1$ 也是一个可料过程,该可料过程如图 7-21 所示。再如,此前的案例 7-6,在时刻 0,不管下一时刻股票价格是上涨还是下跌,预先确定时刻 1 持有股票的数量是 0.5 只股票,这也是一个可料过程。

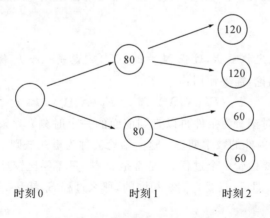

图 7-21 可料过程 $\phi_i = S_{i-1}$,$i \geqslant 1$

　　可料过程在交易策略中占有重要的地位。在交易策略中,我们不能提前知道股票价格过程,但需要提前确定手中持有的股票的份额。

最后的定义可能是最重要的。我们必须马上回答的一个问题是：什么是风险中性测度？

（7）一个过程 S 关于一个测度 P 和一个信息流 $\mathfrak{F}_i$ 是一个鞅，满足条件：

$$E_P(S_j | \mathfrak{F}_i) = S_i，对所有的 i \leqslant j$$

换句话说，一个过程 S 在测度 P 下是一个鞅，就意味着 S_j 在测度 P 下关于信息流 $\mathfrak{F}_i$ 的条件期望值就等于过程 S 在时刻 i 的取值。这也意味着在鞅测度 P 下，过程 S 没有漂移，既不会向上也不会向下漂移。如在测度 P 下，一个过程在任何节点的取值都是 100，那么这个过程就是测度 P 下的鞅。

再看上面的例 7-7，过程 S 实际上就是图 7-18（b）所示的测度 Q 下的鞅。如 $E_Q(S_1 | \mathfrak{F}_0) = 120 \times 1/3 + 60 \times 2/3 = 80 = S_0$；再检验 $E_Q(S_3 | \mathfrak{F}_1)$，如果第一次跳跃是向上的，那么到达节点 3，此时 $E_Q(S_3 | \mathfrak{F}_1) = 180 \times \frac{2}{5} + 80 \times \frac{3}{5} = 120 = S_1$，这是因为在节点 3 时 $S_1 = S_3 = 120$。

如果第一次跳跃是下跌到达节点 2，此时 $E_Q(S_2 | \mathfrak{F}_1) = 72 \times \frac{2}{3} + 36 \times \frac{1}{3} = 60 = S_1$，因为在节点 2 时，

$$S_1 = S_2 = 60$$

而 $E_Q(S_2 | \mathfrak{F}_2) = S_2$。这样，过程 S 就是图 7-18（b）所示的测度 Q 下的鞅。

再如条件期望过程 $N_i = E_P(S_2 | \mathfrak{F}_i)$ 是一个 P 鞅。事实上，由它的定义，过程 N_i 的取值见表 7-6，也可以参见图 7-19。因此，$E_P(N_2 | \mathfrak{F}_0) = (180 + 80 + 72 + 36)/4 = 92 = N_0$；考虑 $E_P(N_2 | \mathfrak{F}_1)$，如果第一次跳跃是上涨，到达节点 3，那么 $E_P(N_2 | \mathfrak{F}_1) = (180 + 80)/2 = 130 = N_1$，如果第一次跳跃是下跌到达节点 2，那么 $E_P(N_2 | \mathfrak{F}_1) = (72 + 36)/2 = 54 = N_1$；最后再考虑 $E_P(N_1 | \mathfrak{F}_0)$，由于 $E_P(N_1 | \mathfrak{F}_0) = (130 + 54)/2 = 92$，因此 $E_P(N_1 | \mathfrak{F}_0) = N_0$ 成立，所以条件期望过程 $N_i = E_P(S_2 | \mathfrak{F}_i)$ 是一个 P 鞅。这个结果是一个一般性的结果。

 特别提示

对于任何一个未定权益 X，过程 $N_i = E_P(X | \mathfrak{F}_i)$ 总是一个 P 鞅。

为了证明这一结论，需要使用：

$$E_P(E_P(X | \mathfrak{F}_j) | \mathfrak{F}_i) = E_P(X | \mathfrak{F}_i)，i \leqslant j$$

换句话说，先以直到时刻 j 为条件再以直到前面的一个时刻 i 为条件的数学期望就等于以直到前面时刻 i 为条件的数学期望。这一结论被称为**塔式法则**。

有了塔式法则，要检验一个过程 S_i 是否是 P 鞅，只需要比较过程 S_i 自身与它终值的条件期望 $E_P(S_T | \mathfrak{F}_i)$ 即可，只要它们是相同的，那么过程 S_i 就是一个 P 鞅。

特别提示

对于一个过程 S_i 是否是一个鞅，一定是依赖于测度的。在某个测度 P 下，它可能是一个鞅，但在另一个测度 Q 下，它可能就不是一个鞅，所以大家尤其要注意。

如本例中股票价格过程 S 就不是一个 P 鞅，因为图 7-18 所示的股票价格树与

图 7-21 所示的条件期望树是不同的,其中测度 P 由图 7-19(a)给定。但过程 S 却是一个 Q 鞅,其中 Q 测度由图 7-19(b)给出,所以测度 Q 就称为过程 S 的鞅测度。

定理(二项表示定理):假定测度 Q 是使得二叉树股票价格过程 S 成为 Q 鞅的测度,如果过程 N 是另外一个 Q 鞅,那么一定存在一个可料过程 ϕ 使得

$$N_i = N_0 + \sum_{k=1}^{i} \phi_k \Delta S_k \tag{7.30}$$

其中,$\Delta S_i = S_i - S_{i-1}$ 是从节点 $i-1$ 到节点 i 价格 S 的改变量,ϕ_i 就是在时刻 i 的合适的节点上持有风险资产 S 的数量。

二项表示定理的证明过程是正式的但并非直接的。考虑一个单一的树枝,从时刻 $i-1$ 到时刻 i 有向上和向下两个节点,具体见图 7-22。

过程 S 和过程 N 的增量分别是:

$$\Delta S_i := S_i - S_{i-1}, \Delta N_i := N_i - N_{i-1}$$

这些增量是依赖于树的分支的。在图 7-22 这个树枝上,过程 S 和过程 N 上涨和下跌之间的跳跃幅度用 δs_i 和 δn_i 来表示,即:

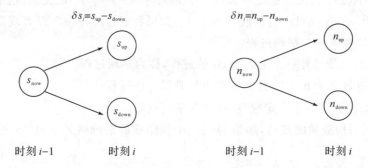

图 7-22 树的分叉(左边是股票价格过程 S,右边是 Q 鞅过程 N)

$$\delta s_i = s_{up} - s_{down}, \delta n_i = n_{up} - n_{down}$$

这两个值都只依赖于信息流 $\mathfrak{I}_{i-1}$。定义:

$$\phi_i = \frac{\delta n_i}{\delta s_i}$$

那么过程 N 的增量 ΔN_i 一定可以用 $\phi_i \Delta S_i$ 加一个补偿项 k 来表示,且 k 仅仅依赖于信息 $\mathfrak{I}_{i-1}$,即:

$$\Delta N_i = \phi_i \Delta S_i + k$$

其中,ϕ_i, k 依赖于 $\mathfrak{I}_{i-1}$,也就是说是可料过程。由于 S 和 N 都是 Q 鞅,所以

$$E_Q(\Delta S_i | \mathfrak{I}_{i-1}) = 0, E_Q(\Delta N_i | \mathfrak{I}_{i-1}) = 0$$

又因 ϕ_i 是可料的,也就是在时刻 $i-1$ 时是已知的,则有

$$E_Q(\phi_i \Delta S_i | \mathfrak{I}_{i-1}) = \phi_i E_Q(\Delta S_i | \mathfrak{I}_{i-1}) = 0$$

由此可知:$k=0$,二项表示定理成立。

在这种更加一般的情况下,我们还没有考虑股票和现金债券的组合,也没有考虑套利,也没有得到一个一般的金融结论。二项表示定理在金融领域究竟如何应用呢?

在一般的二叉树市场模型中,股票价格服从一个二叉树过程 S,那么如果存在一个测

度 Q 使得价格过程 S 是一个鞅,我们就可以借助于股票价格 S,利用二项表示定理来表示另外的 Q 鞅 N。这样,可料过程 ϕ_i 可以作为一个构造策略。在每一个节点上,我们持有合适的股票数量 ϕ_i,从而获得鞅过程 N_i 的收益和损失。

但目前我们只有一个 Q 鞅,无法使用二项表示定理;不过另外我们还有一个未定权益 X。市场中不仅有股票还有现金债券,我们不仅需要知道时刻 i 持有的股票数量 ϕ_i,还需要知道持有的现金债券数量 ψ_i,以此来复制未定权益 X。现在我们知道 ϕ_i 是非常重要的构造策略。未定权益 X 是一个随机变量,只有在到期时才可以知道其可能的取值。前面已经介绍了一个由随机变量转换成为一个鞅的技巧,从而利用该技巧我们就可以获得另外一个 Q 鞅。通过对随机变量 X 取条件期望,我们知道,过程

$$E_i = E_Q(X | \mathfrak{I}_i)$$

就是一个 Q 鞅,无论 Q 是一个什么样的测度,E_i 自动地就成为一个 Q 鞅。如果选择那个使股票价格 S 成为鞅的测度 Q,那么 E_i 就是我们寻找的另一个新的 Q 鞅。

如何选择持有现金债券的数量呢?如果用 B_i 表示现金的增长,也就是今天的 1 美元到时刻 i 就不再是 1 美元。假定今天的 1 美元到时刻 i 时等于 B_i 美元,这个过程是一个正的可料过程,不失一般性,可以假定 $B_0 = 1$。如果我们希望在一个没有现金增长的世界中,我们就可以考虑一个贴现过程:

(1)过程 B_i^{-1} 是另外一个类似于 B_i 的过程,称为贴现过程;

(2)定义过程 $Z_i = B_i^{-1} S_i$,称之为贴现的股票价格过程;

(3)$B_T^{-1} X$ 同样是一个未定权益,称之为贴现权益。

再一次利用构造鞅的技巧,如果 Q 是一个使贴现股票价格 $Z_i = B_i^{-1} S_i$ 成为一个鞅的测度,那么

$$E_i = E_Q(B_T^{-1} X | \mathfrak{I}_i)$$

一定是一个新的 Q 鞅。由二项表示定理,存在一个可料过程 ϕ_i 使得

$$E_i = E_0 + \sum_{k=1}^{i} \phi_k \Delta Z_k$$

现在考虑组合投资策略。在时刻 i,构造组合 $\prod_i = (\phi_{i+1}, \psi_{i+1})$:

(1)持有 ϕ_{i+1} 单位的股票 S;

(2)持有 $\psi_{i+1} = E_i - \phi_{i+1} B_i^{-1} S_i$ 的现金债券 B_i

由此可以看出,该组合 $\prod_0$ 在时刻 0 的价值等于 $\phi_1 S_0 + \psi_1 B_0 = E_0 = E_Q(B_T^{-1} X)$。

到下一个时刻 1 呢?我们持有这个组合经过一个时刻,由于股票价格和现金债券的价格变化,组合的价值发生了变化,组合 $\prod_0$ 到时刻 1 时的价值为

$$V_2\left(\prod_0\right) = \phi_1 S_1 + \psi_1 B_1 = B_1 [E_0 + \phi_1 (B_1^{-1} S_1 - B_0^{-1} S_0)]$$

注意到 $B_1^{-1} S_1 - B_0^{-1} S_0 = \Delta Z_1$,由二项表示定理,$E_1 = E_0 + \phi_1 \Delta Z_1$,因此时刻 1 组合 $\prod_0$ 的价值为 $B_1 E_1$。而在时刻 1,构造策略要求购买一个新的组合 $\prod_1$,而新的组合 $\prod_1$ 的价值正好等于 $\phi_2 S_1 + \psi_2 B_1 = \phi_2 S_1 + B_1 (E_1 - \phi_2 B_1^{-1} S_1) = B_1 E_1$,说明构造 $\prod_1$ 不需要再融资,

仅需要变现$\prod_0$。

同理,在时刻2时新的组合$\prod_2$的成本B_2E_2正好等于$\prod_1$在时刻2时的价值B_2E_2,那也不需要再融资 …… 以此类推,组合$\prod_{T-1}$在到期时刻T的价值就等于$B_TE_T = B_TB_T^{-1}X$,那就是X,说明组合$\prod_i = (\phi_{i+1},\psi_{i+1})$是$X$的复制策略,且该策略$\prod_i = (\phi_{i+1},\psi_{i+1})$是自融资的。在这种情况下,未定权益$X$在开始时刻的价格就是$E_Q(B_T^{-1}X)$,即鞅测度$Q$之下贴现权益的期望值,其中$Q$测度是使得贴现股票价格$Z_i$为鞅的测度。这是一个套利价格,因为任何不等于该价格的未定权益的价格都会在市场中产生套利机会。

从以上的讨论,我们得到以下两个结论:

(1)在二叉树模型里,能够构造一个自融资策略$\prod_i = (\phi_{i+1},\psi_{i+1})$来复制未定权益$X$。自融资策略意味着什么?如果用$V_i$表示时刻$i$策略$\prod_i = (\phi_{i+1},\psi_{i+1})$的价值,因此在时刻$i$:

$$V_i = \phi_{i+1}S_i + \psi_{i+1}B_i$$

自融资策略就意味着组合$\prod_{i-1}$到达时刻i时的价值V_{i-1}正好等于V_i,否则存在融资空间,在组合的构造过程中需注入资金,即自融资策略需要注入的资金

$$D_i = V_i - \phi_iS_i - \psi_iB_i$$

一定为零。如果记$\Delta V_i = V_i - V_{i-1}$,上式等价于:

$$\Delta V_i = \phi_i\Delta S_i + \psi_i\Delta B_i + D_i$$

也就是说,如果策略$\prod_i = (\phi_{i+1},\psi_{i+1})$是自融资的,那么当且仅当$D_i = 0$,同时说明从时刻$i-1$到时刻$i$组合价值的变化仅仅是由股票价格和现金债券价格的变化决定的。

 特别提示

正式地,在一个由股票和现金债券构成的市场中,如果股票价格S是由二叉树模型给定的,那么一个未定权益X的构造策略$\prod_i = (\phi_{i+1},\psi_{i+1})$是自融资的,满足:

(Ⅰ)ϕ_i和ψ_i都是可料的。

(Ⅱ)组合价值V的变化服从差分方程:

$$\Delta V_i = \phi_i\Delta S_i + \psi_i\Delta B_i$$

其中,$\Delta S_i = S_i - S_{i-1}$,$\Delta B_i = B_i - B_{i-1}$。

(Ⅲ)$\phi_TS_T + \psi_TB_T = X$。

这个策略就称为未定权益的复制策略。

(2)在二叉树模型的框架下,任何衍生产品X的价格就等于鞅测度Q下贴现权益价值的期望值,而Q就是使得贴现股票价格$Z_i = B_i^{-1}S_i$成为鞅的测度。也就是说,到期时刻为T的未定权益X在时刻i的价格等于$B_iE_Q(B_T^{-1}X \mid \mathfrak{F}_i)$,那么未定权益在零时刻的价格就是$E_Q(B_T^{-1}X)$。为什么?这是因为$\prod_i = (\phi_{i+1},\psi_{i+1})$策略是自融资的,它在到期时的价值等于未定权益$X$的收益,即它复制了未定权益$X$的价值,那么未定权益$X$在任何时刻$i$的价值都等于组合$\prod_i = (\phi_{i+1},\psi_{i+1})$在时刻$i$的价值,否则无套利原理告诉我们,

市场中会产生套利机会。

另外需要注意到的是,在特定的股票价格 S 的二叉树模型中,使得贴现股票价格过程 $Z_i = B_i^{-1} S_i$ 成为鞅的测度 Q 一定是唯一的,也就是说,鞅测度是唯一的。

7.5　B-S 期权定价模型

自从期权交易产生以来,尤其是股票期权交易产生以来,学者们就一直致力于期权定价问题的研究。1973 年,美国芝加哥大学教授 Fischer Black(费雷·布莱克)和 Myron Scholes(迈伦·斯克尔斯)在《政治经济学》杂志发表了《期权定价与公司负债》一文,提出了著名的 Black-Scholes(布莱克-舒尔斯)期权定价模型(简称为 B-S 期权定价模型),在学术界引起了强烈的反响。Scholes 并因此获得 1997 年的诺贝尔经济学奖。在介绍这一著名的期权定价模型之前,我们先介绍需要的基础知识。

7.5.1　基础知识

1. Brownian(布朗)运动或 Wiener(维纳)过程

维纳过程是一种特殊的马尔可夫过程。马尔可夫过程的基本内容是:变量的当前值与未来的预测值有关,变量过去的历史以及变量从过去到现在的演变方式与未来的预测无关。以股票价格的变动来说,如果股价变动遵循马尔可夫过程,即是说现在股票的价格包含了所有的信息,当然也包括了所有过去的信息。这实际上表达了一种有效率的市场状态。

在物理学中用维纳过程描述某个粒子受到大量随机运动的小分子碰撞后的运动轨迹,也将其称为"布朗运动"。一个标准的维纳过程指的是一个随机过程 $W(t), t \geqslant 0$,如果满足如下条件:

(1)轨道连续:$W(0)=0$,且 $W(t)$ 是 t 的连续函数;

(2)增量正态分布:对固定的 $t, W(t) \sim N(0, t)$,以及对 $t > s$ 有
$$W(t) - W(s) \sim N(0, t-s)$$

(3)增量独立:若 $0 < t_1 < t_2 < \cdots < t_n$,有
$$W(t_n) - W(t_{n-1}), W(t_{n-1}) - W(t_{n-2}), \cdots, W(t_2) - W(t_1), W(t_1)$$
都是相互独立的。

那么这一随机过程 $W(t), t \geqslant 0$ 被称为布朗运动或维纳过程。

事实上,$W(t)$ 遵循维纳过程,其离散的状态是其在 Δt 时间间隔内 ΔW 必须满足:

(1)$\Delta W = \varepsilon \cdot \Delta t$,其中 $\varepsilon \sim N(0,1)$。

(2)对任何有时间间隔 $\Delta t, \Delta W$ 的取值相互独立。这一点实际隐含着 $W(t)$ 必须遵循马尔可夫过程。

由以上特点,可以知道 ΔW 本身亦服从正态分布,且其数学期望为:
$$E(\Delta W) = E(\varepsilon \cdot \Delta t) = \Delta t \cdot E(\varepsilon) = 0$$

方差等于:

$$D(\Delta W) = D(\varepsilon \cdot \Delta t) = \Delta t^2 \cdot D(\varepsilon) = \Delta t^2$$

2. 伊藤积分

若 $f(t)$ 是非预测的随机过程,在 $[0, T]$ 作一个剖分:

$$0 = t_0 < t_1 < \cdots < t_N = T$$

作积:

$$f(t_k)[W(t_{k+1}) - W(t_k)]$$

求和:

$$I_\Delta(f) = \sum_{k=0}^{N-1} f(t_k)[W(t_{k+1}) - W(t_k)]$$

如果极限

$$\lim_{\Delta \to 0} I_\Delta(f) = \lim_{\Delta \to 0} \sum_{k=0}^{N-1} f(t_k)[W(t_{k+1}) - W(t_k)]$$

存在,其中

$$\Delta = \max_{0 \leqslant k \leqslant N-1} (t_{k+1} - t_k)$$

且此极限与剖分无关,则称此极限值为 $f(t)$ 的伊藤积分,或 Ito 积分,记为:

$$\int_0^T f(t)\mathrm{d}W(t) = \lim_{\Delta \to 0} \sum_{k=0}^{N-1} f(t_k)[W(t_{k+1}) - W(t_k)]$$

 特别提示

Ito 积分的定义与通常的 Riemann 积分(黎曼积分)的定义是有差别的。

3. 伊藤引理(Ito 引理)

1951 年,数学家伊藤(Ito)发现这样一个事实:股票期权的价格 V 是该标的股票的价格 S 和时间变量 t 的函数。更一般地,任何一种衍生证券的价格 V 都是其标的资产价格 S 和时间变量 t 的函数。如果标的资产的价格满足一般的伊藤过程:

$$\mathrm{d}S_t = \mu(S_t, t)\mathrm{d}t + \sigma(S_t, t)\mathrm{d}W_t \tag{7.31}$$

其中,$\mu(S_t, t)$ 称为期望漂移率,即单位时间漂移的期望值;$\sigma(S_t, t)$ 是期望方差率,即单位时间的方差的期望值。那么作为其函数的衍生产品的价格 V 满足什么样的伊藤过程呢?这就是伊藤引理将告诉我们的。

设函数 $V(t) = V(S_t, t)$,其中 $V(t)$ 关于其两个自变量 t 和 S_t 均是二次可微的。如果 $S(t)$ 是一个随机过程,且满足下面一般的伊藤过程:

$$\mathrm{d}S(t) = \mu(S_t, t)\mathrm{d}t + \sigma(S_t, t)\mathrm{d}W_t$$

那么其函数 $V(t) = V(S_t, t)$ 一定满足下面的伊藤过程:

$$\mathrm{d}V(t) = \left(\frac{\partial V}{\partial t} + \mu(S_t, t)\frac{\partial V}{\partial S} + \frac{1}{2}\sigma^2(S_t, t)\frac{\partial^2 V}{\partial S^2} \right)\mathrm{d}t + \sigma(S_t, t)\frac{\partial V}{\partial S}\mathrm{d}W_t \tag{7.32}$$

公式(7.32)就是著名的伊藤引理,这一公式是随机分析中复合函数求微分的法则,与黎曼微积分中的复合函数求导数(微分)法则类似但仍有差异。

【例 7-8】 如果股票价格 $S(t)$ 满足随机微分方程:

$$\frac{\mathrm{d}S(t)}{S(t)} = \mu\mathrm{d}t + \sigma\mathrm{d}W(t), S(0) = S_0$$

则称 $S(t)$ 服从几何布朗运动,试求 $V(S_t,t)=\ln S_t$ 满足的随机微分方程。

解 由于

$$\frac{\partial V}{\partial t}=0,\frac{\partial V}{\partial S}=\frac{1}{S},\frac{\partial^2 V}{\partial S^2}=-\frac{1}{S^2}$$

那么由公式(7.32)知,$V(S_t,t)=\ln S_t$ 满足下面的随机微分方程

$$dV=\left(\mu S_t\cdot\frac{1}{S_t}+\frac{1}{2}\sigma^2 S_t^2\cdot\left(-\frac{1}{S_t^2}\right)\right)dt+\sigma S_t\cdot\frac{1}{S_t}dW(t)$$

$$=\left(\mu-\frac{1}{2}\sigma^2\right)dt+\sigma\cdot dW(t)$$

特别地,如果 S 就是布朗运动,即 $S_t=W_t$,那么 $f(S_t)$ 满足的微分方程是:

$$df(S_t)=df(W_t)=f'(W_t)dW_t+\frac{1}{2}f''(W_t)dt$$

另一个在黎曼微积分中常用的牛顿定律就是乘积法则,就是 $d(f_t g_t)=f_t dg_t+g_t df_t$。在随机微分中也有类似的求导法则。

如果 X_t 和 Y_t 是两个适应于同一布朗运动 W_t 的过程,且满足:

$$dX_t=\sigma_t dW_t+\mu_t dt,\ dY_t=\rho_t dW_t+\nu_t dt$$

那么

$$\frac{1}{2}\left[(X_t+Y_t)^2-X_t^2-Y_t^2\right]=X_t Y_t$$

应用伊藤引理,即可得

$$d(X_t Y_t)=X_t dY_t+Y_t dX_t+\sigma_t\rho_t dt$$

再一次注意到牛顿定律和伊藤微积分之间的差异。

如果 X_t 和 Y_t 是两个适应于不同的布朗运动 W_t 和 $\widetilde{W}_t$ 的过程,且 W_t 和 $\widetilde{W}_t$ 是独立的,且满足:

$$dX_t=\sigma_t dW_t+\mu_t dt,dY_t=\rho_t d\widetilde{W}_t+\nu_t dt$$

那么

$$d(X_t Y_t)=X_t dY_t+Y_t dX_t$$

这一法则完全类似于黎曼导数中的乘积法则。同样可以证明,如果 B_t 是一个零波动率的过程,X_t 是任意一个随机过程,那么

$$d(B_t X_t)=B_t dX_t+X_t dB_t$$

7.5.2 基本假设

费雷·布莱克和迈伦·舒尔斯(1973)发表了他们的突破性论文,第一次成功给出了以不支付股利或其他分配的股票为标的资产的欧式看涨期权的定价公式。在他们的文章中,提出了八个主要的假设条件:

1. 股票价格 $S(t)$ 服从几何布朗运动,即满足随机微分方程

$$\frac{dS(t)}{S(t)}=\mu dt+\sigma dW(t),S(0)=S_0 \tag{7.33}$$

其中,μ,σ 是常数。μ 为股票价格在单位时间内的期望收益率,被称为股票价格的漂移率;

σ 则是股票价格的波动率,即股票收益率在单位时间内的标准差。$W(t)$ 是标准布朗运动或维纳过程。股票价格的几何布朗运动形式与股价呈对数正态分布的假设是一致的。

简单分析几何布朗运动,公式(7.33)的左边,$\dfrac{\mathrm{d}S_t}{S_t}$ 为股票的瞬时收益率,受两个因素的影响。第一个是时间,经过时间段 $\mathrm{d}t$,股票价格收益率为 $\mu \mathrm{d}t$;第二个是不确定因素,这个因素由随机过程 $W(t)$ 来刻画,即 $\sigma \mathrm{d}W(t)$,可以看作随机波动使得股票价格变动偏离总体趋势的部分。有关 $W(t)$ 的讨论见 7.5.1 的基础知识。

这种假设是基于股票价格并不是树的事实。7.4 节中股票价格是离散树的假设只是股票价格实际运动的一种近似,实际上,股票价格可以瞬时变化而不是在一些固定的时点才发生变化。而且当节点越来越多、树权越来越短时,这样的价格树变得越来越复杂,所以我们不得不在连续的情况下从头开始对股票价格进行新的假设。股票价格是随机变化的,离散的价格树是有限的,但离散情况下的定价方法对复杂的随机价格情况下的定价有足够的启示。简单的二叉树模型是实际市场股票价格的建筑基石。

对股票价格变化的研究可以追溯到 1900 年,Bachelie 分析了巴黎股票市场的变化,进一步比较了股票价格的走势与一个随机运动的空气粒子或称为布朗运动的变化,结果发现其相似性是惊人的,在同一尺度下都呈现出了同样的锯齿状和类似性。但本能地,股票价格指数的总体结构不同于布朗运动,它随着时间的推移得到噪声,但不会得到负的价格。布朗运动是可以取负值的,所以布朗运动不能完全代表股票价格的变化。

既然两者的变化有相似性,我们不能简单放弃布朗运动。布朗运动代表随机波动,它服从正态分布,有零均值,但历史上看,如果仅考虑通货膨胀的因素,我们期望股票价格以一定比率上涨,所以股票价格可以人为地在布朗运动上加一个漂移项,即 $S_t = W_t + \mu t$。这里的常数 μ 表示名义增长率,被称为布朗运动的漂移项;我们还发现,在股票市场中,有时噪声很大但有时又很小,那么我们需要用某个因素来测度这种变化,如用一个为常数的因子 σ 乘以噪声 $W(t)$,那么 $S_t = \sigma W_t + \mu t$。但此时,由于股票价格服从正态分布,因此取值为负的概率仍然大于零。那么我们不妨大胆猜想,如果股票价格是:

$$S_t = \exp(\mu t + \sigma W_t)$$

那么股票价格不再可以取到负值,因此就有上面有关股票价格变化的假设 1,即众所周知的,股票价格的随机变化服从几何布朗运动。

2. 证券市场允许卖空

这是因为有时需要卖空股票构造套利机会,所以假定市场允许卖空,并且与世界上绝大多数股票市场的交易规则是一致的。说明这一假设是与实际相容的。

3. 证券在有效期内没有现金红利支付

综合假设 1 和假设 3 说明,股票价格的变化是连续而均匀的,不存在突然的跳跃。

4. 没有交易费用或税收,不考虑保证金问题,即不存在影响收益的任何外部因素

综合假设 3 和假设 4 说明,投资者的收益仅来自于股票价格的波动,而没有其他影响因素。

5. 所有证券都是无限可分的

在期权定价时,使用的方法是由无套利定价理论推出的 Δ-对冲原理。为了使得无风

险的组合存在,假定证券无限可分。复制同样要求这一假设,但这是与实际市场交易不相符的。

6. 证券交易是连续进行的

要使得利用 Δ-对冲原理构造的无风险组合在任意小的时间段$(t, t+dt)$都是有风险的,须假定证券的交易是连续进行的。交易市场事实也如此。

7. 在期权有效期内,无风险利率 r 是常数

投资者可以以此利率无限制地进行资金借贷。

8. 市场不存在无风险套利机会

在完备的证券市场中是不存在套利机会的,因为股票价格已经反映了市场中所有的信息。这一假设是与实际市场情况相一致的,并不是很强的假设,然而是期权定价必需的一个假设条件。这是因为期权定价的主要方法是无套利定价理论。

7.5.3 微分方程方法

1. B-S 微分方程

由前面的讨论知,欧式看涨期权的价格 c_t 不仅是时刻 t 的函数,而且是股票价格 $S(t)$ 的函数。不妨设期权价格 $c_t = c(S_t, t)$。假定函数 $c(x, t)$ 关于 t 有一阶连续偏导数,关于 x 有二阶连续偏导数。

下面利用无套利定价理论来获得期权价格 c 满足的偏微分方程,即 B-S 微分方程。首先构造组合:$\Pi = c - \Delta S$,即买进一份欧式看涨期权,再卖出 Δ 股标的股票。利用 Δ-对冲思想,由于股票是无限可分的,就可以选取适当的 Δ,使得在$(t, t+dt)$时段内,组合 Π 是无风险的。

设在时刻 t 形成投资组合 Π,并在$(t, t+dt)$内不再进行交易,即在$(t, t+dt)$持有的股票的份额 Δ 不变,因此该组合在$(t, t+dt)$内的收益(或亏损)为

$$d\Pi_t = dc_t - \Delta dS_t \tag{7.34}$$

又由于 Π 是无风险的,因此在时刻 $t+dt$,该投资组合的回报为:

$$\frac{d\Pi_t}{\Pi_t} = \frac{\Pi_{t+dt} - \Pi_t}{\Pi_t} = rdt$$

即

$$d\Pi_t = r\Pi_t dt = r(c - \Delta S_t)dt \tag{7.35}$$

再注意到 S_t 满足式(7.33),而 $c_t = c(S_t, t)$ 是 S_t 的函数,由伊藤引理知

$$dc_t = \left(\frac{\partial c}{\partial t} + \mu S \frac{\partial c}{\partial S} + \frac{1}{2}\sigma^2 S^2 \frac{\partial^2 c}{\partial S^2}\right)dt + \sigma S \frac{\partial c}{\partial S}dW_t$$

代入式(7.34)整理得:

$$d\Pi_t = \left(\frac{\partial c}{\partial t} + \mu S \frac{\partial c}{\partial S} + \frac{1}{2}\sigma^2 S^2 \frac{\partial^2 c}{\partial S^2} - \Delta \mu S\right)dt + \left(\sigma S \frac{\partial c}{\partial S} - \Delta \sigma S\right)dW_t \tag{7.36}$$

要使得 Π_t 是无风险的,则应取:

$$\Delta = \frac{\partial c}{\partial S} \tag{7.37}$$

将式(7.36)和式(7.37)代入式(7.35),有:

$$\left(\frac{\partial c}{\partial t}+\mu S\frac{\partial c}{\partial S}+\frac{1}{2}\sigma^2 S^2\frac{\partial^2 c}{\partial S^2}-\mu S\frac{\partial c}{\partial S}\right)\mathrm{d}t=r\left(c-S\frac{\partial c}{\partial S}\right)\mathrm{d}t \tag{7.38}$$

因为式(7.38)在任何的时间区间$(t,t+\mathrm{d}t)$内都成立,所以就有

$$\frac{\partial c}{\partial t}+\mu S\frac{\partial c}{\partial S}+\frac{1}{2}\sigma^2 S^2\frac{\partial^2 c}{\partial S^2}-\mu S\frac{\partial c}{\partial S}=rc-rS\frac{\partial c}{\partial S}$$

即

$$\frac{\partial c}{\partial t}+rS\frac{\partial c}{\partial S}+\frac{1}{2}\sigma^2 S^2\frac{\partial^2 c}{\partial S^2}=rc \tag{7.39}$$

这就是著名的 $B\text{-}S$ 微分方程。

对应于不同的衍生产品,式(7.39)就有不同的边界约束条件,因此就可以得到不同的解。如对欧式看涨期权,其边界约束条件是

$$c(T)=(S_T-K)^+ \tag{7.40}$$

对欧式看跌期权,其边界约束条件就是

$$p(T)=(K-S_T)^+$$

其中,K 表示期权的执行价格。

2. B-S 期权定价公式及其拓展

(1)B-S 期权定价公式

1973 年,布莱克和舒尔斯成功求解了由式(7.39)和式(7.40)构成的方程组,从而获得了无收益资产的欧式股票看涨期权的定价公式

$$c_t=S_t N(d_1)-K\mathrm{e}^{-r(T-t)}N(d_2) \tag{7.41}$$

其中

$$d_1=\frac{\ln(S_t/K)+\left(r+\frac{1}{2}\sigma^2\right)(T-t)}{\sigma\sqrt{T-t}},\ d_2=d_1-\sigma\sqrt{T-t}$$

这里 K 表示看涨期权的执行价格,$N(*)$ 表示标准正态分布的累积概率分布函数。根据标准正态分布函数的特性,有 $N(-x)=1-N(x)$。

【例 7-9】 已知 A 公司股票的价格 $S(t)$ 服从几何布朗运动,即满足随机方程:

$$\frac{\mathrm{d}S_t}{S_t}=0.2\mathrm{d}t+0.35\mathrm{d}W_t$$

公司股票现在的市价是 92 美元,到期期限为 50 天的该公司股票欧式看涨期权的条件见表 7-7。试计算:执行价格的现值,d_1 和 d_2,$N(d_1)$ 和 $N(d_2)$,以及该期权现在的价格。

表 7-7　欧式看涨期权的已知条件

A 公司股票看涨期权的执行价格	95 美元
到期期限($T-t$)	50 天或 $50/365=0.137$ 年
无风险利率(r)	7.12%

解 (1)执行价格的现值

$$K\mathrm{e}^{-r(T-t)}=95\mathrm{e}^{-0.0712\times 0.137}=94.08(美元)$$

（2）计算 d_1 和 d_2：

$$d_1 = \frac{\ln(92/95) + (0.0712 + 0.5 \times 0.35^2) \times 0.137}{0.35 \times \sqrt{0.137}} = -0.1076$$

$$d_2 = d_1 - \sigma\sqrt{T-t} = -0.1076 - 0.35 \times \sqrt{0.137} = -0.2371$$

（3）计算 $N(d_1)$ 和 $N(d_2)$

查表可知：$N(0.1076) = 0.543$，$N(0.2371) = 0.594$，所以有

$N(d_1) = N(-0.1076) = 1 - N(0.1076) = 0.457$，$N(d_2) = N(-0.2371) = 0.406$

（4）计算欧式看涨期权现在的价格：

$$c_t = 92 \times 0.457 - 94.08 \times 0.406 = 3.848（美元）$$

从 B-S 期权定价公式中可以看出，期权价格的影响因素包括：标的资产的市场价格、执行价格、标的资产价格的波动率、无风险利率、到期期限。与第一节相比，除了现金收益（在基本假设中已经剔除）外，其他的因素都出现在式（7.41）中，且影响方向与第一节分析的一致。

从式（7.41）可以看出，期权的价格与股票价格的预期收益率 μ 无关，即在股票价格遵循几何布朗运动的假设条件中出现的预期收益率 μ，在期权定价公式中消失了。这对于寻求期权价格的人们来说无疑是一个好消息，因为迄今为止还没有找到一个计算证券预期收益率的确定方法。期权价格与 μ 无关，大大降低了期权定价的难度和不确定性。

进一步考虑，标的证券的预期收益率是受制于投资者的主观风险和收益偏好的，μ 没有出现在期权价格公式中，公式（7.41）包含的变量包括股票的市场价格 S、执行价格 K、到期期限 $T-t$、证券价格的波动率 σ 和无风险利率 r，它们全部都是客观变量，独立于投资者的主观变量——风险收益偏好。既然主观风险偏好对期权价格没有影响，这就说明 B-S 期权定价公式所揭示的期权价格包含一种特性，那就是在对欧式期权定价时，所有的投资者都是风险中性的。

在所有投资者都是风险中性的条件下（有时也称为进入一个"风险中性世界"），所有证券的预期收益率都等于无风险利率 r，这是因为风险中性的投资者并不需要额外的收益来吸收他们去承担风险。同样，在风险中性条件下，所有的现金流量都可以通过无风险利率进行贴现来求得现值。这就是风险中性定价原理。

（2）B-S 期权定价公式的拓展

根据欧式看涨看跌期权的平价公式，对于无收益资产的看跌期权，其定价公式为：

$$p_t = Ke^{-r(T-t)}N(-d_2) - SN(-d_1) \tag{7.42}$$

其中的各个变量见 B-S 期权定价公式（7.41）。

对于无收益资产的美式看涨期权，由于提前执行是不合适的，因此就有 $C = c$，所以式（7.41）同样给出了无收益资产的美式看涨期权的价格。

但是，美式看涨期权和看跌期权之间没有严格的平价关系，因此不能根据平价公式来获得美式看跌期权的价格。迄今为止，对于无收益的美式看跌期权，还没有得到一个精确的定价公式，可以利用数值方法以及解析近似方法来求美式看跌期权的价格。

迄今为止，我们一直假定期权的标的资产没有现金收益，那么对于有收益资产，其定价公式又是怎样的呢？事实上，如果现金收益可以准确地预测到，或者说是已知的，那么

有收益资产的欧式期权定价并不复杂。

当标的资产有已知的现金收益,不妨假定其已知现金收益的现值为 D 时,只要用 S-D 代替式(7.41)和式(7.42)中的 S,即可求得有固定现金收益证券欧式看涨期权和看跌期权的定价公式。

当标的资产的收益为按连续复利计算的固定收益率 q 时,我们只要将 $Se^{-q(T-t)}$ 代替式(7.41)和式(7.42)中的 S,就可获得支付连续复利收益率证券的欧式看涨和看跌期权的定价公式。

【例 7-10】　假设当前英镑的即期利率为 1.50 美元/英镑,美元的无风险连续复利率为 7%,英镑的无风险连续复利率为 10%,英镑汇率遵循几何布朗运动,其波动率为 10%,求 6 个月期协议价格为 1.50 美元/英镑的英镑欧式看涨期权的价格。

解　由于英镑会产生无风险收益,且该收益是连续复利率 10%,所以应该用 $S=e^{-0.1\times0.5}$ 代替 S 求得期权价格:

$$c=1.5e^{-0.1\times0.5}N(d_1)-1.5e^{-0.07\times0.5}N(d_2)$$

其中

$$d_1=\frac{-0.1\times0.5+(0.07+0.5\times0.01)\times0.5}{0.1\times\sqrt{0.5}}=-0.1768$$

$$d_2=d_1-\sigma\sqrt{T-t}=-0.1768-0.1\times\sqrt{0.5}=-0.2475$$

查表知:$N(0.1768)=0.5702$,$N(0.2475)=0.5977$,所以有

$$N(d_1)=0.4298,\quad N(d_2)=0.4023$$

所以该英镑欧式看涨期权的价格为:

$$c=3.05(美分)$$

7.5.4　随机分析方法

1. 基础知识

(1)测度变换——Randon-Nikodym 微商(导数)

我们谈到布朗运动时没有强调测度,实际上任何布朗运动都一定是在某个测度下的标准的布朗运动。在另一个测度之下,它可能就不再是一个标准的布朗运动了。伊藤引理可以熟练地转换随机过程,但它只可以对布朗运动进行微分操作,并不是测度的变换。严格地讲,布朗运动 $W(t)$ 本质上不是一个布朗运动,是关于某个测度如 P 测度下的布朗运动,P-布朗运动。这样,前面伊藤引理中描述的股票价格过程 $S(t)$ 的随机微分公式就是关于 P 测度的,因为在测度 P 下,$W(t)$[或者确定的 $dW(t)$]是一个布朗运动。

在微分方程方法中,我们看到实际定价过程中有两个测度:一个是实际测度,一个是风险中性测度。实际上,两个测度是等价的。下面我们先看测度变换的概念。在测度变换下,布朗运动用一种很容易的方式发生变换,通过他们的微分扩展,随机方程也一样变换。

为了本能地得到测度变换可能带来的影响,可以先返回到离散的过程,考虑一个简单的 P 测度下的二期二叉树模型,如图 7-23 所示。

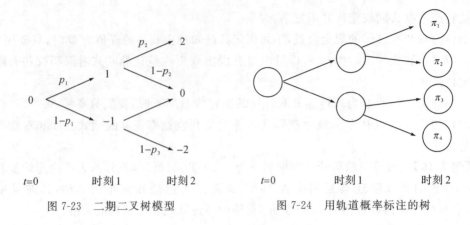

图 7-23 二期二叉树模型　　　　　图 7-24 用轨道概率标注的树

从时刻 0 开始到时刻 2,我们可以有四种不同的轨道:$\{0,1,2\}$,$\{0,1,0\}$,$\{0,-1,0\}$ 和 $\{0,-1,-2\}$。在测度 P 下,我们可以指定这些路径的概率如表 7-8 所示。

我们能够将轨道到轨道概率的映射编码为概率测度 P。如果知道了 π_1,π_2,π_3,π_4,那么就可以知道 p_1,p_2 和 p_3(只要他们严格地在 0 和 1 之间)。这样如果我们用一个非重组的树来表示这一过程,就能够用 π 编码的概率测度信息为每一轨道贴上标签,具体见图 7-24。

表 7-8 路径概率

路径	概率
$\{0,1,2\}$	$p_1 p_2 =: \pi_1$
$\{0,1,0\}$	$p_1(1-p_2) =: \pi_2$
$\{0,-1,0\}$	$(1-p_1)p_3 =: \pi_3$
$\{0,-1,-2\}$	$(1-p_1)(1-p_3) =: \pi_4$

当然,如果假定有另一个不同的概率测度 Q,指定上面的二叉树轨道的概率分别为 q_1,q_2,q_3,我们可以再一次为每一轨道编码,其轨道的概率可以分别表示为 π'_1,π'_2,π'_3,π'_4。再一次,如果 π'_i 严格地在 0 和 1 之间,那么 $\pi'_1,\pi'_2,\pi'_3,\pi'_4$ 就唯一地决定了测度 Q。

利用这种编码的方式,存在一种很自然的方法去编译测度 P 和 Q 之间的差异,也给出了一个从测度 P 产生测度 Q 的思想。如果我们对每一轨道 i 用 π'_i/π_i 来编码,那么就可以把这种轨道的映射用这一比值 dQ/dP 来表示。由于这一比值依赖于轨道,因此是一个随机变量,这一比值就被称为是直到时刻 2 的测度 Q 关于 P 的 Randon-Nikodym 导数(微商)。用 Randon-Nikodym 导数标示的树如图 7-25 所示。

如果存在 dQ/dP,我们就可以由测度 P 获得测度 Q,因为如果我们有测度 P,那么就有 π_1,π_2,π_3,π_4,而 dQ/dP 又给出了概率比 π'_i/π_i,所以就有了 $\pi'_1,\pi'_2,\pi'_3,\pi'_4$,那么 Q 就被唯一确定了。

问题是 p_i 或 q_i 可以为 0 或 1 吗?首先,如果其中一个为零,那么不可能从 π_i 或 π'_i 获得 p_i 或者 q_i。如 p_1 等于零就意味着 π_1,π_2 都为零,所以关于 p_2 的信息遗失了。当然两条轨道 π_1,π_2 都是不可能事件,那么 p_2 也就不需要了。如果我们限制每一轨道是可能

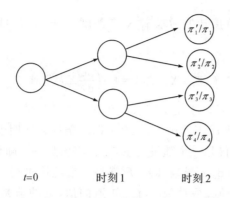

$t=0$ 时刻 1 时刻 2

图 7-25 用 Randon-Nikodym 导数标注的树

的,那么就一定可以由 π_i 或 π'_i 返回到 p_i 或者 q_i。另外,如果有一个 p_i 为零而所有的 q_i 都不为零,那至少有一个 π_i 为零,所有的 π'_i 都不为零,这就意味着至少一个 π'_i/π_i 是无定义的,也就是说,在一些轨道上,dQ/dP 就不能存在,同时注意到在这些轨道上,实际上在测度 P 下是不可能发生的,而在测度 Q 下是可能发生的,也就是说,Randon-Nikodym 导数是不存在的。因此,我们必须限定在测度 P 和 Q 下所有的事件都是可能发生的,Randon-Nikodym 导数才存在。也就是说,要想 Randon-Nikodym 导数存在,那么必须限定在测度 P 和 Q 下所有的事件都是可能发生的,即两个测度必须是等价的。

特别提示

两个测度 P 和 Q 是等价的当且仅当它们定义在同一样本空间上且所有的事件都是可能发生的。正式地,如果 A 是样本空间中的任一事件,那么测度 P 与 Q 是等价的,当且仅当

$$P(A)>0\Leftrightarrow Q(A)>0$$

换句话说,如果 A 事件在测度 P 下是可能事件,那么在测度 Q 下也是可能事件;如果在测度 P 下是不可能事件,那么在测度 Q 下也是不可能事件;反之亦然。

只有在测度 P 和 Q 等价且轨道是可能的情况下,定义 dQ/dP 或 dP/dQ 才是有意义的。也就是说,Randon-Nikodym 导数 dQ/dP 或者 dP/dQ 存在的前提条件是,测度 P 和 Q 必须是等价的。

考虑在上述二期模型上的一个未定权益 X。X 是一个随机变量,换句话说,是一个从轨道到价值的映射,用 x_i 表示该未定权益 X 在轨道 i 上的取值,那么 X 在测度 P 下的期望值等于:

$$E_P(X)=\sum_i \pi_i x_i$$

这里 i 代表所有的四种可能的轨道,那么我们可以得到 X 在测度 Q 下的期望值:

$$E_Q(X)=\sum_{i=1}\pi'_i x_i=\sum_i \pi_i\left(\frac{\pi'_i}{\pi_i}x_i\right)=E_P\left(\frac{\mathrm{d}Q}{\mathrm{d}P}X\right)$$

这里,dQ/dP 类似于 X,是一个随机变量,因此我们可以求数学期望,而且发现求 X 在测

度 Q 下的数学期望可以直接转换为求 $\dfrac{\mathrm{d}Q}{\mathrm{d}P}X$ 在测度 P 下的数学期望。因此,上面的式子可以改写为

$$E_Q(X_T\,|\,\mathfrak{I}_0)=E_P\left(\frac{\mathrm{d}Q}{\mathrm{d}P}X_T\,\Big|\,\mathfrak{I}_0\right)$$

式中:T 是 $\mathrm{d}Q/\mathrm{d}P$ 的到期日,X_T 是未定权益在到期时的取值。

那么,如果 s 不等于零,t 不等于 T,是否可以求条件数学期望 $E_Q(X_t\,|\,\mathfrak{I}_s)$ 呢?这就有一个必要条件:$\mathrm{d}Q/\mathrm{d}P$ 不仅是一个随机变量,而且应该是一个随机过程。

事实上,Randon-Nikodym 导数 $\mathrm{d}Q/\mathrm{d}P$ 就是一个随机过程。如果用 ς 表示 Randon-Nikodym 导数在时刻 t 的值,是时刻 t 对应轨道的值,它的值是两个测度对应概率的比值。例如上面的二期模型,在时刻 1,有两个可能的轨道 $\{0,1\}$ 和 $\{0,-1\}$,那么导数 ς 在对应两个轨道上的取值分别为 q_1/p_1 和 $(1-q_1)/(1-p_1)$;而在时刻 0,导数 ς 的值就是 1,因为只有一个轨道 $\{0\}$,是必然事件,在概率测度 P 和 Q 下的概率均为 1。因此我们就有了一棵 Randon-Nikodym 导数 ς 的树,如图 7-26 所示,其中 $\overline{p}_i=1-p_i$,$\overline{q}_i=1-q_i$。

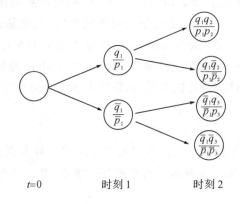

图 7-26　用 Randon-Nikodym 导数 ς 标注的树

事实上,图 7-26 表明,Randon-Nikodym 导数 ς 有另一个条件期望的表达式:

$$\varsigma=E_P\left(\frac{\mathrm{d}Q}{\mathrm{d}P}\,\Big|\,\mathfrak{I}_t\right),\quad \forall\,t\leqslant T$$

其中,$\mathrm{d}Q/\mathrm{d}P$ 表示到期时刻 T 的 Randon-Nikodym 导数。过程 ς 就是我们想要的思想:沿着轨道从测度 P 到另一个测度 Q 的变换。如果 X_t 是时刻 t 的未定权益,想要求 $E_Q(X_t)$,那么它就等于 $E_P(\varsigma X_t)$;如果要求条件期望 $E_Q(X_t\,|\,\mathfrak{I}_s)$,那么仅需要知道从时刻 s 到时刻 t 测度变换的数量,即 ς_t/ς_s,就有:

$$E_Q(X_t\,|\,\mathfrak{I}_s)=\varsigma_s^{-1}E_P(\varsigma_t X_t\,|\,\mathfrak{I}_s)$$

 特别提示

如果测度 P 和 Q 是等价的,T 是到期日,一定存在一个定义在测度 P 的可能轨道上取正实值的随机变量 $\dfrac{\mathrm{d}Q}{\mathrm{d}P}$,使得对时刻 T 的所有的未定权益 X_T,一定有:

（Ⅰ）$E_Q(X_T) = E_P\left(\dfrac{\mathrm{d}Q}{\mathrm{d}P}X_T\right)$

（Ⅱ）$E_Q(X_t | \mathfrak{I}_s) = \varsigma_s^{-1} E_P(\varsigma X_t | \mathfrak{I}_t), s \leqslant t \leqslant T$

其中，$\varsigma = E_P\left(\dfrac{\mathrm{d}Q}{\mathrm{d}P} | \mathfrak{I}_t\right)$。

上面介绍的都是在离散情况下的 Randon-Nikodym 导数，那么在连续的概率空间上是否成立呢？在连续情况下，可以用概率密度函数来计算概率，如测度 P 是定义在实数空间上的概率测度。如果假定在测度 P 下，随机变量 X 服从标准正态分布 $N(0,1)$，其概率密度就是：

$$f_P(x) = \frac{1}{\sqrt{2\pi}} \mathrm{e}^{-\frac{1}{2}x^2}$$

粗略地说，$f_P(x)$ 表示事件 $\{X=x\}$ 发生的相对概率大小，换句话说，X 取值在 x 和 $x+\mathrm{d}x$ 的概率近似等于 $f_P(x)\mathrm{d}x$。准确地讲，如果 X 在实数的一个子集 A 上取值的概率等于：

$$P(X \in A) = \int_A f_P(x)\mathrm{d}x = \int_A \frac{1}{\sqrt{2\pi}} \mathrm{e}^{-\frac{1}{2}x^2} \mathrm{d}x$$

这还不够，我们需要的是在已知信息流 $\mathfrak{I}_s(s<t)$ 的情况下可以确定任何时刻 t 下的边际分布。在连续的情况下，我们需要捕捉任何一条轨道上发生的概率。

一种方法就是指定一条轨道，不是对所有到期日 T 之前的所有时刻，仅仅是某个任意大的但还是有限的时间点 $\{0=t_0, t_1, \cdots, t_{(n-1)}, t_n=T\}$，考虑这样的轨道集合，在时间点 $\{t_1, t_2, \cdots, t_{(n-1)}, t_n\}$ 取值 $\{x_1, x_2, \cdots, x_{(n-1)}, x_n\}$。如果仅有一个时刻 t_1，那么这个轨道的概率值可以用布朗运动 W_{t_1} 的概率密度函数来表示 [W_{t_1} 服从正态分布 $N(0, t_1)$]，那么同样地，对有限的时间点 $\{t_1, t_2, \cdots, t_{(n-1)}, t_n\}$，其取值为 $\{x_1, x_2, \cdots, x_{(n-1)}, x_n\}$ 的概率就可以用其联合概率密度函数 $f_P^n(x_1, x_2, \cdots, x_n)$ 来表示。

特别提示

1. 如果考虑轨道开始时刻从 0 点出发，即 $t_0=0$，$x_0=0$，记 $\Delta x_i = x_i - x_{i-1}$，$\Delta t_i = t_i - t_{i-1}$。由于布朗运动的增量 $\Delta W_i = W(t_i) - W(t_{i-1})$ 是相互独立的，因此 $(W_{t_1}, W_{t_2}, \cdots, W_{t_n})$ 的联合概率密度为

$$f_P^n(x_1, x_2, \cdots, x_n) = \prod_{i=1}^{n} \frac{1}{\sqrt{2\pi\Delta t_i}} \mathrm{e}^{\left(-\frac{(\Delta x_i)^2}{2\Delta t_i}\right)}$$

就像测度 P 可以通过有限时刻网格进行逼近，所以 Randon-Nikodym 导数也可以用类似的方法逼近，在时间网格 $\{t_1, t_2, \cdots, t_{(n-1)}, t_n\}$ 上，事件 $A = \{\omega' : W_{t_i}(\omega') = W_{t_i}(\omega), i=1, 2, \cdots, n\}$ 逼近轨道取值为 ω 的事件，这样 Randon-Nikodym 导数就是一个极限：

$$\frac{\mathrm{d}Q}{\mathrm{d}P}(\omega) = \lim_{A \to \omega} \frac{Q(A)}{P(A)}$$

因此就有了在连续概率空间上的 Randon-Nikodym 导数。

2. 如果测度 P 和 Q 是等价的，T 是到期日。给定一条轨道 ω，对每一个有序的时间网格 $\{t_1, t_2, \cdots, t_{(n-1)}, t_n = T\}$，如果令 $W_{t_i}(\omega) = x_i$，那么直到时刻 T 的 Randon-Nikodym

导数 $\dfrac{\mathrm{d}Q}{\mathrm{d}P}$ 就等于极限值：

$$\frac{\mathrm{d}Q}{\mathrm{d}P}(\omega)=\lim_{n\to\infty}\frac{f_Q^n(x_1,x_2,\cdots,x_n)}{f_P^n(x_1,x_2,\cdots,x_n)}$$

在连续概率空间中，Randon-Nikodym 导数 $\dfrac{\mathrm{d}Q}{\mathrm{d}P}$ 也满足：

（Ⅰ） $E_Q(X_T)=E_P\left(\dfrac{\mathrm{d}Q}{\mathrm{d}P}X_T\right)$

（Ⅱ） $E_Q(X_t\mid\mathfrak{I}_s)=\varsigma^{-1}E_P(\varsigma X_t\mid\mathfrak{I}_t),\ s\leqslant t\leqslant T$

其中，$\varsigma=E_P\left(\dfrac{\mathrm{d}Q}{\mathrm{d}P}\mid\mathfrak{I}_t\right)$，$X_t$ 是任意一个对信息流 $\mathfrak{I}_t$ 适应的过程。

（2）Camerous-Martin-Girsanov 定理

现在我们已经有了测度变换工具，但还不知道利用这一工具的技巧。假定，W_t 在测度 P 下是一个布朗运动，那么在等价的测度 Q 下，W_t 还是布朗运动吗？或者是另外一个什么不同的过程呢？

看一个简单的例子。如果 W_t 是一个测度 P 下的标准布朗运动，对于一个时间极限 T，借助于下式：

$$\frac{\mathrm{d}Q}{\mathrm{d}P}=\exp\left(-\gamma W_T-\frac{1}{2}\gamma^2 T\right) \tag{7.43}$$

定义一个与 P 等价的测度 Q，那么在测度 Q 下 W_t 是什么？事实上，我们需要知道在测度 Q 下 W_T 的概率分布函数或者等价的什么。这里一个非常有用的技巧就是去求其矩母函数。

 特别提示

随机变量 X 是测度 P 下的一个正态随机变量 $N(\mu,\sigma^2)$ 当且仅当对所有的实数 θ，下式成立：

$$E_P[\exp(\theta X)]=\exp\left(\theta\mu+\frac{1}{2}\theta^2\sigma^2\right) \tag{7.44}$$

下面计算 $E_Q[\exp(\theta W_T)]$。由 Randon-Nikodym 导数，我们知

$$E_Q[\exp(\theta W_T)]=E_P\left[\frac{\mathrm{d}Q}{\mathrm{d}P}\exp(\theta W_T)\right]$$

又由式(7.43)，有

$$E_Q[\exp(\theta W_T)]=E_P\left[\exp(-\gamma W_T-\frac{1}{2}\gamma^2 T+\theta W_T)\right]$$

$$=\exp\left(-\frac{1}{2}\gamma^2 T\right)E_P\{\exp[(\theta-\gamma)W_T]\}$$

由于 W_T 是测度 P 下的布朗运动，所以服从正态分布 $N(0,T)$，因此由式(7.44)知：

$$E_P[\exp(\theta-\gamma)W_T]=\exp\left[\frac{1}{2}(\theta-\gamma)^2 T\right]$$

则有：

$$E_Q[\exp(\theta W_T)] = \exp\left[-\frac{1}{2}\gamma^2 T + \frac{1}{2}(\theta - \gamma)^2 T\right] = \exp\left(-\theta\gamma T + \frac{1}{2}\theta^2 T\right)$$

再由式(7.44)知,它是正态分布 $N(-\gamma T, T)$ 的矩母函数,因此在测度 Q 下, W_T 仍然服从正态分布,且期望值为 $-\gamma T$,方差为 T。

那么 W_t 呢? 类似于 W_T,在借助于上面的测度变换下, W_T 仅仅是加了一个常数的漂移项。 W_t 也一样,利用上面的结果,可以证明在测度 Q 下, $\widetilde{W}_t = W_t + \gamma t$ 满足:

(Ⅰ) $\widetilde{W}_t$ 是连续的,且 $\widetilde{W}_0 = 0$;

(Ⅱ) $\widetilde{W}_t$ 在测度 Q 下服从正态分布 $N(0, t)$;

(Ⅲ) $\widetilde{W}_{t+s} - \widetilde{W}_s$ 独立于信息流 $\mathfrak{I}_s$,且服从正态分布 $N(0, t)$,也就是说,在测度变换公式(7.43)下, $\widetilde{W}_t = W_t + \gamma t$ 是测度 Q 下的标准的布朗运动。(Ⅱ)和(Ⅲ)等价于:

(Ⅱ′) $E_Q[\exp(\theta \widetilde{W}_t)] = \exp\left(\frac{1}{2}\theta^2 t\right)$

(Ⅲ′) $E_Q\{\exp[\theta(\widetilde{W}_{t+s} - \widetilde{W}_s)] | \mathfrak{I}_s\} = \exp\left(\frac{1}{2}\theta^2 t\right)$

由此可知,从测度 P 变换到测度 Q,改变的仅仅是布朗运动特定轨道的相对概率。如在测度 Q 下, W_t 在时刻 t 可能有一条向下漂移 $-\gamma$ 的轨道,尽管在测度 P 下这是不可能的,但在测度 Q 下是可能的。我们可以看出,当 W_T 是非常大的负数时,Randon-Nikodym 导数(7.43)非常大;而当 W_T 接近于零或是正数时,Randon-Nikodym 导数(7.43)就变得非常小。这说明,那条轨道在测度 Q 下最有可能以取值为负数而结束;而在测度 P 下,那条轨道最有可能以零或大于零终止。在测度变换下,改变的仅仅是将一个标准的布朗运动变成了一个有漂移的布朗运动,当然漂移项是随机微分方程中重要的一个要素。事实上,所有的测度变换对布朗运动来说,改变的就是漂移项,而我们感兴趣的所有的随机微分方程都是由布朗运动和漂移项的微分形式构成的。这样,由测度 P 到测度 Q 的变换也是自然的和可喜的。这就是 Camerous-Martin-Girsanov 定理告诉我们的。

Camerous-Martin-Girsanov 定理:如果 W_t 是测度 P 下的标准布朗运动, γ_t 是一个 $\mathfrak{I}$ 可料的过程,满足:

$$E_P\left[\exp\left(\frac{1}{2}\int_0^T \gamma_t^2 \mathrm{d}t\right)\right] < \infty$$

那么一定存在一个测度 Q 满足:

(Ⅰ) Q 等价于 P;

(Ⅱ) $\dfrac{\mathrm{d}Q}{\mathrm{d}P} = \exp\left(-\int_0^T \gamma_t \mathrm{d}W_t - \frac{1}{2}\int_0^T \gamma_t^2 \mathrm{d}t\right)$

(Ⅲ) $\widetilde{W}_t = W_t + \displaystyle\int_0^t \gamma_s \mathrm{d}s$ 是测度 Q 下的标准布朗运动。

换句话说,在测度 Q 下,在时刻 t, W_t 是一个有漂移 $-\gamma_t$ 的布朗运动。

Camerous-Martin-Girsanov 定理的逆定理也成立。

Camerous-Martin-Girsanov 逆定理:如果 W_t 是测度 P 下的标准布朗运动, Q 是与 P 等价的测度,那么一定存在某个 $\mathfrak{I}$ 可料的过程 γ_t 使得

$$\widetilde{W}_t = W_t + \int_0^t \gamma_s \mathrm{d}s$$

是测度 Q 下的标准布朗运动。换句话说，W_t 加一个漂移 γ_t 就是 Q 布朗运动。另外，Q 关于 P 的 Randon-Nikodym 导数为

$$\frac{\mathrm{d}Q}{\mathrm{d}P} = \exp\left(-\int_0^T \gamma_t \mathrm{d}W_t - \frac{1}{2}\int_0^T \gamma_t^2 \mathrm{d}t\right)$$

现在我们看到了，Camerous-Martin-Girsanov 定理和逆定理是控制任何过程的漂移项的强有力的工具。

假定 X_t 是一个随机过程，满足随机微分方程：

$$\mathrm{d}X_t = \sigma_t \mathrm{d}W_t + \mu_t \mathrm{d}t$$

这里 W_t 是一个 P 布朗运动。假定我们想要找到一个测度 Q，使得在测度 Q 下 X_t 的漂移项是 $\nu_t \mathrm{d}t$ 而不是 $\mu_t \mathrm{d}t$，那么第一步，可以将 $\mathrm{d}X_t$ 重写为

$$\mathrm{d}X_t = \sigma_t\left(\mathrm{d}W_t + \frac{\mu_t - \nu_t}{\sigma_t}\mathrm{d}t\right) + \nu_t \mathrm{d}t$$

记

$$\gamma_t = \frac{\mu_t - \nu_t}{\sigma_t}$$

如果 γ_t 满足 Camerous-Martin-Girsanov 定理的有界性条件，即 $E_P\left[\exp\left(\frac{1}{2}\int_0^T \gamma_t^2 \mathrm{d}t\right)\right] < \infty$，那么就一定存在一个等价于 P 的新的测度 Q，在测度 Q 下：

$$\widetilde{W}_t = W_t + \int_0^t \frac{\mu_s - \nu_s}{\sigma_s}\mathrm{d}s$$

是一个标准的布朗运动。这就意味着，在测度 Q 下，X_t 的随机微分方程是：

$$\mathrm{d}X_t = \sigma_t \mathrm{d}\widetilde{W}_t + \nu_t \mathrm{d}t$$

此时，X_t 的漂移项就是 $\nu_t \mathrm{d}t$，而此时应该注意，随机微分方程的波动率是不变的。

（3）鞅表示定理

现在我们可以用伊藤引理去解决一些随机微分方程，也知道了在测度变换的情况下，随机微分方程如何变换了。正如在离散情况下看到的，现在的关键问题是如何寻找一个鞅测度，从而解决期权的定价问题。

定义：一个随机过程 M_t 在一个测度 P 下是一鞅当且仅当满足以下两个条件：

（I）$E_P(|M_t|) < \infty$，对所有的 t

（II）$E_P(M_t | \mathfrak{I}_s) = M_s$，对所有的 $s \leqslant t$

其中，$\mathfrak{I}_t$ 是 t 时刻的信息流。

第一个条件仅仅是技术上的要求，第二个条件是鞅测度最本质的内容，它表示在已知现在和过去信息的条件下，一个随机过程其未来值的期望值等于其现在的值，既不向上漂移也不向下漂移。简单的理解就是一场公平的赌局。下面列举几个简单的例子帮助大家理解在连续条件下的鞅的概念。

（1）最简单的情况，S_t 是一个常数过程，即

$$S_t = c，对所有的 t$$

那么 S_t 是任何测度 P 下的鞅，因为

$$E_P(S_t | \mathfrak{I}_s) = c = S_s，对所有的 s \leqslant t$$

和所有的测度 P 都成立。

（2）P 布朗运动 W_t 一定是一个 P 鞅。本能地，这是成立的，因为标准的布朗运动既不向上漂移也不向下漂移，但我们还是应该证明：$E_P(W_t|\mathfrak{F}_s)=W_s$。由于 W_t 是 P 布朗运动，因此 W_t-W_s 独立于 W_s（即独立于 $\mathfrak{F}_s$）且服从正态分布 $N(0,t-s)$，那么有

$$E_P(W_t|\mathfrak{F}_s)=E_P(W_t-W_s|\mathfrak{F}_s)+E(W_s|\mathfrak{F}_s)=E_P(W_t-W_s)+W_s=W_s$$

（3）如果 X 是一个未定权益，其取值仅依赖于到期时间 T，且 $E_P(|X|)<\infty$，那么过程

$$N_t=E_P(X|\mathfrak{F}_s)$$

是测度 P 下的鞅。

这个例子是产生鞅的一个小技巧，我们后面会用这个技巧来产生鞅过程。正如前面的讨论告诉我们，这个技巧首先是将一个随机变量 X 转换成为一个过程。下面我们来说明它还是一个鞅，即证明 $E_P(N_t|\mathfrak{F}_s)=N_s$。事实上：

$$E_P[E_P(X|\mathfrak{F}_t)|\mathfrak{F}_s]=E_P(X|\mathfrak{F}_s)=N_s$$

也就是说，先取时刻 t 的信息流 $\mathfrak{F}_t$ 作为条件求数学期望，然后再以之前时刻 s 的信息流 $\mathfrak{F}_s$ 为条件求数学期望，那就相当于直接以信息流 $\mathfrak{F}_s$ 为条件求数学期望了，这种求条件期望的特征被称为塔定律（tower law）。

Martingale Representation Theorem：假定 M_t 是一个 Q 鞅，它的波动率 σ_t 满足概率 1 下非零的条件，而 N_t 是另一个 Q 鞅，那么：

（Ⅰ）一定存在一个 $\mathfrak{F}$ 可料的过程 ϕ_t，以概率 1 满足：

$$\int_0^T \phi_t^2\sigma_t^2\,\mathrm{d}t<\infty$$

（Ⅱ）N_t 可以表示为

$$N_t=N_0+\int_0^t \phi_s\,\mathrm{d}M_s \tag{7.45}$$

且可料过程 ϕ_t 是唯一的。

利用鞅表示定理，我们知道，如果 W_t 是一个 P 布朗运动，它就是一个 P 鞅，而 X_t 是另一个 P 鞅，那么一定存在可料过程 ϕ_t 使得

$$X_t=X_0+\int_0^t \phi_s\,\mathrm{d}W_s$$

它的微分形式就是：$\mathrm{d}X_t=\phi_t\,\mathrm{d}W_t$，是没有漂移项的。

 特别提示

如果 X 是一个随机过程（测度 P 下），即 $\mathrm{d}X_t=\sigma_t\,\mathrm{d}W_t+\mu_t\,\mathrm{d}t$，其中 W_t 是 P 布朗运动，且 σ_t 满足技术条件

$$E_P\left[\left(\int_0^T \sigma_t^2\,\mathrm{d}t\right)^{\frac{1}{2}}\right]<\infty \tag{7.46}$$

那么 X 是一个 P 鞅的充分必要条件是 X 是无漂移的，即 $\mu_t\equiv 0$。

还要注意：如果技术条件式（7.46）不成立，那么一个无漂移项的过程可能就不是一个鞅，这样的过程被称为局部鞅。

这个技术条件是令人讨厌的,例如,如果 X_t 是一个指数的无漂移过程,即其随机微分方程满足 $dX_t = \sigma_t X_t dW_t$,这个条件

$$E_P\left[\left(\int_0^T \sigma_t^2 X_t^2 dt\right)^{\frac{1}{2}}\right] < \infty$$

是难以验证的,从而很难确定 X_t 是否是一个鞅。不过对于这种指数过程,有一个特别的例外。

 特别提示

如果 X 是一个随机过程(测度 P 下),满足 $dX_t = \sigma_t X_t dt$,其中 W_t 是 P 布朗运动,σ_t 满足条件

$$E_P\left[\exp\left(\frac{1}{2}\int_0^T \sigma_t^2 dt\right)\right] < \infty$$

那么 X 是一个 P 鞅

此时我们同时注意到,这个随机微分方程的解为

$$X_t = X_0 \exp\left(\int_0^t \sigma_s dW_s - \frac{1}{2}\int_0^t \sigma_s^2 ds\right)$$

2. 构造策略

我们已经有了需要的数学工具,包括伊藤引理、Camerous-Martin-Girsanov 定理和鞅表示定理,现在需要一些思想把这些工具应用到期权定价的金融模型里。最简单的金融模型就是 B-S 期权定价模型。在这个市场中,有一个风险证券(股票等)和一个现金债券账户,还有就是组合的思想。

 特别提示

一个组合就是一对过程 (ϕ_t, ψ_t),分别描述在时刻 t 账户持有的证券和现金债券的数量。ϕ_t、ψ_t 可以取正值也可以取负值。取负值,对证券来说,相当于卖空;对现金债券来说,相当于负债。持有证券的数量 ϕ_t 是 $\Im$ 可料的过程:仅依赖于直到时刻 t 的信息但并不依赖于时刻 t 的本身信息。

对于可料过程 ϕ_t 可以如此理解,那就是 ϕ_t 是左连续的。也就是,当 s 从下向上趋向于 t 的时候,ϕ_s 趋向于 ϕ_t,那么过程 ϕ_t 就是可料的。如果 ϕ_t 仅仅是右连续的,那么 ϕ_t 就不是可料的。

(1)自融资策略

伴随组合思想而来的就是策略。一个策略就是一个动态的组合,详细描述在任何瞬时(时刻)所持有的证券和现金债券的数量。我们感兴趣的策略是自融资策略。

 特别提示

一个策略 (ϕ_t, ψ_t) 是自融资策略,当且仅当,任何时刻组合价值的变化仅依赖于其持有资产价值的变化。也就是说,其组合调整的成本完全来自于持有的证券和现金债券的盈利或亏损,没有额外的资金来自于组合之外。

如果用 S_t 表示 t 时刻股票的价格,用 B_t 表示 t 时刻现金债券的价格,用 V_t 来表示组合 (ϕ_t,ψ_t) 在 t 时刻的价值,那么 $V_t=\phi_t S_t+\psi_t B_t$。在下一个时刻,由于股票价格和债券价格的变化,策略的价值发生了变化,另外,策略自身也要进行投资调整而发生变化,如果调整的成本完全由原有的策略的盈利或亏损决定,没有额外的资金注入或者提取,那么这种策略就称为自融资的。

考虑自融资策略,由于没有额外资金的进出,在离散的情况下,一定有下式成立:

$$\Delta V_i=\phi_i\Delta S_i+\psi_i\Delta B_i$$

其中,(ϕ_i,ψ_i) 代表 i 时刻持有的股票和债券的数量,ΔV_i 表示到下一个时刻组合价值的变化,即 $\Delta V_i=V_i-V_{i-1}$,同理,$\Delta S_i=S_i-S_{i-1}$,$\Delta B_i=B_i-B_{i-1}$。

在连续情况下,自融资策略也有类似的表达式。

 特别提示

如果时刻 t 股票价格和现金债券的价格分别用 S_t 和 B_t 来表示,一个策略 (ϕ_t,ψ_t) 是自融资策略,当且仅当

$$dV_t=\phi_t dS_t+\psi_t dB_t \tag{7.47}$$

考虑一些简单的自融资策略。假定股票价格 S_t 是简单的布朗运动 W_t,即对所有时刻 t,$S_t=W_t$;债券价格 B_t 等于常数 1,即对所有时刻 t,$B_t=1$,那么哪种策略是自融资的呢?

①假定 $\phi_t=\psi_t=1$,对所有时刻 t,策略(组合)的价值 $V_t=W_t+1$。本能地,我们分别持有一单位的股票和现金债券,策略的价值会随着股票价格的变化而发生波动,但并没有任何资金进出该策略,那么这一策略应该是自融资的。

检验一下上面的公式,由于 $V_t=W_t+1$,那么 $dV_t=dW_t$,这就意味着:

$$dV_t=\phi_t dW_t+\psi_t dB_t$$

由于 $dB_t=0$,上式成立。

②假定 $\phi_t=2W_t$,$\psi_t=-t-W_t^2$。首先,这是一个组合,且是可料的,组合的价值:

$$V_t=\phi_t S_t+\psi_t B_t=2W_t^2-t-W_t^2=W_t^2-t$$

由伊藤引理,$dV_t=2W_t dW_t$,等价于:

$$dV_t=\phi_t dW_t+\psi_t dB_t$$

说明策略 (ϕ_t,ψ_t) 是自融资的。

这个例子令人惊奇,尽管持有股票的数量等于股票价格的两倍,好像是一个过山车似的策略,实际上通过持有数量为 $-(t+W_t^2)$ 的现金债券得到补偿,从而其价值的变化只依赖于股票价格的变化,而且组合的调整是不需要外部融资的。另外,这个例子告诉我们,自融资策略并不是组合的自动特征,利用伊藤引理,我们知道如果持有现金债券的数量不等于 $-(t+W_t^2)$ 的话,该策略就不是自融资的,策略的调整就需要注入资金或者导致资金流出。每一次检验一个策略是否是自融资的,都需要利用伊藤引理去验证微分方程

$$dV_t=\phi_t dW_t+\psi_t dB_t$$

是否成立。

（2）复制策略

现在我们来定义复制策略。首先，复制策略一定是对一个未定权益而言的。

复制策略：假定在市场中有一个无风险的债券 B 和一个风险资产 S，风险资产的波动率是 σ_t，还有一个依赖于到期时刻 T 的未定权益 X。一个自融资策略 (ϕ_t,ψ_t) 是未定权益 X 的复制策略，如果满足：

$$V_T=\phi_t S_T+\psi_t B_T=X \tag{7.48}$$

且 $\displaystyle\int_0^T\sigma_t^2\phi_t^2\mathrm{d}t<\infty$。

为什么关注复制策略？因为未定权益 X 代表某种衍生产品的价值，在到期时刻 T 进行清算，那么我们希望用现有市场中的股票和现金债券为其融资，如果持有合适数量的股票和现金债券，那么在到期时其价值正好等于该未定权益的价值。

由无套利定价理论知，如果存在一个复制策略 (ϕ_t,ψ_t)，那么说明未定权益 X 在 0 和 T 之间的任何时刻 t 其价格一定等于策略时刻 t 的价值 $V_t=\phi_t S_t+\psi_t B_t$（简单地，其时刻 0 的价格就应该等于 $V_0=\phi_0 S_0+\psi_0 B_0$）。一旦不相等，市场中就存在套利机会。比如，如果时刻 t 未定权益 X 的价格低于策略 (ϕ_t,ψ_t) 的价值，那么可以买进一单位的未定权益，然后卖出 ϕ_t 单位的股票和 ψ_t 的现金债券来为其融资并持有其至到期时刻 T，由于 (ϕ_t,ψ_t) 是自融资的，且到时刻 T 时组合的价值等于未定权益 X 的价格，因此买进的未定权益和卖出的自融资策略价值相抵，在时刻 t 由于其价值不等而产生的收益可以存入银行而没有任何风险 (ϕ_t,ψ_t)，这笔收益就是套利收益，无风险就不害怕；当然如果时刻 t 未定权益 X 的价格高于策略的价值，那么可以卖掉一单位的未定权益，同时买进 ϕ_t 单位的股票和 ψ_t 的现金债券，从而产生套利收益。这就说明存在一个未定权益 X 的复制策略 (ϕ_t,ψ_t)，那么未定权益任何时刻的价格就由复制策略唯一地确定了。

这进一步提示我们，如果想给一个衍生产品——未定权益定价，如果能够找到这个未定权益的一个复制策略，那么我们都可以确定未定权益任何时刻的价格，不管股票价格变化有多么复杂。

（3）B-S 期权定价模型——寻找复制策略

现在已经有了所有的工具，在股票价格连续的情况下，可以利用 Camerous-Martin-Girsanov 定理将股票价格转换成一个鞅，然后再利用鞅表示定理来产生衍生产品的复制策略，从而给衍生产品定价。Ito 引理在其中起很重要的作用。

在 B-S 期权定价模型的世界里，有两个基本的金融产品：一个是股票，一个是现金债券。

 特别提示

在 B-S 期权定价模型的世界里，股票价格 S_t 服从几何布朗运动，即

$$\mathrm{d}S_t/S_t=\mu\mathrm{d}t+\sigma\mathrm{d}W_t$$

其中，μ,σ 都是常数。现金债券账户时刻 t 的价格用 B_t 表示，即

$$B_t=\exp(rt)$$

其中，r 表示无风险利率且为常数。B_t 的微分方程形式为：

$$dB_t / B_t = r dt$$

我们发现无风险利率 r 复杂化了寻找未定权益复制策略的问题。不妨我们先假定无风险利率为零,也就是说现金债券的价格不随时间变化,保持为 1。对任何一个未定权益 X,其到期时刻 T 的价值已知。下面想要寻找一个复制策略 (ϕ_t, ψ_t) 来复制它,从而决定期权任何时刻的价格。这一过程通过三个步骤来完成。

 特别提示

通过以下三个步骤来寻找复制策略 (ϕ_t, ψ_t):

(1) 寻找一个测度 Q,使得在测度 Q 下,股票价格 S_t 是一个鞅。

(2) 利用未定权益 X 产生一个过程 $E_t = E_Q(X \mid \mathfrak{I}_t)$,这个过程是一个 Q 鞅。

(3) 寻找一个可料过程 ϕ_t,使得 $dE_t = \phi_t dS_t$。

现在我们能够很轻松地完成这三步:首先,利用 Randon-Nikodym 导数和 Camerous-Martin-Girsanov 定理完成第一步,然后利用鞅表示定理来完成第三步。

现在来完成第一步。要想使 S_t 成为一个鞅,应该使它在新的测度 Q 下是无漂移的。由于 S_t 满足随机微分方程:

$$dS_t / S_t = \mu dt + \sigma dW_t$$

如果我们令 $\gamma = \dfrac{\mu}{\sigma}$,那么由 Camerous-Martin-Girsanov 定理,存在一个等价于 P 的测度 Q,使得在测度 Q 下,$\widetilde{W}_t = W_t + \gamma t$ 是一个标准的布朗运动,测度 Q 关于测度 P 的 Randon-Nikodym 导数等于

$$\frac{dQ}{dP} = \exp\left(-\int_0^T \gamma_t dW_t - \frac{1}{2} \int_0^T \gamma_t^2 dt\right)$$

此时,在测度 Q 下,S_t 满足的随机微分方程是:

$$dS_t / S_t = \sigma d\widetilde{W}_t$$

可以看出,此时 S_t 是无漂移的,又由于 σ 是一个常数,满足技术条件,所以 S_t 是一个 Q 鞅,测度 Q 也称为 S_t 的鞅测度。

再来完成第三步。通过第二步,我们已经找到了另外一个 Q 鞅,那就是 $E_t = E_Q(X \mid \mathfrak{I}_t)$。由于股票价格 S_t 的波动项是 σS_t,总是一个正数,满足鞅表示定理的条件,因此存在一个可料过程 ϕ_t,使得

$$E_t = E_Q(X \mid \mathfrak{I}_t) = E_Q(X) + \int_0^t \phi_s dS_s$$

当然有

$$dE_t = \phi_t dS_t$$

这就是鞅表示定理告诉我们的一个很重要的事实:如果存在一个测度 Q 使得 S_t 是一个有正的波动项的 Q 鞅,那么一定存在一个可料过程 ϕ_t,使得 $dE_t = \phi_t dS_t$。

事实上,更重要的是要寻找复制策略 (ϕ_t, ψ_t)。好像我们已经得到了复制策略的一半了,下面试着去寻找另一半 ψ_t,使得在任何时刻 t,组合的价值都等于 E_t。这个复制策略应该是:

① 时刻 t 持有股票的数量是 ϕ_t;

②时刻 t 持有现金债券的数量是 $\psi_t = E_t - \phi_t S_t$。

但我们应该首先检验的是，这个策略是否是自融资的。由于时刻 t 组合的价值为

$$V_t = \phi_t S_t + \psi_t B_t = E_t$$

这是因为 $B_t \equiv 1$，因此就有 $\mathrm{d}V_t = \mathrm{d}E_t$，又由于 $\mathrm{d}E_t = \phi_t \mathrm{d}S_t$，$\mathrm{d}B_t = 0$，有

$$\mathrm{d}V_t = \phi_t \mathrm{d}S_t + \psi_t \mathrm{d}B_t$$

所以该策略是自融资的。

另外，既然在任何时刻 t，都有 $V_t = E_t$，那么 $V_T = E_T = X$，所以策略 (ϕ_t, ψ_t) 就是一个复制策略。这也意味着在任何时刻 t，未定权益 X 都存在一个套利价格，特别是在开始时刻，策略 (ϕ_t, ψ_t) 的值等于 E_0，即 $E_Q(X)$。换句话说，未定权益 X 开始时刻的价格就等于它在鞅测度 Q 下的期望值，其中 Q 就是使得股票价格 S_t 成为鞅的测度。

对于这一部分内容，需要注意的几个事实：首先，在布莱克-舒尔斯的世界里，任何的未定权益都存在复制策略。其次，未定权益的价格有如此简单的形式——鞅测度下的期望值。但一定要注意的是，这不是 S_t 的实际测度，而是找到了一个鞅测度，从而找到一个复制策略，就可以得到未定权益的套利价格，使得套利机会消失。最后，股票价格 S_t 的过程在其鞅测度下非常简单，是无漂移的。如果我们要给未定权益定价，就必须首先寻找使 S_t 成为鞅的鞅测度 Q。考虑到未定权益的价值依赖于其基础资产——股票的价格 S_t，因此就需要正式地计算 S_t 直至到期时刻 T 在鞅测度 Q 下的期望值。如果 S_t 在测度 Q 下满足的微分方程越复杂，那意味着未定权益的价格的估计过程就越复杂。现在我们发现过程 S_t 在鞅测度 Q 下简单化，就意味着定价未定权益的工作量变得相对较小。

既然在鞅测度 Q 下，S_t 满足随机微分方程 $\mathrm{d}S_t / S_t = \sigma \mathrm{d}\widetilde{W}_t$，那么就意味着其在任何时刻 t 的股票价格 S_t 为

$$S_t = S_0 \exp\left(\sigma \widetilde{W}_t - \frac{1}{2}\sigma^2 t\right)$$

这说明 S_t 有同样的常数波动率 σ 和一个新的但同样为常数的漂移项 $-\frac{1}{2}\sigma^2$。而且由于在测度 Q 下，$\widetilde{W}_t$ 是标准的布朗运动，因此服从正态分布 $N(0, t)$，就有

$$E_Q\left[\exp(\theta \widetilde{W}_t)\right] = \exp\left(\frac{1}{2}\theta^2 t\right)$$

所以

$$E_Q(S_T) = S_0 \exp\left(-\frac{1}{2}\sigma^2 T\right) E_Q\left[\exp(\sigma \widetilde{W}_T)\right] = S_0$$

所以鞅测度 Q 也被称为风险中性测度。

下面我们来处理无风险利率 r 不为零的情况。

我们不能简单地忽略无风险利率。考虑一个最简单的衍生产品——远期。如果其合约的交割价格为 k，那么远期合约到期 T 时的价值为 $S_T - k$。我们已经知道，对无收益资产的远期合约，开始时刻对多空双方来说价值都为零的交割价格 $k = S_0 e^{rT}$ 是其理论价格，即远期的理论价格为 $S_0 e^{rT}$。当 r 不为零时，对 $X = S_T - k$ 在上面的鞅测度 Q 下好像就不起作用了。事实上

$$E_Q(S_T - k) = S_0 - S_0 e^{rT} \neq 0$$

也就是说,好像 $S_0 e^{rT}$ 不是远期合约的理论价格。问题出在,上面找到的测度 Q 仅仅是在无风险利率 r 为零的情况下使 S_t 成为鞅的测度,那么在无风险利率 r 不为零的情况下,上面的测度 Q 就不再起作用了,即无风险利率 r 使得现金债券的价值增长,从而使得这个鞅测度不再起作用。

　　简单地猜想一下,既然现金债券价值的增长复杂化了定价过程,那么简单地通过贴现每一个金融产品来移除它。我们称 B_t^{-1} 为贴现过程,就可以形成一个贴现的股票价格 $Z_t = B_t^{-1} S_t$ 和贴现的未定权益 $B_t^{-1} X$。在贴现的世界里,就可以认为无风险利率是零,所以类似于以上的分析来为未定权益 X 定价,也就是说,可以重复上面的三个步骤来寻找一个复制策略。当然,如果在这样的世界中不能找到一个复制策略的话,即使我们的猜想再吸引人,那也不起作用。

　　幸运的是,我们可以找到新的复制策略 (ϕ_t, ψ_t)。事实上,由于

$$\mathrm{d}Z_t = \mathrm{d}B_t^{-1} S_t + B_t^{-1}\mathrm{d}S_t = -rB_t^{-1}S_t\mathrm{d}t + B_t^{-1}S_t(\mu\mathrm{d}t + \sigma\mathrm{d}W_t) = Z_t[(\mu-r)\mathrm{d}t + \sigma\mathrm{d}W_t]$$

　　第一步,寻找一个测度 Q,使得 $Z_t = B_t^{-1}S_t$ 成为一个 Q 鞅。

　　再一次利用 Camerous-Martin-Girsanov 定理,令 $\varsigma = \dfrac{\mu-r}{\sigma}$,那么就存在一个测度 Q,使得在测度 Q 下,$\widetilde{W}_t = W_t + \varsigma \cdot t$ 是标准的布朗运动,说明在测度 Q 下,$Z_t = B_t^{-1}S_t$ 的随机微分方程是:

$$\mathrm{d}Z_t = Z_t[(\mu-r)\mathrm{d}t + \sigma(\mathrm{d}\widetilde{W}_t - \varsigma\mathrm{d}t)] = \sigma\mathrm{d}\widetilde{W}_t$$

　　由于 σ 是常数,满足技术条件,因此 $Z_t = B_t^{-1}S_t$ 在测度 Q 下是无漂移的,因而 $Z_t = B_t^{-1}S_t$ 是一个 Q 鞅。

　　第二步,需要另外一个 Q 鞅过程,类似地,利用未定权益的贴现过程 $B_t^{-1}X$,再利用条件期望形成另外一个 Q 鞅 $E_t = E_Q(B_t^{-1}X | \mathfrak{I}_t)$。

　　第三步,寻找复制策略 (ϕ_t, ψ_t)。类似地,由于 $Z_t = B_t^{-1}S_t$ 和 E_t 都是 Q 鞅,由鞅表示定理,一定存在一个可料的过程 ϕ_t,使得 $\mathrm{d}E_t = \phi_t \mathrm{d}Z_t$。根据无风险利率为零时的结论,$\phi_t$ 应该是在贴现的世界中持有的风险资产 $Z_t = B_t^{-1}S_t$ 的数量,但由于未定权益也采取了贴现的方式,可能 ϕ_t 仍然是持有股票 S_t 的数量,因此构造策略 (ϕ_t, ψ_t):

　　① 时刻 t 持有的股票 S_t 的数量为 ϕ_t;

　　② 时刻 t 持有的现金债券的数量为 $\psi_t = E_t - \phi_t Z_t$。

　　下面需要证明的是,该策略 (ϕ_t, ψ_t) 首先是一个自融资策略,更进一步证明它是复制策略。由于时刻 t 策略的价值等于

$$V_t = \phi_t S_t + \psi_t B_t = \phi_t S_t + (E_t - \phi_t Z_t)B_t = B_t E_t$$

因此有

$$\mathrm{d}V_t = \mathrm{d}B_t \cdot E_t + B_t \cdot \mathrm{d}E_t$$

　　由于 $\mathrm{d}E_t = \phi_t \mathrm{d}Z_t$,所以有

$$\mathrm{d}V_t = \mathrm{d}B_t(\phi_t Z_t + \psi_t) + B_t\phi_t\mathrm{d}Z_t = \phi_t(B_t\mathrm{d}Z_t + Z_t\mathrm{d}B_t) + \psi_t\mathrm{d}B_t$$

再利用 $\mathrm{d}B_t Z_t = \mathrm{d}B_t \cdot Z_t + B_t \cdot \mathrm{d}Z_t$,而 $S_t = B_t Z_t$,所以有

$$\mathrm{d}V_t = \phi_t\mathrm{d}S_t + \psi_t\mathrm{d}B_t$$

也就是说,(ϕ_t, ψ_t) 是自融资的。再由于

$$V_T = B_T E_T = B_T E_Q(B_T^{-1}X \mid \mathfrak{I}_T) = B_T B_T^{-1}X = X$$

所以，自融资策略(ϕ_t, ψ_t)是X的复制策略。

特别提示

在布莱克-舒尔斯世界里，股票价格S_t服从几何布朗运动，即$dS_t/S_t = \mu dt + \sigma dW_t$，无风险利率是非零常数，那么一个组合策略$(\phi_t, \psi_t)$：持有股票$S_t$的数量是$\phi_t$，持有现金债券的数量是$\psi_t = E_t - \phi_t Z_t$，这个策略在时刻$t$的价值为$V_t = \phi_t S_t + \psi_t B_t$，其价值的贴现值为$E_t = \phi_t Z_t + \psi_t$，其中$Z_t = B_t^{-1}S_t$。那么组合策略是自融资的，如果$dV_t = \phi_t dS_t + \psi_t dB_t$或者$dE_t = \phi_t dZ_t$成立。

有了上面的复制策略，我们就知道在任何时刻t，该未定权益X的套利价格为

$$V_t = B_t E_t = B_t E_Q(B_T^{-1}X \mid \mathfrak{I}_t) = e^{-r(T-t)} E_Q(X \mid \mathfrak{I}_t)$$

要注意的是，测度Q是使得贴现股票价格$Z_t = B_t^{-1}S_t$成为鞅的测度，而不是使股票价格S_t成为鞅的测度。

特别提示

当无风险利率为非零常数时，寻找复制策略的过程仅仅是在贴现世界中对原来的无风险利率为零情况下的重复，也就是同样可以利用三步骤来寻找复制策略(ϕ_t, ψ_t)：

(1) 寻找一个鞅测度Q，使得贴现股票价格$Z_t = B_t^{-1}S_t$成为一个鞅；

(2) 形成另外一个鞅过程$E_t = E_Q(B_T^{-1}X \mid \mathfrak{I}_t)$；

(3) 寻找一个可料过程ϕ_t，使得$dE_t = \phi_t dZ_t$

那么(ϕ_t, ψ_t)就是未定权益X的一个复制过程，其中$\psi_t = E_t - \phi_t Z_t$。

(4) 布莱克-舒尔斯模型——欧式看涨期权的定价

下面考虑在布莱克-舒尔斯的假设条件下欧式看涨期权的定价问题。欧式看涨期权给予持有人的是权利而非义务，是在到期时刻T以预选约定的价格K来购买一单位股票的权利。

那么，正式地，该未定权益在到期时刻T的价值为$\max(S_T - K, 0)$，记为$X = \max(S_T - K, 0)$，或者更简单地写为$X = (S_T - K)^+$。

根据上面的分析，要给X定价，只需要找到复制策略(ϕ_t, ψ_t)，其任何时刻的价格都等于$V_t = \phi_t S_t + \psi_t B_t$。特别地，开始时刻看涨期权的价格为

$$V_0 = e^{-rT} E_Q[(S_T - K)^+]$$

这里的Q就是使得$Z_t = B_t^{-1}S_t$为鞅的测度。

由于$X = (S_T - K)^+$仅依赖股票到期时刻的价格，所以为了给看涨期权定价，我们应该知道在鞅测度Q下到期时刻T时股票价格S_T的分布。在测度Q下，股票价格S_t服从的随机微分方程是

$$dS_t/S_t = r dt + \sigma d\widetilde{W}_t$$

其中，$\widetilde{W}_t$是Q-布朗运动。利用伊藤引理，有

$$d(\log S_t) = \left(r - \frac{1}{2}\sigma^2\right)dt + \sigma d\widetilde{W}_t$$

因此

$$\log S_t = \log S_0 + \left(r - \frac{1}{2}\sigma^2 \right) t + \sigma \widetilde{W}_t$$

就有

$$S_t = S_0 \exp\left[\left(r - \frac{1}{2}\sigma^2 \right) t + \sigma \widetilde{W}_t \right]$$

令 $z_t = -\frac{1}{2}\sigma^2 t + \sigma \widetilde{W}_t$，在测度 Q 下，$z_t \sim N\left[-\frac{1}{2}\sigma^2 t, \sigma^2 t \right]$，因此 $S_T = S_0 \exp(rT + z_T)$，那么

$$V_0 = e^{-rT} E_Q\left[(S_T - K)^+ \right] = \frac{1}{\sqrt{2\pi\sigma^2 T}} \int_{\log(K/S_0) - rT}^{\infty} (S_0 e^x - Ke^{-rT}) \exp\left(-\frac{(x + 1/2\sigma^2)^2}{2\sigma^2 T} \right) dx$$

由此可得：

$$V_0 = S_0 N\left(\frac{\log(S_0/K) + \left(r + \frac{1}{2}\sigma^2 \right) T}{\sigma\sqrt{T}} \right) - Ke^{(-rT)} N\left(\frac{\log(S_0/K) + \left(r - \frac{1}{2}\sigma^2 \right) T}{\sigma\sqrt{T}} \right)$$

令

$$d_1' = \frac{\log(S_0/K) + \left(r + \frac{1}{2}\sigma^2 \right) T}{\sigma\sqrt{T}}, \quad d_2' = \frac{\log(S_t/K) + \left(r - \frac{1}{2}\sigma^2 \right) T}{\sigma\sqrt{T}} = d_1' - \sigma\sqrt{T}$$

那么

$$V_0 = S_0 N(d_i') - Ke^{(-rT)} N(d_2')$$

事实上，利用 $V_t = e^{-r(T-t)} E_Q(X | \mathfrak{I}_t)$，$X = (S_T - K)^+$，可以获得在任何时刻 t 欧式看涨期权的定价公式：

$$V_t = S_t N(d_1) - Ke^{-r(T-t)} N(d_2)$$

其中

$$d_1 = \frac{\log(S_t/K) + \left(r + \frac{1}{2}\sigma^2 \right)(T-t)}{\sigma\sqrt{T-t}}, \quad d_2 = \frac{\log(S_t/K) + \left(r - \frac{1}{2}\sigma^2 \right)(T-t)}{\sigma\sqrt{T-t}} = d_1 - \sigma\sqrt{T-t}$$

这就是著名的布莱克-舒尔斯欧式看涨期权的定价公式，我们利用随机分析的方法再一次得到了这个公式。

本章小结

期权价格是由两个部分组成的：一是内在价值；二是时间价值，即期权价格＝内在价值＋时间价值。

期权的时间价值是指在期权有效期内标的资产价格波动，为期权持有者带来收益的可能性所隐含的价值。换句话说，期权的时间价值实质上是期权在其到期之前获利潜力的价值。影响期权时间价值的主要因素有到期时间、标的资产价格的波动率和内在价值。

期权价格的影响因素有六个：标的资产的市场价格、期权的执行价格、期权的有效期、标的资产价格的波动率、无风险利率和标的资产的现金收益，这六个因素都是通过影响期

权的内在价值和时间价值来影响期权的价格。

有效期内无收益标的资产的欧式看涨期权，其价格的上下界为

$$(S_t - Ke^{-r(T-t)})^+ < c_t < S_t$$

而相应的欧式看跌期权的上下界为

$$(Ke^{-r(T-t)} - S_t)^+ < p_t < Ke^{-r(T-t)}$$

有效期内有固定收益标的资产的欧式看涨期权价格的上下界为

$$(S_t - D - Ke^{-r(T-t)})^+ < c_t < S_t$$

类似地，对于有固定收益资产的欧式看跌期权，其价格的上下界为

$$(Ke^{-r(T-t)} + D - S_t)^+ < p_t < Xe^{-r(T-t)}$$

有效期内无收益标的资产的美式看涨期权价格的上下界为

$$(S_t - Ke^{-r(T-t)})^+ \leqslant C_t \leqslant S_t$$

而无收益资产的美式看跌期权的上下界公式为

$$(K - S_t)^+ \leqslant P_t \leqslant K$$

由于存在提前执行的可能性，有固定收益标的资产的美式看涨期权价格的上下界为

$$(S_t - D - Ke^{-r(T-t)})^+ \leqslant c_t \leqslant C_t \leqslant S_t$$

同理，有收益资产的美式看跌期权的上下界为

$$(K + D - S_t)^+ \leqslant P_t \leqslant K$$

同一标的、同一到期日、同一协议价格的欧式看涨期权价格 c 和欧式看跌期权价格 p 之间的关系称为平价关系。无收益资产欧式看涨和看跌期权的平价关系为

$$c_t + Ke^{-r(T-t)} = S_t + p_t$$

有固定收益标的资产的欧式看涨期权和看跌期权的平价关系为

$$c_t + Ke^{-r(T-t)} + D = S_t + p_t$$

二叉树期权模型提供了计算期权价值的一般的数值方法，既可以求欧式期权的价格，也可以求美式期权的价格。应用二叉树的一期模型，欧式看涨期权的价格为

$$c_0 = \frac{1}{\rho}(q_u c_T^u + q_d c_T^d) = \frac{1}{\rho}E^Q(c_T)$$

其中，测度 Q 为

$$q_u = \frac{\rho - d}{u - d} = \Pr(S_T = S_T^u), q_d = \frac{u - \rho}{u - d} = \Pr(S_T = S_T^d)$$

被称为风险中性概率测度，这里的 $\rho = 1 + r$，考虑的是单利情况。

如果在连续复利的情况下，那么 $\rho = \exp(r\delta t)$。

为了在连续时间条件下给股票期权定价，假设股票的价格服从几何布朗运动，利用 Ito 引理和无套利定价理论，可以推出著名的 B-S 微分方程：

$$\frac{\partial c}{\partial t} + rS\frac{\partial c}{\partial S} + \frac{1}{2}\sigma^2 S^2 \frac{\partial^2 c}{\partial S^2} = rc$$

对欧式看涨期权，其边界约束条件是：

$$c(T) = (S_T - K)^+$$

求解上述方程，获得了无收益资产的欧式股票看涨期权的定价公式为

$$c_t = S_t N(d_1) - Ke^{-r(T-t)}N(d_2)$$

其中

$$d_1 = \frac{\ln(S_t/K) + \left(r + \frac{1}{2}\sigma^2\right)(T-t)}{\sigma\sqrt{T-t}}, d_2 = d_1 - \sigma\sqrt{T-t}$$

对于无收益资产的看跌期权,其定价公式为

$$p_t = Ke^{-r(T-t)}N(-d_2) - SN(-d_1)$$

利用随机分析理论为衍生产品定价,那么其中有几个非常重要的定义和定理。

伊藤引理:设函数 $V(t) = V(S_t, t)$,其中 $V(t)$ 关于其两个自变量 t 和 S_t 均是二次可微的。如果 $S(t)$ 是一个随机过程,且满足下面一般的伊藤过程:

$$dS(t) = \mu(S_t, t)dt + \sigma(S_t, t)dW_t$$

那么其函数 $V(t) = V(S_t, t)$ 一定满足下面的伊藤过程:

$$dV(t) = \left(\frac{\partial V}{\partial t} + \mu(S_t, t)\frac{\partial V}{\partial S} + \frac{1}{2}\sigma^2(S_t, t)\frac{\partial^2 V}{\partial S^2}\right)dt + \sigma(S_t, t)\frac{\partial V}{\partial S}dW_t$$

Randon-Nikodym 导数 $\frac{dQ}{dP}$:如果测度 P 和 Q 是等价的,T 是到期日。在连续概率空间中,存在 Randon-Nikodym 导数 $\frac{dQ}{dP}$ 满足以下条件:

(Ⅰ) $E_Q(X_T) = E_P\left(\frac{dQ}{dP}X_T\right)$

(Ⅱ) $E_Q(X_t | \mathfrak{I}_s) = \varsigma^{-1}E_P(\varsigma X_t | \mathfrak{I}_t)$, $s \leqslant t \leqslant T$

其中,$\varsigma = E_P\left(\frac{dQ}{dP}|\mathfrak{I}_t\right)$,$X_t$ 是任意一个对信息流 $\mathfrak{I}_t$ 适应的过程。

Camerous-Martin-Girsanov 定理:如果 W_t 是测度 P 下的标准布朗运动,γ_t 是一个 $\mathfrak{I}$ 可料的过程,满足:

$$E_P\left[\exp\left(\frac{1}{2}\int_0^T \gamma_t^2 dt\right)\right] < \infty$$

那么一定存在一个测度 Q 满足:

(Ⅰ) Q 等价于 P;

(Ⅱ) $\frac{dQ}{dP} = \exp\left(-\int_0^T \gamma_t dW_t - \frac{1}{2}\int_0^T \gamma_t^2 dt\right)$

(Ⅲ) $\widetilde{W}_t = W_t + \int_0^t \gamma_s ds$ 是测度 Q 下的标准布朗运动。

换句话说,在测度 Q 下,在时刻 t,W_t 是一个有漂移的布朗运动。

Camerous-Martin-Girsanov 定理的逆定理也成立。

Camerous-Martin-Girsanov 逆定理:如果 W_t 是测度 P 下的标准布朗运动,Q 是与 P 等价的测度,那么一定存在某个 $\mathfrak{I}$ 可料的过程 γ_t 使得

$$\widetilde{W}_t = W_t + \int_0^t \gamma_s ds$$

是测度 Q 下的标准布朗运动。换句话说,W_t 加一个漂移 γ_t 就是 Q 布朗运动。另外,Q 关于 P 的 Randon-Nikodym 导数等于

$$\frac{\mathrm{d}Q}{\mathrm{d}P} = \exp\left(-\int_0^T \gamma_t \mathrm{d}W_t - \frac{1}{2}\int_0^T \gamma_t^2 \mathrm{d}t\right)$$

Martingale Representation Theorem：假定 M_t 是一个 Q 鞅，它的波动率 σ_t 满足概率 1 以下非零的条件，如果 N_t 是另一个 Q 鞅，那么：

（Ⅰ）一定存在一个 $\mathfrak{F}$ 可料的过程 ϕ_t，以概率 1 满足

$$\int_0^T \phi_t^2 \sigma_t^2 \mathrm{d}t < \infty$$

（Ⅱ）N_t 可以表示为

$$N_t = N_0 + \int_0^t \phi_s \mathrm{d}M_s$$

且 ϕ_t 是唯一的。

自融资策略 (ϕ_t, ψ_t)：如果时刻 t 股票价格和现金债券的价格分别用 S_t 和 B_t 来表示，一个策略 (ϕ_t, ψ_t) 是自融资策略，当且仅当：

$$\mathrm{d}V_t = \phi_t \mathrm{d}S_t + \psi_t \mathrm{d}B_t$$

练习题

1. 简答题

(1)试阐述二叉树模型的期权定价原理。

(2)请解释影响期权价格的因素，这些因素怎样影响期权的价格。

(3)简述 B-S 期权定价公式的 6 个主要因素。

(4)布莱克-舒尔斯定价模型的前提条件是什么？

(5)解释为什么对欧式看涨看跌平价关系的讨论不适合美式期权？

(6)阐述风险中性定价原理。

2. 计算题

(1)一个标的股票不支付红利的美式看涨期权，期限为 4 个月，执行价格为 25 元。如果股票现在的市场价格为 28 元，无风险利率是 8％，该看涨期权价格的下限是多少？

(2)一个标的股票不支付红利的欧式看跌期权，期限为 1 个月，执行价格为 15 元。如果股票现在的市场价格为 12 元，无风险利率是 6％，该看跌期权价格的下限是多少？

(3)一个无红利支付的欧式看涨期权，有效期是 1 个月，当前股票的现价和期权的执行价格都是 50 美元，无风险利率为 12％。股票 1 个月后可能上涨到 55 美元或下跌到 45 美元。请用一期模型计算该看涨期权现在的价格。

(4)一个无红利支付的欧式看涨期权，有效期是 3 个月，当前股票的现价和期权的执行价格都是 50 美元，无风险利率为 12％，股票价格的年波动率为 30％。请按时间间隔为 1 个月来构造股票价格的二叉树图，并计算该看涨期权现在的价格。

(5)一只股票现在的价格是 50 元，市场上无风险年利率为 10％，其股票价格的年波动率为 30％。试计算以这只股票作为其标的资产、执行价格为 50 元、有效期为 3 个月的

欧式看跌期权的价格,并说明该期权此时的时间价值。

(6)如果题(5)的其他条件不变,只是两个月后预期支付确定的红利是 1.5 元,那么该看跌期权的价格是多少? 并计算相同期限、相同执行价格的该股票的看涨期权的价格。

3. 实务题

股票现价为 50 元,无风险年利率为 10%,一个以该股票作为标的资产,执行价格都是 40 美元的欧式看涨期权和欧式看跌期权的价格相差 7 美元,都将于 6 个月后到期。请问,是否存在套利机会? 如果有,请问应该如何套利? 并计算套利收益。

4. 随机分析试题:

(1)如果 X_t 是有漂移的布朗运动,即

$$X_t = \sigma W_t + \mu t$$

其中,W_t 是一个 P 标准布朗运动,σ,μ 都是常数。请问是否存在一个与 P 等价的测度 Q,使得在测度 Q 下,X_t 是一个无漂移项的布朗运动?

(2)如果 X_t 是一个指数布朗运动,即

$$dX_t = X_t(\sigma dW_t + \mu dt)$$

其中,W_t 是一个 P 标准布朗运动,σ,μ 都是常数。试求一个与 P 等价的测度 Q,使得在测度 Q 下,X_t 满足新的微分方程:

$$dX_t = X_t(\sigma d\widetilde{W}_t + \nu dt)$$

其中,ν 是一个常数,$\widetilde{W}_t$ 是测度 Q 下的标准布朗运动。

(3)如果 W_t 是一个 P 标准布朗运动,试证明:过程 $X_t = W_t + \lambda t$ 是一个 P 鞅的充分必要条件是 $\lambda = 0$。

(4)证明:如果 B_t 是一个零波动率过程,X_t 是任意一个随机过程,那么

$$d(B_t X_t) = B_t dX_t + X_t dB_t$$

阅读材料

第8章

期权价格的敏感性因素分析及其动态套期保值

教学目标

通过本章的学习,学生可以了解期权价格的敏感性因素及其相关资产的风险性,掌握敏感性因素对期权价格影响的衡量指标,即 Delta、Gamma、Rho、Vega 和 Theta;掌握 Delta、Gamma、Rho、Vega 和 Theta 的计算及其在期权套期保值中的应用;了解期权套期保值的基本原理,掌握期权的动态套期保值策略,包括 Delta 套期策略、Delta-Gamma 套期策略和 Delta-Gamma-Vega 套期保值策略,并了解这些动态期权套期保值策略的局限性。

导入案例

对于期权做市商而言,其职责是在市场中按客户的需求提供报价,进行买卖期权的交易。有时候,为了履行职责,做市商可能面临由于接受客户订单而产生的风险敞口。由于市场中期权标的资产价格的波动,做市商可能面临巨大的风险。

如果一个投资者想买进一份看涨期权,做市商将相应卖出一份看涨期权。如果当时标的资产价格为 40 元,期权的执行价格也是 40 元,即看涨期权是平价的,期权费是每股 0.9 元。对于期权的买方来说,购买这份期权合约最大的损失是锁定的,即损失的是期权费,但对于卖方而言,其可能的损失是不确定的,且未来可能的损失是无限的。那么做市商如何控制卖出这笔期权交易的风险呢?

做市商可能有以下两种选择:一种是选择完全暴露风险。这样做的好处是省去了套期保值的成本,然而当标的资产价格走势不利(上涨)的情况下,做市商会面临合约被执行而遭受巨大损失的风险。另一种是选择完全对冲。也就是说,当做市商卖出一笔期权合约的同时买入合约中对应数量的标的资产。例如,如果客户买入 10 份看涨期权合约,每份合约交易标的股票的数量为 100 股。做市商在卖出 10 份看涨期权收入 900 元期权费的同时,为了完全对冲,他将选择在市场上买入 1000 股股票。在这种策略下,如果期权到期时股票价格上涨,做市商可以直接利用手中的股票进行平仓,避免了股票价格上涨的风险;但在股票价格下跌时,如到期时股票的价格为 35 元,那么做市商在股票上损失 5000 元,而 900 元的期权费用不足以抵补做市商在股票上的损失。那么做市商应该怎样进行套期保值呢?学习完本章之后你可以找到答案。

影响期权价值变化的参数叫"期权的敏感性因素"，这些敏感性因素对期权价格的影响有相应的衡量指标，这些指标通常都是用希腊字母表示的，所以又将其称为"Greeks 指标"，或直接称为"希腊字母"。对这组指标进行研究，有助于了解期权价格的风险特征，把握期权的投资和套期保值策略，同时也能够更容易地在期权交易中对其风险进行管理。

期权价格的影响因素即敏感性因素一共有 6 个，即标的资产的价格 S_t，期权的执行价格 K，无风险利率 r，期权的有效期限 $T-t$，标的资产价格的波动率 σ 以及期权的红利 D 或红利率 q。红利因素对期权价格的影响是非常清楚的，因此不再讨论；同时尽管执行价格 K 是期权价格的影响因素，但就一份期权合约来说，执行价格 K 是期权合约规定好的，因此也可视其为常数，因此在进行期权价格的敏感性因素分析时，仅讨论 4 个因素 S_t、r、$T-t$ 和 σ 对期权价格的影响。

8.1　Delta、Gamma、Rho、Vega、Theta

8.1.1　标的资产价格对期权价值的一阶影响——Delta

通常用希腊字母 Delta 来衡量衍生证券价格对标的资产价格波动的敏感度。标的资产价格对衍生证券价格的影响，实际上就是衍生证券价格变化与标的资产价格变化的比率。从数学的角度看，就是衍生证券价格对标的资产价格的一阶偏导数，是衍生证券价格与标的资产价格关系曲线的斜率。

如果用 f 来表示衍生证券的价格，S_t 表示标的资产的价格，Δ 表示衍生证券的 Delta，那么

$$\Delta = \frac{\partial f}{\partial S} \tag{8.1}$$

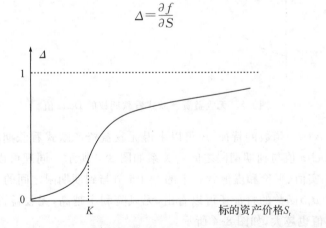

图 8-1　无收益资产欧式看涨期权的 Delta 值

对于期权合约的 Delta，利用第 7 章的无收益资产的欧式看涨期权的价格公式 (7.41)：

$$c_t = S_t N(d_1) - Ke^{-r(T-t)} N(d_2)$$

可以计算出无收益资产欧式看涨期权的 Delta 值为

$$\Delta = N(d_1) \tag{8.2}$$

由无收益资产欧式看跌期权的公式(7.42)可知,无收益资产欧式看跌期权的 Delta 值为:

$$\Delta = N(d_1) - 1 \tag{8.3}$$

其中,d_1 的定义见式(7.41)。

事实上,根据标准正态分布函数的性质,知

$$0 < N(d_1) < 1$$

因此,对于无收益资产的欧式看涨期权,其 Delta 值总是大于 0 小于 1;相反,对于无收益资产的欧式看跌期权,其 Delta 值总是大于 -1 小于 0。

由于

$$d_1 = \frac{\ln(S_t/K) + \left(r + \frac{1}{2}\sigma^2\right)(T-t)}{\sigma\sqrt{T-t}}$$

可知,不论看涨期权还是看跌期权,其 Delta 值的大小取决于 S_t、r、$T-t$ 和 σ。如果假定 r、$T-t$ 和 σ 不变,那么欧式看涨期权的 Delta 值与标的资产价格的关系如图 8-1 所示。对于欧式看跌期权的 Delta 值与标的资产价格的关系可以类似求得,如图 8-2 所示。

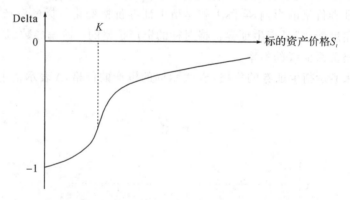

图 8-2　无收益资产欧式看跌期权的 Delta 值

类似地,从 $N(d_1)$ 函数的特征,还可以求得无收益资产欧式看涨期权在实值、平价和虚值状态下的 Delta 值与到期期限之间的关系如图 8-3 所示。同理可以讨论无收益资产欧式看跌期权在实值、平价和虚值状态下的 Delta 值与到期期限之间的关系,这里省略。

此外,从 $N(d_1)$ 函数的特征还可以看出,无风险利率越高,无收益资产欧式看涨和看跌期权的 Delta 值也越大,如图 8-4 所示。

对于支付连续的红利率 q(复利)的股价指数的欧式看涨期权,其 Delta 值为

$$\Delta = e^{-q(T-t)} N(d_1) \tag{8.4}$$

同理,对于支付连续的红利率 q(复利)的股价指数的欧式看跌期权,其 Delta 值为:

$$\Delta = e^{-q(T-t)}[N(d_1) - 1] \tag{8.5}$$

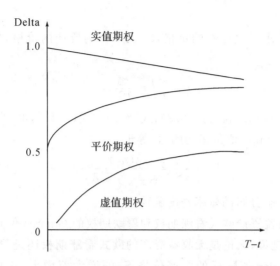

图 8-3　无收益资产欧式看涨期权的 Delta 值与到期期限的关系

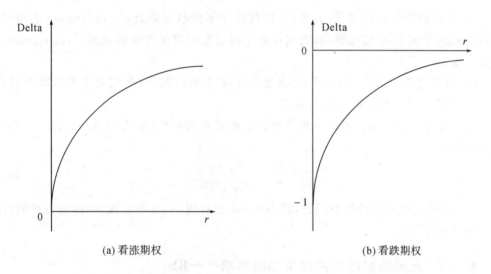

图 8-4　无收益资产欧式期权的 Delta 值与无风险利率的关系

对于期权组合而言,其 Delta 值为

$$\Delta = \sum_{i=1}^{n} n_i \Delta_i \qquad (8.6)$$

其中,n_i 为第 i 种期权在期权组合中所占的比例,Δ_i 为第 i 种期权的 Delta 值。

8.1.2　标的资产价格对期权价格的二阶影响——Gamma

Gamma 是一个与 Delta 密切相关的敏感性指标,它所衡量的是衍生证券的 Delta 对于标的资产价格的敏感度,实际上就是衍生证券的 Delta 值的变化与标的资产价格变化的比率。从数学的角度看,就是 Delta 对标的资产价格的一阶偏导数。既然 Delta 是衍生证券的价格对于标的资产价格的一阶偏导数,Gamma 就是衍生证券价格对标的资产价格的二阶偏导数。

如果仍然用 f 来表示衍生证券的价格，S_t 表示标的资产的价格，Γ 表示衍生证券的 Gamma，那么

$$\Gamma = \frac{\partial^2 f}{\partial S_2} = \frac{\partial \Delta}{\partial S_t} \tag{8.7}$$

对于期权合约的 Gamma，利用式(8.2)、式(8.3)和式(7.41)，可知无收益资产欧式看涨期权和看跌期权的 Gamma 值是相同的，且等于

$$\Gamma = \frac{\partial^2 c}{\partial S_t} = \frac{\phi(d_1)}{S_t \sigma \sqrt{T-t}} \tag{8.8}$$

其中，$\phi(d_1)$ 表示标准正态分布的概率密度函数。

由式(8.8)知，无收益资产欧式看涨期权和看跌期权的 Gamma 值具有以下特征：

(1)非负性。也就是说，无论是无收益资产的欧式看涨期权还是看跌期权，在其他因素不变的情况下，其 Delta 值随标的资产价格 S_t 的增大而增大，正如图 8-1 和图 8-2 所示。

(2)与标的资产价格 S_t 的关系：当期权处于平价状态附近时，其 Gamma 值相对较大，即 Delta 值对于 S_t 最敏感；而当期权处于深度实值或深度虚值状态时，其 Gamma 值接近于零。

(3)与到期期限 $T-t$ 的关系：在其他因素不变的情况下，期权处于平价状态时，其 Gamma 值会随着到期日的临近而增大。

对于支付已知连续收益率 q 的股价指数欧式期权而言，由式(8.4)和式(8.5)知，其 Gamma 值：

$$\Gamma = \frac{\partial^2 c}{\partial S_t} = \frac{\mathrm{e}^{-q(T-t)} \phi(d_1)}{S_t \sigma \sqrt{T-t}} \tag{8.9}$$

与无收益资产的欧式同种期权相比，该 Gamma 相对较小，也就是说，对标的资产的价格的敏感度相对较小。

8.1.3 无风险利率对期权价格的影响——Rho

Rho 是一个衡量衍生证券价格对于无风险利率变化的敏感度指标，实际上就是衍生证券价格的变化与无风险利率变化的比率。从数学的角度看，就是衍生证券的价格对无风险利率的一阶偏导数。

如果仍然用 f 来表示衍生证券的价格，r 表示无风险利率，ρ 表示衍生证券的 Rho，那么

$$\rho = \frac{\partial f}{\partial r} \tag{8.10}$$

对于期权合约而言，利用第 7 章的无收益资产欧式看涨期权和看跌期权的价格公式（即式(7.41)和式(7.42)），可以计算出无收益资产欧式看涨期权的 Rho 值为：

$$\rho = \frac{\partial c}{\partial r} = (T-t) K \mathrm{e}^{-r(T-t)} N(d_2) \tag{8.11}$$

而无收益资产欧式看跌期权的 Rho 值则为：

$$\rho=\frac{\partial p}{\partial r}=-(T-t)Ke^{-r(T-t)}N(-d_2) \qquad (8.12)$$

由式(8.11)和式(8.12)知,无收益资产欧式看涨期权和看跌期权的 Rho 值具有以下特点：

(1)看涨期权的 Rho 值大于零,而看跌期权的 Rho 值总小于零。这也就说明了,看涨期权的价格随着无风险利率的增大而增大,相反,看跌期权的价格随着无风险利率的增大而减小。只有在到期日时,两者的 Rho 值相等且均等于零。

(2)由于 Rho 值是指数衰减的,因此相对于期权的其他敏感性指标,无风险利率的影响要小得多。

(3)由于 Rho 的绝对值与 $T-t$ 成正比,因此对于有效期限较长的期权而言,无风险利率对其价格的影响不容忽视。

8.1.4　标的资产价格的波动率对期权价格的影响——Vega

Vega 是一个衡量衍生证券价格对于标的资产价格的波动率变化的敏感度指标,实际上就是衍生证券价格的变化与标的资产价格的波动率变化的比率。从数学的角度看,就是衍生证券的价格对标的资产价格的波动率的一阶偏导数。

如果仍然用 f 来表示衍生证券的价格,σ 表示标的资产价格的波动率,Λ 表示衍生证券的 Vega,那么

$$\Lambda=\frac{\partial f}{\partial \sigma} \qquad (8.13)$$

对于期权合约而言,由第 7 章的无收益资产欧式看涨期权和看跌期权的价格公式(即式(7.41)和式(7.42))知,无收益资产欧式看涨期权和看跌期权的 Vega 值为：

$$\Lambda=S\sqrt{T-t}\phi(d_1) \qquad (8.14)$$

而对于支付已知连续收益率的欧式看涨期权和看跌期权的 Vega 值则为：

$$\Lambda=Se^{-q(T-t)}\sqrt{T-t}\phi(d_1) \qquad (8.15)$$

其中,$\phi(d_1)$ 表示标准正态分布的概率密度函数。

 特别提示

上述式(8.14)和式(8.15)期权的 Vega 都是根据 B-S 公式(7.41)和公式(7.42)计算出来的,而在这两个公式的推导中均假定 σ 是常数,因此,上述公式隐含着这样的前提：波动率为常数的情况与波动率是变量的情况期权价格是相等的。显然这是一个近似的假定。

由式(8.14)和式(8.15)知,无论是看涨期权还是看跌期权,当期权处于平价状态时,其 Vega 值最大,当期权进入深度实值和深度虚值状态时,相应的 Vega 值在减小,因此 Vega 值随标的资产价格的变化曲线是一个倒 U 形,如图 8-5 所示。

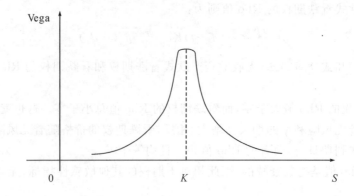

图 8-5　期权的 Vega 值与标的资产价格的关系

8.1.5　期权有效期限对期权价格的影响——Theta

Theta 是衡量衍生证券价格对时间变化的敏感度指标，它等于衍生证券的价格对时间 t 的一阶偏导数：

$$\Theta = \frac{\partial f}{\partial t} \tag{8.16}$$

对于期权合约而言，由第 7 章的无收益资产期权看涨期权和看跌期权的价格公式（即式(7.41)和式(7.42)）知，无收益资产欧式看涨期权的 Theta 值等于：

$$\Theta = -\frac{S\phi(d_1)\sigma}{2\sqrt{T-t}} - rKe^{-r(T-t)}N(d_2) \tag{8.17}$$

而无收益资产欧式看跌期权的 Vega 值则为

$$\Theta = -\frac{S\phi(d_1)\sigma}{2\sqrt{T-t}} + rKe^{-r(T-t)}\left[1-N(d_2)\right] \tag{8.18}$$

其中，$\phi(d)$ 表示标准正态分布的概率密度函数。

由式(8.17)和式(8.18)知，看涨期权的 Theta 值始终是负的，即随着时间的推移，即 t 增大，看涨期权的有效期限越来越短时，看涨期权的价值越来越小，实际上是看涨期权的时间价值越来越小。对于看跌期权，其 Vega 值可能为正，实际上也仅出现在看跌期权处于深度实值状态时。

8.1.6　期权的 Delta，Theta 和 Gamma 的关系

在第 7 章讨论期权定价理论时知道，无收益资产的看涨期权价格 c 一定满足布莱克—舒尔斯微分方程，即：

$$\frac{\partial c}{\partial t} + rS\frac{\partial c}{\partial S} + \frac{1}{2}\sigma^2 S^2 \frac{\partial^2 c}{\partial S^2} = rc \tag{8.19}$$

由本节关于期权的 Delta、Theta 和 Gamma 的定义，可将式(8.19)改写为

$$\Theta + rS\Delta + \frac{1}{2}\sigma^2 S^2 \Gamma = rc \tag{8.20}$$

关于期权的 Delta、Theta 和 Gamma 三者的符号关系如表 8-1 所示。

表 8-1　期权的 Delta、Theta 和 Gamma 三者的符号关系

期权类型	Delta	Theta	Gamma
买方看涨期权	＋	－	＋
买方看跌期权	－	－	＋
卖方看涨期权	－	＋	－
卖方看跌期权	＋	＋	－

8.2　期权套期保值的基本原理

既然对于期权的卖方来说,未来的损失是不确定的,这说明期权卖方交易是有风险的,那么对于期权的卖方来说,如何规避其出售期权交易的风险呢? 这就是套期保值问题。

期权套期保值的基本思想是:选取一个新的头寸构造一个新组合,使其风险暴露与原组合的风险暴露正好相反,从而部分或全部对冲掉原组合的风险。如果新头寸的风险性质与原组合的风险性质呈完全相反状态,那么原期权头寸的风险可以全部消除,这称为完全对冲。

但在实际中,由于构造与原组合风险特性完全相反的头寸有时是不可能的,或者由于投资者愿意承担一定的风险,或者由于构造完全对冲头寸的成本太高,因此,在多数情况下,投资者构造的是不完全对冲头寸,倾向于消除不利价格变动所带来的大幅风险暴露,同时容忍一定程度的不利价格变动风险。

不完全对冲的基本思想是:构造一个头寸,以使对冲后的组合不受一种或多种风险因素变化的影响。考虑一个由 m 种证券(期权)$v_1, v_2, \cdots, v_m$ 组成的投资组合,该投资组合的价值 V 为:

$$V = w_1 v_1 + w_2 v_2 + \cdots + w_m v_m \tag{8.21}$$

其中,$w_i (i=1,2,\cdots,m)$ 是投资组合中第 i 种证券(期权)的权重。

在构造对冲头寸时,目的就是通过选择合适的 w_i,从而使得组合的价值 V 在风险因素 x 变动时能够保持不变,即对于一阶风险而言,构造对冲组合的目的就是选择 w_i,使得

$$\frac{\partial V}{\partial x} = w_1 \frac{\partial v_1}{\partial x} + w_2 \frac{\partial v_2}{\partial x} + \cdots + w_m \frac{\partial v_m}{\partial x} = 0 \tag{8.22}$$

因此,当风险因素 x 发生微小变化 Δx 时,组合的价值变化为

$$\Delta V = \frac{\partial V}{\partial x} \Delta x = 0$$

从而达到套期保值的目的。

以上的风险因素 x,可以是标的资产价格,也可以是无风险利率、有效期限或者是标的资产价格的波动率。当然也可以考虑组合不受风险因素二阶变化的影响(即 Gamma 套期)。

一般来说,若需要对冲的风险因素的数目小于组合中所含风险资产的数目,这种套期保值的方法总是可行的。

8.3 期权的动态套期保值策略

8.3.1 Delta 套期策略(Delta 中性组合)

Delta 套期保值的目的是使投资者免于标的资产价格的风险。对于期权的卖方,通过适当调整组合中持有期权及其标的资产的比例,从而将风险暴露程度降低到任何小的程度,甚至可以将该资产组合对于标的资产价格变动的风险降到零。这种免受风险资产价格变化的投资组合被称为"Delta 中性组合"。

期权的价值随标的资产价格的变化而变化,因此期权价格对标的资产价格变化的敏感程度是设计套期组合的关键参数。在期权的定价理论中,这一参数就是 Delta,它决定了套期组合中标的资产(股票)的数量。

事实上,如下构造一个投资组合:做空一份看涨期权,其价格为 c_t,Delta 值为 $N(d_1)$;同时买入数量为 $N(d_1)$ 的标的股票,其价格为 S_t。这个组合的价值为

$$V = -c_t + N(d_1)S_t \qquad (8.23)$$

显然,V 关于 S_t 的偏导数为零,即该组合就是一个 Delta 中性组合,所以该组合的价值不受标的资产价格变化的影响。

更一般地,对于任意一个由两种风险资产构造的投资组合:

$$V = w_1 v_1 + w_2 v_2 \qquad (8.24)$$

总能通过选择适当的 w_1 和 w_2,使得这个组合的 Delta 值为零,即

$$\Delta_V = w_1 \Delta_1 + w_2 \Delta_2 = 0 \qquad (8.25)$$

其中,$w_i (i=1,2)$ 表示第 i 种证券(可以是衍生证券,也可以是证券组合)的数量,Δ_i 表示第 i 种证券的 Delta 值。我们称 Delta 值为零的证券组合为 Delta 中性组合,也称该组合处于 Delta 中性状态。

当证券组合是 Delta 中性组合时,组合的价值在一个短时间内就不受标的资产价格的影响,从而实现了瞬时套期保值,因此我们将使证券组合的 Delta 等于零的套期保值方法称为 Δ 中性保值法或 Delta 套期策略。

由式(8.25)知,持有两种风险资产的数量满足:

$$\frac{w_1}{w_2} = -\frac{\Delta_2}{\Delta_1} \qquad (8.26)$$

该投资组合一定是处于 Delta 中性状态。

【例 8-1】 美国某公司持有 100 万英镑的现货头寸,假定当时英镑兑美元的汇率为 1 英镑等于 1.6200 美元,英镑的无风险连续复利年利率为 13%,美元的为 10%,英镑汇率的年波动率为 15%。为了防止英镑贬值,该公司打算用 6 个月期执行价格为 1.6000 美元的英镑欧式看跌期权进行套期保值,请问该公司应该买入多少该期权?

解　构造投资组合：

$$V = w_1 v_1 + w_2 v_2$$

其中，v_1 表示英镑资产，v_2 表示英镑欧式看跌期权的购买权。

由题意，英镑现货的 Delta 值为 +1，即 $\Delta_1 = 1$，而英镑欧式看跌期权的 Delta 值为：

$$\Delta_2 = e^{-q(T-t)}[N(d_1) - 1] = e^{-0.13 \times 0.5}[N(0.0287) - 1] = -0.485$$

其中

$$d_1 = \frac{\ln(1.62/1.60) - 0.13 \times 0.5 + \left(0.1 + \frac{1}{2} \times 0.15^2\right) \times 0.5}{0.15 \times \sqrt{0.5}} = 0.0287$$

因此

$$\frac{w_2}{w_1} = -\frac{\Delta_1}{\Delta_2} = \frac{1}{0.485} = 2.0619$$

由于现货市场中套期保值的英镑数量是 100 万，所以应该买入标的数量为 206.19 万英镑的欧式看跌期权进行套期保值，可以短时间内完全规避英镑汇率波动的风险。

 特别提示

Δ 中性保值法使投资者在 Delta 中性状态下只能维持一个相对较短的时间，随着标的资产价格 S_t、$T-t$、r 和 σ 的变化，证券的 Delta 值也在不断变化，因此需要定期调整套期保值组合的头寸使组合重新处于 Delta 中性状态，因此关于期权的套期保值是动态的，这种调整称为再均衡（rebalancing）。这些步骤的调整需要较高的手续费，因此期权的套期保值者应该在成本与可容忍的风险之间进行权衡。

由于期权的 Delta 值并不是一成不变的，要想保持资产组合为 Delta 中性状态，投资者应该随着标的资产价格以及到期期限的变化调整投资组合的头寸，如果保持持有的期权份数不变的情况下，保持 Delta 中性的投资调整策略见表 8-2 和表 8-3。

表 8-2　根据标的资产价格调整 Delta 中性组合

期权类型	标的资产价格上涨	标的资产价格下跌
买方看涨	Delta 增加，出售更多的标的资产	Delta 降低，买进更多的标的资产
卖方看涨	Delta 增加，买进更多的标的资产	Delta 降低，出售更多的标的资产
买方看跌	Delta 降低，出售更多的标的资产	Delta 增加，买进更多的标的资产
卖方看跌	Delta 降低，买进更多的标的资产	Delta 增加，出售更多的标的资产

表 8-3　根据到期时间的减小调整 Delta 中性组合

期权类型	实值	平价	虚值
买方看涨	Delta 增加，出售更多的标的	不变	Delta 降低，买进更多的标的
卖方看涨	Delta 增加，买进更多的标的	不变	Delta 降低，出售更多的标的
买方看跌	Delta 增加，买进更多的标的	不变	Delta 降低，出售更多的标的
卖方看跌	Delta 增加，出售更多的标的	不变	Delta 降低，买进更多的标的

8.3.2 Delta-Gamma 套期策略

考虑一个由 m 种证券(或期权)$v_1,v_2,\cdots,v_m$ 组成的投资组合,该投资组合的价值 V 为:

$$V = w_1 v_1 + w_2 v_2 + \cdots + w_m v_m$$

其中,$w_i(i=1,2,\cdots,m)$ 是投资组合中第 i 种证券(期权)的权重。该证券组合的 Gamma 值就等于组合内各种证券 Gamma 的加权总和,即

$$\Gamma_v = \sum_{i=1}^m w_i \Gamma_i$$

其中,$\Gamma_i(i=1,2,\cdots,m)$ 是投资组合中第 i 种证券(期权)的 Gamma 值。

由于标的资产以及其远期和期货的 Gamma 值均为零,期权多头的 Gamma 值总是正的,期权空头的 Gamma 值总是负的,因此若组合中期权多头和空头的数量配合适当的话,该组合的 Gamma 值就会等于零,我们称 Gamma 值为零的组合为 Gamma 中性组合,也称该组合处于 Gamma 中性状态。

Delta-Gamma 套期策略是 Delta 套期策略的推广,是指构造一个投资组合使其 Delta 和 Gamma 都为零,即构造一个 Delta-Gamma 的中性组合,使组合从根本上回避标的资产的价格风险。

假设在当前时刻,投资者手中持有证券 1 的价值为 $w_1 v_1$。要构造一个 Delta-Gamma 中性组合,需要增加两种不同的期权或者期权组合的交易。假定这两种期权或者期权组合的价值分别为 $w_2 v_2$ 和 $w_3 v_3$,那么组合的价值为:

$$V = w_1 v_1 + w_2 v_2 + w_3 v_3 \tag{8.27}$$

其中,w_2 和 w_3 分别代表这两种期权交易的数量,符号为正代表做多,符号为负代表做空。

式(8.27)分别对 S_t 求一阶导数和二阶导数,再令其等于零,得方程组:

$$\begin{cases} \Delta_V = w_1 \Delta_1 + w_2 \Delta_2 + w_3 \Delta_3 = 0 \\ \Gamma_V = w_1 \Gamma_1 + w_2 \Gamma_2 + w_3 \Gamma_3 = 0 \end{cases} \tag{8.28}$$

在这个方程组中,只有两个未知数 w_2 和 w_3,即可确定 Delta-Gamma 套期策略持有的两种期权的数量。投资者只要根据计算出来的 w_2 和 w_3 的值买卖相应的资产(期权)就可以完全回避手中资产对标的资产的价格风险。

【例 8-2】 假设某个处于 Delta 中性状态的证券组合其 Gamma 值等于 -5000,该组合中标的资产的某个看涨期权多头的 Delta 和 Gamma 值分别为 0.8 和 2.0。为使该组合的 Gamma 中性,并保持 Delta 中性,投资者应该购买多少份该看涨期权,同时卖出多少标的资产?

解 构造组合:

$$V = w_1 v_1 + w_2 v_2 - w_3 v_3$$

其中,v_1 代表 Delta 中性组合的价值,v_2 表示看涨期权的价格,v_3 表示标的资产的价格。由题意知:

$$w_1 = 1, \Delta_1 = 0, \Gamma_1 = -5000, \Delta_2 = 0.8, \Gamma_2 = 2.0, \Delta_3 = 1, \Gamma_3 = 0$$

代入式(8.28)：

$$0.8w_2 - w_3 = 0$$
$$-5000 + 2w_2 = 0$$

所以，$w_2 = 2500$，$w_3 = 0.8 \times 2500 = 2000$，因此投资者应该购买 2500 份该看涨期权，并同时卖出 2000 单位的标的资产，可以使新的组合同时处于 Delta 中性和 Gamma 中性状态。

 特别提示

由于标的资产的价格会随时间变化而变化，所以证券组合的 Δ 值和 Γ 值也会随之发生变化。因此，随着时间流逝，要不断调整期权头寸和标的资产头寸，才能保证组合处于 Delta 中性和 Gamma 中性状态，也就是说，Delta-Gamma 套期策略是动态的。由于调整需要较高的手续费，因此套期保值者应该在成本与可容忍的风险之间进行权衡。

8.3.3 Delta-Gamma-Vega 套期策略

对于一个由 m 种证券(期权)$v_1, v_2, \cdots, v_m$ 组成的投资组合，该投资组合的价值 V 为：
$$V = w_1 v_1 + w_2 v_2 + \cdots + w_m v_m$$
其中，$w_i(i = 1, 2, \cdots, m)$ 是投资组合中第 i 种证券(期权)的权重。该证券组合的 Vega 值就等于组合内各种证券 Vega 的总和，即

$$\Lambda_v = \sum_{i=1}^{m} w_i \Lambda_i$$

其中，$\Lambda_i(i = 1, 2, \cdots, m)$ 是投资组合中第 i 种证券(期权)的 Vega 值。

由于证券组合的 Vega 值取决于组合中各资产的 Vega 值，因此可以通过持有某种期权的多头或空头来改变证券组合的 Vega 值。只要头寸选择合适，新组合的 Vega 值就可以等于零，我们称 Vega 值为零的组合为 Vega 中性组合，也称该组合处于 Vega 中性状态。

如果投资者也不愿意承担标的资产价格波动对其投资组合的影响，他可以选择在 Delta-Gamma 中性组合的基础上构造一个 Delta-Gamma-Vega 中性组合。那就是使得组合的 Delta、Gamma、Vega 值全部为零。遗憾的是，当调整期权头寸使证券组合处于 Vega 中性时，证券组合的 Delta、Gamma 值会同时改变，因此，若套期保值者要使证券组合同时达到 Delta-Gamma-Vega 中性时，需要引进第三种期权交易，记该期权的价格为 v_4，交易数量为 w_4，因此新组合的价值为

$$V = w_1 v_1 + w_2 v_2 + w_3 v_3 + w_4 v_4 \tag{8.29}$$

上式两端分别对 S 求一阶、二阶偏导数，并对 σ 求一阶偏导，并令其等于零，从而可以得到下面的方程组：

$$\begin{cases} \Delta_V = w_1 \Delta_1 + w_2 \Delta_2 + w_3 \Delta_3 + w_4 \Delta_4 = 0 \\ \Gamma_V = w_1 \Gamma_1 + w_2 \Gamma_2 + w_3 \Gamma_3 + w_4 \Gamma_4 = 0 \\ \Lambda_V = w_1 \Lambda_1 + w_2 \Lambda_2 + w_3 \Lambda_3 + w_4 \Lambda_4 = 0 \end{cases} \tag{8.30}$$

由于投资者起始持有的初始数量 w_1 是已知的，从上面方程组(8.30)即可以求得 w_2、w_3 和 w_4，它们表示构造 Delta-Gamma-Vega 中性组合所需要的三种证券的交易数量以

及交易方式(做多或做空)。这样,投资者只要根据 w_2、w_3 和 w_4 的值买卖相应的证券即可完全规避手中标的资产的价格风险以及该资产价格波动所带来的风险。

【例 8-3】 假设某个处于 Delta 中性状态的证券组合的 Gamma 值为 4000,其 Vega 值为 9000;而另外有两种期权:期权 1 的 Delta 值为 0.9,Gamma 值为 8,Vega 值为 22;期权 2 的 Delta 值为 0.6,Gamma 值为 1.0,Vega 值为 1.5。为使该组合保持 Delta 中性,并使得 Gamma 和 Vega 都呈中性状态,那么投资者应该持有多少期权头寸以及多少标的资产头寸?

解 构造组合:

$$V = w_1 v_1 + w_2 v_2 + w_3 v_3 + w_4 v_4$$

其中,v_1 就是 Delta 中性组合,v_2 表示期权 1,v_3 表示期权 2,v_4 表示标的资产,由题意得 $w_1 = 1$,且

$$\Delta_1 = 0, \ \Gamma_1 = 4000, \ \Lambda_1 = 9000$$
$$\Delta_2 = 0.9, \ \Gamma_2 = 8, \ \Lambda_2 = 22$$
$$\Delta_3 = 0.6, \ \Gamma_3 = 1.0, \ \Lambda_3 = 1.5$$
$$\Delta_4 = 1.0, \ \Gamma_4 = 0, \ \Lambda_4 = 0$$

所以代入式(8.30)有:

$$0.9 w_2 + 0.6 w_3 + w_4 = 0$$
$$4000 + 8 w_2 + w_3 = 0$$
$$9000 + 22 w_2 + 1.5 w_3 = 0$$

由此可得,$w_2 = -300$,$w_3 = -1600$,$w_4 = 1230$,因此应该出售 300 份期权 1,出售 1600 份期权 2,同时购买 1230 股标的股票,就可以使组合处于 Delta-Gamma-Vega 中性状态,从而在短时间内不会受到股票价格波动及其标的资产价格波动的变化所产生的风险。

8.3.4 套期保值策略的局限性

对于同一标的资产的衍生证券组合而言,它会受到各种因素的影响而导致其价值发生变化,这种变化可以用下面的公式表示:

$$\Delta f = \text{Delta} \times \Delta S + \frac{1}{2} \text{Gamma} \times \Delta S^2 + \text{Theta} \times \Delta t + \text{Vega} \times \Delta \sigma + \text{Rho} \times \Delta r$$

从理论上讲,可以设计对冲组合,从而将这些敏感性指标产生的风险部分或全部地对冲掉,使组合保持中性状态,不因这些因素的变化而产生大的风险。但一般来说,对冲不可能是完全的。在大多数情况下对冲只能抵消交易中某一种风险。一般的交易员会保证每日做到组合是 Delta 中性的,在此基础上再进一步调整到 Gamma 和 Vega 中性状态。

从前述的套期保值策略交易中可知,为了保持证券组合处于 Delta-Gamma-Vega 中性状态,必须不断调整组合,然而频繁的调整需要大量的交易费用。这就说明了,由于交易成本的存在,交易者不可能连续地进行对冲交易,因此在实际套期保值中,套期保值者更倾向于使用 Δ、Γ、Λ、ρ 和 Θ 等参数来评估其证券组合的风险,然后根据自己对标的资产价格、无风险利率和标的资产价格波动性等未来运行情况的估计,考虑是否有必要对证券组合进行调整。如果风险是可以接受的,或者对自己有利,则不调整;若风险对自己是不

利的且是不可承受的,则进行相应的调整。

从理论上讲,期权的动态套期策略是完美的,但在现实世界中却面临着一些复杂的问题。一方面,由于投资者对 Delta 的动态追逐及对冲头寸的调整,在市场下跌时,引发了更多的卖出,在股市崩溃过程中起到了推波助澜的坏作用;另一方面,在投资者最需要的时候,保值策略却失效了,策略使用者受到了严重的损失。实证结果表明,当市场出现暴涨暴跌时,投资者基于历史数据而对价格波动率的估计会出现较大的偏差,通过模型计算的期权的 Delta 值要么过高,要么过低,投资者进行的是不准确的套期保值,所以遭受了额外的损失;同时当市场波动异常时,发生了向上或向下的跳空缺口,投资者无法及时进行交易,套期保值策略也会失效。下面介绍在考虑交易成本的情况下一个无成本期权套期保值的例子。

【例 8-4】 假设在 2010 年 5 月某资产组合包含 10000 股 A 股票,资产组合的管理者决定将 A 股票的市场风险降低一半,即要将头寸的 Delta 值从 10000 转换到 5000。有关的市场信息如表 8-4 所示。

表 8-4　A 股票及其期权的相关信息

A 股票价格	33
距 7 月份期权到期的天数	66
无风险利率	5%
A 股票的历史波动率	0.31
7 月份到期的期权的价格和 Delta 值	
执行价格为 35 的看涨期权的价格	1.06
执行价格为 35 的看涨期权的	0.377
执行价格为 30 的看跌期权的价格	0.5
执行价格为 30 的看跌期权的	−0.196

表 8-4 中的看涨看跌期权规定的标的股票的交易单位为 100 股。运用期权的套期策略,可以使资产组合的 Delta 值从 10000 转换成 5000。但由于购买期权有成本,因此考虑使用期权交易现金支出为 0 的期权组合。

从表 8-4 可以看出,供选择的期权有两种,由于股票的 Δ 为 1,为了降低组合的 Δ,可以购买看跌期权,同时为了降低套期保值成本,可以出售看涨期权来为购买看跌期权融资。所以构造的组合的价格为

$$V = 10000S_t + w_1 p - w_2 c$$

其中,w_1 和 w_2 分别表示持有的看跌期权和看涨期权的份数,因此组合的 Delta 值为

$$\Delta_V = 10000 + 100 w_1 \Delta_p - 100 w_2 \Delta_c$$

为了使资产组合的 Delta 值从 10000 转换成 5000,必须有:

$$10000 - 19.6 w_1 - 37.7 w_2 = 5000 \tag{8.31}$$

要保证期权交易的现金支出为零,必须满足:

$$0.5 w_1 - 1.06 w_2 = 0 \tag{8.32}$$

解式(8.31)和式(8.32)可得

$$w_1 = 133.75, \ w_2 = 63.09$$

因此，大约需要购买 134 份看跌期权，同时出售 63 份看涨期权为其融资，这样可以使组合的 Delta 值降低一半。

本章小结

影响期权价值变化的参数叫"期权的敏感性因素"，这些敏感性因素对期权价格的影响有相应的衡量指标，这些指标通常都是用希腊字母表示的，所以又将其称为"Greeks 指标"，或直接称为"希腊字母"。

希腊字母 Delta 衡量衍生证券价格对标的资产价格波动的敏感度。无收益资产欧式看涨期权的 Delta 值为

$$\Delta = N(d_1)$$

而无收益资产欧式看跌期权的 Delta 值则为

$$\Delta = N(d_1) - 1$$

Gamma 是一个与 Delta 密切相关的敏感性指标，它所衡量的是衍生证券的 Delta 对于资产价格的敏感度。无收益资产欧式看涨期权和看跌期权的 Gamma 值是相同的，且等于：

$$\Gamma = \frac{\partial^2 c}{\partial S^2} = \frac{\phi(d_1)}{S\sigma \sqrt{T-t}}$$

Rho 是一个衡量衍生证券价格对于无风险利率变化的敏感度指标。无收益资产欧式看涨期权的 Rho 值为

$$\rho = \frac{\partial c}{\partial r} = (T-t)Ke^{-r(T-t)}N(d_2)$$

而无收益资产欧式看跌期权的 Rho 值则为

$$\rho = \frac{\partial p}{\partial r} = -(T-t)e^{-r(T-t)}N(-d_2)$$

Vega 是一个衡量衍生证券价格对于标的资产价格的波动率变化的敏感度指标。无收益资产欧式看涨期权和看跌期权的 Vega 值为

$$\Lambda = S\sqrt{T-t}\phi(d_1)$$

Theta 是衡量衍生证券价格对时间变化的敏感度指标。无收益资产欧式看涨期权的 Theta 值为

$$\Theta = -\frac{S\phi(d_1)\sigma}{2\sqrt{T-t}} - rKe^{-r(T-t)}N(d_2)$$

而无收益资产欧式看跌期权的 Vega 值则为

$$\Theta = -\frac{S\phi(d_1)\sigma}{2\sqrt{T-t}} + rKe^{-r(T-t)}[1-N(d_2)]$$

期权套期保值的基本思想是：加入一个新的组合头寸，使其风险暴露与原组合的风险

暴露正好相反,从而部分或全部对冲掉原组合的风险。

Delta 套期保值的目的是使投资者免于标的资产价格的风险。

Delta-Gamma 套期策略是 Delta 套期策略的推广,是指构造一个组合的 Delta 和 Gamma 都为零的组合,即通过构造一个 Delta-Gamma 的中性组合,从根本上回避标的资产的价格风险。

如果投资者不愿意承担标的资产价格波动对套期保值的影响,他可以选择在 Delta-Gamma 中性组合的基础上构造一个 Delta-Gamma-Vega 中性组合。那就是使得组合的 Delta、Gamma、Vega 值全部为零。

练习题

1. **名词解释**

(1)Delta　　　　　　　　　　　(2)Gamma

(3)Vega　　　　　　　　　　　(4)Rho

(5)Theta

2. **简答题**

(1)试阐述期权套期保值的基本思想。

(2)请解释 Delta-Gamma-Vega 套期策略。

3. **实务题**

(1)某金融机构拥有如下柜台交易的英镑期权组合:

种类	头寸	期权的 Delta	期权的 Gamma	期权的 Vega
看涨	−1000	0.5	2.2	1.8
看涨	−500	0.8	0.6	0.2
看跌	2000	0.4	1.4	0.7
看涨	−500	0.7	1.8	1.4

现有一种可交易期权,其 Delta 值为 0.6,Gamma 值为 1.5,Vega 值为 0.9,请问为使上面的组合处于 Delta-Gamma 中性状态,需要多少该可交易期权和现货英镑头寸?

(2)在题(1)中,假设有第二种可交易期权,其 Delta 值为 0.1,Gamma 值为 0.5,Vega 值为 0.5,请问应该如何使该组合处于 Delta-Gamma-Vega 中性状态。

(3)市场上有三种同一标的资产的欧式看涨期权 A、B、C,如果目前标的资产的价格为 80 美元,其年波动率为 20%;货币市场上美元的无风险年利率是 7%(复利)。期权 A 的执行价格为 70 美元,90 天到期;期权 B 的执行价格为 75 美元,也是 90 天到期;期权 C 的执行价格为 80 美元,120 天到期。试计算三种期权的 Delta 值和 Gamma 值,并说明一个投资者如果已拥有一份看涨期权 A,如何用期权 B 构造一个 Delta 中性组合;如果既希望保持上述组合为 Delta 中性的,同时又要使组合成为 Gamma 中性的,他还应该持有多少份期权 C 头寸?

4. 计算题

(1)某种不支付股息的股票价格的年波动率为 25％，市场的无风险利率为 10％，股票的现价为 30 元，请计算该股票 3 个月期处于平价状态的欧式看涨期权的 Delta 值和 Gamma 值。

(2)5 月 1 日，某金融机构出售了一笔 12 月份的日元欧式看涨期权。假设目前日元的汇率为 1 日元＝0.80 美分，期权的执行价格为 0.81 美分。美元和日元的无风险连续复利率分别为 8％和 5％，日元汇率的年波动率为 15％，请计算该期权的 Delta、Gamma、Vega、Rho 和 Theta 值，并解释其含义。

阅读材料

第9章

金融互换理论

教学目标

通过本章的学习，学生可以了解早期互换市场的发展，了解比较优势理论与互换交易的关系；掌握基本的互换种类和操作，理解互换定价的基本原理，理解互换合约的分解在互换定价中的作用。

导入案例

某钢铁总公司在 1989 年 10 月筹措了一笔 2 亿美元的银团贷款，贷款期限 8 年，宽限期 4 年半，宽限期后分 8 次等值还本，平均贷款期限为 6 年半。该公司灵活运用利率互换交易，通过三次利率互换，最后使原贷款的美元浮动利率 6 个月 Libor＋0.25％固定在7.5％的利率水平，降低了筹资成本。该公司究竟是怎样利用利率互换降低其实际筹资成本呢？学习了本章互换的基本原理后再来理解这一公司的具体操作步骤。

互换的定义在第一章金融概论中已经说明，互换是两个或两个以上的当事人按照商定的条件，在约定的时间内，交换一系列现金流的合约。

互换市场的起源可以追溯到 20 世纪 70 年代末 80 年代初，是 80 年代金融创新成功故事中十分出色的一个，它生动地说明了金融创新所带来的益处。本章首先回顾互换市场的起源与发展，再详细介绍两种主要的互换产品：利率互换和货币互换，接着介绍互换的定价原理以及互换在套利中的应用。

9.1 互换市场的起源与发展

互换业务的起源，是 20 世纪 70 年代发展起来的平行贷款（parallel loan）和"背对背"式贷款。当时，由于大多数国家仍实行外汇管制，公司跨国界融资和投资者向境外贷款的机会都受到了限制。

考虑一下这样的两家公司，一家本部位于英国，一家本部位于美国。两家公司均在对方国家拥有一家子公司，并且两家子公司均有融资的需求。当然，最直接的方式是由各自的母公司通过贷款为其子公司融资，如图 9-1 所示。

但是在外汇管制下使得这种方式很困难且代价非常高，甚至完全不可能。因此，为了规避这种管制，70 年代末发展起来另一种融资模式——平行贷款，如图 9-2 所示。

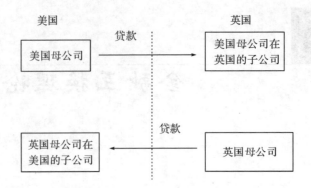

图 9-1　最直接的融资方式

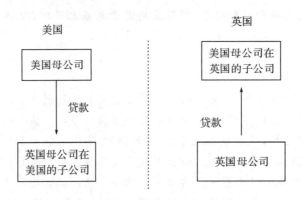

图 9-2　平行贷款

　　这种融资模式是：每家母公司都贷款给在本国运作的另一家公司的子公司，如美国母公司贷款给英国母公司在美国的子公司，类似地，英国母公司贷款给美国母公司在英国的子公司。这种贷款模式被称为平行贷款。实际上，上述贷款大多是通过银行中介进行的，两国母公司通常只是对贷款进行担保。由于平行贷款涉及两个独立的贷款合同，即使一个合同发生违约，另一个合同仍需执行，不能停止，这样就出现了双重风险。于是，为了降低违约风险，又演化出了"背对背"式贷款。

　　"背对背"式贷款是指两个国家的母公司相互直接提供贷款，贷款的币种不同但价值相同（按合约载明的汇率折算后数额相同），而且贷款的到期日相同。双方按期支付利息，到期各自向对方偿还本金。其过程如图 9-3 所示。

　　"背对背"式贷款与平行贷款有相似之处，也有不同。相似之处是两者有相似的现金流，因而两者的融资效果很相似；不同之处在于，"背对背"式贷款只签订一个贷款合同，合同中规定，若一方违约，另一方的支付义务就同时终止。这样，实际上降低了双方的贷款风险。

　　这种融资结构的主要优点在于能够规避外汇管制的限制，因为不需要跨国界转移资金。当然，要使这种融资安排成功，必须要有两家公司在对方国家有子公司，并且两家子公司均有资金需求且折算金额相近，还必须愿意接受有关的信用风险。

　　当然,在这种融资模式下,最主要的问题是信用风险问题。在普通的银行存款和贷款中,是银行而不是提供资金的存款人承担借款人违约的信用风险,这就是金融中介机构存在的主要好处之一。但在平行贷款中,双方公司直接为对方提供融资,从而必须自己承担对方违约的后果。

　　"背对背"式贷款实现了双方在货币种类和利息种类上的转换,如图 9-3 所示。美国(子)公司使用英镑,支付英镑利息,而英国(子)公司使用美元,支付美元利息,表明"背对背"式贷款已非常接近货币互换,但就本质而言,"背对背"式贷款仍然还是借贷关系,在法律上形成了新的资产与负债,双方互为债权人和债务人,因此"背对背"式贷款是表内业务,而货币互换只是不同货币间资产与负债的交换,不形成新的资产与负债,是表外业务。

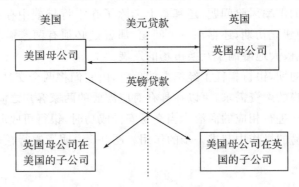

图 9-3　"背对背"式贷款

　　幸运的是,随着各国政府和中央银行逐渐接受浮动汇率制度,外汇管制得以放松且各主要货币最终完全取消了外汇管制,这意味着跨国公司能更容易地向其境外的子公司贷款。但仍然存在的问题是不能消除汇率风险。如向美国子公司提供美元贷款的英国母公司,将会收到一系列的利息支付和最后偿付的本金,而所有这些均为美元款项。这个问题在 20 世纪 80 年代早期得到了解决,这就是货币互换的出现。图 9-4 显示了简单的货币互换就可以实现上面所说的平行贷款或"背对背"式贷款,而且如果在签订互换合约时有银行中介机构的参与即可防止对方信用风险的产生。

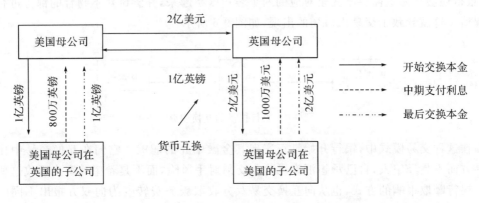

图 9-4　简单货币互换实现的平行贷款

在图9-4中,美国母公司和英国母公司签订了一个货币互换合约,互换合约规定,在合约生效时刻,美国母公司向英国母公司提供2亿美元的资金,则英国母公司在美国的子公司即可获得2亿美元的资金;同时,英国母公司向美国母公司支付1亿英镑的资金(按当时的汇率1英镑等于2美元),那么美国母公司在英国的子公司就获得了1亿英镑的融资。互换合约同时规定,在互换的有效期内,每年英国母公司需向美国母公司支付1000万美元的利息,而相应的,美国母公司则需向英国母公司支付800万英镑的利息,同时在到期时再交换回原来的本金。在图9-4中,虽然没有具体描述两母公司中期利息和最后本金的交换,但在下方已经显示了各自子公司中期和最后到期时的操作方向。

货币互换的发展使平行贷款和"背对背"式贷款不再必要,它不仅消除了母公司直接向子公司贷款存在的汇率风险问题,还基本上消除了在平行贷款中存在的信用风险。但是,在互换市场刚刚建立初期,还存在一个问题,那就是必须有两家需求恰好对应的公司才能进行互换,因此极大地限制了互换市场的发展。

互换合约交易初期,银行担任了经纪人的角色,由它们将两个交易对手联系起来。由于银行了解众多客户的融资需求,可以在具有对应需要的两家客户之间牵线搭桥,为客户提供咨询并帮助客户进行相应的商洽。当交易安排成功时,银行可收取一笔服务费,但此后就不再在互换交易的操作中起进一步的作用。图9-5说明了银行在早期的互换市场上承担的经纪人角色。

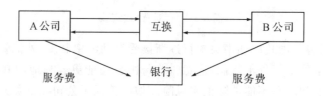

图9-5　互换早期的经纪人角色

随着互换市场的进一步发展,市场发生了演变。如果暂时无法找到交易方,银行自身会参与互换并扮演其中一方的角色,其希望是过一段时间能够找到合适的交易对手。此外,银行还会将融资需要不完全对应的两个客户联系起来,并尝试对不吻合的部分进行套期保值。这就导致了交易人市场的出现,如图9-6所示。

图9-6　银行提供的互换中介

在这种交易模式中,银行开始真正实现其金融中介的职能。它们在互换交易中作为交易方而不是经纪人,自己承担汇率风险和交易对手风险,而不是希望其客户吸收这些风险。银行赚取报酬的方式,也从向互换交易双方收取服务费转变为向双方报出不同的汇率,从而赚取买入卖出差价收入,如图9-6所示。

因为互换业务不用等到相对应的交易对手就能进行交易,因此极大地提高了互换合约的流动性,使互换业务的交易量在 20 世纪 80 年代中期出现了爆炸性的增长。

尽管货币互换是首先发展起来的互换种类,但利率互换很快就跟着出现了。与货币互换出现的原因类似,利率互换的出现来自于利率管制所形成的市场不完善,而其发展也来自于市场不完善。一个大公司既可以用固定利率也可以用浮动利率进行借款,但是,在这两种市场中风险溢价经常不同。例如,信用评级为 AAA 的公司进行借款,若按浮动利率,可能获得伦敦同业拆放利率上浮 10 个基点的报价,而若以固定利率借款,则可以获得 11％的固定利率;而对于信用评级为 BBB 的公司而言,市场向其提供的浮动利率和固定利率的借款分别为伦敦同业拆放利率上浮 50 个基点和 12％的固定利率。值得注意的是,BBB 公司在浮动利率市场须支付 40 个基点的风险溢价,而在固定利率市场的风险溢价则达到了 100 个基点。这一借贷市场的不完善导致了利率互换的快速发展。

市场不完善现象为利率互换市场的发展提供了动力,但正如货币互换的发展,新的金融工具一旦出现,就带来了无数的机会和应用,因此利率互换的发展比货币互换更加迅速。

目前,互换已经成为金融工程中的一种主要工具。汇率和利率方面持续存在的不确定性和高波动性使得对有效风险管理技术的需求日益增长。取消管制和金融市场的全球化趋势则去除了曾经压抑创新进程的各种限制。最后,银行及其客户在金融技术方面的日益发展使互换获得越来越多从业人员的关注,并且刺激了对互换及其他衍生工具的需求。

现在,具有创新性的产品设计能力和先进套期保值技术的银行,能够提供不同的互换产品,以精确地满足借款人和投资者的不同需求。最初的互换交易是由银行以经纪人的身份安排的,后来互换技术发展起来,银行开始直接在互换双方之间进行中介服务。现在,专业从事互换业务的银行可以运用各种衍生产品将其货币和风险管理融为一体。对互换进行套期保值不再需要两笔金额相同、方向相反的互换业务了,而是将即期、远期和长期外汇、债券、远期利率协议、短期利率期货、债券期货以及各种互换本身结合起来,这样银行可以提供全面的风险管理服务从而避免了对每笔业务分别进行套期保值的高额成本。

自 1980 年以来,互换市场已经获得了长足的发展。

9.2　最基本的互换合约

互换虽然历史较短,可品种创新日新月异,市场上出现了一大批的互换合约。本节首先介绍互换的交易原理,接着再介绍最基本的互换合约。

9.2.1　互换原理

互换原理是基于比较优势理论提出的。比较优势理论是英国著名经济学家大卫·李嘉图提出的。李嘉图认为,如果两个国家都能生产两种产品,且一个国家在这两种产品的生产上均处于有利地位,而另一国均处于不利地位的条件下,如果前者专门生产优势较大的产品,后者专门生产劣势较小(即具有比较优势)的产品,那么通过专业化分工的国际贸易,双方仍能从中获益。

李嘉图的比较优势理论不仅适用于国际贸易,而且适用于所有的经济活动。只要存在比较优势,双方就可通过适当分工和交换使双方共同获利。人类社会的进步史,实际上就是利用比较优势进行适当分工和交换的历史。

互换是比较优势理论在金融领域最生动的运用。根据比较优势理论,只要满足以下两个条件,就可以进行互换:

(1)双方对对方的资产或负债均有需求。

(2)双方在两种资产或负债上存在比较优势。利用这种比较优势进行互换交易能使双方都获利。

9.2.2 最基本的互换合约

最基本的互换合约就是传统的利率互换和货币互换。

1. 利率互换

典型的利率互换是指双方同意在未来一定期限内根据同样名义本金的货币交换未来现金流的合约,其中一方的现金流根据浮动利率计算,另一方的现金流则根据固定利率计算。

利率互换中涉及的货币数量称为名义本金,这是因为在利率互换中不涉及本金的交换,交换的现金流是以名义本金为基础的。交换的现金流分为两种类型:一种是固定利息流;另一种是浮动利息流。浮动利率通常以 LIBOR 为基础。例如,一次典型的互换交易的名义本金额通常是 5000 万美元。互换交易额通常是 500 万美元的倍数,一般不进行名义本金额低于 100 万美元的交易。大多数的交易额在 500 万~10000 万美元。

利率互换在一定的时间内进行,标准期限是 1 年、2 年、3 年、4 年、5 年、7 年和 10 年,30 年与 50 年的交易也较常见。利率互换市场变得越来越灵活,使许多派生互换交易成为可能。大体而言,交易越特殊,交易价格就越贵,这就是所谓的"一分价钱一分货"。

从经济学的角度看,双方进行利率互换的主要原因是双方在固定利率和浮动利率市场上具有比较优势。下面从具体的例子来看互换的交易原理。

【例 9-1】 2017 年 6 月,有 A、B 两家公司,都想借入 5 年期的 1000 万美元的借款,但 A 公司想借入与 6 个月期相关的浮动利率借款,B 公司想借入固定利率借款。由于两家公司的信用等级不同,所以市场向它们提供的利率也不同,如表 9-1 所示。

从表 9-1 中可以看出,无论是固定利率借款还是浮动利率借款,A 公司的借款利率均比 B 公司低,即 A 公司在两个市场都具有绝对优势。但在固定利率市场上,A 公司比 B 公司的绝对优势为 1.2%,而在浮动利率市场上,A 公司比 B 公司的绝对优势为 0.7%,这就是说,A 公司在固定利率市场上有比较优势,B 公司在浮动利率市场上有比较优势。这样双方就可以利用各自的优势为对方借款,然后互换,从而达到共同降低筹资成本的目的。

表 9-1　市场提供给 A、B 两公司的借款利率

公司	固定利率	浮动利率
A	4.00%	6 个月期 LIBOR+0.3%
B	5.20%	6 个月期 LIBOR+1.0%

具体操作如下:A 公司以 4% 的固定利率借入 1000 万美元,而 B 公司以 6 个月期 LI-BOR+1.0% 的浮动利率借入 1000 万美元。由于本金相同,故双方不必交换本金,而只要交换利息,即 A 公司向 B 公司支付浮动利率的利息,B 公司向 A 公司支付固定利率的利息。通过发挥各自的比较优势并互换,此时双方总的筹资成本降低了:

$$LIBOR+0.3\%+5.2\%-4\%-LIBOR-1.0\%=0.5\%$$

这就是利用比较优势的互换利益。如果不考虑互换的中介费用,那么互换利益是双方合作的成果,理应由双方共同分享,具体分享比例由双方商定。假定双方各分享一半的收益,则双方都将筹资成本降低了 0.25%,那么双方最终的筹资成本为:A 公司支付 LI-BOR+0.05% 的浮动利率,B 公司支付 4.95% 的固定利率。

这样,双方就可根据借款成本与实际筹资成本的差异计算各自向对方支付现金流。A 公司应该向 B 公司支付 LIBOR+0.05% 的利率,由 B 公司的借款成本(LIBOR+1.0%)和实际筹资成本(4.95%),可以计算得到 B 公司应向 A 公司支付的固定利率为:

$$4.95\%-(LIBOR+1.0\%-LIBOR-0.05\%)=4\%$$

那么,如果 A 公司向 B 公司支付按 LIBOR 利率计算的利息,B 公司向 A 公司支付按 4%-0.05%=3.95% 计算的利息。具体的流程如图 9-7 所示。

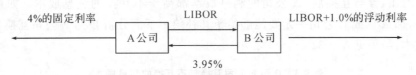

图 9-7　标准的利率互换流程

在上面的互换中,每隔 6 个月为利息支付日,因此互换协议的条款规定每 6 个月 A 公司要向 B 公司支付浮动利率的利息,B 公司向 A 公司支付 3.95% 的固定利率的利息,实际上,就是其中一方向另一方支付固定利率与浮动利率计算的利息差额。如到了某一支付日,市场上 6 个月 LIBOR 利率为 5%,那么 A 公司应该向 B 公司支付的利息为:1000 万×(5%-3.95%)×0.5=5.25 万美元。

事实上,利率互换还有一些变种,如固定利率互换和浮动利率互换,下面简单做一介绍。

固定利率互换是在两种币种之间的固定利率互换,类似于货币互换。有别于货币互换的是在开始和结束时并不进行本金的交换。固定利率互换的交易目的是利用不同货币之间的汇差和利差,通过互换以降低筹资成本或提高资金运用的收益率。

【例 9-2】　A 公司从 B 银行借入 20 亿日元资金,期限为 3 年,利率 4%。该公司预测将来日元对美元的汇率走势是日元疲软,估计为 1:90;1:100;1:110。为利用这个可能出现的机会,尽可能降低筹资成本,A 公司委托 C 银行做一笔日元同美元的固定利率

互换交易,此时的汇率为 1 美元＝80 日元。C 银行向 A 公司介绍 D、E 两家公司进行上述互换交易,金额均为 2500 万美元,互换期限 3 年,D 公司美元债务利率为 4.5%,对未来 3 年的汇率预期为 1：90；1：95；1：100；E 公司美元债务利率为 4.2%,对未来 3 年的汇率预期为 1：95；1：98；1：108。请分析说明 A 公司能否与 D、E 公司做成上述互换交易?为什么?(机会成本 5%)

A 公司能否与 D、E 公司做成上述互换交易,关键在于该互换交易能否使双方的筹资成本下降,因此必须根据双方对日元和美元的汇率走势进行计算分析互换与不互换的利息成本。下面首先分析 A 公司不互换与互换后的利息成本。要想进行比较,就必须根据机会成本计算其利息成本的现值,具体结果见表 9-2。

表 9-2　A 公司互换前后的利息成本

A 公司 (机会成本 5%)	不互换的利息成本 (以亿美元计)	互换后的利息成本 (以亿美元计)	
		与 D 互换	与 E 互换
1	$20 \times 4\% \div 90 \times 1$	$0.25 \times 4.5\% \times 1$	$0.25 \times 4.2\% \times 1$
0.952	$20 \times 4\% \div 100 \times 0.952$	$0.25 \times 4.5\% \times 0.952$	$0.25 \times 4.2\% \times 0.952$
0.907	$20 \times 4\% \div 110 \times 0.907$	$0.25 \times 4.5\% \times 0.907$	$0.25 \times 4.2\% \times 0.907$
合计	0.02311 亿美元 (231.1 万美元)	0.03216 亿美元 (321.6 万美元)	0.03000 亿美元 (300 万美元)

可以看出,参与互换后,A 公司的利息成本都高于不互换的利息成本。如果想达成互换交易,那么 D 或 E 公司一定要能够给予其补偿。下面分析 D 与 E 公司互换与不互换的利息成本,结果见表 9-3。

表 9-3　D 和 E 公司互换与不互换的利息成本

D 公司	E 公司
不互换利息为 0.03216 亿美元	不互换利息为 0.03000 亿美元
互换后利息估计 (以亿美元计)	互换后利息估计 (以亿美元计)
$20 \times 4\% \div 90 \times 1$	$20 \times 4\% \div 95 \times 1$
$20 \times 4\% \div 95 \times 0.952$	$20 \times 4\% \div 98 \times 0.952$
$20 \times 4\% \div 100 \times 0.907$	$20 \times 4\% \div 108 \times 0.907$
0.02417 亿美元 (241.7 万美元)	0.02291 亿美元 (229.1 万美元)

表 9-3 告诉我们,两公司互换之后利息成本确都有降低,但降低的幅度由于各自对汇率的预期不同而不同。D 公司互换后所减少的利息支出 79.9 万美元(321.6 万－241.7 万),不足以弥补 A 公司互换后所增加的利息支出 90.5 万美元(321.6 万－231.1 万),因此 A 与 D 无法进行互换;E 公司互换后所减少的利息支出 70.9 万美元(300 万－229.1

万），足以弥补 A 公司因互换而增加的利息支出 68.9 万美元（300 万－231.1 万美元），其差额 2 万美元（70.9 万－68.9 万）可以被双方分享，因此 A 与 E 公司可以进行互换。

浮动利率互换，也称为 LIBOR 利率互换，是在不同币种之间以 LIBOR 进行互相交换，类似于货币互换。也类似于固定利率互换，在开始和结束时并不进行本金的交换，其将来收付的利息额不但受利率影响，还要受汇率影响。互换的双方可以通过互换降低筹资成本或提高资金运用的收益率。请看例 9-3。

【例 9-3】　A 公司从 B 银行借入 10 亿日元资金，期限为 3 年，利率为 LIBOR＋0.5%，为利用不同货币间的利率和汇率变化差别来降低筹资成本，委托 C 银行做一笔 LIBOR 互换业务。C 向 A 推荐 D、E 两家公司，互换比价均为 1∶100，即互换到 1000 万美元的债务，利率均为 LIBOR－0.5%。若 A、D、E 三家公司对今后 3 年的汇率与利率走势的预期各不相同，见表 9-4。

表 9-4　A、D、E 三家公司对今后 3 年的汇率与利率走势的预期

公司	汇　率			货币 名称	利　率（LIBOR）		
	第 1 年	第 2 年	第 3 年		第 1 年	第 2 年	第 3 年
A	1∶90	1∶95	1∶100	JPY	2.5%	2.8%	2.8%
				USD	2.5%	2.9%	2.7%
D	1∶90	1∶100	1∶110	JPY	2.5%	3.0%	2.5%
				USD	2.5%	2.8%	2.3%
E	1∶93	1∶95	1∶98	JPY	2.5%	3.0%	2.5%
				USD	2.5%	2.8%	3.1%

如果机会成本均为 3%，请计算分析 A 公司能否与 D、E 公司做成上述互换交易？为什么？

类似于例 9-2，A 公司能否与 D、E 公司做成上述互换交易，关键在于该互换交易能否使双方的筹资成本下降，因此必须根据双方对日元和美元的利率 LIBOR 走势和汇率走势进行计算，分析互换与不互换的利息成本。下面分析 A 公司、D 公司、E 公司不互换与互换后的利息成本，具体计算结果见表 9-5、表 9-6 和表 9-7。

表 9-5　A 公司互换与不互换的利息成本

3%	互换前利息 （以亿美元计）	互换后利息 （以亿美元计）
1	10×(2.5%＋0.5%)÷90×1	0.1×(2.5%－0.5%)×1
0.971	10×(2.8%＋0.5%)÷95×0.971	0.1×(2.9%－0.5%)×0.971
0.943	10×(2.8%＋0.5%)÷100×0.943	0.1×(2.7%－0.5%)×0.943
合计	0.0982 亿美元＝98.2 万美元	0.00641 亿美元＝64.1 万美元

表 9-6　D 公司互换与不互换的利息成本

3%	互换前利息 （以亿美元计）	互换后利息 （以亿美元计）
1	0.1×(2.5%−0.5%)×1	10×(2.5%+0.5%)÷90×1
0.971	0.1×(2.8%−0.5%)×0.971	10×(3.0%+0.5%)÷100×0.971
0.943	0.1×(2.3%−0.5%)×0.943	10×(2.5%+0.5%)÷110×0.943
合计	0.00593 亿美元=59.3 万美元	0.0093 亿美元=93.0 万美元

表 9-7　E 公司互换与不互换的利息成本

3%	互换前利息 （以亿美元计）	互换后利息 （以亿美元计）
1	0.1×(2.5%−0.5%)×1	10×(2.5%+0.5%)÷93×1
0.971	0.1×(2.8%−0.5%)×0.971	10×(3.0%+0.5%)÷95×0.971
0.943	0.1×(3.1%−0.5%)×0.943	10×(2.5%+0.5%)÷98×0.943
合计	0.0067 亿美元=67 万美元	0.0097 亿美元=97 万美元

从计算结果可以看出：

A 公司若互换，将减少利息支出 98.2−64.1=34.1（万美元）；D 公司则将增加利息支出 93.0−59.3=33.7（万美元）；E 公司增加利息支出 97−67=30（万美元）。

可见，A 与 D 公司存在 0.4 万美元的盈利空间，可互换，也可不互换。而 A 与 E 公司之间可以考虑互换，其节省的 34.1−30.0=4.1（万美元）利息由双方分享。若平均分享，则应由 A 公司弥补 E 公司多支付的 30 万美元之外再额外支付 2 万美元给 E 公司以作互换补偿。

若今后 3 年实际的汇率与利率如表 9-8 所示，试分析互换各方的盈亏状况如何？（机会成本仍为 3%）

表 9-8　今后 3 年实际的汇率与利率走势

汇　率				利　率（LIBOR）		
第 1 年	第 2 年	第 3 年		第 1 年	第 2 年	第 3 年
1:92	1:97	1:95	JPY	2.3%	2.1%	2.3%
			USD	2.5%	2.7%	2.9%

根据实际发生的利率与汇率，可分别计算出 JPY、USD 债务的利息，如表 9-9 所示。

表 9-9　实际发生的 JPY、USD 债务利息成本

3%	JPY 债务的利息（按 USD 计）	USD 债务的利息
1	10×(2.3%+0.5%)÷92×1	0.1×(2.5%−0.5%)×1
0.971	10×(2.1%+0.5%)÷97×0.971	0.1×(2.7%−0.5%)×0.971
0.943	10×(2.3%+0.5%)÷95×0.943	0.1×(2.9%−0.5%)×0.943
合计	0.0084 亿美元=84 万美元	0.0064 亿美元=64 万美元

此时,对于 A 公司而言,它所互换到的实际美元利息为 64 万美元,再加 32 万美元的利息补偿支出,共计 96 万美元,比实际日元利息 84 万美元高出 12 万美元,互换不得利。

反之,对于 E 公司而言,它互换所需实际承担的日元利息为 84 万美元,并能获取 32 万美元利息补偿,实际承担利息 84-32=52 万美元<64 万美元,互换盈利。

可见,浮动利率互换最终哪一方获益,将依赖于实际的利率与汇率行情。

2. 货币互换

货币互换是指将一种货币的本金和固定利息与几乎等价的另一种货币的本金和固定利息进行交换的合约。

对于货币互换,在合约的生效日可以有本金的交换,也可以没有,这由双方共同商定。互换双方所支付款项的币种不同,但在协议到期时始终会有本金的支付。

货币互换的主要原因是双方在各自国家金融市场上具有比较优势,从而利用双方这种比较优势进行信用套利。下面通过一个案例来说明货币互换的交易原理。

【例 9-4】　假定英镑对美元的即期汇率为 1 英镑=1.5000 美元,X 公司想借入期限为 3 年的 2000 万英镑,Y 公司想借入为期 3 年的 3000 万美元,由于 X 公司的信用等级高于 Y 公司,两国金融市场对这两公司的熟悉程度不同,因此市场向它们提供的固定利率也不同,两者在市场上的具体借款成本见表 9-10。

表 9-10　市场向 X 和 Y 提供的借款利率

公司	美元	英镑
X	8%	11.6%
Y	10%	12.0%

从表 9-10 中可以看出,X 公司的借款利率均低于 Y 公司,这是因为其信用等级较高,也就是说,X 公司在两个市场上都具有绝对优势,但绝对优势的大小不同。在美元市场上 X 公司比 Y 公司的优势为 2.0%,在英镑市场上只有 0.4%,因此 Y 公司在英镑市场上有比较优势。这样,双方就可以利用各自的比较优势借款,然后通过互换得到自己想要的资金而使得双方的贷款成本均降低。

具体的操作流程是:X 公司向市场借入 3000 万美元,利率为 8%;Y 公司向市场借入 2000 万英镑,利率为 12.0%,然后互换,可使双方的贷款成本降低 1.6%(11.6%+10%-8%-12%)。双方可以共同分享互换收益,从而降低各自的融资成本。

如果不计中介费用,X、Y 两公司商定平分这 1.6%的互换收益,则 X、Y 公司都使融资成本降低 0.8%,即双方最终的融资成本为:X 公司支付 10.8%(11.6%-0.8%)的英镑利率,Y 公司支付 9.2%(10%-0.8%)的美元利率。

互换的过程是:首先双方交换本金,即 X 公司支付给 Y 公司 3000 万美元,Y 公司支付给 X 公司 2000 万英镑;其次,双方可以根据借款成本与实际筹资成本的差异计算各自向对方支付现金流,进行利息互换。首先,X 公司向 Y 公司支付英镑利率 10.8%,同时 Y 公司向 X 公司支付的美元利率应该为:9.2%-(12%-10.8%)=8%。计算双方需要支付给对方的利息现金流:X 支付给 Y 公司的利息:

$$2000 \times 10.8\% = 216(万英镑)$$

Y 支付给 X 公司的利息为

$$3000 \times 8\% = 240(万美元)$$

最后,在贷款期满后,双方再次进行借款本金的交换,即 X 公司向 Y 公司支付 2000 万英镑的本金,Y 公司向 X 公司支付 3000 万美元的本金。到此,互换结束。如果不考虑本金的交换问题,上面货币互换的流程如图 9-8 所示。

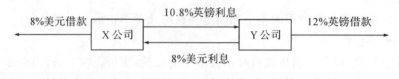

图 9-8　货币互换流程

关于货币互换,有几点需要加以说明:

(1)货币互换的利率支付形式可以是同为固定利率、同为浮动利率、固定利率对浮动利率。

(2)货币互换中规定的汇率可以是即期汇率、远期汇率、双方约定汇率。

(3)货币互换可以有初始本金的交换,也可以没有初始本金的交换。

另外,市场上交易货币互换,本金可以是债务,也可以是资产,能否成交,将取决于互换双方未来的预期,具体见例 9-5。

【例 9-5】 若 A 公司在 1998 年 3 月底筹措到一笔 110 亿日元资金,期限 5 年,固定利率 5%,投资于某一项目,项目建成后将创汇美元,当时汇率为 1USD=120JPY,汇率今后的升降将影响日元债务成本,若 JPY 升值,则 A 公司将亏,故在 1999 年年初出现略升现象时(1USD=115JPY),A 公司(预期今后 4 年汇率走势分别为 110、100、90、80)马上与银行商量做互换交易,按 1:110 交换到 B 公司利息为 6% 的美元债务 1 亿,如果机会成本按 4% 计算,B 公司对未来 4 年汇率走势的预期为 110、105、95 和 85,问双方能否成交?

双方能否成交,关键在于互换之后,是否可以使双方的利息成本下降,达到共赢,这类似前面的例 9-2 和例 9-3。根据 A 公司对未来 4 年日元汇率走势的预期,可以计算互换与不互换其应该支付的利息成本,如表 9-11 所示。

表 9-11　A 公司互换与不互换的利息成本

4%	互换前利息 (以亿美元计)	互换后利息 (以亿美元计)
1	$(110 \times 5\%) \div 110 \times 1 = 0.05$	$1 \times 6\% \times 1$
0.962	$(110 \times 5\%) \div 100 \times 0.962 = 0.0529$	$1 \times 6\% \times 0.962$
0.925	$(110 \times 5\%) \div 90 \times 0.925 = 0.05650$	$1 \times 6\% \times 0.925$
0.889	$110 \times (1+5\%) \div 80 \times 0.889 = 1.2835$	$1 \times (1+6\%) \times 0.889$
合计	1.4429 亿美元	1.1155 亿美元

很明显,对于 A 公司来说,互换之后利息成本下降(1.4429 亿>1.1155 亿)。B 公司

互换与不互换的利息成本,如表 9-12 所示。

表 9-12　B 公司互换与不互换的利息成本

4%	互换前利息 (以亿美元计)	互换后利息 (以亿美元计)
1	$1 \times 6\% \times 1$	$(110 \times 5\%) \div 110 \times 1 = 0.05$
0.962	$1 \times 6\% \times 0.962$	$(110 \times 5\%) \div 105 \times 0.962 = 0.05039$
0.925	$1 \times 6\% \times 0.925$	$(110 \times 5\%) \div 95 \times 0.925 = 0.05355$
0.889	$1 \times (1+6\%) \times 0.889$	$110 \times (1+5\%) \div 85 \times 0.889 = 1.208$
合计	1.1155 亿美元	1.36194 亿美元

表 9-12 说明,B 公司互换之后的利息成本上升了。由此可以看出,若 A 公司希望能与 B 公司实行货币互换,则必须支付给 B 公司的补偿额 $\geqslant (1.36194 - 1.1155)$ 亿,以满足 B 公司的预期。但此时仍将有 $(1.4429 - 1.36194)$ 亿的剩余收益,因此双方共享这笔收益则该互换。

9.3　利率互换的定价

不论是对互换进行定价还是前面讨论的期货定价,所使用的方法本质上是一致的。所谓利率互换的定价,通常是指寻找一种合适的固定利率,使一笔新互换交易对交易双方的净现值为零。本节介绍两种利率互换的定价。

9.3.1　零息票定价法

1. 贴现因子和贴现函数

互换零息票定价法的第一步,是根据市场利率推算一系列的贴现因子。贴现因子就是可用于求出某一未来现金流量现值的介于 0 与 1 之间的一个数。贴现因子的公式是:

$$PV_t = V_t \times FV_t \tag{9.1}$$

其中,PV_t 表示发生于时点 t 的未来现金流量的现值;FV_t 表示发生于时点 t 的未来现金流量;V_t 表示发生于时点 t 的未来现金流量的贴现因子。

贴现因子可以从一系列不同来源获得,最简单的方法是根据零息票利率来计算。短期欧洲货币存款和较长期的零息票债券均可用于确定零息票利率。根据期限不同,这些利率的计算也有一点不同。对小于或等于一年期限的零息票利率通常是单利,应适用于以下公式:

$$V_t = \frac{1}{(1 + Z_t t)} \tag{9.2}$$

对一年以上的期限,零息票利率为复利,应使用以下公式:

$$V_t = \frac{1}{(1 + Z_t)^t} \tag{9.3}$$

其中，V_t 表示发生于时点 t 的未来现金流量的贴现因子；Z_t 表示至时点 t 期间的零息票利率；t 是以年为单位，实际上表示的是自起息日到时点 t 的期限。

表 9-13 列举了根据 3 个月期至 5 年期市场零息票利率计算的贴现因子。

表 9-13　根据零息票利率计算的贴现因子

期限	零息票利率	贴现因子
3 个月	9.5%	0.976801
6 个月	9.75%	0.953516
1 年	10.0%	0.909091
2 年	10.25%	0.822702
3 年	10.50%	0.741162
4 年	10.75%	0.664696
5 年	11.0%	0.593451

根据单一的零息票利率可以计算相应期限的贴现因子，但是，现金流量可能在未来的任何时候发生，而不一定是 3 个月或 1 年、5 年，因此互换零息票定价的第二步就是确定未来每一个可能日期的贴现因子。贴现因子的全部集合称为贴现函数。

互换零息票定价的第二步：计算中间值，通常使用的方法是插值法。可以直接根据已知的贴现因子来计算中间日期的贴现因子。

由于贴现函数一定遵循 e^{-kt} 的指数形式：利率水平越高，曲线下降越快，因此正确的计算方法就是指数插值法，计算公式为：

$$V_t = V_{t_1}^{\left[\frac{t}{t_1}\left(\frac{t_2-t}{t_2-t_1}\right)\right]} V_{t_2}^{\left[\frac{t}{t_2}\left(\frac{t-t_1}{t_2-t_1}\right)\right]} \tag{9.4}$$

其中，V_t 表示发生于时点 t 的未来现金流量的贴现因子，且 $t_1 < t < t_2$；V_{t_1} 表示发生于时点 t_1 的未来现金流量的贴现因子；V_{t_2} 表示发生于时点 t_2 的未来现金流量的贴现因子；且所有的期限以相同单位表示，如天数或年数。

【**例 9-6**】　假设起息日为 4 月 21 日，3 个月期限的零息票的到期日为 7 月 21 日（91 天后），6 个月期限的到期日为 10 月 21 日（183 天后）。如果 3 个月期限的零息票利率为 9.5%，6 个月期限的为 9.75%，日期计算为实际天数/360。请计算 4 个月期限到期日为 8 月 23 日（124 天后）的贴现因子。

首先应计算 3 个月和 6 个月的贴现因子，因为这里强调了日期计算为实际天数/360，因此利用式（9.2）计算的贴现因子与表 9-3 的结果稍有不同，分别为 0.976549 和 0.952778；再利用式（9.4）：

$$V_t = 0.976549^{\left[\frac{124}{91}\left(\frac{183-124}{183-91}\right)\right]} \times 0.952778^{\left[\frac{124}{183}\left(\frac{124-91}{183-91}\right)\right]} = 0.968028$$

如果使用指数插值法计算日期在已知最早贴现因子之前或最晚贴现因子之后的贴现因子，那么必须使用公式（9.4）的变形形式，即：

$$V_t = V_{t_n}^{\left[\frac{t_n}{t}\right]} \tag{9.5}$$

其中，变量的含义与式（9.4）类似，t_n 表示的是自起息日以来已知的最早或最晚的零息票利率的期限。

2. 各种利率和贴现因子的关系

上面已经得到了贴现因子与零息票率之间的关系。下面使用面额债券考虑债券的利率与贴现因子的关系。面额债券就是价格等于面额的债券,这意味着其到期收益率等于其息票率。

如果已经知道了每个付息日的贴现因子,则计算债券的现值公式为:

$$P = \frac{100i_k}{F}V_1 + \frac{100i_k}{F}V_2 + \cdots + \frac{100i_k}{F}V_k + 100V_k \tag{9.6}$$

其中,P 表示债券的现值;V_j 表示第 j 个付息日的贴现因子,$j=1,2,\cdots,k$;i_k 表示共有 k 期的债券的息票率,为年利率;F 表示债券一年内的付息次数。

对于面额债券,P 等于 100,因此代入式(9.6)即得

$$i_k = \frac{1 - V_k}{\displaystyle\sum_{j=1}^{k} \frac{V_j}{F}} \tag{9.7}$$

如果已知 k 期互换的互换利率为 i_k,那么可以利用式(9.7)求出第 k 个贴现因子:

$$V_k = \frac{1 - i_k \displaystyle\sum_{j=1}^{k-1} \frac{V_j}{F}}{1 + i_k / F} \tag{9.8}$$

这说明第 k 个贴现因子可以通过前面 $k-1$ 个贴现因子和 k 期的互换利率 i_k 来确定。根据互换利率确定贴现因子的方法是一个重复的过程,这就是所谓的"循环推导"。

同样,已知零息票率,根据式(9.3)可以计算一年期以上的贴现因子;反过来,如果已知 1 年期以上的贴现因子,可以利用下面的公式计算零息票的利率:

$$z_t = \sqrt[t]{\frac{1}{V_t}} - 1 \tag{9.9}$$

那么式(9.7)、式(9.8)、式(9.9)和式(9.3)提供了从贴现因子计算互换利率、从互换利率计算贴现因子以及从贴现因子计算零息票率、从零息票率计算贴现因子的方法。下面再考虑这些因素与远期利率的关系。

式(9.2)说明了如何利用 1 年期内的零息票率计算相应的贴现因子。如果期限 t 的长度是由表达式 $1/F$ 确定的一年的一部分,即 $t = 1/F$,那么式(9.2)可以改写为

$$V_1 = \frac{1}{1 + \dfrac{z_1}{F}} \tag{9.10}$$

这一公式说明,第一期末的 1 的现值,是用式(9.10)中的分母对 1 进行贴现的结果,一旦求出第一个贴现因子,就可以用类似的表达式求出第二个贴现因子,不过这一次应该使用远期利率:

$$V_2 = \frac{V_1}{1 + \dfrac{f_1}{F}} \tag{9.11}$$

其中,f_1 表示的是第 1 期到第 2 期的远期利率。类似地,可以得到:

$$V_{k+1} = \frac{V_k}{1 + \dfrac{f_K}{F}} \tag{9.12}$$

其中，f_k 表示的是第 k 期到第 $k+1$ 期的远期利率。反过来，已知贴现因子可以求出远期利率：

$$f_k = \left(\frac{V_k}{V_{k+1}} - 1\right)F \tag{9.13}$$

综合以上公式，即可得：

$$V_{k+1} = \prod_{j=0}^{k} \left(\frac{1}{1+f_j/F}\right) \tag{9.14}$$

其中，$f_0 = z_1$。

由以上公式可以简便地在贴现因子、债券息票率、零息票率和远期利率之间进行转换，如图 9-9 所示。

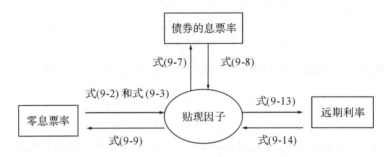

图 9-9　各种利率和贴现因子之间的关系

3. 利率互换的定价

标准利率互换指的是互换的一方支付 LIBOR 利率，另一方支付固定利率。对利率互换的定价就是确定合适的固定利率，使互换交易的净现值为零。这一固定利率就称为互换利率。

要给出利率互换的价格，首先应该了解互换利率与具有相同信用风险的面额债券收益率之间的关系。这也是互换零息票定价方法的第三步。

面额债券就是价格等于面额的债券，这意味着其到期收益率等于其息票率。设其收益率和息票率为 i，那么买入面额为 100 的面额债券，相应的现金流用图 9-10 显示。

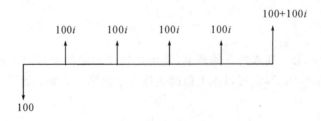

图 9-10　买进面额债券的相应现金流

如果考虑以伦敦同业拆放利率借款为面额债券融资，那么相应的现金流量，如图 9-11所示。

将两种现金流量结合起来，即可得融资购买面额债券流入与流出的现金流量，如

图 9-11　以伦敦同业拆放利率融资买进面额债券的现金流量

图 9-12 所示。

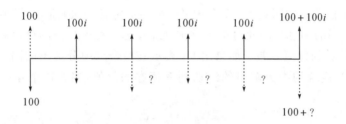

图 9-12　以伦敦同业拆放利率融资的面额债券流入与流出的现金流量

来自本金的现金流量相抵,剩下的只是面额债券的固定利息与伦敦同业拆放利率融资的浮动利息支付。有趣的是,这与标准的利率互换的现金流量完全一致,因此可以得到一个重要的结论:标准利率互换中的固定利率与面额债券的收益率和息票率一致。这就意味着确定标准利率互换中恰当的固定利率,就等同于为面额债券确定一个适当的息票率。

由以上分析,式(9.7)就是标准的具有 k 期支付的利率互换的定价公式,即互换利率。

【例 9-7】　如果市场上零息票利率如表 9-13 所示,请计算一年支付一次的三年期的利率互换的价格。

根据表 9-13 给出的贴现因子,知:

$$V_1=0.909091, V_2=0.822702, V_3=0.741162, F=1$$

将 V_1、V_2、V_3 代入式(9.7)可得:

$$i_3=\frac{1-0.741162}{0.909091+0.822702+0.741162}=10.47\%$$

这就是一个三年期的标准利率互换的互换利率。

9.3.2　运用债券组合给利率互换定价

在许多金融工具定价时,通常要用被普遍接受的贴现率对有关的现金流进行贴现。在国际金融市场的现实操作中,通常用 LIBOR 利率作为贴现率,这是因为 LIBOR 利率通常反映了国际金融市场的资金成本。当然,这里的隐含假设是:被定价的衍生工具的现金流和银行同业拆借市场资金具有相同的风险。

下面利用一个具体的利率互换的例子来说明如何运用债券组合为利率互换定价。

【例 9-8】　假定 2018 年 3 月,A、B 两公司签订了一个利率互换,为期 3 年,名义本金为1亿美元,B公司同意支付给A公司年利率为5%的利息,同时A公司同意支付给B公司6个月期的LIBOR利率,每半年支付一次。

由于利率互换中本金只是名义上的,对互换双方的现金流没有影响,对互换的价值也没有影响,因此上述利率互换可以分解为两个债券合约:

(1)B公司按6个月期LIBOR的利率借给A公司1亿美元的现金;

(2)A公司按5%的年利率借给B公司1亿美元的现金。

如果从债券交易的角度看待上述借贷,就是A公司向B公司买入一份1亿美元的浮动利率债券,因此B公司每半年需向A公司支付LIBOR利率的利息;另外,A公司又向B公司出售了1亿美元的固定5%的年利率(每半年付息一次)债券,每半年需向B公司支付固定利率5%的利息。因此对于A公司而言,这个利率互换的价值就是浮动利率债券与固定利率债券的价值之差。如果用V_1表示互换合约中分解出的固定利率债券的价值,用V_2表示互换合约中分解出的浮动利率债券的价值,那么这个互换对B公司的价值为:

$$V_B = V_2 - V_1 \tag{9.15}$$

反之,互换对"A"公司的价值即为

$$V_A = V_1 - V_2 \tag{9.16}$$

为了获得式(9.15)和式(9.16)的具体表达式,定义如下符号:

t_i:距第i次现金流交换的时间($1 \leqslant i \leqslant n$);

P:利率互换合约中的名义本金额;

r_i:到期日为t_i的LIBOR利率;

K:每个支付日支付的固定利息额。

由此可知,固定利率债券的价值为

$$V_1 = \sum_{i=1}^{n} K e^{-r_i t_i} + P e^{-r_n t_n} \tag{9.17}$$

再根据浮动利率债券的性质,在浮动利率债息刚刚被支付的那一刻,浮动利率债券的价值就等于其本金P。假设已知下一利息支付日应支付的浮动利息额为K^*,那么在下一次利息支付前的一刻,浮动利率债券的价值为$P + K^*$。因此,距下一次利息支付日还有t_1的时间,现在的浮动利率债券的价值应该为

$$V_2 = (P + K^*) e^{-r_1 t_1} \tag{9.18}$$

理解式(9.18)并不难。在浮动利率始终等于该债券的合理贴现率的条件下:首先,在浮动利率债券新发行时,该债券的价值就等于其面值;其次,在任一重新确定利率的时刻,付息之后的浮动利率债券价值就等于新发行的同期限的浮动利率债券面值,付息之前的浮动利率债券价值就等于面值加上应付利息;最后,根据证券定价的一般原理,在不考虑流动因素的情况下,选定证券存续期内的任一时点,证券的价值等于该时刻的证券价值加上现在到该时点之间现金流的贴现值。在为浮动利率债券定价时,选定下一个付息日为未来时点,这样就得到了式(9.18)。

要想获得互换的合理价格,即确定利率互换中合理的固定利率,就是使得互换对A、B两公司的初始价值为零的固定利率,即使得:

$$V_B = V_A = 0$$

所对应的固定利率的利息为

$$K = \frac{(P + K^*)e^{-r_1 t_1} - Pe^{-r_n t_n}}{\sum_{i=1}^{n} e^{-r_i t_i}} \tag{9.19}$$

因而互换的价格,即支付固定利率的一方支付的固定利率为

$$r = F \frac{(1 + K^*/P)e^{-r_1 t_1} - e^{-r_n t_n}}{\sum_{i=1}^{n} e^{-r_i t_i}} \tag{9.20}$$

其中,F 表示一年内的付息次数

【例 9-9】　在一个半年计一次复利、距到期日还有 1.25 年的互换合约中,约定 A 公司支付 6 个月期的 LIBOR,同时向互换对手 B 公司收取 8％的年利率,名义本金为 1 亿美元。这意味着上一次利息支付是在 3 个月前。此时市场上 3 个月、9 个月和 15 个月的 LIBOR(连续复利率)分别为 10％、10.5％和 11％。试计算 A 公司的互换价值以及互换的价格。

解　由题意知:

$$K = 100000000 \times 8\% \times \frac{1}{2} = 400(万美元)$$

$$K^* = 100000000 \times 10\% \times \frac{1}{2} = 500(万美元)$$

由式(9.17)和式(9.18)知:

$$V_1 = 400e^{-0.1 \times 0.25} + 400e^{-0.105 \times 0.75} + (10000 + 400)e^{-0.11 \times 1.25} = 9824(万美元)$$

$$V_2 = (10000 + 500)e^{-0.1 \times 0.25} = 10241(万美元)$$

所以 A 公司的互换价值是:

$$V_A = V_1 - V_2 = -417(万美元)$$

那么其对手 B 公司的互换价值是 417 万美元,即该互换合约对互换的对手 B 有利。此时互换的价格应该为

$$r = \frac{(1 + 0.05)e^{-0.1 \times 0.25} - e^{-0.11 \times 1.25}}{e^{-0.1 \times 0.25} + e^{-0.105 \times 0.75} + e^{-0.11 \times 1.25}} \times 2 = 11.08\%$$

即该利率互换的互换利率应该等于 11.08％。

9.4　货币互换的定价

本节将讨论货币互换的定价问题。关于货币互换的定价,本节也介绍运用债券组合给货币互换定价的方法。

在没有违约风险的条件下,货币互换一样可以分解成两个债券的组合,如在本币与外币互换的情况下,该互换就可以分解成一份外币债券和一份本币债券的组合。

假设条件如下:假定 A 公司和 B 公司在某一时刻签订了一份 5 年期的货币互换,互

换协议规定 A 公司每年向 B 公司支付 11% 的本币利息,并向 B 公司收取 8% 的外币利息。协议签订时的即期汇率为 1 本币兑换 2 外币,相应的本金分别为 1000 万本币和 2000 万外币。显然,A 公司持有的互换头寸可以看成是一份年利率为 8% 的外币债券的多头和一份年利率为 11% 的本币债券的空头的组合。反之,B 公司则持有相反的债券组合。

如果使用下面的符号:

B_F:表示用外币表示的从互换中分解出来的外币债券现在的价值;

B_D:表示从互换中分解出来的本币债券现在的价值;

E_0:表示签约时的直接标价下的即期汇率。

那么对于收入本币利息支付外币利息的 B 公司而言,其价值为:

$$V_B = B_D - E_0 B_F \qquad (9.21)$$

反之,对于收入外币利息支付本币利息的 A 公司而言,其价值为:

$$V_A = E_0 B_F - B_D \qquad (9.22)$$

【例 9-10】 假设美元的市场 LIBOR 利率是 9%,日元的市场 LIBOR 利率是 4%(均考虑连续复利),且两市场的利率期限结构是水平的。考虑一个这样的货币互换协议,该协议约定某公司每年收入日元,利率为 5%,同时付出美元,利率为 8%,本金金额分别为 0.1 亿美元和 11 亿日元。该互换还有 3 年期限,此时市场即期汇率为 1 美元=110 日元,那么如何判断这个互换对该公司的价值?

解 首先用两种货币的市场利率 LIBOR 作为相应的贴现率,分别计算出相应的日元债券收到的日元价值和美元债券付出的美元价值:

$$B_F = 11 \times 5\% e^{-0.04 \times 1} + 11 \times 5\% e^{-0.04 \times 2} + 11(1+5\%) e^{-0.04 \times 3} = 11.28 (亿日元)$$

$$B_D = 0.1 \times 8\% e^{-0.09 \times 1} + 0.1 \times 8\% e^{-0.09 \times 2} + 0.1(1+8\%) e^{-0.09 \times 3} = 0.09644 (亿美元)$$

再由式(9.22)知,这个互换对该公司的价值为:

$$V = \frac{112\ 800}{110} - 964.4 = 61.055 (万美元)$$

价值为正,说明该互换协议对该公司是有利的。

如果已知其中一种货币的利率支付,那么使得互换对双方的价值都为零,即:

$$V_A = V_B = 0$$

的另一种货币的支付利率即为合理的货币互换的理论价格。

9.5 互换的基本应用

利率互换和货币互换在广泛的应用领域为投资者带来了不可计数的机会。下面通过案例具体说明互换应用的主要领域。

9.5.1 锁定融资成本

目前某家按伦敦同业拆放利率+100 个基点的借款公司担心,在其贷款还剩下的三年的时间中利率可能上扬。于是,该公司决定利用利率互换锁定其融资成本。在利率互换中,该公司作为固定利率的支付方进入了一个三年期的利率互换,其固定利率是 8.75%,互换的浮动利率为六个月期的伦敦同业拆放利率,每半年付息一次。这样,利用利率互换,使得该公司有效地将未来三年的融资成本锁定为固定利率 9.75%(实际的年利率为 9.99%),从而不用担心三年期间利率上扬使自己的融资成本上涨。具体的交易流程如图 9-13 所示。

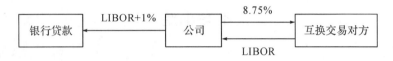

图 9-13　运用货币互换锁定融资成本

9.5.2　与资产相关的互换

一家美国保险公司希望提高以美元计价的证券组合的收益率。目前十年期的美国国债的收益率为 8.14%,而同一期限的德国国债的收益率为 8.45%。根据银行对十年期固定利率—固定利率、美元—马克的货币互换的报价,保险公司可以按 8.45% 的固定利率支付马克而以 8.51% 的固定利率收取美元。如果该保险公司买入德国国债并进行互换,则可获得 8.51% 的美元收益率,比直接投资美国国债的收益率大致要高出 37 个基点。图 9-14 描述了这一情况。

图 9-14　运用货币互换提高美元资产的收益率

9.5.3　与负债相关的互换

一家已经较多使用本国资本市场的英国公司,目前正试图获得新的融资,但它得到的固定利率和浮动利率的报价为 10.5% 和伦敦同业拆放利率+90 个基点,说明此时国内市场对于进一步给其提供资金较为迟疑。该公司决定转向迅速发展的欧洲货币单位债券市场,在这里它可以 8.75% 的固定利率获得融资。但是,公司并不想承担英镑对欧洲货币单位贬值的风险,于是决定进行一次货币互换,以伦敦同业拆放利率+50 个基点支付浮动利率的英镑并以 8.75% 的固定利息收取欧洲货币单位。图 9-15 描绘了这一操作的结果,也即以伦敦同业拆放利率+50 个基点获得了合成式英镑融资,比直接借入按市场提供的浮动利率融资英镑的成本低 40 个基点。

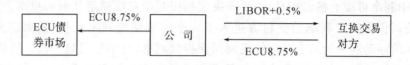

图 9-15　运用货币互换降低英镑融资的成本

本章小结

互换业务的起源，是 20 世纪 70 年代发展起来的平行贷款和"背对背"式贷款。当时，由于大多数国家仍实行外汇管制，公司跨国界融资和投资者向境外贷款的机会都受到了限制。

互换是比较优势理论在金融领域最生动的运用。根据比较优势理论，只要满足以下两种条件，就可以进行互换：

（1）双方对对方的资产或负债均有需求；

（2）双方在两种资产或负债上存在比较优势。

这就是基本的互换原理。

最基本的互换合约就是传统的利率互换和货币互换。

利率互换是指双方同意在未来一定期限内根据货币的同样名义本金交换未来现金流，其中一方的现金流根据浮动利率计算，另一方的现金流则根据固定利率计算。

货币互换是指将一种货币的本金和固定利息与几乎等价的另一种货币的本金和固定利息进行交换。货币互换的主要原因是双方在各自使用的金融市场上具有比较优势，从而利用双方这种比较优势进行信用套利。

关于利率互换的定价，本书介绍了两种定价方法：一种是零息票定价法；另一种是运用债券组合给利率互换定价。

关于货币互换的定价，本节介绍了运用债券组合给货币互换定价的方法。

利率互换和货币互换在广泛的应用领域为投资者带来了不可计数的机会。互换应用的三大主要领域：锁定融资成本、与资产相关的互换和与负债相关的互换。

练习题

1. 名词解释

（1）利率互换　　　　　（2）货币互换

（3）互换利率

2. 简答题

（1）请阐述互换的零息票定价原理。

（2）请解释利率互换与货币互换的异同。

3. 实务题

(1)假定 A、B 两公司在融资市场上的地位不同如下表所示。如果 A 公司需要 1 亿美元浮动利率的贷款，B 公司需要 1 亿美元固定利率的融资，请问如何进行融资，成本较低？如果节约的成本为双方平均分享，融资核算过程是怎样的？

公司	固定利率融资	浮动利率融资	比较优势差别
A	11%	LIBOR	
B	13.5%	LIBOR+0.5%	
A、B 的融资成本差	2.5%	0.5%	2%

(2)A、B 两公司如果要在金融市场上借入 5 年期、本金为 2000 万美元的资金，由于 A 公司的信用评级高于 B 公司，因此市场向它们提供的年利率见下表。

公司	固定利率	浮动利率
A	12.0%	LIBOR+0.1%
B	13.4%	LIBOR+0.6%

A 公司计划借入的是浮动利率的借款，而 B 公司需要的是固定利率的借款。请设计一个利率互换，其中银行作为中介获得的报酬是 0.1% 的利差，而且要求互换对双方具有相同的吸引力。

(3)市场上美元与日元的即期汇率为 1 美元=120 日元，C 公司希望以固定利率借入 1000 万美元，而 D 公司则希望以固定利率借入 12 亿日元的资金，市场向两个公司提供的报价见下表。

公司	日元利率	美元利率
C	5.0%	9.6%
D	6.5%	10.0%

不考虑中介费用，请设计一个货币互换，要求互换对双方有同样的吸引力。

4. 计算题

请根据表 9-13 给出的贴现因子，计算一年支付两次的 3 年期的利率互换的价格。

阅读材料

第 10 章

其他衍生产品

教学目标

通过本章的学习,学生可以掌握两种最普通的远期价格:远期汇率和远期利率,并掌握其基本的计算公式;了解一些其他的衍生产品,如远期利率协议、综合远期外汇协议和信用违约互换等,并掌握这些衍生产品在风险管理中的应用。

导入案例

Kraftwerk GmbH 是一家中等规模的德国工业公司,该公司为其他制造企业生产高质量的机器零部件。1992 年 11 月,公司的财务主管为该公司制定了 1993 年的财务预算,并预计公司在下一年 5—12 月间的季节性平均借款需求为 500 万德国马克。

德国自 20 世纪 90 年代初以来由于受到两德统一的经济影响,利率一直相对较高。在 1985 至 1989 年的 5 年时间内,利率从约 5% 的平均水平骤升至 9%。利率的增长趋势使 Kraftwerk GmbH 公司未来的融资成本可能加大。为了规避这种利率风险,公司可以利用什么样的金融产品来锁定其融资成本呢?本章之后你可能会有别的选择。

在引入其他衍生产品之前,有必要先介绍一个重要的概念:远期价格。远期价格是市场为今天交易的一个金融工具制定的价格,但最后交割在未来的某个日期,有时会在较远的未来。

10.1 远期价格

最普通的远期价格有远期汇率和远期利率两种。

10.1.1 远期汇率

初看起来,对于银行而言,对在未来进行的外汇交易提出报价是存在较大风险的,因为在几个小时内就估计出外汇汇率将会发生怎样的变化是非常困难的。事实上,银行的交易员并不需要预测未来,相反,他们可以利用本金的无风险套利来为远期外汇交易定价,从而确定远期汇率。

下面用一个案例说明,交易员将如何利用一些价格已知的其他金融产品来规避现有头寸的风险。

【例 10-1】 假设一个美国客户要求英国银行的远期外汇交易员报出英镑对美元的汇价,在即期后一年交割。客户希望一年后从该银行恰好购买 2080000 英镑用以清偿一笔货款;作为银行到时将卖出 2080000 英镑。要解决的问题是:一年期美元与英镑的远期汇率应该是多少?

对于远期外汇交易员来说,即期汇率是已知的。假定 1 英镑＝1.60 美元,一年期美元的利率是 6％,英镑的利率是 4％。下面具体分析银行交易员的操作过程,交易结果如图 10-1 所示。

图 10-1(a)说明了银行目前接到的交易。如果交易员同意向客户在一年后出售 2080000 英镑,为了到时拥有这笔英镑,银行现在必须贷出一笔英镑,以便在一年后连本带利收回 2080000 英镑。由于目前英镑的一年期利率为 4％,因此银行只需贷出 2000000 英镑。图 10-1(b)说明了这一操作过程,表明 2080000 英镑的远期现金流已全部避险。

但是,银行从哪里得到 2000000 英镑贷出去呢?答案是:银行在即期市场按即期汇率出售美元以获得 2000000 英镑。因市场的即期汇率 1 英镑＝1.60 美元,所以卖出 3200000 美元就可以得到 2000000 英镑,此时已对所有的英镑即期和远期现金流进行了避险操作。如图 10-1(c)所示。

不幸的是,此时仍有 3200000 美元的即期现金流出,但这可以通过借美元来得到。若银行立即借款 3200000 美元,这虽然消除了赤字,但一年后必须支付 3392000 美元,因为美元的利息是 6％。

现在已经进入到了一个循环中。银行已将初始的一年期 2080000 英镑的远期负债转为 3392000 美元的负债,期限也是一年。如果银行从其客户那里要求一年后用这笔美元去换取出售的英镑,银行就在初始的交易中就将每一笔现金流进行了避险。在这个过程中,我们已经知道了银行应该收到的美元数量,那么交易员决定将英镑的远期汇价定在每英镑等于 1.6308 美元(3392000/2080000)的水平。

图 10-1(d)列出了银行向其客户报出 1 英镑＝1.6308 美元远期汇价后银行的头寸大小。通过执行一个即期交易,借入美元贷出英镑,交易员已经将远期外汇交易的风险全部规避,并使银行回避了市场利率波动的风险。对于明年英镑兑美元的汇率怎样变化,交易员是不关心的,他也不担心在一年内交割日那天的即期汇率是多少。无论英镑兑美元的汇率是高于还是低于 1.6308,对原先的借贷产生的现金流不会产生任何影响,而正是通过这些现金流对客户的远期交易进行了避险。

为了说明远期汇率,本节使用如下的符号:

F 表示远期汇率;

S 表示即期汇率;

i_q 表示报价货币(如英镑)的即期利率;

i_b 表示基础货币(如美元)的即期利率;

DAYS 表示即期到远期的天数;

$BASIS_q$ 是报价货币一年的天数(英镑一年按 365 天计);

$BASIS_b$ 是基础货币一年的天数(美元一年按 360 天计)。

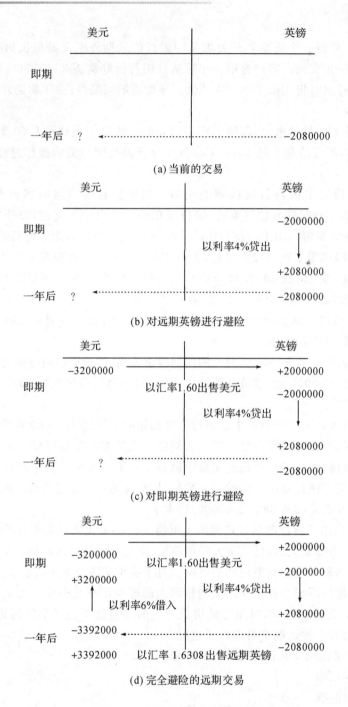

图 10-1 远期外汇交易的避险过程

通过对上述案例的分析,可以得出一个简单的、期限为一年的远期汇率定价公式:

$$F = S \times \frac{1 + i_s \times \dfrac{\text{DAYS}}{\text{BASIS}_q}}{1 + i_b \times \dfrac{\text{DAYS}}{\text{BASIS}_b}} \qquad (10.1)$$

在实践中,外汇市场的远期汇率并不以绝对数字——远期汇率报价,而是以即期与远期汇率之差——远期汇差(forward margin)或换汇汇率(swap points)来表示,这是由于远期直接汇率对即期汇率的变动相当敏感,几乎与即期汇率 1 比 1 地同幅波动。远期外汇交易员将不得不适当地随着即期汇率的每一次波动而调整其报价。另外,换汇汇率几乎不受即期汇率的影响,因此报价相对稳定。而换汇汇率的计算公式为:

$$W = S \times \left(\frac{1 + i_s \times \dfrac{\text{DAYS}}{\text{BASIS}_q}}{1 + i_b \times \dfrac{\text{DAYS}}{\text{BASIS}_b}} - 1 \right) = F - S \qquad (10.2)$$

其中,W 是远期汇差或换汇汇率。

【例 10-2】 在例 10-1 中除即期汇率外其他条件不变,如果即期汇率由每英镑 1.6000 美元下降为 1.5900 美元,即变化了 100 个基点,试计算远期汇率。

解 由式(10.1),此时的远期汇率为:

$$F = \frac{1}{1.59} \times \frac{1 + 0.04}{1 + 0.06} = 0.6171$$

由此可知,若即期汇率由 1.6000 下降为 1.5900,英镑远期汇率从 1.6308 下降为 1.6207——下降了 101 个基点,几乎与即期汇率的变动是 1:1,但换汇汇率只从 308 点下降为 307 点,仅变动了 1 个基点。对于更短期限的远期交易而言,其换汇汇率变动可能会更小。

10.1.2 远期利率

随着金融在 20 世纪 60 年代和 70 年代的发展,银行已经能够向客户提供更多的借贷工具,特别是中期贷款成为一个很流行的融资工具,使客户可以借到为期 7 年或 10 年的借款,并不需要不断地重复续借短期款项。但是,银行却被迫从零售商或货币市场上不断融通短期资金。

银行对于不断在市场上融资的能力并不担心,不能做的是事先将其融资的利率固定下来。银行不得不支付市场利率,并将此利率转移给借款人。

自从 70 年代和 80 年代初期以来,利率波动越来越频繁,公司的财务人员从银行那里找到了一种保护其借款不受市场利率影响的办法。此时,银行以远期对远期贷款的形式向客户提供融资服务,之所以这样称谓,是由于借贷的发生均是在未来进行的。下面通过一个案例来说明。

【例 10-3】 一家银行被要求从现在开始 6 个月后提供为期 6 个月的 100 万英镑的贷款。银行不希望承担任何利率风险,因此银行需要从现在开始在 6 个月内将这 6 个月的融资成本固定下来。但在 70 年代没有人会真的愿意提供未来一段时间的固定报价。目前货币市场上,6 个月的现金利率是 9.5%,而 12 个月的现金利率是 9.875%,银行应该如何操作才能避险呢？

银行为了锁定从现在开始 6 个月后为期 6 个月的借款成本,现在可以以 9.875% 的利率借款 12 个月。这样做的结果是不仅包含了远期的期限,而且还包括了并不需要的前 6 个月。为此,银行就将这笔资金在前 6 个月内以 9.5% 的利率贷出。在 6 个月的时间里,这 6 个月贷款的收入对于客户来说也是可以使用的。从现在开始 12 个月,客户归还的借款——若计算准确的话——将正好支付银行的初期 12 个月的借款。图 10-2 列出了这一交易的现金流。下面具体分析。

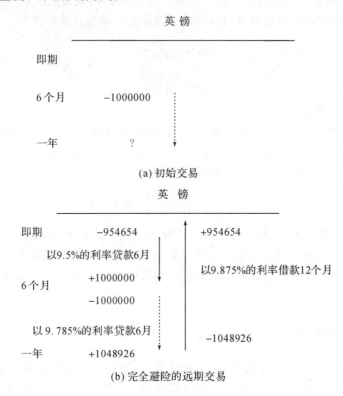

(a) 初始交易

(b) 完全避险的远期交易

图 10-2　银行对远期贷款的避险过程

银行为了在 6 个月后获得 100 万英镑的资金用以向客户提供贷款,那么银行在开始的时候应该以 9.5% 的利率贷出英镑的数量为

$$\frac{1000000}{1+0.095\times0.5}=954654$$

因此在一开始的时候,银行应该以 9.875% 的利率借款 954654 英镑,为期 12 个月,一年后本息合计需还款 1048926 英镑;立即再将这笔资金以 9.5% 的利率贷出,期限为 6 个月。这笔 6 个月的贷款到期时本息恰好是 100 万英镑,然后将这笔资金贷给它的客户。若银行至少以 9.785% 的利率贷出这笔远期对远期的贷款,到期收入将足以支付初始的 12 个月的借款本息,即 1048926 英镑。案例的避险过程见图 10-2。

通过借长贷短,银行创造了一个合成的远期借款,使得银行能够对这笔远期对远期的贷款做出报价,即半年对半年的远期利率为 9.785%。银行在不承担利率风险的情况下,为这笔贷款完成融资。正如前面所述的远期外汇交易类似,银行此时不必关心市场上最终的利率水平。

这就是另外一个远期价格,即远期对远期贷款的利率,称为远期利率。

10.2　远期利率协议

远期利率协议(FRA)最先在货币市场上出现,是应用较广泛的金融衍生工具,对于规避利率波动的风险或利用利率波动进行投机都提供了较为有利的工具。下面就介绍远期利率协议的定义及其应用。

10.2.1　远期利率协议的定义

FRA(远期利率协议)是 Forward Rate Agreement 的英文缩写。一份远期利率协议是交易双方或者为规避未来利率波动风险,或者在未来利率波动上达到投机的目的而约定的一份协议。从本质上讲,远期利率协议是在一固定利率下的远期对远期的贷款,只是没有发生实际的贷款支付。

进行远期利率协议的交易双方,或为了避险,或为了投机。作为避险者或称套期保值者,早已暴露在利率波动的风险中,但他希望能够避开这类风险。在持有远期利率的头寸后,避险者的风险暴露就会降低或消失;另外,作为投资者,开始时并没有面临利率波动的风险,但是他希望能够从预期的利率波动中获取利润。持有远期利率协议的头寸后,对于投机者而言就会从利率的波动中获取他希望的利益。远期利率协议自 20 世纪 80 年代初诞生以来,就已经成为利率风险管理中的无价之宝。

远期利率协议的一方被定义为远期利率协议的"买方",另一方则被定义为"卖方"。卖方答应名义上借给买方一定数额的资金,买方则同意名义上向卖方贷入一定数额的资金,也就是说,买卖双方仅仅指的是谁是名义上的借款者,谁是名义上的贷款者。银行可以是买方,也可以是卖方。

名义上的贷款额是指特定币种的特定金额,在未来特定的日期才能提取,并将持续一段时期。最为重要的是,这笔名义上的贷款将有固定的利率,该利率在远期利率协议签订之日已经由买卖双方确定。

由此可知,远期利率协议的买方是一个名义借款人,他的借款利率不受市场上利率上升或下跌的影响,即使市场上利率下跌,他还必须按远期利率协议中确定的利率进行借款。远期利率协议的卖方则是名义上的贷款者,他将贷款或投资的利率在远期利率协议的签订日确定下来,也不受利率上升或下跌的影响。事实上,远期利率协议的买方也许真的希望借到一笔款项,利用远期利率协议的目的是为了防止利率上涨的风险,或者买方并没有遭遇利率波动的风险,只是希望利用远期利率协议从市场利率的上升中进行投机获利。与此同时,远期利率协议的卖方可能是担心将来会遭受利率下跌而带来损失的投资者,也可能是希望从利率下跌中获利的投资者。

远期利率协议是由银行提供的场外市场交易产品。与外汇市场一样,远期利率协议市场是银行在各自的交易室中进行的全球性市场。这些交易室彼此由电话线、信息站和计算机网络联系在一起。交易双方通常是银行和它们的客户或者是两家银行。与在金融市场上的其他活动一样,银行为暴露在利率风险之中的各方充当中介,或者银行在金融市场上为顾客的交易承担风险。

在远期利率协议的定义中强调"名义上的"这个词,是指远期利率协议的交易双方本身并不发生实际的借贷行为,理解这一点是很重要的。由于在远期利率协议交易中没有贷款本金的支付,这就使得这个金融工具不会出现在资产负债表上,因而银行也没有资本充足率方面的要求。然而,银行在进行远期利率协议交易时,仍需保留一定的资本,这个数额大约只是远期对远期贷款资本要求的1%。尽管协议的一方或双方也许有借款或贷款的实际行为,但这必须要分别安排。远期利率协议只能避开利率波动的风险,而这种保护是以支付现金交割额的方式来实现的。这一交割额是远期利率协议中规定的利率与协议到期日的市场利率之差。下面通过一个例子来说明。

【例 10-4】 假定一个公司预期未来三个月将借款 100 万美元,期限为 6 个月。假定该公司可以以 LIBOR 的水平筹措到资金,目前市场上 LIBOR 是 6% 左右。借款者担心未来三个月内市场利率将会上升,也就是说,该公司可能在三个月后借款时将付出较高的利率。为了规避这种利率风险,公司决定购买一份远期利率协议,期限 6 个月,时间自现在开始 3 个月内有效。这在市场上被称为"3~9 月"远期利率协议,或简称为 3×9 远期利率协议。

一家银行可能对这样一份协议以 6.25% 报价,从而使借款者的成本锁定在 6.25%。尽管银行通常会为此向其客户收取一定的佣金,但在买卖远期利率协议时借款者并不需要支付其他的费用。

假定 3 个月后,借款者担心的情况发生了,市场上 LIBOR 利率上涨到了 7%。如果公司没有购买远期利率协议,公司将被迫以市场利率借款,即以 7% 的利率筹措资金,也就是说借款 6 个月,公司不得不多支付(7%−6.25%)×100 万×1/2=3750 美元的利息。

那么公司购买了远期利率协议后,约定的三个月后 6 个月期的借款利率是 6.25%。远期利率协议并不发生实际的借贷行为,在三个月合约生效时,由于 LIBOR 利率上涨到了 7%,公司从购买的远期利率协议中约获利:

$$(7\%−6.25\%)×100 万×1/2=3750(美元)$$

用以补偿在货币市场上借入 100 万美元需额外支付的 0.75% 的利息,也就是说将其三个月后的借款成本大约锁定在 6.25%。这就是远期利率协议产生的原因。

10.2.2 远期利率协议的术语

几乎所有市场上交易的远期利率协议都遵守 1985 年英国银行家协会起草的标准市场文件的规定,被称为"FRABBA 词汇"。除建立了正确的法律规范外,文件还定义了许多重要的词汇:

(1)协议数额:名义上的借贷本金数额。

(2)协议货币:协议数额的面值货币。

(3)交易日:远期利率协议交易的执行日。

(4)交割日:名义贷款或存款开始日。

(5)基准日:决定参考利率的日子。

(6)到期日:名义贷款或存款的到期日。

(7)协议期限:交割日和到期日之间的天数。

(8)协议利率:远期利率协议中规定的固定利率。

(9)参考利率:在基准日市场决定的利率,用以计算交割额。

(10)交割额:在交割日,远期利率协议的一方交给另一方的金额,根据协议利率与参考利率之差计算得出。

图 10-3 给出了远期利率协议的时间简图,其中也列出了几个重要概念,有助于理解这些词汇。

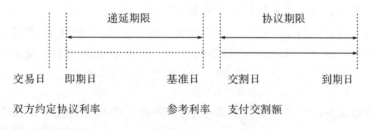

图 10-3　远期利率协议的时间简图

从交易日开始,远期利率协议双方已就所有的词汇达成了共识。下面利用一个例子来说明远期利率协议的术语。

【例 10-5】 假定交易日是 2008 年 4 月 21 日,星期一,协议双方买卖 5 份 1×4 的远期利率协议,面额 100 万美元,利率 6.25%。那么,该远期利率协议的协议货币是美元,协议数额是 100 万,协议利率是 6.25%。

"1×4"是指名义上的即期日与交割日之间为 1 个月,从即期日到贷款的最后到期日之间为 4 个月。即期日通常是在交易日之后两天,在本例中就是 4 月 23 日,星期三。这意味着名义上的贷款或存款将从 2008 年 5 月 23 日开始(即期日 1 个月后),于 2008 年 8 月 25 日到期(因 8 月 23 日是一个星期六,因此三个月期限的远期利率协议的到期日顺延到下一个工作日)。交割日是 5 月 23 日,到期日是 8 月 25 日,协议期限是 94 天。基准日通常是在交割日的前两天,即 5 月 21 日,也就是说参考利率将于 5 月 21 日决定下来。

10.2.3　远期利率协议的交割过程

在例 10-5 中,远期利率协议的买方在理论上将借款利率锁定在 6.25%,但是在基准日面临着 7.00% 的市场利率。多余的利息支付很容易计算出来:

$$多余的利息 = (7.00\% - 6.25\%) \times 1000000 \times \frac{94}{360} = 1958.33(美元)$$

这多余的利息成本在借款付息完成之时即这笔"贷款"的最后交易日白白损失掉了。如果远期利率协议在同一天交付交割额,交割额也是 1958.33 美元,用这笔钱正好用来弥补借款时付出的多余利息。

然而在实践中,通常是在交割日即潜在的贷款或存款的开始日支付交割额。由于这笔钱比它需要时支付的早,它将可能用于投资以获取利息。为了调整这个时差,交割额将减去从交割日到到期日之间可能被用作投资以获取的利息。这样,计算实际交割额的标准公式是:

$$交割额 = \frac{(i_r - i_c) \times A \times \mathrm{DAYS/BASIS}}{1 + (i_r \times \mathrm{DAYS/BASIS})} \qquad (10.3)$$

其中,i_r 是参考利率,i_c 是协议利率,A 是协议数额,DAYS 是协议期限的天数,BASIS 是转换的天数(美元一年按 360 天计算,而英镑则按 365 天计算)。

式(10.3)直观地表达了交割日支付的交割额的具体数目。分子表示由于初始锁定的利率 i_c 和最后的市场利率 i_r 发生不一致时造成的多余的利息支付,分母则考虑了交割额在交割日支付而不是协议的到期日才支付的事实。

【例 10-6】 请计算例 10-5 中 1×4 的远期利率协议在交割日的交割额。

解 由式(10.3),分子即为上面计算的 1958.33 美元,因此实际的交割额为

$$\frac{1958.33}{1 + 7\% \times 94/360} = 1923.18(美元)$$

远期利率协议是一个传统的金融衍生工具,用确定的利率替代了未来市场上利率的波动,规避了未来市场上的利率风险。在例 10-5 中,当市场利率比协议利率(6.25%)高时,远期利率协议的买方就会从卖方那里收到交割额,以补偿他在市场上以高利率借款的损失。然而,如果利率下跌了,买方就得向卖方支付交割额,以弥补卖方比预期投资收益少的损失。

式(10.3)表明,正的交割额意味着卖方向买方支付交割额,而负的交割额就意味着买方向卖方支付这笔钱。从另一个角度理解,可以将交割额看作是远期利率协议买方(多头)的价值。若 $i_r > i_c$,交割额是正的,说明远期利率协议多头的价值为正,买方获利;若 $i_r < i_c$,交割额是负的,说明远期利率协议多头的价值为负,空头的价值为正,卖方获利。在市场利率较低时,买方购买了远期利率协议,随后利率上涨,于是远期利率协议买方的价值为正。这种交易原理与交易商的“低买高卖”是一致的。

式(10.3)可以简化为

$$交易额 = \frac{(i_r - i_c) \times A}{i_r + \dfrac{\mathrm{BASIS}}{\mathrm{DAYS}}} \qquad (10.4)$$

10.2.4 远期利率协议的定价

给远期利率协议定价,最简单的方法就是将远期利率协议看作是弥补现货市场上不同到期日之间“缺口”的工具。具体分析见下面的案例。

【例 10-7】 假定某位投资者有一笔资金可用于投资一年。市场上,6 个月期的利率为 9%,而一年的利率为 10%,那么该投资者可有下面两种选择:

(1)投资一年获取 10% 的利息。

(2)先投资半年获取 9% 的利息,同时出售一份 6×12 的远期利率协议,以在下半年

中稳获有保证的收入。那么远期利率协议的协议利率应该是多少?

为了更清楚地说明"弥补缺口"的定价方法,现将例 10-7 的两种选择做图 10-4。在图中,从 A 到 B 有两种方法,无论选择哪条途径,金融市场的效率将保证最后的投资结果是一样的,否则必然会产生套利机会。

与第二种选择相比,按第一种选择将资金投资一年,投资者在前半年中多获得 1% 的利息收入。要使得两种选择的投资结果一样,那么投资者在后 6 个月内要比第一种选择多收入 1% 的利息,因此这份 6×12 的远期利率协议的协议利率应该是 11%,如图 10-5 所示。

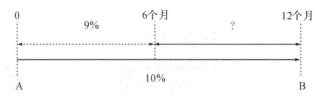

图 10-4　远期利率协议的定价图:弥补缺口

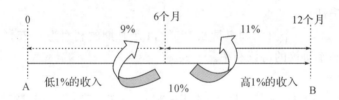

图 10-5　远期利率协议的协议利率的确定

例 10-7 的"弥补缺口"的定价技巧使我们进一步洞察了远期利率协议的定价。如果已知货币市场上的利率,就可以准确估计出任何一份远期利率协议的协议利率。

事实上,这种技巧只能粗略地估计出远期利率协议的协议利率,这是因为当投资者选择短期投资时,紧接着也选择由远期利率协议保护的另一类短期投资,这就使其有机会获取利息的利息。不仅本金可以在第二个期间内进行再投资,而且由本金得到的利息也可以再投资,这就是说,实际的远期利率协议的协议利率将在某种程度上比估计的要低些。在例 10-7 中,6×12 的远期利率协议,真正的协议利率将是 10.53%,而不是上面估计的 11%。

当远期利率协议被看作"弥补投资缺口"的工具时,就可以很好地给出远期利率协议的精确的定价公式。图 10-6 归纳了这一无风险套利定价过程,在这一公式中将利息的利息也一并考虑在内。

如果要使图 10-6 中的两条投资途径的投资收益相等,那么就可以得到下面的等式:

$$(1+i_S t_S)(1+i_F t_F)=(1+i_L t_L)$$

其中,i_S 是直到交割日的货币市场年利率;i_L 是直到到期日的货币市场年利率;i_F 是远期利率协议的协议利率;t_S 是即期日到交割的时间,以年为单位;t_L 是即期日到到期日的时间,以年为单位;t_F 是远期利率协议的协议期限,即 $t_F=t_L-t_S$。

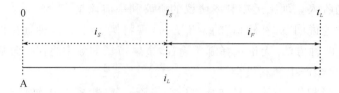

图 10-6 远期利率协议的定价

因此,远期利率协议的协议利率的定价式为:

$$i_F = \frac{i_L t_L - i_S t_S}{t_F (1 + i_S t_S)}$$ (10.5)

如果时间折合成天数,式(10.5)可以改写为:

$$i_F = \frac{i_L D_L - i_S D_S}{D_F \left(1 + i_S \dfrac{D_S}{B}\right)}$$ (10.6)

其中,D_S 表示即期日到交割日的天数;D_L 表示即期日到到期日的天数;D_F 是远期利率协议的协议期限的天数;B 表示年转换成的天数(计算美元时,一年按 360 天计;计算英镑时,一年按 365 天计)

【例 10-8】 如果一个月的利率是 6.125%,4 个月期的利率为 6.25%,试计算例 10-5 中 1×4 的远期利率协议的协议利率。

解 由题意知:

$$D_S = 30, D_L = 124, D_F = 94, B = 360, i_L = 6.25\%, i_S = 6.125\%$$

利用式(10.6)知,1×4 的远期利率协议的协议利率为:

$$i_F = \frac{0.0625 \times 124 - 0.06125 \times 30}{94 \left(1 + 0.06125 \times \dfrac{30}{360}\right)} = 0.06258 \approx 6.26\%$$

事实上,从上面的定价思路可以看出,远期利率协议确定的利率就是前面第一节介绍的远期利率。

10.3 综合远期外汇协议

10.3.1 综合远期外汇协议的定义

SAFE 是 synthetic agreement for forward exchange 的首字母缩写,意即"综合远期外汇协议"。如果将远期利率协议看作是资产负债表外的远期对远期存款,那么综合远期外汇协议则可以看作是资产负债表外的远期对远期外汇互换交易。两者在结构上的相似性意味着远期利率协议与 SAFE 之间有许多相似性。SAFE 是交易双方或者为规避利差或外汇互换价差,或者在两者的波动上进行以投机为目的而约定的合约。

一份综合远期外汇协议是指交易双方同意完成两种货币之间的远期对远期货币互换

（名义上的），其中一种货币被称作"初级货币"（primary currency），而另一种货币则被称为"次级货币"（secondary currency）。这些货币将首先名义上在未来某个日期——交割日交换，在到期日再互换回来，且大多数的 SAFE 都经过了结构性处理，以便在交割日和到期日名义上进行互换的初级货币的数量是一致的。

综合远期外汇协议的买方是指在交割日购买初级货币、在到期日在名义上售出的一方；而综合的远期外汇协议的卖方则持有与之相反的头寸。与远期利率协议一样，综合远期外汇协议的买方和卖方只就名义上的现金流动方向而言，而不是指最先促成这笔交易的一方。

定义中强调"名义上的"是非常重要的。这是因为同远期利率协议一样，在交易中并没有发生实际的本金交换。当双方同意开始执行一份综合远期外汇协议时，他们约定了这笔交易将要执行时的名义上的汇率。在交割日，一方支付给另一方一笔交割费，这笔交割费是以协议原定的汇率与最后的市场即期汇率之差为基础计算出来的。

换言之，在一份综合远期外汇协议中，交易双方同意执行一次名义上的远期对远期的互换：

- 互换在初级货币和次级货币之间进行；
- 有特定的本金额；
- 在未来特定的日期进行；
- 以特定的即期和远期汇率；
- 买方同意购进初级货币；
- 卖方同意卖出初级货币。

SAFE 是 20 世纪 80 年代末发展起来的，同远期利率协议一样，也是场外交易。然而由于综合远期外汇协议更为特殊，并不是所有的银行都能提供这种产品，因此 SAFE 的流动性要求相当严格，发展受到一定的限制。

SAFE 实际上是包含综合外汇协议的一个大"家庭"，其中最普通的两个"成员"是：ERA 和 FXA。ERA 被称为汇率协议，FXA 被称为远期外汇协议。这两种产品仅在计算交割数额时表现出不同，在下面的 SAFE 的交割中具体阐述。

10.3.2 综合远期外汇协议的术语

有关 SAFE 的术语都由英国银行家出版的 SAFEBBA 文件定义，它与英国银行家协会出版的 FRABBA 文件中的术语有相似之处是毫不奇怪的。然而，由于在 SAFE 中有两个名义上的现金流和双方约定的两种汇率，而远期利率协议中只有一个现金流和一个利率，因此 SAFE 比起远期利率协议来要复杂一些。图 10-7 列举了综合远期外汇协议的术语。

交割日和到期日的定义与远期利率协议一致，如一份 1×4 的 SAFE 的交割日在即期日后 1 个月，到期日在即期日后 4 个月，而即期日通常是在交易日后的第二个工作日。和远期利率协议一样，SAFE 的最后支付将在基准日确定，基准日通常在交割日的前两天。

在图 10-7 中，涉及的综合远期外汇协议的术语是：

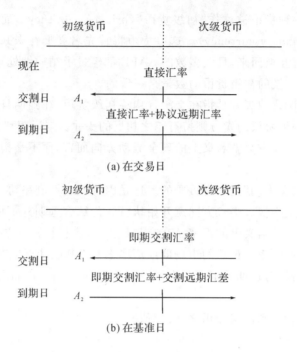

图 10-7　综合的远期汇率协议的术语

A_1:综合远期外汇协议的初级货币数额;

A_2:综合远期汇率协议的次级货币数额;

OER:直接汇率;

CFS:协议远期汇差;

SSR:即期交割汇率;

SFS:交割远期汇差。

下面具体说明这些术语。在交易日,交易双方就初级货币的数量 A_1 和次级货币 A_2 的名义数额达成一致,分别在交割日和到期日进行交换,通常这些数额在交割日和到期日是相同的;交易双方也会约定 OER 和 CFS,同时也将交割日和到期日的直接汇率固定下来,以计算出次级货币的名义数额 A_2。

在基准日,SSR 和 SFS 将以与 LIBOR 相同的方式被确定下来,方法是参照许多银行的报价,从中选出相应的报价,去掉最高和最低价后取平均数。SSR 和 SFS 在路透社的报价系统中出现,每个人都可以找到。

关于 SAFE 的交易双方的交割数额是通过比较在一开始就为交割日和到期日设定的汇率(即 OER 和 CFS)以及基准日确定的市场汇率(即 SSR 和 SFS)后计算出来的,下面具体讨论交割数额的确定。

10.3.3　综合远期外汇协议的交割

SAFE 包括两种不同的产品:一种是汇率协议(exchange rate agreement,ERA),一种是远期外汇协议(forward exchange agreement,FXA)。同远期利率协议一样,在每种情况下,由于原先约定的协议汇率与在基准日那天的市场汇率之间存在差额,因此协议的一方就根据这个差额向另一方支付交割额。

ERA 仅涵盖原先约定的换汇汇率——CFS 和最后市场汇率——SFS,因此,交割数额只决定于一个变量:在交割日和到期日之间的换汇汇率。这样,ERA 就与远期利率协议一样,远期利率协议的价值也决定于一个变量,即交割日和到期日之间的利差。

FXA 不仅涵盖了协议期限内的换汇汇率,而且涵盖了绝对汇率水平的任何变动。换句话说,它不仅涵盖了 CFS 和 SFS 之间的差额,而且涵盖了 OER 和 SSR 之间的差额。

在实践中,应用哪种协议将视情况而定。希望对传统的外汇互换交易进行避险的人则倾向于使用 FXA,这是因为由此得到的报酬将精确地反映潜在的风险;而仅仅是面临汇差波动风险的人则倾向于使用 ERA,这是因为 ERA 将汇率波动的大部分影响都避开了。下面通过例子将进一步说明两者的区别。

为了更清楚地了解 ERA 和 FXA 之间交割的差别,下面定义一些符号来表示交割时对应的各个量:

A_S:指在交割日交换的初级货币的名义数额;

A_M:指在到期日交换的初级货币的名义数额;

F_{SC}:指协议原先约定的交割日的直接汇率;

F_{SR}:指在基准日决定的交割日的直接汇率;

F_{MC}:指协议原先约定的到期日的直接汇率;

F_{MR}:指在基准日决定的到期日的直接汇率;

W_C:指协议原先约定的协议期间的换汇汇率;

W_R:指在基准日决定的协议期间的换汇汇率;

i:指次级货币的利率;

D:指协议期限的天数;

B:指次级货币按年转换成的天数(一年 360 天或 365 天)。

所有的 F 都是直接汇率,F 的第一个下标表示该汇率是交割日(S)或到期日(M)的汇率,第二个下标则是指该汇率是交易日协议约定的(C)还是在基准日决定的汇率(R)。在这些汇率中,除 F_{SR} 是基准日的即期汇率外,其他三种汇率都是真实的远期汇率。W 则是指交割日与基准日之间的换汇汇率,而不是直接汇率。同理,W 的下标 C 或 R 也是指原先协议中约定的汇率还是参考汇率。

ERA 的交割数额的公式为:

$$交割数额_{ERA} = A_M \times \frac{W_C - W_R}{1 + i \times \dfrac{D}{B}} \tag{10.7}$$

该公式与远期利率协议交割数额的计算式(10.4)相似。在这两个公式中,协议汇(利)率与参考汇(利)率之差乘以名义本金数额,将得到的结果再贴现,这是由于考虑到了一个事实,即交割数额是在交割日支付,而不是在到期日完成的。在计算 ERA 的交割数额时,没有再乘以协议期限长度,因为换汇汇率已经将这一因素考虑在内了。

FXA 的交割数额计算公式如下:

$$交割数额_{FXA} = A_M \times \frac{F_{MC} - F_{MR}}{1 + i \times \dfrac{D}{B}} - A_S \times (F_{SC} - F_{SR}) \tag{10.8}$$

该公式的显著特征是交割数额由直接汇率决定的。该式的第一部分用到期日的直接汇率之差代替了式(10.7)中的换汇汇率之差,而第二部分则考虑了交割日的汇率之差,这一部分的结果不需要贴现,因为交割是在交割日发生的。

对于 ERA 和 FXA 来说,尽管在初级货币的定义中已经包含了名义上的数额,但交割数额是以次级货币来定义的。这与即期市场内的惯例一致。例如,用英镑买卖同等数量的美元的交易商将要交易美元(初级货币),而盈利或亏损则由英镑(次级货币)来计算。

与远期利率协议一样,交割数额是指买方愿意支付的 SAFE 的价值,因此一个正的交割数额表示卖方需要向买方支付一笔现金,而负的交割数额则表示买方需要向卖方支付一笔现金。

为了便于理解,用 SAFE 的术语词汇表示上面的各个符号:

$W_C = \text{CFS}$ $\qquad\qquad\qquad$ $W_R = \text{SFS}$

$F_{SC} = \text{OER}$ $\qquad\qquad\qquad$ $F_{SR} = \text{SSR}$

$F_{MC} = \text{OER} + \text{CFS}$ $\qquad\qquad$ $F_{MR} = \text{SSR} + \text{SFS}$

SAFE 的报价方式与其他金融产品的报价方式相同。在要求提供报价时,做市商通常既报出买价,又报出卖价。当为 1×4 美元/英镑 ERA 报价时,通常得到的答复是"158/162"。这里提供的价格是"卖价/买价",即做市商愿意以 158 个基点卖一份 1×4 美元/英镑 ERA,同时愿意以 162 个基点买入。这种情形与通常的"低买高卖"相反,但实践中确实如此。

对此的解释可以从 SAFE 的定义和交割额的计算公式中得到说明。在交割额的计算公式中,有一个主要的公式 $(X_C - X_R)$,这里的 X 可以是换汇汇率,也可以是直接汇率,这取决于是使用 ERA 还是 FXA。由于正的交割数额意味着买方能获利。第一个词汇 C 是协议汇率,它早在交易日那天就固定下来,以特定的价格 X_C 购买 SAFE 的投资者希望汇率会下降,从而 $X_R < X_C$ 时交割数额为正。换句话说,在这种情况下买方才可以从 SAFE 中获利,投资者遵循的是"高买低卖"的策略。

若 SAFE 以相反的方式被定义,也就是说,购买一份 SAFE 是指在到期日(而不是交割日)购进初级货币,计算交割数额的公式将与原来的公式相反,SAFE 将遵循的是更为直观的交易方式。

下面用一个例子来说明实践中 ERA 和 FXA 的应用,这有助于理解上述反常的交易策略。正如已经看到的,预期换汇汇率将会上涨的投资者将出售 SAFE,若最后的换汇汇率真的比设定的汇率高,那么他就可以从中获利。

【例 10-9】 假定 2009 年初始的市场汇(利)率如表 10-1 所示。

表 10-1 初始的市场汇(利)率

汇(利)率	即期汇率	1 个月	4 个月	1×4 月
美元/英镑汇率	1.8000	53/56	212/215	158/162
美元利率		6%	6.25%	6.30%
英镑利率		9.625%	9.875%	9.88%

一位投资者观察到 1×4 美元和英镑远期利率之差为 3.58%,他预测到这个差还会进一步扩大,因此该投资者考虑采用下面的投资策略:

(1)在 1×4 远期对远期的互换中卖出英镑,买进美元;

(2)卖出 1×4 FXA;

(3)卖出 1×4 ERA。

假定一个月后市场上的即期汇率没变,即当时的市场汇率如表 10-2 所示。

表 10-2 一个月后市场上的即期汇(利)率

汇(利)率	即期汇率	3 个月
美元/英镑汇率	1.8000	176/179
美元利率		6%
英镑利率		10%

下面分析该投资者的收益状况。

在卖出英镑、买进美元的 1×4 远期互换中,一个月后用于结束远期对远期交易的即期/3 个月互换,包含了一种义务,即必须买进美元即期,卖出 3 个月远期美元,因此在一个月后,投资者已经以净升水 162 个基点(215-53)购买了远期美元,若利率进一步扩大,远期美元升水就越多,投资者将以更高的升水,也就是更高的价格售出这些远期美元,从而获利。不出所料,一个月后利率之差真的进一步扩大,3 个月的换汇汇率变成了 176 个基点,因此投资者赚 14 个基点,基于基点数变动获利达 1400 英镑。

为了更清楚地看出投资者在远期对远期互换交易中一系列的现金流和利润,交易结果如图 10-8 所示。该图用现值法计算出了真实的利润,最后的利润是 1495 英镑。

下面分析 1×4ERA 和 1×4FXA 的交易情况。由市场提供的市场利(汇)率的数据,可知:

$A_s = 1000000$ $\qquad\qquad$ $A_M = 1000000$

$F_{SC} = 1.8053$(即 OER) $\qquad\qquad$ $D = 90$

$F_{MC} = 1.8215$ $\qquad\qquad$ $B = 360$

$F_{SR} = 1.8000$(即 SSR) $\qquad\qquad$ $F_{MR} = 1.8176$

$W_C = 0.0162$(即 CFS) $\qquad\qquad$ $W_R = 0.0176$(即 SFS)

代入式(10.7)和式(10.8),可得交割 1×4ERA 和 1×4FXA 的交割数额,即

$$FXA: -1495.12(英镑)$$

$$ERA: -1365.85(英镑)$$

负的交割数额意味着买方支付给卖方的数额,由于投资者已经出售了 ERA 和 FXA,

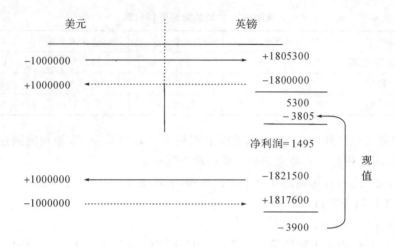

图 10-8 远期对远期互换的利润计算

那么这意味着投资者在 SAFE 的交易中获利,利润额为两者之和,即 2860.97 英镑。

可以看出,FXA 的最终交易结果与传统的现金市场远期对远期互换交易得到的结果是完全一样的,而后者是用来精确地重复这一交易的。由此得出的盈利不仅考虑到了由利率变动而引起的换汇汇率的变化,而且对即期汇率的变动和对交割日、到期日现金流的影响也考虑进来了。

ERA 的利润来源于换汇汇率的变动。即期汇率的波动对于最后的结果影响要小得多,原因在于即期汇率对于换汇汇率的影响较小。

10.3.4 综合远期外汇协议的定价

理解 SAFE 定价的最简单的方法是推断一定存在一个合理的价格,使得综合远期外汇协议对交易双方来说是公平的。与这个合理价格不同的任何价格将会使合约对一方的价值为正或为负,从而为交易双方中的一方带来不公平的优势。

首先考虑 ERA 的定价问题。由式(10.7),ERA 的交割数额主要取决于原先约定的换汇汇率 W_C 与固定日的市场换汇汇率 W_R 之差。给 ERA 定价,就是要在交易日设置的 W_C,使得交割数额的期望值为零。用数学的语言来表述,那就是:

$$E(交割数额)=0$$

即

$$W_C=E(W_R)$$

其中,$E(\cdot)$ 表示期望值。也就是说,在交易日的 ERA 的价格应该等于基准日的换汇汇率的平均值。由上一节的知识可知,换汇汇率由三个变量决定,即期汇率 S、次级货币的利率 i_q 和初级货币的利率 i_b。为了获得未来某日换汇汇率的期望值,则需用这三个变量来代替预期值,这些预期就是第一节中的远期汇率,于是由式(10.2),有:

$$ERA=F_S\times\left[\frac{1+(i_{F1}\times\dfrac{DAYS}{BASIS_2})}{1+(i_{F2}\times\dfrac{DAYS}{BASIS_1})}-1\right] \tag{10.9}$$

其中,ERA 表示综合的远期外汇协议的公平价格;F_S 是在交割日的远期汇率;i_{F1} 表示 ERA 期限内的初级货币远期利率协议利率;i_{F2} 表示 ERA 期限内的次级货币远期利率协议利率;DAYS 是协议期限的天数;$BASIS_1$ 是初级货币的一年的天数(美元一年按 360 天计算,而英镑按 365 天计算);$BASIS_2$ 是次级货币的一年的天数(美元一年按 360 天计算,而英镑按 365 天计算)。

 特别提示

所有的利率都是以小数点来表示的。

下面利用远期利率协议的定价公式(10.5)来简化上述表达式。由公式(10.5)知:

$$i_{F1}=\frac{1}{t_F}\left(\frac{1+i_{L1}t_L}{1+i_{S1}t_S}-1\right),\ i_{F2}=\frac{1}{t_F}\left(\frac{1+i_{L2}t_L}{1+i_{S2}t_S}-1\right) \tag{10.10}$$

其中,i_{S1},i_{S2} 分别表示初级货币和次级货币在现金市场上交割日的利率;i_{L1},i_{L2} 分别表示初级货币和次级货币在现金市场上到期日的利率;i_{F1},i_{F2} 分别表示初级货币和次级货币远期利率协议的协议利率;t_S 是即期日到交割日的时间,以年为单位;t_L 是即期日到到期日的时间,以年为单位;t_F 是远期利率协议的协议期限,即 $t_F=t_L-t_S$。

 特别提示

上述各个 t 是相关天数与每年的换算天数(360 或 365 天)之商。

再由远期价格的定价公式(10.1),有:

$$F_S=S\left(\frac{1+i_{S2}t_S}{1+i_{S1}t_S}\right) \tag{10.11}$$

其中 S 表示当前的即期价格(汇率或利率)。将式(10.10)和式(10.11)代入式(10.9)即有:

$$ERA=S\times\left(\frac{1+i_{L2}t_L}{1+i_{L1}t_L}-\frac{1+i_{S2}t_S}{1+i_{S1}t_S}\right) \tag{10.12}$$

那么利用式(10.2)可以得到现金市场上交割日和到期日的换汇汇率如下:

$$W_L=S\left(\frac{1+i_{L2}t_L}{1+i_{L1}t_L}-1\right),\ W_S=S\left(\frac{1+i_{S2}t_S}{1+i_{S1}t_S}-1\right) \tag{10.13}$$

其中,W_L 表示到期日的换汇汇率,W_S 表示交割日的换汇汇率,因此

$$W_L-W_S=S\left(\frac{1+i_{L2}t_L}{1+i_{L1}t_L}-\frac{1+i_{S2}t_S}{1+i_{S1}t_S}\right)$$

从而:

$$ERA=S\left(\frac{1+i_{L2}t_L}{1+i_{L1}t_L}-\frac{1+i_{S2}t_S}{1+i_{S1}t_S}\right) \tag{10.14}$$

这样 ERA 的价格可以简单地表示为到期日与交割日的换汇汇率之差。

下面再考虑 FXA 的定价。式(10.8)已经为 FXA 计算出了交割额。同 ERA 一样,如果交割额的期望值为零就是 FXA 的合理价位,也就是说:

$$F_{MC}=E(F_{MR}),\ F_{SC}=E(F_{SR}) \tag{10.15}$$

而交割日即期汇率的期望值等于即期汇率加上交割日的远期换汇汇率,类似地,到期日远

期汇率的期望值等于当前的即期汇率加上到期日的远期换汇汇率,即:

$$F_{SC} = S + W_S, \quad F_{MC} = S + W_L \tag{10.16}$$

当上述公式成立时,就可以得出 FXA 的公平价格。因此,OER 就是 $S + W_L$,CFS 就是 $W_L - W_S$。在一份 FXA 协议中要固定两个价格,这与传统的外汇互换协议定价是一样的,后者也包含有固定换汇汇率和即期汇率。然而这两个价格最重要的协议远期价差是交割日和到期日之间的换汇汇率,这与 ERA 是一样的。

10.4　信用衍生产品

信用衍生产品产生于 20 世纪 90 年代初,是现代信用风险对冲与管理技术发展的结果,代表了金融创新的新方向。一般而言,信用衍生产品是用于分离和转移信用风险的各种工具和技术的统称,主要指以贷款或债券的信用状况为标的的衍生金融工具,是贷款出售及资产证券化之后的新的管理信用风险的工具。

信用衍生产品最早出现于 1992 年的美国纽约互换市场,1993 年 3 月,*Global Finance* 上的一篇文章提到华尔街三家公司——J. P. Morgan、Merill Lynch 和 Banker Trust 已经开始经营某种形式的信用衍生产品。然后由北美扩展到欧洲,并在拉美和亚洲形成了市场,市场参与者也从最初的银行扩展到包括银行、对冲基金、保险公司、养老基金和期货公司在内的多层次交易者。

在信用衍生产品产生之前,信用风险和市场风险往往结合在一起,而任何一种避险工具都不能同时防范信用风险和市场风险。信用衍生产品使得信用风险管理第一次拥有了和市场风险管理一样的专门的金融工具,能单独对信用风险的敞口头寸进行计量和规避,提高了管理信用风险的能力。信用衍生工具除了具有分散信用风险的功效外,还有增加资产流动性、提高资本回报率、扩大金融市场规模和提高金融市场效率四个方面的功效,对于提高整个国家和社会的信用水平是非常重要的。

信用衍生产品主要包括信用违约互换(credit default swap, CDS)、总收益互换、信用联系票据和信用利差期权四种类型。本部分则介绍两种重要的信用衍生产品,一种是占信用衍生产品市场交易量 1/3 左右的信用违约互换,另一种是总收益互换。

10.4.1　信用违约互换

信用违约互换是为投资者提供一种免于特定公司违约风险的保险合约。特定公司被称为参考实体,该公司违约被称作违约事件。一旦信用事件发生,这一保险的买方获得以票面价格出售该公司发行的特定债券的权利。这一债券被称为参考债务,能够出售的债券的总面值被称为信用违约互换的名义本金。如果信用事件并未发生,则互换到期自动失效。

作为信用违约互换的买方,在互换合约的期限内或直到信用事件发生,周期性地向 CDS 的卖方支付费用(称为信用违约互换点差)。信用违约互换可以以实物交割或现金结算的方式结清头寸。如果进行实物交割,买方将债券给卖方用以交换债券的面值;如果进行现金结算,由代理商在信用事件发生后特定的日期内决定参考债券的中间市场价格 Z,支付额就等于面值减去公平回收价值,即面值的 $(100-Z)\%$。整个交易过程如图 10-9 所示。

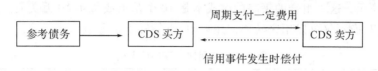

图 10-9 信用违约互换交易示意图

图 10-9 说明信用违约互换的买方实际上是以一定的费用为代价将参考债务的信用风险转移给了信用违约互换的卖方,相当于购入了一份信用保险。

下面通过一个具体的案例来进一步解释信用违约互换的构造。

【例 10-10】 假定 2013 年 3 月 1 日,交易双方签订了一个信用违约互换,名义本金为 1 亿美元,买方同意每年支付 90 个基点给卖方,以免于参考实体的违约。

如果参考实体在信用违约互换的 5 年期限内没有违约,即违约事件没有发生,买方则于 2014、2015、2016、2017、2018 年的每年 3 月 1 日支付给卖方 90 万美元而没有获得任何收益。如果信用事件在信用违约互换的期限内发生了,则买方即可获得支付。假定在 2016 年 9 月 1 日买方通知卖方信用事件发生,如果进行实物交割,买方就有权利以面值 1 亿美元的价格卖参考债务给卖方;如果进行现金结算,而代理商给出的每 100 美元面值的参考债务的价格是 35 美元,那么买方将获得 6500 万美元的现金收益。但无论是实物交割还是现金结算,买方在 2013 年 3 月 1 日至 2016 年 9 月 1 日期间每年都要支付给卖方费用,累积费用约等于 270 万美元,但没有更进一步的支付要求。

表 10-3 给出了 2015 年 1 月美国市场上一些信用违约互换的要价,这些价格可能由一个做市商提供。第二列由 Moody's 和 S&P 提供的参考实体的信用等级,最后四列列举出了到期日分别是 3、5、7 和 10 年的信用违约互换的买价和卖价,用基点表示。如对 Toyota Motor Corp,做市商准备以每年 16 个基点的价格买进 3 年期的信用违约互换,而愿意以每年 24 个基点的价格出售违约保护;同样地,愿意以每年 20 个基点买进 5 年的违约保护,也愿意以每年 30 个基点的价格出售该 5 年的信用违约互换;等等。

CDS 出现后,可以大大缓解原来专业化与分散化的矛盾。在 CDS 出现之前,为了防止信用风险过于集中,银行只能向众多企业贷款以分散风险。有了 CDS 后,银行就可以集中贷款给少数企业,然后通过购买这些企业的 CDS 把大部分的信用风险转移出去,卖出其他信用好的企业的 CDS 来承担其信用风险,从而实现信用风险的多样化。对于银行来说,由于贷款对象少了,银行可以集中精力管理好这些贷款,既可以节约贷款成本,又可以体现专业化的优势。

信用违约互换允许公司或银行积极地管理他们的信用风险,如某银行在 2015 年 1 月有几亿美元的未偿贷款给 Enron,银行十分关注这笔贷款的风险暴露,银行就可以从做市商那里以 135 个基点或每年 135 万美元的价格买进 Enron 上的名义本金为 1 亿美元的 5 年的信用违约互换,这可以将银行的 Enron 的部分信用暴露转移给做市商;同时,代替完全摆脱这一风险暴露,银行可能想与另外一个处于完全不同的行业的公司交换一部分这种风险暴露,如 Nissan 公司。这样银行在买进 Enron 上的信用违约互换的同时,就可以出售 Nissan 上的名义本金也是 1 亿美元的 5 年期的信用违约互换,价格是 125 个基点或每年 125 万美元。这一组合的策略的净成本是 10 个基点或每年 10 万美元。这种策略表明,信用违约互换不仅可以用来转移信用风险,也能够用来分散信用风险。

表 10-3 信用违约互换的要价   单位:基点

Company	Rating	Maturity			
		3 年	5 年	7 年	10 年
Toyota Motor Corp	Aa1/AAA	16/24	20/30	26/37	32/53
Merrill Lynch	Aa3/AA−	21/41	40/55	41/83	56/96
Ford Motor Corp	A+/A	59/80	85/100	95/136	118/159
Enron	Baa1/BBB+	105/125	115/135	117/158	182/233
Nissan Motor Co. Ltd	Ba1/BB+	115/145	125/155	200/230	244/274

10.4.2 总收益互换(Total Return Swaps)

总收益互换是一份用一种债券或其他参考资产的总收益交换 LIBOR 加一个差价的协议。总收益包括互换期限内参考资产的红利,利息和资本利得或亏损等。

在总收益互换中,互换买方在协议期间将具有违约风险的参考资产的总收益给卖方,作为交换,卖方则按照协议约定的利率(通常是 LIBOR 加上一定的基点)向买方支付一系列的现金流。因此,总收益互换的买方通过转让标的资产的总收益将信用风险转移给卖方,而卖方则能够在不必持有该标的资产的情况下获得该资产的收益,同时也承担该资产的信用风险。总收益互换的整个过程如图 10-10 所示。

图 10-10 总收益互换交易

【例 10-11】 假定 A 公司拥有 1 亿美元 B 公司 5 年期的附息债券,固定利率是 5%。为了对冲 B 公司债券的风险,A 公司向银行买进了一个 5 年期的总收益互换,名义本金是 1 亿美元,交换到的利率是 LIBOR+2.5%。在每个利息支付日,A 公司支付获得的500 万美元利息收入给银行,银行则支付名义本金 1 亿美元、利率为 LIBOR+2.5% 的利息给 A 公司,注意 LIBOR 的确定日就是利息支付日。

在互换到期时,如果债券的价值发生变化,那么有一种支付来反映这种价值的变化。如果在互换的期限内债券的价值上涨了 10%,那么到 5 年到期时,A 公司将支付给银行1000 万美元;类似地,如果债券的价值下跌了 15%,那么银行将在 5 年到期时支付给 A 公司 1500 万美元。

如果 B 公司违约,那么银行要向 A 公司支付 1 亿美元面值减去该债券的市场价值的余额,作为对 A 公司由于 B 公司债券违约遭受损失的补偿,同时总收益互换终止。

如果在总收益互换结束时增加名义本金到互换的双方,那么我们可以这样描述总收益互换的特征。互换的支付方支付投资 1 亿美元于 5% 的公司债券获得的现金流给接收方,接收方支付投资 1 亿美元于 LIBOR 加 25 个基点的现金流给支付方。如果互换支付方拥有这一债券,总收益互换就允许他把债券的信用风险转移给接收方;如果支付方并不持有这种债券,总收益互换允许他在这种债券上做空。

总收益互换通常也被当作一种融资工具。最可能产生总收益互换交易的情境是:接收方希望融资 1 亿美元资金投资于参考债券。他因此接近支付方(可能是一个金融机构),同意签订总收益互换合约。然后支付方用 1 亿美元购买该债券。如果接收方已经按 LIBOR 加 25 个基点融资购买了该债券,那么这笔总收益互换就让接收方处于他所希望拥有的头寸位置。在互换的有效期限内,支付方拥有债券的所有权,且承担接收方违约的风险暴露低于直接借钱给接收方购买该债券需承担的风险。既然总收益互换被构造以减小融资的信用风险,总收益互换就类似于回购协议。

如果我们假定互换的支付方与接收方都没有违约风险,那么对于接收方,互换任何时候的价值应该等于投资于参考债券的价值减去 1 亿美元浮动利率(LIBOR)债券的价值;同理,对于支付方,互换任何时候的价值就等于投资于浮动利率(LIBOR)债券的价值减去投资 1 亿美元于参考债券的价值。在签订互换合约之时,互换合约的价值为零,因此投资于参考债券的价值等于 1 亿美元,浮动利率(LIBOR)债券的价值也等于 1 亿美元。这同时说明高于 LIBOR 的差价应该等于零而不是 25 个基点。

实际上,支付方可能要求一个高于 LIBOR 的差价,是为了补偿由于承担了接收方违约的风险。如果当参考债券的价格下跌,接收方违约,支付方就会有损失,因此要求的差价将依赖于接收方的信用质量、债券发行方的信用质量及其两者的违约相关性。

还有一些以上描述的标准交易的变化。有时,对于债券价值发生变化的情况,代替现金流结算,可能进行实物交割。这时,在互换到期时,支付方用参考资产交换名义本金;有时,价值发生变化的支付是周期性的而非都发生在到期。这时的总收益互换类似于一个股权互换。

显然,与 CDS 相比,总收益互换还会受到利率波动的影响,交易双方还需承担利率风险,不像 CDS 是更"纯粹"的信用衍生产品。

本章小结

远期价格是市场为今天交易的一个工具制定的价格,但最后交割在未来的某个日期,有时会在较远的未来。最普通的远期价格有远期汇率和远期利率两种。

在实践中,外汇市场的远期汇率并不以绝对数字——远期直接汇率报价,而是以即期与远期汇率之差——远期汇差或换汇汇率来表示,这是由于远期直接汇率对即期汇率的变动相当敏感,几乎与即期汇率 1∶1 地同幅波动。远期外汇交易员将不得不适当地随着即期汇率的每一次波动而调整其报价。另外,换汇汇率几乎不受即期汇率的影响,因此报价相对稳定。一个简单的期限为一年的远期汇率定价公式为

$$F = S \times \frac{1 + i_S \times \dfrac{\text{DAYS}}{\text{BASIS}_q}}{1 + i_b \times \dfrac{\text{DAYS}}{\text{BASIS}_q}}$$

而换汇汇率的计算公式为

$$W = S \times \left[\frac{1 + i_S \times \dfrac{\text{DAYS}}{\text{BASIS}_q}}{1 + i_b \times \dfrac{\text{DAYS}}{\text{BASIS}_b}} - 1 \right] = F - S$$

远期对远期贷款做出的报价就是远期利率。

远期利率协议 FRA 是 Forward Rate Agreement 的英文缩写。一份远期利率协议是交易双方或者为规避未来利率波动风险,或者在未来利率波动上进行投机的目的而约定的一份协议。从本质上讲,远期利率协议是在一固定利率下的远期对远期的贷款,只是没有发生实际的贷款支付。

远期利率协议的实际交割额的标准公式为

$$交割额 = \frac{(i_r - i_c) \times A \times \text{DAYS}/\text{BASIS}}{1 + (i_r \times \text{DAYS}/\text{BASIS})}$$

远期利率协议的协议利率的定价公式为

$$i_F = \frac{i_L t_L - i_S t_S}{t_F (1 + i_S t_S)}$$

SAFE 是英文 Synthetic Agreement For Forward Exchange 的首字母缩写,意即"综合远期外汇协议"。如果将远期利率协议看作是资产负债表外的远期对远期存款,那么综合的远期外汇协议则可以看作是资产负债表外的远期对远期外汇互换交易。

SAFE 包括两种不同的产品:一种是 ERA,一种 FXA。ERA 的交割数额的公式为

$$交割数额_{\text{ERA}} = A_M \times \frac{W_C - W_R}{1 + i \times \dfrac{D}{B}}$$

FXA 的交割数额计算公式为

$$交割数额_{\text{FXA}} = A_M \times \frac{F_{MC} - F_{MR}}{1 + i \times \dfrac{D}{B}} - A_S \times (F_{SC} - F_{SR})$$

信用衍生产品是用于分离和转移信用风险的各种工具和技术的统称,主要指以贷款或债券的信用状况为标的的衍生金融工具,是贷款出售及资产证券化之后的新的管理信用风险的工具。信用衍生产品主要包括信用违约互换、总收益互换、信用联系票据和信用利差期权四种类型。本部分则介绍两种重要的信用衍生产品,一种是占信用衍生产品市场交易量 1/3 左右的信用违约互换,另一种是总收益互换。

信用违约互换是为投资者提供一种免于特定公司违约风险的保险的合约。特定公司被称为参考实体,该公司违约被称作违约事件。一旦信用事件发生,这一保险的买方获得以票面价格出售该公司发行的特定债券的权利。这一债券被称为参考债务,能够出售的

债券的总面值被称为是信用违约互换的名义本金。如果信用事件并未发生,则互换到期自动失效。

总收益互换是一份用一种债券或其他参考资产的总收益交换 LIBOR 加一个差价的协议。总收益包括互换期限内参考资产的红利,利息和资本利得或亏损等。

练习题

1. 名词解释

(1)远期利率　　　　　　(2)远期汇率

(3)远期利率协议　　　　(4)综合远期外汇协议

(5)信用违约互换　　　　(6)总收益互换

2. 简答题

(1)试阐述如何利用远期利率协议规避利率风险。

(2)请解释如何利用综合远期外汇协议来规避汇率风险。

(3)请解释如何利用信用违约互换转移贷款或债务的信用风险。

3. 计算题

(1)假定交易日是 2008 年 4 月 21 日,星期一,协议双方买卖 5 份 3×9 的远期利率协议,面额 100 万美元,利率 6.5%。请计算该远期利率协议在交割日的交割额。

(2)如果 3 个月期的利率是 6.125%,9 个月期的利率为 6.75%,试计算上题中 3×9 的远期利率协议的协议利率。并与原协议的协议利率比较,说明对交易双方来说,原远期利率协议对哪一方更有利?

(3)假定 2009 年初始的市场利率与汇率如表 10-4 所示。

表 10-4　初始的市场汇(利)率

汇(利)率	即期汇率	1 个月	4 个月	1×4 月
美元/英镑汇率	1.8000	53/56	212/215	158/162
美元利率		6%	6.25%	6.30%
英镑利率		9.625%	9.875%	9.88%

而一个月后市场上的即期汇率和利率如表 10-5 所示。

表 10-5　一个月后的即期汇(利)率

汇(利)率	即期汇率	3 个月
美元/英镑汇率	1.7000	166/169
美元利率		6%
英镑利率		10%

阅读材料

请计算 1×4ERA 和 1×4FXA 的交割数额,并与例 10-9 的结果进行比较。

(4)如果上例的条件不变,试分别计算 ERA 和 FXA 的理论价格。

参考书目

[1] Biger N, Hull J. The valuation of currency options. Financial Management, 1983(12): 24-28

[2] Black F, Derman E. Toy W. A one-factor model of interest rates and its application to treasury bond options. Financial Analyst Journal, 1990(1-2): 33-39

[3] Black F, Scholes M. The valuation of options and corporate liabilities. Journal of Political Economy, 1973(8): 637-659

[4] Brealey R, Myerss S C. In: Principles of Corporate Finance. New York: McGraw-Hill, 1991

[5] Bunch: David, Johnson H. American put options and its critical stock price. Journal of Finance,2000, 55(5): 2333-2356

[6] Campbell J A Lo, MacKinlay A. The Econometrics of Financial Markets. Princeton N J. : Princeton University Press,1997

[7] Chen Songnan. Financial Engineering. FuDan University Publishing Company, 2002

[8] Cheridito P. Gaussian moving averages, semi-martingales and option pricing. Stochastic Process and their Applications,2004(09): 47-68

[9] Cox J C. Ingersoll Jr J E. Ross S A. An intertemporal general equillibrium model of asset prices. Econometrica, 1985, 53(2): 363-384

[10] Cox J C. Ross S. The valuation of options for alternative stochastic process. Journal of Financial Economics, 1976, 3(2): 145-166

[11] Cox J C, Ross S, Rubinstein M. Option pricing: a simplified approach. Journal of Financial Economics 7, 1979(9): 229-263

[12] Dravid M, Richardson T Sun. Pricing foreign index contingent claims: an application to Nikkei index warrants, The Journal of Derivatives, 1993(4): 33-51

[13] Garmer M, Kohlhagen S. Foreign currency exchange values. Journal of International Money and Finance,1983(2): 231-237

[14] Geman H, Karoui N EL, Rochet J C. Change of numeraire of probability measure and option pricing. Journal Application Probability, 1995(32): 443-458

[15] Grabbe J O. The pricing of call and put options on foreign exchange. Journal

of International Money and Finance，1983(2)：239-253

[16] Gupta A，Subrahmanyam M G. Pricing and hedging interest rate options：Evidence from cap-floor markets. Journal of Banking & Finance，2005(29)：710-733

[17] Harrison J M，Pliska S R. Martingales and Stochastic Integral in the Theory of Continuous Trading. Stochastic Processes and their Applications，1981 (11)：215-260

[18] Hull J，White A. Numerical procedures for implementing term structure models：Single-factor models. Journal of Derivatives Fall，1994：7-16

[19] Hull J. Options, futures and other derivatives, 5d ed. Englewood Cliffs，N. J.：Prentice Hall，2007

[20] Ioannis K，Stenven E Shreve. Brownian motion and stochastic calculus. springer Verlag World Publishing Corp，1988

[21] Jiang L S. Mathematical Modeling and Methods of Option Pricing. Beijing：Higher Education Press，2003

[22] Kwok Y K. Mathematical models of financial derivatives. Berlin：springer 1998

[23] Lamberton D，Lapeyre B. Introduction to stochastic calculus applied to finance. London：Chapman & Hall，1995

[24] Merton R C. Theory of rational option pricing. Bell Journal of Economics and Management Science，1973，4(2)：141-183

[25] Merton R. Option pricing when underlying stock returns are discontinuous. Journal of Financial Economics，1976，3(1)：125-144

[26] Yu H. Early exercise policies of American floating strike and fixed strike lookback options. Nonlinear Analysis，2001(47)：4591-4602

[27] Martin Baxter，Andrew Rennie. Methods of Mathematical Finance：An introduction to derivative pricing. Great Britain：Cambridge University Press，1996

[28] 傅元略. 金融工程——衍生金融产品与财务风险管理. 上海：复旦大学出版社，2007

[29] 林清泉. 金融工程. 北京：中国人民大学出版社，2004

[30] [美]约翰·马歇尔，维普尔·班赛尔. 金融工程. 宋逢明，朱宝宪，张陶伟，译. 北京：清华大学出版社，1998

[31] [英]洛伦兹·格利茨. 金融工程学. 唐旭，译. 北京：经济科学出版社，2002

[32] 汪昌云. 金融衍生工具. 北京：中国人民大学出版社，2009

[33] [美]约翰·J. 斯蒂芬斯. 用金融衍生工具管理货币风险. 徐杰，译. 北京：中国人民大学出版社，2004

[34] 郑振龙. 金融工程. 北京：高等教育出版社，2003

[35] 郑振龙. 衍生产品. 武汉：武汉大学出版社，2004